刘海潮　著

張伯行

第四卷　却赠檄文

河南人民出版社

目　录

（第四卷　却赠檄文）

第七章

第八章

第七章

一

正风肃纪

(一)张伯行和正、副主考入闱后,就一直没出贡院

尘劳迥脱事非常,紧把绳头做一场。

不经一番寒彻骨,怎得梅花扑鼻香。

十年寒窗,孤灯苦读,也不一定换来功成名就,更何况柯虹全并没有经过一番苦功,如何能轻易成功呢?他自以为考得很顺利。第三场考五时务策,八月十三入场,八月十五午前他便交卷。因为八月十五是他的生日,他要晚饭前赶回家过生日,和家人一起赏月,更重要的是庆祝即将到手的举人功名。

柯虹全掂着考试用品刚出贡院大门,一直在门前候着的柯家小厮阿茂、阿利乐呵呵地迎过来。二人也就十六七岁,边争着抢过柯虹全手中物品,边你一句我一句地不住嘴。

阿利抢先道:"三少爷辛苦啦!"

阿茂瞥一眼阿利道:"什么三少爷,如今还能叫三少爷吗?一点眼力见儿都没有。"接着,他转过脸谄笑道:"解元公累着了吧,解元公渴着了吧,快喝一口解解渴,小的专为解元公沏的铁观音,凉热正好。"

一声"解元公"叫得柯虹全心花怒放。

阿利也不示弱,狠狠踩阿茂一脚,笑着对柯虹全道:"恭喜三少爷,不,恭喜解元公,贺喜解元公,旗开得胜,马到成功!"

阿茂大嗷一声道:"解元公,他踩我。"

因双手占着,他用肩膀撞着阿茂,横横地说:"我又不是故意的。"

阿茂伸腿踢向阿利的腿,没踢到,噘着嘴道:"解元公,他就是故意的。"

二人闹得柯虹全有些不耐烦。柯虹全道:"你俩天天为个屁事吵来吵去,还不快去把马车赶过来。本少爷考试这几天,你俩天天在外面候着,没有功劳也有苦劳。今日本少爷高兴,准予你俩陪本少爷到附近的文兴楼吃点儿,一会儿还得往家赶呢!"

文兴楼可是省城八大酒楼之一,是官老爷和财主吃饭的地方。阿茂、阿利从未想过自己这辈子能进去吃饭,而不是站在一旁伺候主子,就屁颠屁颠地奔马车而去。

虽然每场考试邱天赐都是早早写完,但每场都在戌时清场时才交卷。只是,邱天赐和柯虹全不知,出任总监贡院内外一切行政事务的"监临"张伯行,时刻关心着考试的进度。张伯行和正、副主考一同入闱后,直到乡试结束他就一直没出贡院。

为不影响考生答题,张伯行没进入巷道,而是时不时地在学政杨笃生和正主考戴梦麟、副主考蒋书升的陪同下,登上贡院中的明远楼。明远楼是贡院的中心建筑,也是最高建筑,远眺考生作答的号房一览无余。一排排号房中,正坐着一位位用心作答的学子。张伯行也是过来人,此中的酸甜苦辣他怎能不知。

开考之前,戴梦麟等人陪张伯行登上明远楼。张伯行眺望了一会儿,转头对戴梦麟道:"福建自古就是科考大省,千百年来出过不少国之栋梁和饱学之士。因此,百姓历来都重文兴教,视子弟考取功名为最大荣誉。"

戴梦麟等人纷纷点头。

"一旦一件事过分被看重,就容易向畸形发展。本抚早听闻福建读书人,为功名发奋读书的有,也有些人不择手段,置王法于不顾,公然在考场上干出舞弊的龌龊之事。可恶至极!可悲至极!"

一听考场舞弊,戴梦麟、蒋书升等考官汗毛都竖起来。舞弊是考场最忌讳的话题。倘若考场爆出舞弊案,不管牵涉与否,正、副主考之前所有努力都算白费。而且这种事防不胜防,冒出之前没有丝毫苗头。一场舞弊案牵涉极广,大小官员轻则革职,重则人头不保。考生以及家属亦不可幸免,入狱、流放都算轻判,人头落地也不稀奇。因此,舞弊是考官最不愿谈及之事。

既然福建最高的地方长官出于警示目的说到此事,戴梦麟自然不敢轻视,更何况他早知张伯行是出名的廉洁之官。于是,他忙表白道:"下官自幼读圣贤书,不敢说读出多少造诣,廉耻二字下官还是懂得,断不敢有造次之心,以身试法。为维护王法之尊严,确保考试之公正,下官绝不容忍眼皮子底下发生舞弊之事。"

张伯行捋着胡子点头,指指号房方向道:"本官先替场中士子及福建百姓,谢谢戴侍御。"

戴梦麟道:"不敢,不敢,此乃下官分内之事。考试之初,下官就加强入门检查力度;考试之时,下令提高巡视频率。如若发现稍有异常之举,本官绝不姑息。"

其实,张伯行对戴梦麟是放心的。他早就听说,戴梦麟为官颇有政声,有戴梦麟在,福建这科乡试闹不出什么茬子。

张伯行果然料事如神。进入贡院后,戴梦麟将帘官、房官叫到一起,明确对他们说:"考场中的这些猫腻本主考晓得,也听到过关于福建乡试的一些风言风语。不管之前列位大人如何,本主考主持的这一科绝不允许有舞弊之事发生。列位大人也晓得,如果有差错,即便本主考愿意饶你们,你们的抚台也定不轻饶。"

也许,因为天热,好几位考官头上都冒出汗来。

(二)柯虹全机关算尽,到头来落个竹篮打水一场空

人算不如天算。柯虹全机关算尽,到头来落个竹篮打水一场空。乡试榜单一出,柯虹全顿时傻眼。他与管家四只眼睛,从榜首看到榜尾,又从榜尾看到榜首,愣是没看到一个姓柯的,更别说柯虹全三个字。

柯虹全气急败坏地狠狠踢一脚墙,墙岿然不动,他却疼得大嗷一声,引来众人诧异的目光。无论如何,柯虹全都接受不了眼前的事实。他又仔仔细细看一遍榜单,上面赫然写着邱天赐的名字,另一位帮他做过题的人也在榜上。

柯虹全大骂一句,更多人的目光向他投来。站在一旁的管家怕他当众出丑,失柯府颜面,忙上前一把捂住他的嘴,并在柯虹全耳边低声说道:"三少爷息怒,注意影响,别人都看着呢!"

管家严严实实地捂着柯虹全的嘴,与此同时,他忙低声吩咐阿茂、阿利,以最快速度将少爷弄走。阿茂、阿利畏惧少爷的身份,不敢动手。

管家急了,压低声音愤怒道:"两个不长眼的浑小子,这都什么时候啦,还不快动手? 再不动手,小心回去老爷对你们动家法。"

二人一听家法二字心里发憷,赶忙上来架着柯虹全就走,边走边为自己开脱。

阿利道:"三少爷,不要怪罪小的,小的是被逼的。"

阿茂也忙说:"三少爷,您最知道小的,小的怎会情愿干这事儿?"

阿利小心翼翼地说:"三少爷,不疼吧?"

阿茂道:"三少爷,您要觉得疼就跟阿利说,都是他弄的,我一点劲儿都没使。"

阿利辩解道:"三少爷,不要听他胡言乱语。您还不知道我,我伺候您时向来毕恭毕敬,我咋敢用劲把您弄疼呢? 您忍耐阿茂点啊,他没轻没重的。"

在管家等人的努力下,柯虹全终于被带出贡院,来到马车前。三人松手后,柯虹全踢阿茂、阿利每人一脚。他恨恨地说:"走,找何枕算账去!"说着便跳上马车。

原来,柯虹全乡试之事全由何枕大包大揽地应承下来,他让柯虹全银子花得跟流水似的。柯虹全不知怎么鬼迷心窍,为中举对何枕言听计从。猜题要银子,打点考官要银子,白花花的银子何枕要多少他就给多少。何枕没少要银子,事却没办成,柯虹全能不急吗?

柯虹全气呼呼地来到何枕寓居的府邸。何枕去泉州谈生意不在家。柯虹全气憋在心里难受,他本想去找代他做题而中举的邱天赐和另一个人,转念一想,见到他们说什么呢,只好作罢。柯虹全哪肯放过何枕,隔几天他带着阿茂、阿利气势汹汹地去宝成粮栈。宝成粮栈掌柜见是他来,不敢得罪,笑脸相迎,小心侍候。当得知他是来找何枕的,掌柜只说何老爷外出,具体去哪儿,他也不知道。柯虹全在家越想越窝心,便派家丁四处打听,就是挖地三尺也得把何枕找出来。功夫不负有心人。大半个月后,终于找到何枕。与其说是柯虹全找到何枕,不如说是何枕不请自到。

当何枕出现在柯府时,还没等柯虹全发火,他就把几张银票撂到桌上,轻蔑地看着柯虹全,不紧不慢地说道:"至于吗姐夫? 你们柯府家大业大,就缺这几两银子?"

"这是几两吗? 这些银子在福州城里买座三进大院子都用不完!"柯虹全

拿起银票边数边说道。

"你也知道,这张抚台可不寻常,乃是万岁爷钦举,万岁爷称他'天下第一清官'。他一再警示,乡试不得舞弊。戴主考也反复严明考纪。即便考官、号兵收过银子也不敢造次。这不,该退都退了嘛!"何枕指指柯虹全手中的银票。

"怎么还差一百两?"柯虹全问道。

"我花了。为你这点事我吃苦受累,影响我多少生意,花你点银子还不应该吗?"何枕没好气道。

"事没办成,你还想赖我银子吗?"柯虹全有点着急。

"没办成你能全怨别人吗? 你肚里那点墨水,自己还不知道? 落榜的卷子不是早发下来了吗? 你自己对对,猜中的内容你大部分没答对。不是张冠李戴,就是胡写一气。答错都不知道,还误认为自己答得多好呢,天天瞎沾沾自喜。"何枕说得句句不假。

柯虹全被何枕说得哑口无言。他有点纳闷,何枕怎么知道得这么清楚? 看来他的能量果然广大。柯虹全清楚自己学识有限,自知理亏,再不依不饶只会让小舅子更加轻视自己,只得作罢。

(三)科考是取士时衡量学识的公平秤,考官就是秤杆上的星

这科乡试,较之往科,邱天赐感觉明显不一样。用一个字来形容,那就是"严"。进入贡院检查异常严,巡考官、号兵巡视异常严,巷道栅门关得异常严。只是他不知道,挑选内帘官也异常严。

如果说,科考是取士时衡量学识的公平秤,那考官就是秤杆上的星。乡试的正、副主考由皇上亲自选定。主考出京时,朝廷颁赐礼物,曰"送主考"而不称"赐",以示礼遇优渥。而考官均由地方自行挑选。这是张伯行第一次"监临"乡试,他当然很重视。挑选考官时,他就明确对福建学政杨笃生说:"'三更灯火五更鸡,正是男儿读书时。'我等皆科举出身,知道读书辛苦。如何不让勤勤恳恳的老实人吃亏,不埋没真才实学者,这就要看考官。望年兄在挑选考官时一定谨慎再谨慎,在看总考官学识的同时,还要考察他们的德行。考官品德直接影响到科考的公正,因此,断不可马虎。"

八月初三,万里无云,天气不算太炎热。正、副主考戴梦麟、蒋书升作为"皇华使者",一路乘坐贴着封条的轿子,终于抵达福州。闽浙总督梁鼎、福建巡抚张伯行将正、副主考一行迎入贡院。

　　史载:梁鼎,字公调,陕西长安县人。康熙十三年(1674年),以其父战功授川陕督标左营游击,曾在观音堂打败王辅臣叛军千余人。历迁江西袁州副将、江南苏松水师总兵、福建陆路提督。康熙四十五年(1706年)五月,升任闽浙总督。康熙皇帝南下时,手书"旗常世美"四字相赠。

入闱仪式非常隆重威严。最前边是全副仪仗开道,正、副主考及作为"监临"的张伯行,身着朝衣、朝冠,端坐八人抬的没有顶篷、没有轿围遮拦的显轿上。

其余监试、考官等人,根据其官阶,或乘八抬大轿,或坐四人抬的轿子,跟随其后。队伍浩浩荡荡,一路引得百姓纷纷驻足观看。

百姓但见仪仗威武大气,官轿气派庄严,羡慕不已。不少人现场教育自家子弟好好读书,日后也坐到八人抬的轿子里去。

四位差役抬着一个木箱行在队伍的最后。

很多人不知道箱中装着何物。箱中不是别物,乃是一口铡刀。这铡刀并非农具,不铡草料,而是为腰斩行刑所用,专为正、副主考官犯科场大罪所备。抬铡刀于其后,其实是起震慑、警示考官的作用。

正、副主考戴梦麟、蒋书升及众考官被官员高调迎入贡院后,一直居住其内,绝不与地方官员、此地亲朋等外界接触,此举被称为"锁院"。唯一外出一次,乃是乡试开考的前一天,参加由福州知府石曰琼主持的"入帘上马宴"。

宴毕,戴梦麟、蒋书升带着众考官再次回到贡院,张伯行早已在贡院中等候。魁星阁内,香案上香炉、蜡烛、供果一应摆好,只等考官们赴宴归来。

魁星阁与号房相连,是贡院中的重要建筑。此阁造型犹如一只鸿雁,欲振翅高飞,凌空翔翔。阁中所供乃是魁星,二十八宿之一,北斗七星中前四颗星,即天枢、天璇、天玑、天权。魁星是主宰文章兴衰的神,在读书人心目中具有至高无上的地位。神像取"魁"字会意而塑,一脚翘起如魁字的大弯勾,一手执笔若点状,以示点中者为考试合格之人。每当开考之前,考官和考生都要前来祭拜。

张伯行带领戴梦麟等考官祭拜魁星。行过礼后,他带领众考官郑重在魁星神像前立誓,考试公正、公平,绝不做有违清正廉洁之事。

祭完魁星,考官各安其职,至公堂后的一道门上挂一帘,隔出内、外帘官。监临、外提调、监试、收掌、誊录等考官在至公堂外,称外帘官;主考、同考官居内帘,主要负责阅卷工作,其助理提调、监试、收掌负责管理试卷,称内帘官。放榜前,内、外帘官不相往来,有公事在内帘门口商议。

考官除戴梦麟、蒋书升外,都是在福建任职的官员。张伯行入闽之后的所作所为,大家有目共睹,且对他的清廉早有耳闻。因此,对他多有敬畏。

如今,众人又在魁星神像前发过誓,更有顾忌,谁也不想成为那口铡刀下之鬼。即便有些人有舞弊之心,也无舞弊之胆。

往科福建乡试考场并非绝对风清气正,而这科大家只求安分守己、平平安安、顺顺当当,发财之事绝不敢再想。收过柯虹全银子的考官也是这么想的,所以,才会有事后考官将银子退给何枕,何枕又退还给柯虹全。

(四)张伯行用老家面条犒劳正、副主考和考务人员

乡试顺利结束,戴梦麟、蒋书升好似肩上的担子卸去一半,张伯行也如释重负。开考前,张伯行曾对戴梦麟、蒋书升说,等士子考试结束,他要请二位主考吃面,吃家乡有名的芝麻酱面,还要请老乡杨笃生作陪。

考试结束的第二天,考官们紧张地做着阅卷前的准备工作。转眼间,一上午时光就在忙忙碌碌中度过。刚到饭点,戴梦麟、蒋书升和考官们陆续来到饭堂,张伯行和杨笃生正坐在餐桌旁等候。见二位主考到来,张伯行笑呵呵地起身,将戴梦麟、蒋书升二人让到桌边。酒过三巡,菜过五味,到该上主食的时候,但见差役端上一大号瓷盆,蒋书升眼前一亮,盆内盛的是面条。

蒋书升是直隶人,对面条有无比寻常的喜爱,不管是汤面还是捞面他都喜欢吃,一天不吃面条便想。来福州这么多天,福建方面自然盛情款待。虽然也有条状食物,却是米做的米粉、米线之类。他实在吃不惯,就想吃碗面条,哪怕是杂面做的也好。只是作为皇上钦点的副主考,他不宜开口。没想到,张伯行果真没食言,这让他欣喜万分。面条刚端上,菜码还没来得及上,

蒋书升不由分说,自己实实在在地盛了一大碗。

紧接着黄瓜丝、荆芥、芝麻酱、蒜泥、辣椒酱等菜码、调料也一同端上。

杨笃生看到荆芥十分惊喜,蒜泥、荆芥可是老家吃麻酱面的标配。自从离乡宦游后,他几乎就再没吃到过此物。看到芝麻酱、蒜泥、面条,杨笃生突然有一种"浮云游子意,落日故人情"的惆怅。

戴梦麟虽世居扬州,但他是山东籍,在京城及北方为官多年,对面食也还喜爱。尤其是麻酱面,他做京官时也常吃。这盆面条让戴梦麟想起在京为官的日子。

张伯行笑着招呼大家道:"列位大人,请动筷。这面条是本抚家中所擀,面是本抚仪封老家田里麦子所磨,芝麻酱也是本抚仪封家中地里长的芝麻所做,大蒜也是本抚仪封家中地里所长,黄瓜、荆芥乃是随本抚来闽的家人在抚衙后花园中所种。请列位大人不要客气。"

"那卑职就不再客气。"蒋书升边往碗中夹菜码、放调料,边笑着说道。

戴梦麟往碗中盛过面条,又舀好几勺芝麻酱。

杨笃生猛地往碗中夹荆芥,还笑着埋怨张伯行道:"抚台呀抚台,抚衙中有这上好东西,怎么不早说哩,也让下官去打打秋风。"

"列位大人只管吃,面条管够,后厨还有。这些日子大家辛苦,今日每张桌上都备有面条。本抚要用家乡的麻酱面,好好犒劳犒劳大家。"张伯行看面条挺受欢迎,笑道。

正津津有味地吃着面条的杨笃生接道:"是呀!在我们老家,百姓平日里都是吃杂面、红薯面,夏天能吃上白面擀的面条,哈哈,那可是要说道几天的美事哩!"

"本抚老家有个说法,原汤化原食。"张伯行让差役为每人端上一碗面汤。

喝口面汤,杨笃生说:"这汤好,在我们老家这汤也有讲究哩。"

"怎么讲?"戴梦麟好奇地问道。

杨笃生道:"头遍饺子汤,二遍面条汤。这汤一喝就知道,是行家给盛的,下过两遍面条的汤。"

贡院中参与乡试的人,上至主考官、下至守门的差役,足有好几百口,保证每人一碗面条谈何容易。早在张伯行向正、副主考官许诺的当天,他就将这项任务安排给大黑。

大黑听完张伯行安排,眼睛瞪得溜圆说:"老爷,这可是有几百张嘴呀!"

张伯行看着大黑道:"不就是一顿面条吗,就把大黑给难住?"

大黑道:"难倒是难不住,白面还好说,一二百斤面府上还是有的。只是,这黄瓜、荆芥在福州可不好找。"

"黄瓜、荆芥,抚衙后花园种的不是有吗? 黄瓜不够到市场上买,荆芥估计这里市面上不一定有,那就给主考官这桌备上一盘,其他人谁要就给他夹些。呵呵,荆芥这东西气味冲,没吃过的人不一定吃得惯。吃饭的人多也不当紧,到时咱府上的人都出,和面、擀面、下面、打下手,分工明确,应该不会出差错。"张伯行道。

大黑点头笑道:"老爷这么一说,我心里就有底。到时我提前准备,保证不给老爷掉底。"

为让每位考官人手一碗面条,可把大家忙得一塌糊涂。虎子、铁蛋等人负责和面;胖孩、二猛等人负责擀面条;大黑、扎根负责切黄瓜、下面条、过水;大仪、三奎等人负责择荆芥、和芝麻酱、剥蒜、捣蒜泥,他们在贡院的后厨忙活大半天。看着大家吃得很满意,大黑他们也十分开心。

吃着面条,有人觉得抚台从上到下一视同仁,心里热乎乎的;有人心中却在暗笑,堂堂一省之巡抚,请客不要说鸡鸭鱼肉,连鸡蛋都没见,未免太抠、太寒酸;有人觉得一碗素面条正体现张抚台清如水、廉如镜的本性。

(五)上不能辜负朝廷重托,下不能埋没有才之人

接下来是阅卷环节。阅卷乃考试中的重中之重,此环节直接关系到举人的最终录取。好在阅卷内帘官是经过精心挑选的,张伯行对内帘官能公平公正批阅很有信心。

阅卷对于内帘官来说,可是个体力活儿,第一步更是费力费神。为防范舞弊,要把卷子弥封、糊名,每张试卷均由专人誊录一遍,由内帘官批阅。

誊录由外帘官负责。工作开始后,张伯行每天都要到各房间去转转。当张伯行转到陈帘官所在的房间时,他看到陈帘官面对考卷一脸为难,便走到跟前问道:"陈帘官有何为难之处?"

陈帘官见是张伯行,便起身回道:"禀抚台,下官誊录的这份试卷,开头字

体极其工整,越往后笔迹越潦草,到结尾处潦草到实难辨别。下官有心弃之不誊,但发现此卷撰文思路极佳,文风不输唐宋大家,实在不忍弃之。因此,在费力辨识文字。"

字如其人。字是一个人的门面,尤其是想参加科举的读书人,更要能写一手工工整整的馆阁体。阅卷时一旦遇上字体潦草者,考官可以直接弃之不用。陈帘官以前当过一科的考官,淘汰的潦草试卷不是一份、两份。

听陈帘官此言,张伯行拿起考卷,皱皱眉,卷上有好大一块墨痕。没看几行,他就觉得一股老辣的文风扑面而来,越看越喜欢,越喜欢越想看,字迹潦草也不妨碍他阅读的兴趣。

此卷非别人所写,正出自邱天赐之笔。

最后一场考时务策。发下卷子,邱天赐仔细阅读完题目,不由心中大喜。五道策论有三道他之前便写过,剩余两道他曾写过一篇,与其类似,只需稍加改动即可。

他突然想起,昨日,他在居住的客栈,一大早就听见喜鹊叽叽喳喳不停,原来应到这件事上。有这几篇策论撑着,这次考试胜出十拿九稳。于是,他奋笔疾书,似乎要把这些年的不得志,用笔全倾泻出来,然后,志得意满地当解元公、奔状元郎去。

五道时务策对他来说本就不在话下,何况其中三道又写过,只要默写出来即可。第三场,邱天赐提前一天半就完成。接下的时间对他来说是惬意无比,他要好好享受最后乡试时光,直到交卷的当天早上。

早上,邱天赐一觉醒来,突然,想起什么,不觉打个冷战。他想到,他写过的时务策中,有两道类似柯虹全给他的题目,另一道他去年写过。柯虹全给他题目的时务策,他按之前的默写一遍,算不算作弊? 如果不算作弊,也让他良心过不去。做人要光明磊落,这种龌龊之事非正人君子所为。他思虑再三,决定另起炉灶,重写这三道策论。赢就要赢得理直气壮,输也输得心安理得。时间所剩不多,说写就写。

为重写这三道时务策,邱天赐早饭没有吃;午饭他就着凉水啃几口烧饼;晚饭为赶时间,他同样什么也没吃。第三道时务策他冥思苦想良久,迟迟不能下笔。忽然,灵光一闪,他如有神助般才思泉涌。交卷的时间马上要到,最后这道策论他才起头;大家都开始交卷了,他还在写;来清场的号兵已到巷门,他还在写。因为心急,邱天赐的字越写越快,写得龙飞凤舞。还好,当清场的号兵即将走到他的号房,他终于写完。

写完之后,他会心一笑。不管考得怎么样,他觉得自己问心无愧。正当他长出一口气时,蜡烛的火苗闪烁不定。他伸手去拨烛芯,衣袖不小心蹭到砚台,沾上不少墨汁。更要命的是,袖上的墨又染到答卷上,他毫无察觉。当他发现时犹如晴天霹雳,再努力擦拭也无济于事。

从前后字体对比上不难看出,考生是因为心急才将字写得潦草,可能是答题的时间不够。答卷虽有墨痕,却是在空白处,倒没影响到文字。张伯行极爱惜这位考生的文采,他叮嘱陈帘官细心辨认,争取将这篇策论完整地誊录出来。

午间,张伯行语重心长地对就餐的外帘官说道:"作为考官,咱们行事要光明磊落,上不能辜负朝廷重托,下不能埋没有才之人。"

九月,桂花开得正盛,也是乡试发榜的日子。当邱天赐在榜单上看到自己的名字时,欣喜若狂。乙榜第十三名,面对榜单他喜极而泣,父子两代人的心愿终于实现。

(六)福建百姓称赞,"武闱从未有如此公正者"

男儿何不带吴钩,收取关山五十州。
请君暂上凌烟阁,若个书生万户侯。

大黑读书不行,从小却有驰骋边塞、建功报国的雄心壮志。年轻时父母在堂,不便远游,终成他一生之憾事。当他听说张伯行要主试乡试武科,便跃跃欲试,央求张伯行去教场主试时带他去见识一番。张伯行知道他那点小心思,欣然应允。

"乡试"一词源自《周礼》中"乡里举士"。《周礼》中有"三年大比"之制,因此,乡试历代大都三年举行一次。清承明制,乡试逢子、午、卯、酉年为正科,遇庆典加科为恩科。常言道,学会文武艺,货与帝王家。科举取士既设文科,又有武科。武科一般在文科之后的十月举行,也称武闱。

大黑最遗憾的就是,练大半辈子武术,连武考场都没进过。不像大仪,孬好还中个秀才。有时,他看大仪埋头读书就生闷气,都说"五十少进士",可年过半百的读书人中举人、中进士的大有人在,而练武之人到五十岁……唉,不想也罢,越想越伤心。

开考之日,大黑作为张伯行的随从来到教场。场内人声鼎沸,大家都在等主试出现,考试好正式开始。教场之中,旌旗招展,将士身上的甲胄明光发亮,场面好不气派,把见多识广的大黑也给震住。教场之大也让大黑难以想象,与老家他常练武的打麦场相比,简直一个天上、一个地上。大黑暗想,这里不要说练武,就是遛马也绰绰有余,哪天俺要是能在这里练上两套拳,该有多美!

大黑想心事时,张伯行已端坐正中。张伯行环视左右,只见马、步、射分三道,自己作为主事居中而坐,提调、监试分坐左右。他考虑人的视力有限,考场过于分散,总感觉会顾此失彼。监看不到,势必为作弊之人带来可乘之机。公平起见,这种布局不可取。

正当张伯行考虑改进办法之时,主考官前来请示道:"禀抚军,一切准备就绪,只等抚军一声令下,考试便可开始。"

张伯行问道:"马、步、射分三道,是否同时考试?"

主考官心想,张抚军果真是书生,对武行一窍不通。这么多人,不三道同考,要考到猴年马月啊?他回道:"禀抚军,马、步、射历来同时考试。"

张伯行思考片刻道:"三道同考,势必会分散考官的注意力,给心怀不轨者以便利。公平起见,还是合为一道,场上考试一目了然。"

两旁的提调、监试也点头赞同。

主考官道:"只是……这三道同考乃为惯例。"

"事是死的,人是活的。发现弊端,及时改正,才能令众人服之。"张伯行斩钉截铁道。

主考官见张伯行主意已定,提调、监试也赞同,自己再说什么也无济于事,只得下去安排合道事宜。

武科不比文科,考生独自关起门做文章即可。武科考生要排队依次测试马射、步射、舞刀、掇石等项。只有前两场博得头号、二号者,才有资格入三场试策论,即笔试考兵书,论考儒学经典。

不一会儿,考试便开始。大黑认为三道合一道更好,这样他能看得更清楚。前几天打听过,第一场先考马射。他伸着脖子望去,很快,一匹骏马疾驰而来。这骑马之人不是旁人,正是陈逸雄。

陈逸雄,年方三十四岁,乃建宁府建阳县人,十足的公子哥。他中举人不为当官,也不为考进士,只为能在乡里做个天不怕、地不怕、谁也不敢惹的小霸王,或者说,能安稳地做富家翁。

福建向来有"陈林半天下,黄郑排满街"之说,建阳县也不例外。陈氏在此县虽为最大的姓,但并非同一宗族。陈逸雄家人丁不旺,自己的宗族也人单势孤,但他家资产巨丰,乃是他祖上四代辛苦积累而来。都说,富不过三代。传到他义父手中败了不少,轮到陈逸雄更是吃啥啥不剩、干啥啥不行。虽说家道没之前兴盛,毕竟瘦死的骆驼比马大,他家在建阳县还是能数着的大户。

树大就会招风。张元隆要往建宁扩展生意,看上陈逸雄家粮行。外甥何枕连吓唬带骗,出很低的价将陈家在府城、县城,连总号带分号,总共七家店面悉数收购。可恨的何枕还捎带走陈家的三家当铺,搞得陈家元气大伤。

陈逸雄听人说,张家在官府中有大背景,他弟弟和京城里一位大有来头的满人官员关系亲密,道台、知府见他都得高看一眼。陈逸雄是个没权没势的土财主,哪惹得起他们,一家人只得关起门生闷气。

省城的人欺负他也就算了,本乡本土的人也来占陈家便宜。邻村的黄秀才欺负他官府没人,同县里捕头勾结,用卑鄙的手段低价买走他家一百亩良田。亡羊补牢,经好心人指点,他准备考个举人老爷撑撑门面,以免今后再被人欺负。

陈逸雄读书实在不行,走文科的路半点行不通。幸亏他自幼就胡乱练些功夫,骑马射箭、舞枪弄棒都会,只是不精而已。陈逸雄稍做打点就混成武秀才,这不,他又混个资格来参加乡试。

正当陈逸雄暗叫倒霉,怎么头场马射他排在第一名考时,消息传来,考场三道合为一道。陈逸雄听说,要在主试张伯行眼皮底下考,心中暗暗叫苦。他早听闻,张抚台是能和包公相比的大清官。事已至此,跑是跑不掉,只得硬着头皮上来比。不比还好,陈逸雄一比就露馅,就他这点本事,当秀才都不够格。

头场马射。道旁竖着三个靶子,每个靶子相隔三十五步,考生骑马三次,发九箭,中两箭以上者为合格。看似简单,对陈逸雄来说并不容易。他勉强中两箭,其中一箭很幸运,刚好挂到靶边。

第二场为步射。箭靶为布制,考生需在八十步内射九箭,中两箭以上者为合格。这次陈逸雄超常发挥,连中三箭。接下来的开硬弓、舞刀、掇石,陈逸雄考得一塌糊涂。

两场考过,陈逸雄自然没有参加第三场试策论的资格。

陈逸雄的同乡林宇冠要比他幸运得多。他以优异的成绩取得参加第三场考试的资格,让陈逸雄好不羡慕。陈逸雄自认倒霉,遇上张伯行,害得给考官的银子打了水漂。

陈逸雄不知道,林宇冠武试还行,文试他就差得多。他充其量就是一介武夫,哪懂得高谈阔论排兵布阵的事情。

张伯行命将考生所做的策论试卷全部集中起来,考官们共同批阅,改卷严格、谨慎程度,丝毫不亚于文科。

董提调家与林宇冠家是世交,他知道林宇冠文化上那点水平,斗大的字不认识一箩筐。董提调认为,通不通文墨与舞刀弄剑、本领高强没有半点关联。眼看林宇冠中举无望,他借林家的八百两银子不能不还,仗着他是闽浙总督梁鼐的门人,打算向张伯行举荐林宇冠。

董提调还没说完此事,张伯行就生气道:"胡闹,科举乃朝廷选拔栋梁,本抚怎能妄加做主?"

"还望抚军网开一面。"董提调不识趣地又说道,他小声嘟囔句,"这等小事,以前的抚军没有不应允的。"

"只有自己有私情,所以才会徇私情。而本抚自感无愧于心,从不做徇私之事。"张伯行大义凛然道。

说得董提调灰头土脸而去。

武科榜单一出,百姓纷纷议论,福建武闱从来没这般公正过。

二
教化台湾

（一）张伯行依照康熙帝圣谕，对台湾府百姓教育感化、用心安抚

上马带吴钩，翩翩度陇头。

小来思报国，不是爱封侯。

万里乡为梦，三边月作愁。

早须清黠虏，无事莫经秋。

台湾府西隔台湾海峡，与福建陆地遥遥相望。全府由台湾岛和周围属岛，以及澎湖列岛两大岛群共大小80多个岛屿组成。自张伯行到任福建后，台湾府一直是他挂心的地方。

康熙二十二年，福建水师提督施琅率军从郑克塽手中收复澎湖列岛、台湾岛，终结郑氏数十年的地方割据。自此，台湾岛重归朝廷管辖。第二年，朝廷在台湾岛设一府，即台湾府；辖三县，即台湾县、凤山县、诸罗县，其中，台湾县为附郭县。同时，又在台湾岛设总兵官一员，澎湖列岛设副将一员，隶属于福建省，归分巡台厦道管辖。

张伯行来福州上任前，关于台湾府之事，康熙帝专门对其交代："台湾岛虽孤悬海外，却与内陆同根同源、同文同种。台湾岛久经战乱，百姓一心只盼休养生息、安居乐业。张爱卿此番巡抚福建，一定要治理好台湾府。首先，要维护国家统一这一基石。其次，要夯实社会安定这一基础。只有如此，才能更好地为岛上百姓谋福祉。台湾岛重归朝廷管辖不过二十余年，郑氏在岛上必然残留一定的影响，对于朝廷政令一定会有所干扰阻挠。因此，张爱卿对

百姓要用心安抚,秉着交流包容、推己及人、将心比心的原则,增强百姓对朝廷、官府的信任。'和羹之美,在于合异。'只有安抚好人心,台湾才能长治久安。"张伯行一一牢记于心。

康熙四十六年秋,台湾府先是秋旱,后又遭台风,田地被毁,百姓苦不堪言。当年十月,张伯行上奏朝廷蠲免三万余石,百姓万分感激。自然灾害虽赈,而因驻台兵士飞扬跋扈造成的扰民严重,张伯行思虑不已。新任台湾镇守总兵官崔相国上任前,福建巡抚张伯行和福建总兵杨辅鼎一同召见他。

　　史载:崔相国,河南汝宁府人。康熙四十六年,任福建台湾镇守总兵官。康熙五十年十月,调浙江处州镇总兵官。

崔相国来见,礼过落座。张伯行道:"台湾岛自康熙二十二年收复以来,朝廷对其十分重视。台湾全府四面环海,除西边与陆地遥望外,其余方向皆茫茫大洋。如今,岛上驻兵跋扈,扰民严重。如何确保台湾府安宁,本抚想听听崔总兵之高见。"

"标下以为,岛上治安混乱由来已久,乃是顽疾。对久乱之地必用重典,一可震慑怀不轨之心的刁民,二可清剪怀贰心之乱臣贼子,三可惩罚兵痞、无赖。罚一批,关一批,杀一批,不出半载,必可起到立竿见影之效果。到时,台湾府百姓安居乐业,自然税赋丰盈。"崔相国洋洋得意地回道。

崔相国对自己的想法很是得意,没想到张伯行却面露不悦。

崔相国说完,张伯行摇头道:"崔总兵此话差矣!台湾府虽偏居海上,与内陆却有千丝万缕的联系,可谓牵一发而动全身。前不久,郑克塽在京城病逝,势必造成余党人心浮动,为台湾府以及福建各府州带来不安定的因素,此乃当务之急。本抚已下令各府州、各镇加强防范。崔总兵到任后,也要小心应对,严加防范。如有异动及时上报,及时处置,莫使其酿成燎原之势,惹朝廷怪罪。"

崔相国连连点头。他向张伯行拱手道:"抚军所言极是。标下自知愚钝,恐应对不周,酿出事端。但请抚军看在同乡之谊,指以万全之计,也好按令行事。"

张伯行道:"本抚来福建上任前,皇上面授治闽机宜。圣谕,对岛上百姓要教育感化、用心安抚。本抚以为,对于岛上军民,要以良恶区别对待。岛上百姓多数世居于此,以耕田捕鱼为业,与世无争,安分守己。台湾府山地多、平原少,每年必遭台风之害,旱灾亦是常发,百姓生活很是不易。"

杨辅鼎道:"目前,岛上治安乱,主要在驻兵跋扈。今秋先是干旱,又遇台风,谷物减产大半,百姓本就苦不堪言,再加上兵痞欺压,百姓生活可想而知。"

张伯行道:"因此,对于绝大多数百姓要以安抚、引导为主,创造条件,令他们安居乐业才是上策。对驻兵加强训练、教化,整顿军容,赏罚分明,从而稳定军心。对于兵痞和少数亡命之徒要施以重拳,彻底铲除,绝不可手软。"

崔相国请示道:"请抚军和总兵放心,标下到任就按抚军之计行事,定能保台湾府全境百姓平安。只是,标下也有耳闻,台湾府的驻兵不好带,兵痞跋扈由来已久。如何在短时间内彻底整治,还望大人明示。"

张伯行道:"处置兵痞倒不难。寻衅跋扈皆结伴行事,定会有主事的头领。'诛一恶而众恶惧。'崔总兵只需暗中查出带头之人,将他所犯之事一一查实,让众兵士心服口服,将领头者和主要帮凶押送福州,处以重罪。"

杨辅鼎道:"这样,一则,杀鸡儆猴,起到震慑全省驻兵的作用;二则,跋扈者皆为群胆,他们群龙无首自然不敢再为非作歹。如此,军中便可安定,百姓也不再遭兵痞之苦。"

崔相国点头应之,心想,听君一席话,胜读十年书。治理百姓那是文官之责,我只要管好驻兵,应对好突发事件,巡好海防便万事大吉。张抚军高瞻远瞩,到任后就按他预定的方针行事不会有错。

崔相国到任后,按张伯行的计策行事,果然效果显著。

(二)阿美回到岛上就碰见兵痞扰民骚扰百姓

张伯行对台湾府的情况摸得如此透,有不少是林水晗夫妇的功劳。

今年,是林水晗母亲六十九岁。按照做九不做十的习俗,林老夫人今年该做七十大寿。常言道,人生七十古来稀。林家在本乡本土可是望族大户,老夫人的七十大寿可马虎不得。作为长子的林水晗,为给母亲排排场场地做回大寿,他向鳌峰书院请十五天长假。作为长媳,既要面子、喜欢排场又办事干练的阿美不会让人说闲话。为了给老夫人做寿,阿美提前安排好店里的事,带着女儿一个多月前就回到台湾府。

林水晗两口育有一儿一女,儿子小名叫蚌仔,今年十八岁。有其父必有其子,蚌仔聪明,读书用功,去年得中秀才,如今在台湾府学读书。他比当年父亲林水晗中秀才的年龄还小两岁。女儿唤作阿秀,年方十五,长得如花似玉,尚未许配人家,跟父母在省城居住。

选好黄道吉日,母女二人由老仆欣哥和丫鬟阿巧陪着,带上给家人的礼物衣锦还乡。四人在台湾府城登上海岛,下船后没直接回凤山县,而是雇辆马车,进城直奔林水晗的三弟林水浩家。阿美好长时间没回台湾府,她要在府城住上几天,到亲戚家串串门。更重要的是,她想儿子了!

林水浩住在城内宁南坊一座两进宅子里。林家在府城内的几家店铺全由他照管。阿美坐在马车里,远远传来嘈杂声。

马车还没到林家门前,欣哥就让车夫将车停下。他隔着车厢帘对阿美道:"夫人,三老爷家门前乱糟糟的,应该是出了什么事情。"

阿美撩起车厢帘,将半个身子探出,伸着脖子向三弟家望去。果然,林水浩家门前围着不少人,叫嚷声就是从那里传来的。阿秀也好奇地将头探出。

欣哥道:"夫人,要不老仆先过去看看?"

阿美对欣哥道:"把车停在这里,我俩一起过去。"

她又对阿秀和阿巧道:"你俩待在车上看好行李,不要乱跑。我和你欣伯一会儿就回来。"

二人走近,听声音像是一大帮人在向林家讨要什么。

欣哥客气地问最外边看热闹的老者道:"敢问这位老哥,里边发生什么事啦?"

"还能发生什么事? 不又是兵痞子来闹事,还能是什么!"此人气愤地回道。

旁边一人忙拽拽他的衣角,示意不要多说话。

老者提高嗓门道:"我一穷老百姓,家里没金、没银,我怕什么? 他们还能把我给吃掉?"

旁边一中年人叹气道:"唉! 造孽呀! 这帮兵痞子不但强迫商户每月给他们交保护费,还隔三差五找他们要钱要物。"

老者道:"这哪是兵呀,明明就是匪。这帮人可把城里的商户害惨了。"

中年人又说:"兵痞向商户要钱,商家就涨价,到头来还是羊毛出在羊身上。今年遭旱灾,物价又一涨再涨,真苦的是我们这些小老百姓。"

"百姓们去军营找总兵,刚到营门就被守门的兵卒给打散。大家又到府衙,太尊不见,师爷出来说,城内治安归台湾县管。大家又去县衙,太爷也不露面。"老者道。

中年人接道:"唉! 若是早年那位陈瑸陈太爷在,兵士们也不敢跋扈。陈太爷一心为民,哪像这位县官胆小怕事。"

阿美了解到情况,气不打一处来。乾坤朗朗,堂堂府城之内,居然还会有这般以强欺弱之事。她要会会这帮目无军法的兵痞。她与欣哥费很大劲儿,才挤到人群最里边,只见林家大门紧闭,几名兵士边拍门边叫嚷。

阿美和气地笑道:"各位军爷,有话好好说。门是别人的,军爷的手可是自己的。门没砸坏,反倒把军爷们的手砸出好歹,看郎中、吃药不说,自己不得受罪吗?"

阿美话音刚落,就惹得围观百姓一阵大笑。

领头的中年兵士正在气头上,转头一看说话的是位衣着不俗的中年妇人,没好气地说:"羊群里跑出个骆驼,咋就你个大? 这么多人都不吭气,一个妇道人家,咋就数你的话多? 去,去,去,哪凉快上哪去。老子的拳头可不是吃素的。"说完,他举起拳头向阿美亮了亮。

此人声音很尖。但见他精瘦,个头不高,三角眼,颧骨突出,两腮塌陷,腮帮子上长颗黄豆大的黑瘤,瘤上长的黑毛二指多长。他歪戴帽、太阳穴贴张小膏药,号衣脏兮兮的,连衣服上的盘扣都没扣齐。不用想,一看就不是什么好鸟。

阿美不甘示弱道:"军爷哪能这样说话? 军爷的手是自己的,这门可是人家的。军爷们若私自将门砸坏,律条上写着,私闯民宅可是要吃官司的。军爷们就不怕?"

"怕? 哈哈,老子活这么大,就不知道什么叫怕!"另一位高个兵士轻蔑地大笑道。

"吃官司? 在这儿老子们就是王法。滚,这没你的事,快滚。惹怒了爷爷们,有你好受的。"一个满脸横肉的兵士恶狠狠地吓唬道。

兵士们边与阿美说话,边继续拍门叫嚷,满口不堪入耳的污言秽语。

阿美不急不恼,慢声软语地对兵士们说道:"哎哟!军爷说的当然不假。军爷手里有刀、有枪,当然就是王法。只是,奴家听说这家主人的大哥是举人。"

领头兵士道:"啊呸!举人算什么?照这么说,老子还是进士呢!"

"听说是在什么巡抚衙门里当差,还是抚台身边的大红人,不知是真还是假。"阿美故意将巡抚衙门、抚台等字眼说得声音重重的,高高的。

"抚台?还大帅呢!天高皇帝远,他们能管着老子?"领头兵士一脸不屑地冷笑道。

阿美见领头兵士虽不吃她这一套,别的兵士却听得一愣一愣。她脑子一转又道:"噢!奴家还听说,这位举人老爷还与台湾府总兵王元大人拜过把子。不知是不是谣传呀?"

阿美看到三个领头兵士身上不由自主地怔一下。领头兵士听到王元二字,心里也犯嘀咕。又见阿美衣着不俗,谈吐不凡,想必大有来头。满脸横肉的兵士走到领头兵士旁,二人耳语几句。

领头兵士恶狠狠地道:"老子不和妇道人家一般见识。"

他隔着门又对里边说:"姓林的你听好,老子们有要紧事情要办,今日先到这里。限你把东西准备好,明天老子们再来,若是少了,小心你的狗命。"

说完,领头兵士带着一群人灰溜溜地向西而去,惹得围观百姓又是一阵大笑,有人善意地向阿美比大拇指。

阿美见兵痞向他们马车的方向而去,怕有什么闪失,忙示意欣哥跟过去。

果然不出阿美所料。兵痞们走到马车附近,见两位漂亮的小姑娘正向这边张望。一见他们过来,两位小姑娘吓得忙往车厢里钻。有三个兵痞色眯眯的,嘴里不干不净,不怀好意地往马车边凑去。幸亏欣哥见势不好,忙大喝一声,赶紧跑几步护在马车旁。兵痞见是阿美的跟班,不敢造次,极不情愿地离去。不然,非出大事不可。

兵痞一走,林家的大门就打开了。林水浩忙跑出来,向阿美施礼道:"多亏大嫂!多亏大嫂!"

林水浩的媳妇廖氏也迎出来。她惊魂未定,激动地拉着阿美的手,笑道:"好嫂嫂,你咋来了!快进家,快进家。"边说边笑着将阿美往里拉。

将阿美等人安顿好后，廖氏向她诉起苦："这里的驻军太猖狂，把百姓害得可不轻。林家在府城里的四家店铺，每月都得缴五两银子的保护费。此外，兵痞还不定时到店里骚扰，喜欢什么拿什么。前不久，一个胖子带一帮兵才来家中要走半扇猪，昨日又来的这帮人非要两匹布不可。老爷稍一怠慢，领头的兵上来给老爷就是一耳光。大嫂，你说说，这让人还怎么活啊！"说到这里，廖氏的眼泪忍不住流出来。

阿美气愤地说："这事就没有人管吗？"

"总兵大人不管，谁还管得了！这下咱家可好，大伯与王总兵是把兄弟，看他们谁还敢欺负咱家。"说到这里，廖氏又破涕为笑。

阿美快快地说："你大哥根本就不认识王总兵。我是在船上听人说，才知道台湾府总兵叫王元。为镇住那帮兵痞，急中生智，编了个谎。"

廖氏的脸立马由晴转阴，叹气道："他们要是知道真相该怎么办？明天再来闹，又该如何是好！"说着泪又流下来。

"不用怕！"阿美胸有成竹地宽慰廖氏道，"不用怕，从他们的打扮上看，都是普通兵士。行伍里等级森严，一级压一级。他们不敢去找总兵问。"

阿美心中暗想，一定让林水晗将这里发生的一切告诉张抚台。

（三）大清山河虽幅员辽阔，但没有一寸土地是多余的

耕犁千亩实千箱，力尽筋疲谁复伤？
但得众生皆得饱，不辞羸病卧残阳。

张伯行岂不也是如诗中所言！

听说林水晗要回家，临行前，张伯行将他从鳌峰书院叫到府衙。

张伯行笑着对林水晗说："孝敬双亲是大事，皇上以孝治天下，为天下百姓做出表率。只是回乡为母办寿不可一味铺张。"

林水晗忙点头道："抚台勤俭节约的教诲卑职谨记于心。卑职早已想好，此次回乡为母做寿，绝不收官员贺礼。"

张伯行点点头又道："你家乡台湾府地处大洋之中，岛上景、物、人等与陆上并无二致，乃一脉相传、同根同源。"

张伯行说这番话并非空穴来风。早在张伯行到任福建巡抚之初,便对包括台湾府在内全省的地理历史、风土人情一一了解。

林水晗回道:"抚台所言极是。台湾府与福建各府同为山多平地少,同为易旱易涝,同为夏季多台风,百姓同种食稻米,风土人情一脉相承。"

"只是隔洋相望,信息传播不免有所滞后。皇上对台湾府十分挂心。皇上英明,先后平定三藩,收复台湾,驱逐罗刹,大破噶尔丹。皇上认为,我大清山河虽幅员辽阔,但没有一寸土地是多余的。本抚来福建前,皇上召见时特别提到,要永保台湾府太平,要多为岛上百姓谋民生福祉。你此次回乡,对岛上情况多加留意,了解了解百姓的生活情况,暗中察访百姓有何困难,本抚也好对症下药,解百姓之急。此外,对于想妨碍百姓过安定生活的人和事,更要用心留意。出于你和家人的安全起见,切莫打草惊蛇,只需用心记下,回来报与本抚就是。"

林水晗听闻此言,非常感动。他没想到堂堂一省之巡抚,竟如此一心一意为百姓着想,千方百计了解百姓所需。而且,还考虑到他与家人的安全,林水晗心里温暖无比。他感谢张伯行对自己的信任,立即表态道:"小吏回乡定时刻留心,回来后将发现的情况一一向抚台禀报。"

临告退前,林水晗从胸中取出一张洒金宣纸,跪地请求道:"家父常年在外经商,小吏自小全赖家母费心照养。家母年迈,小吏却因常年奔波于外,不能侍母在床前。今正逢家母七十整寿,小吏斗胆恳求抚台念家母古稀之年,惠赐墨宝,为家母书一'寿'字。愿家母喜沾抚台之福泽,颐养天年,小吏一家当永念抚院之恩德。"说完,他向张伯行连磕三个响头。

张伯行想起临来福建之前,求康熙皇帝御赐"积善余庆"匾额,挂于家中祠堂,心中顿时涌起一股暖流。他连忙搀起林水晗,说道:"忠孝岂能两全!虽不能床前尽孝,却能想着母亲,也是孝道。儿行千里母担忧,本抚宦游在外,也常挂心老夫人。"说着,接过林水晗的宣纸来到书案前。

林水晗忙上前为张伯行铺纸、研磨。张伯行取出大笔,饱蘸墨汁,一鼓作气,榜书一个大大的楷体"寿"字。余兴未尽,张伯行命书童取来宣纸,裁好,又为林水晗书写"福寿康宁""海不扬波"两个横幅。

林水晗一眼看出张伯行书法中的寓意。"福寿康宁"不但是写给林家,更是写给全台湾府百姓的,愿百姓幸福、长寿、健康、安宁,多么好的祝福呀!

"海不扬波"从字面上看,是张抚台祈求在被大洋包围的台湾府,风调雨顺,无风无浪,实则是张抚台希望岛上百姓过上好日子。自古征战百姓苦,老百姓的愿望不就是过上太平日子吗?

林水晗打定主意,回乡之后,一定要将张抚台对台湾府百姓的美好愿望,传递给尽可能多的人,让更多百姓知道。林水晗回乡没辜负张伯行的嘱咐,时刻留意身边的人和事。

从府城登岛之后,林水晗归心似箭。他未在府城停留,只在码头随便吃碗担仔面,就雇辆马车赶回家中。林水晗的家在凤山县城东北的林庄,离府城六十里,离县城三十六里。凤山县在台湾府城之南,县城在兴隆庄龟山之麓,南距府城八十里。全县东西五十五里,南北二百七十五里。此县为康熙二十三年设置,乃台湾府三县之一。

车夫看样子三十来岁,牵着马,走在前面。林水晗常出门,知道赶车人不易。马是车夫家最贵重的财产,马拉活儿是车夫一家主要收入。一家人待马跟宝似的,除草料外,还喂玉米、黄豆、麸皮等精饲料。常言道:马不吃夜草不肥。很多人夜里都会给马加一回料。为了马少出力,出车时,车夫从不舍得坐在马车上,他们一般都是牵着马而行。

走过好几里路,车夫一直闷头牵着马,并不言语。林水晗坐在车上感到无聊,便没话找话,和车夫聊起天来。

"兄弟今年多大年纪?"林水晗问道。

"二十八。"车夫没回头,答一句。

"贵姓呀? 如何称呼?"

"小的免贵姓林,大家都叫小的阿峰。"

"哦! 姓林,我也姓林。家是哪的?"

"我家是诸罗县的。"阿峰笑着回头答道。

林水晗也笑道:"呵呵! 说不定五百年前我们还是一家人呢!"

"嗯! 我们福建姓林的好多啦,陈林半天下。我祖上是元朝末年躲乱来的福建,移居台湾岛已有一百多年。"

林水晗几句话拉近两人的关系,阿峰的话也就多起来。

一路的景象让林水晗感到惊讶。路旁田间的稻子蔫不唧耷拉着叶子,看得他心疼。

林水晗问道:"阿峰兄弟,稻子怎么都长成这样啊?"

"客官一定好长时间不在岛上。立秋后,老天爷一个多月没下一滴雨。客官没看到,好多水坑都快见底了。天旱,连草都不好好长,别说稻子。喂马的草料一天一个价,再这样下去,非得涨车费不可。车费一涨,用车的就会减少,生意难做呀!"阿峰回道。

是呀,大米是当地人的主食,民以食为天,稻田都旱成这样子,百姓何以果腹呀? 林水晗让阿峰将车停下,他要到田边看看。正是稻子结穗的时候,急需水攻。可田里不但没有一滴水,土地还出现严重龟裂,道道裂口撕扯着林水晗的心。

他关切地问阿峰:"岛上的田都是这样吗?"

阿峰低头看着枯黄的稻子,叹气道:"我们诸罗,还有你们凤山,旱得和这里一样。我家那六亩晚稻,能收五成就谢天谢地了。唉! 再这么下去,老百姓非得都饿死不可。"

他抬头看着林水晗,愤愤地说:"田都旱成这样,县里的差官老爷们照样还下来征粮。听说,前些日子,我们县有一家人实在无粮可缴,那帮没人性的东西,把人家仅有的三间房给扒掉。客官,你说说这让老百姓还怎么活!"

听得林水晗心里也是愤愤不已。

再次坐上马车,林水晗问道:"如今,岛上太平吗?"

"盗匪倒是不多,就是驻军太坏。听老辈人说,自从荷兰人来,到郑王爷投降,这几十年岛上都没消停过。朝廷收复后,百姓总算过上几天安稳日子。可偏偏冒出些天不怕、地不怕的兵痞子,让人闹心。盗匪是暗的,至少还有些顾忌,而这些兵痞却是明的。他们仗着天高皇帝远,明目张胆地胡作非为,把百姓害得可不轻。"不提还好,提起此事阿峰一脸愤怒,想必吃过兵痞的亏。

到家后,林水晗多付一倍车钱,阿峰说什么也不多收。

林水晗道:"拿着吧兄弟,给马添把细料。"

阿峰看到林水晗诚心诚意,才勉强收下。

(四)林水晗教育儿子要好好读书,做国之栋梁

林庄是个有六七百人的大村子,全村大部分姓林。除此外,还有陈、黄、

刘、赵、李等姓。林水晗家在村子中部,是三座三进院相连而成的大宅子。

林母听说大儿子回来,高兴得合不拢嘴。正要去迎,林水晗就到她卧房门前。林水晗看见母亲,双膝跪倒,恭恭敬敬磕三个响头。林母仔细端详一番,见儿子清瘦许多,看起来也更精干,既心疼,又欣喜。

当林水晗拿出张伯行为她写的"寿"和"福寿康宁"时,林母激动得流出热泪。她做梦也没想到,一个农家老太太过生日,竟收到巡抚的贺礼。

她热泪盈眶地对儿子说:"儿呀,张抚台是好官,他看得起咱们这些平头老百姓。"

林水晗看到阿美将母亲的寿宴准备得井井有条,非常满意。只是儿子蚌仔的想法令他不无担忧。蚌仔比林水晗晚回来两天。他回来之前,阿美已将蚌仔的思想变化告诉林水晗。因此,林水晗打算和儿子好好谈谈。

几个月不见,蚌仔长高许多,还是那样瘦、那样腼腆。林水晗问儿子道:"最近学业怎么样,在府学还适应吧?"

"不好,学不进去,觉得读书没意思,不想读书。"没出意料,儿子对自己所说,和之前对夫人说的一样。

"为什么?"林水晗又问。

"读书不能挣钱。"儿子低着头,抠着自己的手指回道。

"府学不是发几两银子吗?"

"那点够什么!"

"那可是几两银子呀,够小康之家生活几个月呢!"

"我觉得我不是读书的料。读书枯燥乏味,而且没前途。"儿子低着头,继续抠着自己的手指回道。

"你怎么会这么认为?"林水晗非常奇怪,儿子怎么会有这样的想法。

"就拿父亲您说吧,不到十九岁就中秀才,四十一岁才中举人。而何时能中进士,或者说,能不能中进士,还是个未知数。足足二十多年,我不想把大好年华都浪费到这上面。"说到这里,儿子的头埋得更深了。

儿子的话勾起林水晗的感慨。儿子果然长大了,有自己的思想,不简单,能看到一二十年后的事。的确,对一个书生来说,从第一天入私塾到考中秀才、举人,以至进士,寒窗苦读,绝大多数岂止一个十年?自己考中秀才用十二年,从秀才到举人又花费二十一年。说起来不算快也不算慢。像张抚台中举人时也已三十岁,四年之后,三十四岁时就高中进士的确不算多。

"不读书,你想干什么?"林水晗试探性地问道。

别人家都是"严父慈母",而他家却恰恰相反。在儿女面前,林水晗向来慈祥。尤其是教导儿子,一向动之以情,晓之以理。因此,儿子并不惧怕他,反而怕严厉的母亲。

"我想经商。"说到这里,儿子抬起头,眼里闪着光芒,仿佛眼前一条光明大道正等着他。

"像你母亲和三叔那样?"

"不,我才不像他们那样。我要做大生意,带着由十几条大船组成的船队下南洋,再将南洋的好东西运到福建,运到京城挣大钱。像曾祖父那样,当大商人。"

看到儿子说得眉飞色舞,林水晗想起自己的祖父。林家之所以有这么大家业,就是他祖父经商所挣。他听祖父说,他们家世代都是读书人,只是到他这一代,家里实在太穷,不得已才外出经商。祖父辛苦漂泊一辈子,尝尽世间酸甜苦辣,虽挣下万贯家财,到头来士农工商,商人地位最低。正是祖父认识到这一点,才让他唯一的儿子弃商从文。于是,父亲考中秀才,到他这一代自己考中举人,两个弟弟皆是秀才。他还指望儿子青出于蓝,能考中进士呢!

林水晗道:"万般皆下品,唯有读书高。读书才是正道。书读好,像张抚台那样,做国之栋梁,兼济天下苍生。为天地立心,为生民请命,为往圣继绝学,为万世开太平。顶天立地之大丈夫者,当先天下之忧而忧、后天下之乐而乐,岂能如蜉蝣、蝼蚁般,为蝇头之利而沾沾自喜,为贪图享乐而小富即安呢?"

林水晗一席话说得振振有词,越说越激昂,倒把儿子给镇住。蚌仔细细品味一番,觉得父亲的话还有些道理。他沉默片刻,貌似拿定主意道:"练武同样也能做顶天立地的大丈夫,不如今后我就练武吧。既可强身健体,又能做出一番轰轰烈烈的伟业,更重要的是学会武术,就不会时刻提防别人欺负。"

"时刻提防别人欺负? 谁欺负你呀?"林水晗关切地问道。

"府城那些驻军。他们可坏啦,经常来府学勒索我们。那些除了读书啥也不行的书呆子怵他们,我可不怕。他们勒索我钱物,和兵痞讲理不行,我就和他们斗。没想到还挺有号召力，我与他们动起手来，那帮被兵痞欺负的同窗一拥而上，与他们厮打。虽然我们大多人都手无缚鸡之力，但挡不住人多心齐，兵痞们也没占太多便宜。呵呵！经过我们几次自卫，他们来的次数越来越少。"说着，蚌仔洋洋得意地撸起袖子，向父亲炫耀他与兵痞打斗留下的疤痕。

林水晗道："勇于抗争精神虽好，但此为匹夫之勇。一块好铁又能打几颗钉？即便练就一身武功，也要熟读兵书。两军对垒，想以一抵万，只能靠智谋。不论干什么，书乃万万都不可废之物。因此，你还得安心读书。"

蚌仔似乎有所领悟地点点头。

按照张伯行的叮嘱，林母七十大寿没收官绅一份礼。寿宴在阿美的张罗下办得既简朴节约，又热闹排场，林母高兴得合不拢嘴。村民议论，林家的这种形式既不铺张浪费，又办得主家与客人都满意，值得效仿。

公务与学业都不敢耽搁。寿宴后，林水晗与蚌仔在家又停留几日，一个正要渡海回省城，一个准备回府城，突来的一场台风使二人滞留家中。幸亏林水晗晚走两日，不然渡海时非得葬身鱼腹。这场台风来势凶猛，三十年不遇。风刮得昏天黑地，雨下得山洪暴发，连刮带下，一连闹腾好几日，台风才算勉强过去。正当一家人还为林水晗庆幸时，村中惨象让人暗自垂泪。

台风过后，房倒屋塌，村内一片狼藉。很多房屋被风雨损害，不少树木被风刮倒。村边河水暴涨，从上游冲下的泥沙、石块、树木，不但摧毁不少良田，还冲毁村边十几家房舍。台风造成全村两人死亡、十几人受伤。林水晗自家的房子多间不同程度受损，几十亩良田被泥沙、石块覆盖。林水晗和儿子一起清理村中杂物，清扫街道泥泞，疏通河道淤积。阿美拿出家中物品救济灾民，还为救灾人员提供饭食。全家上下忙得不可开交。

（五）张伯行奏请康熙帝：为四川学政觅人易，为台厦道得人难

林水晗回到福州时已超假三日。回来之后，他没有回鳌峰书院，而是直奔府衙，向张伯行禀报在台湾府的所见所闻。

张伯行听完，神色凝重。他没想到台湾府早成这样，更没想到驻军如此跋扈，心情格外沉痛。他仿佛听到台湾府百姓的哀嚎声，这声音刺痛他的心

田。为救岛上百姓于水火,事情紧急,当天下午,张伯行就召来金培生。

金培生刚落座,张伯行不无忧虑地对他说道:"本抚听闻,台湾府今年屡遇灾害。先是秋后遇旱灾,稻田干旱严重。前些时日,又遭数十年不遇的台风袭击,百姓生活苦不堪言。"

"上月,台厦道王敏政差人呈来公文,将台湾府秋旱报于下官。下官认为墒情不能误,当即在公文上批示,抗旱救灾,保人、保畜、保墒情。"金培生心想,这位抚台果不简单,对地方的情况还很了解,亏得我老金事先有所准备。他又回道:"前几日,王敏政又差人呈报,台湾府遭遇三十年不遇的台风,灾情严重。下官随即批示立即赈灾,并命他登岛实地查看。昨日,王敏政差人再报,台湾府与内陆隔着汪洋,救灾物资运达难以及时,恐赈灾有所缓慢。下官即批加大运力,不可延误。"

史载:王敏政,字九经。奉天人,汉军正黄旗。由监察御史外转兴泉道。清康熙四十三年(1704年)移分巡台厦道。待人仁厚,尤加惠当地百姓,严禁通事、社商之剥削、滥派。遇岁荒歉,极力为民申请赈恤,百姓赖以全生。康熙四十九年(1710年)秩满,补广东雷琼道。不久因病卒,民建祠以崇祀之。

张伯行听金培生说得详实,便点头道:"百姓之心只可抚,不可伤,赈灾之事金蕃司还要多费心。本抚还闻台湾府驻军甚是跋扈,扰民严重,地方官府皆不敢管,民怨甚大。"

不说此事还好,一说金培生也满肚子气。台湾府驻军骚扰百姓他早有耳闻。之前驻兵虽气焰嚣张,也不过是小打小闹,百姓们虽有怨气,也没人上告官府。这两三个月情况大异,驻兵接二连三在岛上闹出大事情。数家富户被抢,还打伤多人。似乎有迹象表明,有人还与海盗勾结,祸害沿海百姓,都快乱成兵匪一家。怎奈驻军归各地驻防将军管辖,将军实权虽不及总督,但地位则高于总督。台湾镇总兵正二品,远远高于台湾府知府从四品的官阶,知府哪里敢管驻军的事,驻守将领更是不管。道、府上报多次,道员去文请其整治,军方一味搪塞,金培生一点办法也没有。

金培生恨恨地回道:"台湾府驻兵骚扰百姓,下官早有耳闻,台厦道员也去文与台湾镇总兵沟通过。军方回复,有几个兵士与百姓因误会产生点摩擦,一查都是些小事情。将兵士关起后,各打五十军棍。但扰民之事仍旧时有发生,还望抚台想一良策,解百姓之忧。"

金培生走后,为减轻灾民负担,张伯行提笔上疏,恳请朝廷再为台湾府百姓减免税粮。眼见为实,耳听是虚,张伯行决定亲自登岛,到台湾府实地查看。

蓝天碧海,水天一色。第一次漂洋过海的张伯行很是感慨地说:"皇上圣明,收回台湾,两岸同胞都是大清子民,我等一定要把台湾岛的事做好。"

总兵杨辅鼎为张伯行安全计,亲自乘船护送。他向张伯行介绍台湾情况,说道:"台湾最大问题就是穷人太多、匪患严重。现今台湾道治理无力,多次受朝廷训诫。"

张伯行听过杨辅鼎的话,陷入沉思。他对时任台湾道早有所闻,他上任之始,此台湾道亦亲赴禀报台湾状况。台湾如此重要,且目前又陷入灾荒之中,必得有一得力干将方可胜任。

他凝神问道:"台湾官民这么多年来,对哪位为官者念念不忘呢?"

总兵杨辅鼎道:"大人,这多任台湾道中,下官还未听到一人众口称赞。"

张伯行点点头,又摇摇头,不再作声,只是抬眼看着缥缈无际的大海。

总兵杨辅鼎像想起什么似的,若有所思地说道:"倒是有一知县,常被百姓念叨。"

张伯行兴奋地问:"此知县是何人?现在何处?"

总兵杨辅鼎道:"禀大人,此知县叫陈瑸,广东人氏。下官听说,他现在四川任学道。"

张伯行立即说:"我要上奏皇上,把他调任台湾道。"

总兵杨辅鼎道:"大人,你只是听我一面之词。"

张伯行道:"口碑就是丰碑。我此次赴台,当深入百姓当中,察其任期官绩。果如你所言,我即报请朝廷。台湾之重,非同一般。"

总兵杨辅鼎施礼:"大人,下官感佩。"

史载:陈瑸(1656—1718 年),字文焕,号眉川,广东海康人,与丘浚、海瑞被誉为岭南三大清官。康熙三十三年(1694 年)进士,历任古田知县、台湾知县、四川提学道、台厦道、福建巡抚、闽浙总督。陈瑸疏议废加耗、惩贪官、禁滥刑、置社仓、巣积谷、崇节俭、兴书院、饬武备,政声颇佳。追授礼部尚书,谥清端。雍正年间,入贤良祠。《清史稿》有传。著有《清端集》八卷,凡文七卷、诗一卷,《四库总目》传于世。

张伯行到台湾后,发现灾情果然严重。他查访后,才知总兵杨辅鼎所言不虚。台湾当地一些居民,对陈瑸念念不忘,对他所做之事,历历数之,甚至有人为他树碑立传。

张伯行从台湾返回后,即着手组织动员米商至台湾,救济灾民;向朝廷报告,请求动用官银购米入台。

不久,台湾发生民变,官兵久战不平。福建巡抚张伯行奏请康熙帝:"为四川学政觅人易,为台厦道得人难。"陈瑸就任台厦道的消息传来,台湾百姓奔走相告,欢欣鼓舞。

三
国之祥瑞

冬去春来，整治台湾府驻军扰民的事也有所眉目，百姓满意，张伯行很欣慰。

台湾镇统辖有镇标中营、北路协、水师协、城守营以及南路营等，将近九千人。杜绝兵士骚扰地方，就要从根本——军纪着手。

这几日，北路协的大力被吓得惶惶不可终日，同协的阿新、阿六对此却不以为然。三人买上酒肉，又聚到阿六在兵营外租住的屋里。

"二位哥哥有所不知，小弟我可听说，新来的这位崔军门可不一般，外号崔阎王，手腕硬着呢！听说前几日南路营被他抓了好几个。"大力惊慌道。

阿六喝口酒，剥了根从商贩摊子上白拿过来的香蕉，蔑视地说道："大力，看你那怂样，这时候知道害怕啦？ 扒大姑娘裤子时属你最欢。"

"要说这姓崔的确实有些手段。上任就要求各营一天三点卯，每日将弟兄们操练得累死累活，一沾到床上就睡着。这还不算，他派自己的亲信，在兵营里翻一遍又一遍，将这些年兄弟们辛辛苦苦弄来的那些家底全都没收，还关了不少兄弟禁闭，弄得大家人心惶惶。你说这叫啥事？"阿新愤愤地说。

大力道："我可不想当他立威的刀下鬼，要不咱们跑吧？"

阿新打趣道："大力兄弟，你也学学六哥。这几年他可没少干伤天害理的事，现在不照样该吃吃、该喝喝吗？"

"怕啥，老八不知道讹人家多少两银子，前些日子还闹出人命。他还不跑呢，咱们跑啥？ 先看看再说。"阿六说着，将香蕉皮往地上狠狠地一摔。

大力哀求道："六哥，我的亲六哥，小弟知道你神通广大，跑路时一定要带着小弟,以后小弟甘为你的马前小卒。"

阿六仰脖喝一大口酒,笑道:"哈哈,大力兄弟哪里话。咱们兄弟亲如手足,自然是有福同享、有难同当。兄弟只管把心放到肚里,不会有事。倘若有那么一天,哥哥我绝不会抛下兄弟们不管。"

阿新说:"我们不能和八爷比,他有省城张老爷给撑腰呢。我们凡事都得靠自己,这些日子还是老实点吧!"

阿六尽管嘴上这么说,其实,他自知作恶多端,早将金银细软换成银票,做好了逃跑准备。天网恢恢,疏而不漏。闻到风声他还没来得及逃,就被堵在租住屋中。老八乘的船刚驶离岸边,就被巡海的官兵给抓回。就在同一天,大力和阿新也被关押起来,罪名是寻衅滋事,骚扰百姓。

崔相国想起临出发前,张伯行借用《论语·为政》叮嘱自己的一句话,"举直错诸枉,则民服;举枉错诸直,则民不服",顿时心中有底。他将为首的七名兵痞差人解往省城论处;将大力、阿六等十一名罪大恶极、身上有人命案的兵痞在台湾镇辕门外就地正法;将阿新这样的从犯投入大牢。

经崔相国一系列整治,没出两个月,台湾府社会治安大为好转,再无兵士敢骚扰地方。市井之上,商户安心经营,百姓安居乐业。人们总算出一口气,大家无不拍手称快。岛上百姓的心又与朝廷拉近一步。

按张伯行的意思,为首闹事者要押解到省城。老八所犯罪行完全应该押往省城处以极刑。押解到省城的首犯中没有他,就地正法的罪大恶极者中也没有他。难道老八果真被省城的张老爷救出了吗?没有,他是在越狱途中被射杀。准确地说,他死于一个圈套。

张伯行平定粮价的措施让张元隆损失惨重。那些日子,看着一天比一天下降的米价,张元隆恨得牙疼。他真想抱着张伯行咬下一块肉,如果给他这个机会的话。张伯行一到任就把他的财路给断绝,他要给张伯行点颜色看看。他脑海里闪现一个人,黄老八。

黄老八,外号黄扒皮,因其厉害,很多兵士和百姓见他都得毕恭毕敬地叫声"八爷"。起先他在延平府做山匪,打家劫舍无所不干。官兵来围剿,山上十几个土匪,就他一人逃脱。因他是何枕的拐弯亲戚,何枕将他荐到台湾镇北路协当兵吃粮。台湾府山高皇帝远,又是兵营,正适合他藏身。

常言道:江山易改,本性难移。老八在兵营没呆几个月,老毛病就犯了。

他仗着兵营管理松懈,常纠结一些兵士祸害百姓。因跟着他有酒有肉,还能分点钱花,所以,他身边围着不少人。这些人中除去兵士,还有地方上的泼皮无赖。

张元隆目的很明确,那就是在台湾府这个最需要安定的地方闹出民怨。然后,自然就会有官员弹劾张伯行。姓张的一调离,他就能继续发财。

这两个月,台湾府城内外被老八这伙人折腾得非常厉害。今天砸商铺,明天抢大户,后天到乡下为非作歹。敲诈林水浩的有他们,到府学滋事的也有他们。一时间,台湾府民怨沸腾。

官府和军队追究下来,他们就化整为零。兵痞躲在营中,泼皮藏在家里,谁也对他们没办法。

风声刚一过,他们就急不可耐地又冒出来,继续胡作非为。对此,张元隆很满意,特意吩咐何枕奖励老八五百两银子、十坛好酒,鼓励他再接再厉,闹得越大越凶越好。

何枕乐呵呵地说:"张老爷的意思,闹出一条人命,二百两雪花银。"

老八两眼冒光,心花怒放。

整顿军纪之初,老八并未当回事,他认为张元隆会庇护自己。张元隆的背景他知道,水深着呢!事情发展让他感觉并非如自己所想,有可能他已被张元隆抛弃。狡诈的他意识到不能往福建内陆跑,对,只能铤而走险,去南洋。

他付过五十两银子后,坐在去往南洋的船上。当船缓缓离开岸,他的心才不再忐忑。谁知船才驶出不到一里,就被巡海的官兵以私自出海罪擒获。老八灰头土脸地混在百姓当中,蜷缩在狱房一角,企图以普通百姓的身份蒙混过关。

老八的演技帮助了他,他没被识破,他与其他被抓的百姓一同被送往采石场当苦力。别人听到这个消息愁眉苦脸,只有他长出一口气。

县衙大牢离采石场有二十里路。途中休息时,一名差役悄悄来到他面前,低声对他说:"路上趁机逃跑。"说着,便用钥匙打开他的枷锁。

老八怕有诈,紧紧护着不让差役开锁。他低声哀求道:"差爷,差爷,您行行好,就饶过小的吧!小的上有老下有小,小的能往哪儿跑呀?小的哪儿也不去!"

"八爷,我是来帮你的,何老爷很关心你。"差役这次声音更低。

老八先是一愣,而后,心中大喜。

枷锁打开后,差役还低声补充句:"八爷,一会儿路过一个破庙,你趁机躲进去。"

狡猾的老八还没到破庙,就趁人不备钻进树林。他拼命地跑,一口气足足跑上半个多时辰,实在口渴难耐,才停下脚步。正当他躲在小溪边的巨石后,惬意地捧起溪水,庆幸自己又躲过一劫时,一支冷箭射进他的后背。他扭头看到,拉弓射箭的正是刚才帮他打开手链的差役。还没等张口问话,又一支箭正中他的前心,老八大口鲜血喷出。

何枕将老八的死讯报给张元隆,说活儿干得挺漂亮。张元隆会心一笑。

(二)陈瑸就任古田知县时常深入山间谷地,察民风观世俗

张伯行记得河南府叶县县衙有一副对联:得一官不荣,失一官不辱,勿说一官无用,地方全靠一官;吃百姓之饭,穿百姓之衣,莫道百姓可欺,自己也是百姓。而今,张伯行要好好给台湾道物色一位地方官。因为分巡台厦道道员王敏政任满,改任广东雷琼道,现由台湾府知府周元文署理分巡台厦道空缺。谁任合适呢? 张伯行想到陈瑸,想起陈瑸任古田知县时所做的《回署诗》:

> 劳碌山乡里,匆匆一月余。
> 宁辞案牍苦,稍觉市城疏。
> 客舍真邮传,官衙即故居。
> 解鞍才欲息,又报接文书。

陈瑸,康熙三十三年进士及第。康熙三十九年,他被授任古田知县。古田县归福州府所辖,在省城西北。境内山峦起伏,岭谷相间,山多地少,百姓生活很艰辛,乃"素称难治"之县,也是出了名的穷县。

张伯行听说,陈瑸到任后,身着便装,带一衙役,携一随从,骑一毛驴,深入山间谷地,察民风,观世俗。古田县偏远村寨多,山路崎岖,有的地方陡峭到连毛驴也不能骑,陈瑸徒步前往。每到一个村寨,他便与百姓聊天,了解民情民意。一行三人渴了就喝山泉水,饿了就吃随身所带干粮,从不惊动各村

里正。为了外出方便,三人干脆就扮作进山收货的商贩,陈瑸当掌柜,另两人是伙计。百姓也不会想到,眼前衣着普通、皮肤黝黑、体态消瘦、进山收货的商贩,会是微服私访之人,还闹出不少笑话。

一日,陈瑸等三人历尽艰辛走到一处偏远村落,已过正午。村子不大,看样子也就几十户人家,三人在村口一棵大榕树下停下。

陈瑸见村寨里的房舍建得还算规整,心中暗喜。他对衙役说:"阿全兄弟,走了半日,不觉腹中饥饿。我看这寨子还算富裕,你去找个人家,咱们吃顿饭,再补充些干粮。"

最后,他还着重交代:"记得告诉乡亲,我们付现钱。"

因山路崎岖,毛驴骑不成,上午陈瑸一路步行。加上他们出来已三日,随身所带干粮又送给沿途揭不开锅的百姓,三人昨晚就断了顿。今早,三人全靠在路上采的野果充饥,陈瑸当然感觉饿。

阿全是古田县人,同村民沟通起来没有语言障碍,因此,三人外出,都是阿全充当向导。

阿全出去好大一会儿才回来。他对陈瑸摇摇头道:"掌柜的,小的将村子问个遍,都说家里只有野菜、地瓜,没有粮食。"

听说,百姓家中没粮,陈瑸心中十分难受。他起身说道:"没粮更要去。走,就近找一家去看看。"

三人就近走到一家,阿全轻轻敲门,开门的是位六十多岁的老汉。老汉猜到三人来意,热情地将他们迎入院中。陈瑸四处打量,见院子不大,却很干净。石块墁的地面,东、西、北三边各三间石砌的瓦房,南边是门和围墙。门的右边挨着围墙搭着牲口棚,棚内空空,像是好久未曾喂养牲口。陈瑸心中纳闷,看这家光景,不该没粮呀!

老汉将三人让到北屋,自报家门道:"三位贵客请坐。我们这村叫万庄,全村人都姓万。刚才那位小弟兄来说,三位贵客想吃顿饭,可我家中只有地瓜和野菜,唯恐照顾不周。"

陈瑸道:"万大叔太客气了!我们三人进山收货路过贵地,因所带干粮吃完,才冒昧上门叨扰,还望您老见谅。随便有些吃的就行,哪有过分之理啊!"

万老汉笑道:"呵呵,那就好,那就好。小老汉这就去安排老婆子准备。"

不多时,万老汉端来一瓦盆蒸的地瓜、一小碗腌的野菜,外加一瓦盆地瓜汤。

见到地瓜,饥肠辘辘的阿轲先拿一块放入陈璸碗中,之后,又拿起一块,顾不得剥皮就大吃起来。衙役阿全更是狼吞虎咽,没几口,一大块地瓜便入了肚。陈璸拿起碗中的地瓜,剥过皮,边吃边与万老汉聊起天来。

陈璸问道:"万大叔,既然家家没米,为何宁愿田地空着也不种稻谷?"

"听口音,贵客与你那位伙计不是本地的吧?"

"大叔好耳力,我俩是来贵县讨生活的广东人。"

"贵客有所不知,一个地方有一个地方的难处。贵客也看到村中房屋,我们这里偏僻,村在深山之中,少有外界打扰。仰仗大山所赐的山货,还有世代耕种的梯田,我们的生活比上不足,比下却大大有余。我家连老带小共有九口人,隔壁宅子也是我家的。不是老汉夸耀,经我家历代开垦,如今单水田就有三十一亩。还有十二亩旱田、五亩茶园,最多时家里喂养两头牛。怎奈近些年,县太爷昏庸,酷吏当道,赋役分配,只认钱不认理,严重分配不均,导致我们村赋役太重。百姓辛苦一年打下的稻子,要被官府征去大半。此外,还服繁重的劳役,没完没了。大家实在无法忍受,只得弃田不耕。青壮年都跑到外边谋生,村中就剩一些妇孺老幼,既无力也无心耕种。我的两个儿子带着儿媳和年长些的孙子,去省城逃个活路。眼下,我家就剩我老两口,和两个年幼的孙子、孙女,耕种两亩旱地艰难度日。"

听过万老汉的话,陈璸暗暗思量,看来古田各地民怨大同小异,非治不可!

万老汉又道:"我们村中有私塾,子弟或多或少都读过几年书,因此后生们心地善良,再走投无路也不愿做那作奸犯科之事。不像外村很多年轻人,为了生活铤而走险,做起打家劫舍的盗匪。唉!到头来祸害的还是咱们老百姓。"

万老汉所言,让陈璸想到,数日微服私访,三人多次遇上拦路的匪徒。幸得阿全与阿轲有些真功夫,才免遭不测。匪徒不过就像万老汉所说,是些走投无路的百姓,全靠群胆,哪会武功,只要打倒其中两三个,众人就一哄而逃。

(三)仅用一年多时间,陈璸便把古田县治理得井然有序

经过深入调研,实地考察,陈璸终于弄清楚百姓穷苦的根源所在。一是

山多地少,耕地不足以养活全县百姓,副业、手工业不发达,境内矿产少;二是丁田情况复杂,赋役分配不均,导致很多百姓离开赖以生存的土地,大量田地弃耕,加剧百姓的穷困;三是极个别人为了生活不惜铤而走险,做了强盗,闹得境内很不太平,令历任知县都很头痛。此外,众多庸吏墨役盘踞衙门,鱼肉百姓,还公然阻碍政令通畅,已成大害,百姓怨言颇深。

微服私访时,陈瑸不止一次听百姓哭诉,一个衙役带好几个爪牙,还有轿夫随从共十多人,到乡下四处骚扰。所过之处,一片狼藉。百姓养的鸡、鸭、鹅等家畜被搜刮一空。陈瑸还不时看到,饥寒困窘、衣着破烂的妇女和孩子在路边无助地哭泣,让人心痛不已。

"治县必先治吏,治吏必须从严。"为了让百姓过上好日子,陈瑸下定决心,兴利除弊。第一步,陈瑸从整顿衙役书吏开刀。陈瑸到任就发现,古田县衙的衙役书吏异常多。他曾令阿轲暗中调查,在册的就有一百八十六人,还有五六十人不在册。如此庞大的群体,不要说对于一个穷县,就是富庶的县也不多见。并且,他们还派系众多,相互拆台,搞得政令难行。陈瑸决定,举行一场公开考试,重新招募衙役书吏。

此举一出,便招来庸吏的一片反对。庸役恶吏中不乏地痞无赖,他们鼓动很多人围着陈瑸又哭又闹,聚众上访。

衙役七仔跪在陈瑸面前,一把鼻涕一把泪地哭诉道:"太爷,十里路两刻半之内跑完才算合格,未免过于苛刻。小的一把年纪,哪里跑得动。一家老小全靠小的挣钱养活呢,小的若是丢了差事,一家人可怎么活呀!太爷就可怜可怜我一家老小,取消考试吧。"

陈瑸早将县衙中每一衙役书吏的情况摸清。陈瑸知道这人,城里开着店铺,乡下还有几十亩水田。此人一肚子坏水,经常祸害百姓。堂堂一县之衙,怎能再容这种人胡作非为?

不单是七仔,书吏阿苗抱着陈瑸的腿嚎啕大哭,边哭边道:"太爷,一共就录七十多人,我肚里这点墨水哪能考上呀?没法活了,太爷赐根绳,让我上吊算了。"

陈瑸冷冷看他一眼,心里道,考试你没本事,做花账贪污银子可是在行。本县不急,你的账等忙完这一段再一并算。

陈瑸厉声说道:"衙役书吏大门向正直、有能力、有学识的人敞开。认为自己符合这些要求,经过品行考察之人,均可参加考试。除此之外,别无他法!"说完,拂袖而去。

见知县如此坚决,闹的人只好作罢。陈瑸截断庸役恶吏的财路,他们怎肯罢休?接着又是出钱,又是威逼,指使匪徒闹出好几起恶性事件,企图阻碍陈瑸除弊。结果,在百姓的协助下,陈瑸果断处置,逮捕几个幕后主使的恶吏,彻底遏制他们的嚣张气焰。由此,百姓更加爱戴陈瑸。

古田县衙招募衙役书吏的考试在县学举行。第一关品行考察,将很多欺压百姓的恶吏挡在门外。单此一举,就让百姓感到有盼头。大家纷纷聚在县学门外为陈瑸助威,更有百姓手拿棍棒自发守在县学门前,防止坏人捣乱。经过严格考试,德才兼备的衙役书吏进入县衙,古田多年的弊政就此消除。

"有功必赏,有罪必罚,则为善者日进,为恶者日止。"陈瑸一鼓作气,清理积压案件,释放冤枉百姓,打击盗匪无赖,整治衙役书吏。他重新统计全县人口、田亩,按各家实际情况征收赋税,摊派徭役。他还兴建义学,让寒门子弟读书求知。经过陈瑸的精心治理,古田县风气焕然一新,百姓安居乐业,社会和谐稳定,治安形势向好,经济逐步恢复。外出谋生的百姓纷纷回乡,被迫为匪的人改邪归正。田间又能见到人们忙碌的身影,古田市井也渐渐热闹起来。

陈瑸以民为本,心系百姓,仅用一年多时间,便把积弊丛生的古田县治理得井然有序。

陈瑸的成绩引起福建巡抚梅鋗的注意,因政绩卓著陈瑸被调任台湾知县。

史载:梅鋗,安徽宣城人,康熙三十九年至四十三年任福建巡抚。

官员离职前要例行检查。当衙役清点粮库时,发现因仓鼠糟蹋毁坏,仓中储备的稻谷略有亏欠。不愿陈瑸调离的古田百姓知道后,争先恐后带着自家稻谷前来,没半个时辰便补足亏欠。

陈瑸离任那天,众多百姓守在县衙门前,拿着吃的、喝的、用的为他送行,百姓的物品陈瑸一概不要。陈瑸走后,百姓感其恩德,为他建立生祠,每年都杀猪屠羊,来祷祀祝福。

后人有诗云:

衙斋卧听萧萧竹，疑是民间疾苦声。

些小吾曹州县吏，一枝一叶总关情。

（四）官员衣食用度皆百姓血汗，怎忍奢侈浪费

康熙四十一年，陈瑸带着阿轲等五位随从去台湾县上任。在渡海去台湾岛的船上，阿轲心事重重。他见陈瑸坐在甲板上看书，就凑过去，席地坐在陈瑸身旁。

陈瑸见是阿轲，放下书道："近些日子见你总不开心啊。"

阿轲脸一红，腼腆地说："我是觉得朝廷对老爷不公，是为老爷愁的。"

"哦，为何觉得朝廷不公？ 愁又从何来？"陈瑸诧异地问道。

阿轲回头看看没旁人，说道："既然梅抚台认为老爷干得好，就该给老爷升职。即便平调，不调到省城、府城，最起码也得调个富庶的县。怎么偏偏把老爷弄到四面汪洋的岛上来，这和流放有什么区别？"

陈瑸一听为这事，笑道："'居庙堂之高则忧其民，处江湖之远则忧其君。是进亦忧，退亦忧，然则何时而乐耶？'只要心里装着朝廷，想着百姓，即便走到天涯海角，也一样秉公办事，为百姓做主。有何不同哉？"

阿轲愤愤地说道："当然不同，起码没有性命之忧。朝廷收复台湾岛尚不足二十年，岛上人心一定不稳。听说，此地的山民十分彪悍，常下山骚扰官民。倘若真出几个捣乱分子，我们在明，他们在暗。"

"人心都是肉长的，只要以诚相待，我想，即便是块冰也能被暖热。何况，我们大清百姓都是淳朴善良之人。"陈瑸望着茫茫大海，若有所思地说道。

因台湾县是台湾府的附郭县，县衙就设在府城内。陈瑸主仆在码头下船，随迎接他们的县丞章祖祺、典史孙日升、新港巡检司巡检蒋复新、澎湖巡检司巡检李慧仁、教谕黄世杰等官吏、乡绅进入台湾府城。

进城前，陈瑸看到沿途很多良田废弃未耕，着实让他心疼。进城之后，城中景象令他大吃一惊。街道上行人稀少，街边很难见到摆摊的商贩，沿街很多店铺大门紧闭，一派萧条景象。陈瑸心中纳闷，为何堂堂一座府城，感觉还不及他治理下的古田县城热闹呢？

虽说官场上流传着"官不修衙"之说，可台湾县县衙内的景象还是让陈瑸

大吃一惊。很多门窗梁柱油漆脱落,偶尔还能看到蜘蛛网。扶栏木枋还有缺失,屋顶上的瓦片残缺不全,椽子和檩条都露出来;二堂院子,一棵树砸在房顶,屋檐缺一角。县衙内,随处都能见到垃圾。陈瑛心想,这哪是县衙,分明就是一座废弃的破庙。

更让陈瑛生气的是,衙役书吏穿着随意,站没站相、坐没坐形,精神萎靡,跟没睡醒似的。从精神面貌上便可看出,他们干起事来一定拖拖拉拉、马马虎虎。

衙役方松帮着阿轲安顿行李。见此情景,阿轲好奇地问道:"松哥,咱县衙为何这么破败不堪呀?"

"轲老弟有所不知,台湾府每年都要遭好几次台风袭击。台风过后,树倒屋塌,咱这县衙也不能幸免。"

阿轲问:"为何不修呀?"

方松看看阿轲,从问话里就知道,阿轲在官场上混的时间不长。松仔笑道:"轲老弟有所不知,常言道,'官不修衙,客不修店'。修官衙得朝廷拨银子,可让朝廷拨钱哪有那么容易,得等。铁打的衙门,流水的官。一任县太爷短的一两年,长的也不过四五年。修县衙的事报上,没等银子拨下就会离任,哪有闲心管这事? 谁会愿意给旁人准备个香饽饽?"

阿轲看方松一副习以为常的样子,点点头又问道:"松哥,咱们府城哪儿最热闹呀? 等有时间,烦劳哥哥领小弟去逛逛。"

"太爷进城走的就是府城最繁华的路段。"松仔回答道。

阿轲失望地说:"可看上去那么冷清啊?"

"唉! 战乱始平,人心不稳。还有……"方松欲言又止。他岔开话题道:"瑞凤楼已备下为太爷接风的宴席,时间不早了,我们去看看吧!"

陈瑛听说县衙要在台湾府最好的酒楼"瑞凤楼"为他接风洗尘,坚决不去。

陈瑛对请他赴宴的县丞章祖祺说:"朝廷委本县治理本地,本县自然要尽心尽力,不敢有半点懈怠。我等自为官以来,衣食用度皆百姓血汗,怎忍奢侈浪费。瑞凤楼乃全岛最奢华之酒家,一顿饭不知要花费多少百姓血汗。本县坐到那里怎吃得下、喝得下?"

《台湾县志》载：章祖祺，浙江山阴县人，功贡。康熙三十九年任，由南安县县丞调补台湾县县丞，秩满。后升任河南新郑县知县。

章祖祺听陈瑸这样讲，想他是假意推脱，不过为端架子而已，劝两句自会应允，便笑道："县尊差矣。县尊渡海而来，舟车劳顿，着实辛苦。一是下官们遵从自古礼数；二是下官们仰慕县尊已久，想与县尊接风洗尘；三是下官们有一个与县尊亲近讨教的机会。不过区区一顿普通便饭，咱县财力有限，备的不过是家常菜肴、普通酒水，与奢靡相差甚远。还望县尊屈尊前往，不枉下属一番心意。"

"有道是：'浇风易渐，淳化难归。'"陈瑸沉着脸道，"众同僚之盛情本县心领了。官吏妄取一钱，即与百千万金无异。本县向来节俭以惜民财，每餐粗茶淡饭即可。况且，我县财力薄弱，百姓度日艰难，此等奢侈之事断不可为。"

章祖祺见他脸上难看，嘴上又执意不肯，知道新来的这位知县是位廉洁之人，只得怏怏作罢。不过，章祖祺从心底不由生出几分尊敬。

（五）康熙四十八年，陈瑸任福建分巡台厦道

古田的为官经历给陈瑸积累不少经验，但初来台湾县，他还是遇上不小麻烦。

这天上午，陈瑸正在翻看章祖祺呈来的粮仓账目，粮仓还有三成库容。久闻台湾府常遇旱涝，农民收成难有保障。陈瑸打算将粮仓储满，以备不时之需。之后，他还在谋划着兴文重教之事。

正在这时，陈瑸听到击鼓声。他连叫几声，却无人回应。阿轲不在衙内，自己又不好亲自去看究竟。鼓声连响二十多下，声声敲在他心里。他起身到后宅换好官服，在书房等候。

好大一会儿，守门衙役来报："禀县尊，东乡百姓来告，山民骚扰村庄，打伤百姓数人，掠走牲畜钱粮等物。"

陈瑸道："准备升堂。"

"喳！"衙役转身下去准备。

陈瑸端坐大堂之上，只见堂上衙役无精打采，东倒西歪地站成两班。更

让他意外的是,站班的人竟少两个。这是陈瑸到任台湾县知县后的第一次升堂审案,他暗暗较劲,不审则已,审就要审出个名堂。

陈瑸猛一拍惊堂木,声音低沉有力道:"升堂!"

惊堂木的响声,吓了漫不经心的衙役们一跳。一声威严十足透着寒气的"升堂",让衙役们为之一震。众衙役不敢怠慢,忙规规矩矩地喊着"威——武——"。连他们自己也意识到,这是几年中他们喊得最有质感的一声。

紧接着三人被带到大堂。只见这三人一身庄户人打扮,走上大堂便跪下来。

陈瑸问道:"你们因何击鼓?"

三人中最长者回道:"禀太爷。小的皆是城东庄户人,只因昨日山民又到村庄骚扰,见什么抢什么。村民与他们理论,山民彪悍,我等实敌不过,被他们打伤两人。最终他们抢走耕牛五头,猪、羊三十多只,鸡、鸭、粮、物十余车。临走他们还叫嚷,官府若不放他们的族人,他们还会再来。请太爷为小的们做主,追回财物,严惩凶手。"说着,双手将状子举过头顶。

陈瑸示意衙役接过状子。他仔细看后,关切地问道:"两人伤情如何?"

老者道:"两人是皮外伤,均无大碍。"

听说两人伤得不重,陈瑸方才放心。陈瑸对三人道:"你们先下去吧,本县择日再审。"说完便退堂。

百姓见县太爷这个态度,料想是个不作为的主儿,垂头丧气,怏怏而归。大家边走边叹气,若是李县太爷复生,那该多好。衙役见这位新县尊办事也不过如此,这么大的案子随便问两句就退堂,悬着的心也就落了地。

　　史载:李中素,湖广麻城人,贡生。康熙三十四年,由闽县知县调补台湾县知县。康熙三十六年,卒于任上。民德其政,建祠置田祀。《台湾县志》有传。

陈瑸没有下绿头签牌令捕快捉拿肇事之人,而是到牢房看望被关押的山民。常言道,知己知彼,百战不殆。来台湾县上任之前,他已对岛上情况做过了解。山民是岛上土著居民,因对荷兰殖民者深恶痛绝,对后来统治者普遍怀有抵触情绪。山民粗犷彪悍,常与官府作对,提起他们,历任官员都很头痛。如何处置，还得从长计议。

听说陈瑸要去县大牢，典史孙日升怕出什么茬子，陪他一同来到牢房，时刻不离其左右。

史载：孙日升，山东莒州人，吏员。由德化县典史调补。康熙四十年，任台湾县典史。

在去大牢的路上，陈瑸问孙日升："关押的山民犯的是什么罪？共有多少人？"

孙日升支支吾吾道："大多是涉嫌抢夺财物，有的是寻衅滋事，还有的是同党。人数众多，估计……大概……至少也有五百多人吧。"

进入牢中，潮湿腐臭之气扑面而来，呛得陈瑸直想捂鼻子，但他还是忍住没吭声。大牢之内暗无天日，湿寒之气咄咄逼人。孙日升带他来到关押山民的牢房，见牢中铺着一层湿漉漉的稻草。山民或坐，或躺，见有官员打扮的人来，山民不约而同用警惕、仇视的目光恶狠狠地瞪着来人。已是隆冬，陈瑸见他们穿着单薄的破烂衣裳，个个面黄肌瘦，脸上没有血色，不时发出咳嗽声，心中阵阵酸楚。

一出大牢，陈瑸便对孙日升说道："给衣服单薄之人换上御寒的冬装；将牢中稻草全部换完，每个牢房都铺上厚厚的干稻草；请郎中为患病者诊治，该抓药的抓药；伙食一定要有所保障。"

狱中犯人生活有所改善，对陈瑸心存感激，对官府的敌意消除不少。

之后，陈瑸加紧审理积案。在审理过程中，陈瑸了解到，很多山民因赋税层层加码，不堪重负，没办法的才抗税不交。查清原委后，陈瑸释放大批无罪山民。山民对他感恩流涕，纷纷说，这个县太爷和先前的李县太爷一样，想着咱穷苦百姓。

这一日，之前来告状的府城东乡的百姓又来县衙。这次，他们抬着匾额来感谢陈瑸。经教育感化，前些日子来村中抢夺的山民知错，将之前抢走的东西又加倍还回来。

张伯行后来闻听，喜在心里。之所以推荐陈瑸治理台湾岛，也看重他在处理山民的问题上措施得当，赢得山民的爱戴。陈瑸不但能力出众、品行端正,又担任过台湾府附郭县——台湾县的知县,熟悉那里的情况,是个不二人选。康熙四十八年,他上奏朝廷推荐时任四川学道陈瑸为福建分巡台厦道,管理台湾府、厦门厅等地。

(六)陈瑸上任之初便惩治兵痞,平息民变,降除海妖

陈瑸哪里想到,还没到任台厦道员,一件棘手的事就在等着他,果然应验孟子之言,"天将降大任于斯人也,必先苦其心志,劳其筋骨,饿其体肤,空乏其身,行拂乱其所为,所以动心忍性,增益其所不能"。

上任之前,陈瑸在四川就听闻,台湾府正发生民变。原来,自从他调离台湾县之后,台湾岛不是涝就是旱。加上这几年台风年年登陆台湾岛,大风大雨过后,百姓的日子更是雪上加霜。天灾也就罢了,人祸更加气人。

台湾岛孤悬海外,常有海盗打劫出海船只,侵犯沿海百姓。岛上驻军仗着天高皇帝远,一些兵痞与地痞勾结,时常骚扰地方,百姓叫苦不迭。虽经台湾镇总兵崔相国到任之初整顿军纪,大为好转,但兵士扰民之事还时有发生。日子一久,百姓便心生怨气,再由怨转恨。憋着的一肚子火,遇到一星半点事端就会被点燃。这不,一触即发的民怨就这么被两名醉酒兵士点燃。

一日,两名兵士酒后归营。刚出台湾府城不远,便遇一女子。二人见其长得标致,拦下非礼。女子奋力反抗,遭他们毒打致死。此事直接引发民众情绪大爆发,百姓强烈要求严惩凶手,局面一度失控。陈瑸恰恰就是这时到任台厦道员。

康熙四十八年临近腊月,陈瑸带着几名随从登岛上任。陈瑸坐在轿中,随着迎接他的官员、乡绅,在全副武装的兵士和衙役的护卫下,进入台湾府城。故地重游,隔着轿帘,眼前的景象令他大吃一惊。

府城内沿街大部分店铺、住户门窗紧闭,幌子全收,零星营业的店铺门也半开半关。沿途,陈瑸没见一个摊贩。除去不时看到持枪带刀站岗的兵士和衙役,行人很难见到几个。陈瑸从那些夹道欢迎的人脸上,不难看出极不情愿和应付了事。更令陈瑸痛心疾首的是,街上一片狼藉。一路上,他还看到趁乱被劫过的店铺,和几处被烧毁的房舍。这是几年前那座全岛最繁华、最热闹的府城吗?看到这些,陈瑸顿时神色凝重。

"善除害者察其本,善理疾者绝其源。"陈瑸临危受命。刚一到任,便着手平息民变,恢复经济。他明确表示,一不接受宴请,二不接受拜访,而是急忙召见台湾镇总兵崔相国。

见到崔相国,陈瑸第一句话便是:"台湾岛好比是国朝镶嵌在东南汪洋中的一颗明珠。我等守土之士,当视其如自己眼睛般倍加呵护。"

崔相国忙起身自责道:"标下治军不严,甘受观察处置。"

陈瑸摆摆手,示意他坐下,说道:"本道早闻崔总兵到任后整顿军纪,约束兵士,很得百姓称赞。听闻岛上近几年常有灾害发生,且海盗时有侵扰,百姓日子本就艰难。而兵士闹事,好比是压倒骆驼的最后那根稻草。此次民变并非无源之水,百姓宣泄年深日久的怨气,崔总兵无须过分自责。"

崔相国道:"此事一出,标下就将肇事的两名兵士关押起来,可民怨非但未消,还愈演愈烈。前任观察离任后,道台空缺,一直由台湾知府署理。周知府对此事畏手畏脚,不敢决断,急得标下满嘴都是泡。这下可好,道台到任,标下等来主心骨,此事还恳请观察尽快明断。"

"自古道,'乱世用重典',不用重典不足以平民怨。凶手现在何处?"陈瑸问道。

崔相国回道:"两名兵士现在军营中严加关押,随时听由观察处置。"

"这就好。此事由本道来处理,到时崔总兵只须按本道所说办理就是。"陈瑸捋捋胡子,胸有成竹地说道。

崔相国长出一口气。

当日下午,陈瑸又召来台湾知府周元文、台湾知县张宏。

史载:周元文,字洛书,辽左金州人,汉军正黄旗人。康熙四十六年(1709年)由延平知府转调台湾知府,任内设义学,重修编订台湾府志,康熙四十七年代理台湾道。台湾知府任满升湖南辰沅靖道。

《台湾县志》载:张宏,江南上海县人,贡生。由建安县知县调补。康熙四十七年任台湾知县,五十二年升西城兵马司正指挥。

陈瑸到任前,台厦道由周元文署理,他对此事的来龙去脉自是十分清楚。愤怒的百姓也天天聚集在台湾县衙前,要求严惩凶手。这些天张宏不知接到多少百姓状纸,对兵士打死民女的案子,张宏也了然于胸。

二人来到后,事情紧急,陈瑸并无多言,直截了当安排道:"张知县,你回去就做准备,明天一早就在县衙开庭,你与周知府共同会审兵士打死民女一案。"

周元文面露难色道:"下官拙见,此案重大,稳妥起见,还是先由张知县审结后,下官再审。倘若朝廷问起,也显咱们重视。"

陈瑸斩钉截铁道:"周知府不必多虑,此事重大,而且紧急,你二人一同会审,尽快查明真相,也好给朝廷、给百姓一个交代。"

周元文看陈瑸决心已定,只得照办。

很快,陈瑸差人将周、张二人会审的结果报送陈瑸,陈瑸朱笔一挥,两名打人致死的兵士斩立决。在陈瑸的亲自督促下,在台湾府城的闹市当众将二人斩首。之后,陈瑸又将几名趁乱抢劫的匪徒予以严惩。随后,又命府、县广贴安民告示,安抚民心。

民变终于得以平息,府城市井逐渐恢复繁华热闹。贡生出身的知县张宏触景生情,有感而发,写下《台湾咏》。诗云:

> 夕阳摇曳紫金沙,西屿含霞景色奢。
> 仿佛浓林成火树,依稀清涧斗龙蛇。
> 光拖陌上如横锦,影射天边似散花。
> 遥望飞鸦疑杜宇,顿教万物尽生华。

民变平息,陈瑸心情大好,他又令水师加强海巡严防海盗。

这一日,他换上便装,带着随从阿轲到街面上微服私访。陈瑸见街上熙熙攘攘,行人来来往往,全部店铺均已开张,很是高兴。二人七拐八拐不觉转入小巷,见前边有家小酒馆,便迈步进去。

店家见有客到,热情招呼道:"二位客官里边请。"

说着麻利地将最里边没坐人的桌子擦了擦,把二人让到那里。等二人坐定后,店家满脸堆笑地问道:"二位客官吃些什么,小的好去准备。"

陈瑸见他如此热情,笑道:"我俩是走得稍有疲惫,想借贵店歇歇脚。烦劳掌柜先烫二两花雕,再来盘盐水蚕豆、一壶茶。"

"好的,客官稍等。"店家应声而出。随后,先将茶和盐水蚕豆端上。

陈瑸打量这家酒馆,只有一间门脸,店里摆放三张小桌和临街一个小柜台。店内除他俩以外,还坐着三位食客,柜台边还站着一位。这是很多街道内常见的小酒馆,来此喝酒、用餐的几乎全是附近的街坊。

酒馆最大的特点就是,门面不大,有的挑幌,有的挂匾,有的门口放一酒坛,有的甚至门前什么都没有。爱喝两口的街坊,跟自己家似的,也能将门槛踏破。

这里所贩之酒全是散装,食客或站着喝,或坐着喝,或站在门前仰脖一口干完扭头就走,也决不会招致店家和其他食客嘲笑。

两位生人的到来丝毫没有影响其他食客聊天的兴致。陈瑸边喝着茶,边听他们聊天。

穿黑布长衫的杨老四兴致勃勃地说:"哈哈! 陈道台还是当年县太爷的做派,雷厉风行,有办法,三下五除二就让市面又恢复正常。"

年龄稍长些的估衣店邵掌柜道:"那是,咱陈道台是谁呀? 他干的事就让咱小老百姓服气。"

温酒的店家道:"陈道台要是能把海妖除掉,我就在家里给他立个长生牌位。"

站在柜台边,来城里送菜的大路接话道:"这挨千刀的海妖害人不浅,我真想把它们剁碎生吞。"

陈瑸感到纳闷,海妖? 害人不浅? 之前从没听说过台湾府闹什么妖! 店家来上酒时,陈瑸问道:"掌柜的,这海妖是什么来历,怎么从没听说过?"

店家笑道:"一听口音就知道,客官是广东人吧,恐是才来岛上?"

陈瑸笑着指指阿轲道:"掌柜的好耳力。我俩正是广东人,来贵地才一个多月。"

"客官有所不知,这海妖极其凶残。平日里住在海中,涨潮时成群结队上岸掘穴坏田,我老家的田地就时常被它们糟蹋。此妖长得狰狞,来时黑压压一大片,甚是吓人,大家见之就跑。"

"哦! 还有这等事,这妖长什么样?"陈瑸接着问道。

大路道:"这怪物圆圆扁扁,一身硬壳,还长着一条长长的硬尾巴。"

陈瑸听他描述觉得很熟悉,便问道:"此物是不是长着四只眼,重一二斤不等,身下有八只脚,周身青褐色或暗褐色。"

"对,长的正是这凶猛的德性。"店家道。

陈瑸笑道:"这哪是妖呀,这在我们老家叫鲎,可是美味佳肴。我在家种田时常捉来吃。"

店内几人齐声大喊道:"不能吃。"

"海妖有毒。人若食之,十有七八必死。我六娃年幼不懂事,就因误食海妖中毒而死。"说到此处,大路面露伤感。

"此物的确有毒,但处理得当,是道佳肴。"陈瑸道。

第二天,陈瑸就派阿轲到临海渔村实地了解。随后,他亲自前往海边查看,只见黑压压数也数不清的甲壳动物,争先恐后地从海里往岸上爬,吓得尾随而来的村民都往后跑。

陈瑸笑道:"乡亲莫怕,这可是好东西。"

说着他令衙役去捉鲎,衙役们吓得没一个敢向前。他笑着示意阿轲带着两位随从去捉些回来。

为消除百姓对鲎的恐惧,鲎被捉到后,陈瑸又在渔村为百姓示范屠宰、煮食的方法,并当面吃给众人看,彻底打消百姓对此物的惧怕之心。

沿海百姓感恩戴德,很多人在家为陈瑸立长生牌位。

康熙五十三年(1714年)春,陈瑸被提拔为湖南巡抚。同年,北上京都拜见皇上。康熙帝称赞他是一个"苦行头陀",并说,"朕昨日召见陈瑸,细察其举动言行,确系清官。以海滨务农之人,非世家大族,又无门生旧故,而天下之人,莫不知其清。非有实行,岂能如此?国家得此等人,实为祥瑞!"

四
攻打海岛

这日，何枕前来拜访，自言无事不登三宝殿。他称，又从海外购入二十船大米，知台湾灾情严重，愿意以海外原价加航费出售，不取一利。

张伯行心中甚是吃惊！何枕竟然如此轻易拿出二十船大米，此中必有蹊跷，看来陈首魁临刑之时所言不虚。

此时，朝廷早已经批下动用官银购进外省大米之事，所购大米也已装船待发。此批大米到台，基本可缓解灾情。而何枕所称原价加船费，其价格已是三四倍于无灾之年米价，可见其牟利之厚。

于是，张伯行道："你所言此批大米，虽是原价出售，但毕竟远道运来，粮价仍然居高。在台出售，百姓将难以承受。好在皇上圣明，已批下可动用官银购进大米入台。你等所售大米，本官准予。等官方所购大米入台销售后，再行入台，以作补充之用。"

何枕没有料到这官粮已经如此之快。他问："大人，官米何日到达？"

张伯行道："即日可行。"

张伯行却万万没有想到，仅过了三天，海上传来消息，三十船大米在赶赴台湾途中遭海盗袭击。九船大米被洗劫，十二船大米船破沉水，护卫的水兵死伤大半。

张伯行得报，跌坐在椅子中。如此巨大损失，朝野震动。更为重要的是，台湾军民正亟待的粮食化为乌有。

张伯行明知道是张元隆背后下的毒手，却一时无法应对。情急之下，张伯行一面向康熙帝写下奏折，请求再次动用官银购粮以赈济灾民；一面让大仪和钟逵回仪封老家，看能不能找夫人和冉永光想办法筹措些粮草以解燃眉之急。可是，朝廷批复迟迟未见，大仪他们也杳然无音。

张元隆得悉张伯行动用官银购粮，且平价在市面出售以救济灾民之后，一面令郑可心抢劫运粮之船，一面令张令涛、何枕下调米价，但亦要比平时价格高两倍有余。

一时之间，各地宝成号粮栈开始挂出招牌。

百姓们蜂拥而至。看到粮价虽高，但已比平时下调，更重要的是粮食充足，就强咬牙关，倾其所有，忍痛买粮。

路途之上，百姓们背着一袋袋粮食回家。手中有粮，大家的脸上本应该挂着笑容，但是个个却愁眉苦脸，一边走嘴里一边喃喃自语："唉，这半年攒的银子，就换取这一袋口粮，恐不够家里一个月吃。"

话说距离宝成号两条街，亦有一家粮店。此店的老板姓范，名骅，字飞扬。范骅自称乃春秋时期范蠡之后，至于真假自无人去考证。这范骅善于经商，不仅开有粮店，且经营绸缎生意，也算得上当地有名人物。

难得的是，范骅虽世代经商，却为人正直善良。自福建各地缺粮之后，范骅的粮店一直坚持平价出售大米。

范骅此举早就让何枕、张令涛不满。张令涛也曾屡次在张元隆面前说起此人，想要除去而后快。奈何范骅此人在当地善举极多，名声甚佳，故张元隆投鼠忌器，坚持莫要惹是生非。

范骅这天刚打开店铺，只见城中百姓纷纷前往宝成号粮店，且人人嘴里喊着："宝成号售粮啦，宝成号售粮啦！"

范骅轻轻摇摇头，叹息一声。伙计说道："老板，听人说宝成号又开始售粮，且价格下调一些。"

范骅说道："不知道这次那何枕又打什么鬼主意。我们这里苦于没有粮食，若是有粮，定还平价出售，也免得百姓受骗。"

说话之间，对面老王头背着半袋米来到门口。看范骅在门口，老王头颤巍巍走到近前。而后，放下背后半袋米，拱手道："范老板，你们这里啥时候有粮食出售啊？适才前往宝成号，虽说有粮出售，价格也下调一些，奈何还是奇高。我这两个月的钱也至多买半个月的粮食吃。再这样下去，我这一家子恐怕活不过这两个月啊！"

范骅看着老王头骨瘦嶙峋的样子，只好轻声安慰道："我正在想办法从外地购粮。若能购回，一定帮大家渡过难关。"

老王头闻听，眼泪差点掉出，说道："若是我们的商人都如范老板这样，也不至于让那么多人家破人亡。老天爷保佑范老板多子多福多寿，希望范老板粮店里尽快有粮。"

说着话，老王头又背着他的半袋米，步履蹒跚地往家中走去。

范骅看着老王头的背影渐渐远去，再次叹息。

正在此时，从街头那边过来一人。那人步履匆匆，神色之间疲惫不已，一看就知长途跋涉而来。

那人急匆匆来到范骅的店铺前。范骅一看，大喜道："赵大哥，你可回来啦！这次如何，可有好消息？"

原来此人姓赵名林，乃是范骅府中最信任的伙计。因为年龄比范骅大一些，且备受范骅信任，故范骅常喊他大哥。

那位赵大哥来到店铺里，一屁股坐下，说道："且先端碗水与我喝。"

范骅急忙令人端来一碗水。赵林接过那碗水，咕咚咕咚一饮而尽。而后抹抹嘴，说道："老板，好消息。你派我前往苏州购粮，到那以后，恰好碰见我一个童年发小，亦是做粮店生意。我们失去联系已经有十年之久，没想到竟不期而遇。我向他说明我们这里的情况，他听完之后甚是同情，愿意倾力相助。不仅将店中所有粮米出售给我们，还答应用车护送前来。我先行一步，粮车随后就到。"

范骅一听，紧紧握住赵林的双手，神情激动地说道："赵大哥，你可替咱这里的百姓做了一件大好事。我范骅此次不求挣钱，只求帮我们街坊邻居渡过此次难关。"

而后，范骅急令店中伙计马上收拾粮库，将几处粮库打扫干净，并令人做好售粮的招牌。只等粮米到来，马上挂出。

果如赵林所说，第二天，送粮的车辆就抵达范家粮店。范骅命人将粮食卸下，一部分运至粮库，一部分放在店铺之内。而后将招牌挂出，上写：范家老店，平价售米！

一时之间，各处百姓纷纷前来。

却说宝成号门前，本来人头攒动，拥挤不止。忽然之间，人群中有人喊道:"范家老店有粮啦,平价出售,大家快去啊!"

霎时,宝成粮栈门口空空如也。

早有伙计飞奔至何府,将此消息报告给何枕。

本来何枕在府中正和小妾喝酒调笑,忽听此消息,脸色突变,放下酒杯,对那伙计道:"你所言是真?"

伙计道:"老爷,句句属实。"

何枕大怒,举起酒杯摔在地上。只听得"啪"的一声,酒杯被摔得粉碎。

那小妾吓得急忙躲进内室。

何枕怒道:"这个范骅,我早就看他不顺眼。此次竟公然与我作对,不给他点颜色,就不知道马王爷长三只眼。"

何枕急命人备车,自己坐车找到张令涛。如此这般禀报一番,何枕道:"范骅不除,我们的生意就不好做啊!"

那张令涛自从被牟钦元偷梁换柱金蝉脱壳之后,就离开噶礼府邸,从江宁潜到福州,暗中操纵福建粮食市场。听到何枕之言,张令涛道:"我也早想干掉此人,可是大哥一直不允,说恐生事端,于我们不利。既然这次范骅公然与我们作对,一不做二不休,此次定不能放过此人。"

张令涛命何枕回去仔细打听,看那范骅从何地购得粮食。自己则去找张元隆,商议此事。

张令涛找到张元隆,将范骅之事讲述一遍,恨恨道:"大哥,要不我找个杀手把他做掉,免得碍手碍脚,挡我们兄弟财路。"

张元隆沉吟半天,还是轻轻摇摇头,说道:"不行,杀掉他当然容易,但是唯恐引起众怒。一旦事情闹大,落到张伯行手里,我们兄弟恐不好收场。"

张令涛急道:"大哥,这个也动不得,那个也动不得,难道就由得那厮猖狂不成?"

张元隆道:"莫急,整个福建粮食市场都由你我兄弟控制,那厮何处能购得粮食,先将此事调查清楚再说。"

两人正说话之间,门外有人通报,说何枕前来。

何枕来到厅堂,见到张元隆,气喘吁吁地说道:"舅舅,我已经打探得明白,据说那范骅是从苏州一个客商购的粮食,而且据说货源充足。"

张令涛看一眼张元隆,说道:"大哥,听到没有,此人不除,我们的生意就没法做。"

张元隆在客厅里来回踱着方步,缓缓说道:"釜底抽薪,我看那范骅能蹦跶多久。"

张令涛脸色之间略有不解,问道:"大哥是什么意思?还请讲明白,莫让我们着急。"

张元隆道:"适才枕儿不是说范骅是从苏州收购粮食吗?我们只从他的货源着手。苏州是噶礼大人的地盘,我这就去找总督大人,让他从苏州那边解决,岂不是釜底抽薪吗?"

几人相互对视一眼,同时哈哈大笑。张令涛与何枕高挑大拇指,同时称赞此举甚妙。

(二)一种从未有过的孤独与无助袭上心头

且说范骅的米店,自从那日开售以后,各地百姓纷纷而至。不过三五日,赵林拉回的那批货就已经倾售一空。

范骅对赵林说道:"赵大哥,看来我们这批货物也只是杯水车薪。你看门外,买粮之人依旧人山人海。"

赵林说道:"老板放心,我那朋友来的时候告诉我,他那边米粮充足。这边卖空以后,马上就可以送来。我这就前往苏州,不消几日就会有第二批货物抵达。"

范骅闻听,内心略安。于是又派赵林带领几名伙计前往苏州,自己依旧在店里照看。

可是范骅在店里等上几日,却始终不见赵林回来。范骅心内着急,每日一早就起来到街头张望。

这一日晨曦微露,范骅早早起来,在街头等候。约半个时辰,天光已经大亮,依旧不见人影。

范骅正要离去,忽然之间,街头那边一片大乱。

范骅大喜,以为赵林的车队回来。

但是,让范骅没有想到的是,来的却是一队公差。

这队公差来到范骅店铺,厉声喝道:"此处可是范家米店,范骅何在?"

范骅道:"这位官爷,我就是范骅,不知各位……"

话音未落,那几名公差如狼似虎一般扑上来,拿起手中镣铐,说道:"前几日你在苏州购买的粮食涉嫌偷窃官粮,已经有人将你告到官府,且跟我们走一趟吧!"

范骅大惊,正欲申辩,奈何那几名公差却不容分说,将范骅戴上枷锁。而后押解到囚车上,扬长而去。

范家店铺几名伙计呆愣在现场。

原来,那日张元隆找到噶礼,将范骅之事讲述一遍。而后,请求噶礼能够将范骅的货源掐断,顺便给范骅捏个罪名抓起来。

张元隆又从袖内拿出一张银票,悄悄递与噶礼,说道:"总督大人,这是上个月卖粮收入的一点分成,还请总督大人笑纳。"

噶礼看那银票票面上写的是一万两,随手拿起,笑道:"张老板,你我之间何须客气。你暂且回去,三日后必见分晓。"

张元隆大喜。

这边噶礼马上派人前去调查那家米店,不消两日,便找到一个破绽,诬陷那家米店所售大米涉嫌官粮,将那老板抓起。适逢赵林前来买米,结果一并抓入大牢。

稍加审问,便又派人前往范家老店将范骅抓获。

这天上午,前来范家老店买米的百姓闻听之后,一个个悲愤不已,却也无可奈何。

张令涛与何枕得到消息后大喜。宝成号米店以高于市场两倍的价格,继续出售大米。百姓们虽怨声载道,却也无可奈何。

张伯行在书房之内,看着窗外,眉头紧皱,内心如同涨潮的海水一般,波涛汹涌。

自从到任福建,张伯行感觉到步履艰难。想起在山东济宁之时,百姓因为旱灾,途有饿殍,鬻儿卖女者比比皆是,但这些灾难自己都能够一一化解。可是到任福建,却好像处处有阻碍,时时有艰难。张伯行从未有过的一种孤独感袭上心头。

张伯行看着窗外,心想:前些时日派大仪与钟逵前往仪封老家去筹措粮草,却为何还未回来呢?

正在张伯行思来想去的时候,门口有人通报,说老家仪封有人过来。

张伯行大喜,心想:真个是说曹操,曹操到。我这里正想着,人已来到。

张伯行急忙出门去迎。果然是大仪与钟逮,带着冉永光,还有王夫人前来。

见到冉永光,张伯行激动万分,上前一步拉着冉永光的手,半晌竟没有说出话。

王夫人从车中下来,看到张伯行这样,不禁浅浅笑道:"老爷,见太史竟这样激动不成?"

张伯行有些发窘,忙对王夫人身旁的玉秀姑娘说道:"玉秀,快将夫人请到内室歇息。"

原来,自张伯行离开济宁不久,王岚生就离开济阳书院去了仪封,和玉秀一起替张伯行照顾家人,打理请见书院。此次张伯行感觉在福建身单力薄,所以令大仪也将玉秀夫妇一起接过来。

玉秀上前一步,带着王夫人到内室歇息不提。只说张伯行和冉永光、王岚生进入客厅,让人将茶泡好。

张伯行将自己来到福建之后遇到之事,大略给冉永光讲述一遍,叹息道:"这官越来越大,可是困难却为何也是越来越多呢?"

冉永光抚髯笑道:"孝先,少安毋躁,境由心生。无事心不空,有事心不乱,大事心不畏,小事心不慢。我们好好议一下,一定能够想到解决办法。"

张伯行道:"话虽如此,可是眼看着治下百姓遭此大难,我心时常不安。"

冉永光道:"孝先宅心仁厚,心念百姓,让人钦佩!"

张伯行道:"让你们筹措的粮草呢?怎不见车马随行?"

冉永光道:"只可惜河南距离福建太远,我们可以在河南购得粮米,但运到福建代价太大。我和王夫人商议,尽可能多带些银两,在福建附近购买方为上策。"

张伯行道:"我也有这样想法。前不久刚给皇上上疏,请求再次动用官银到附近各省购粮,奈何朝廷迟迟未曾批复。可恨的是,张元隆、张令涛等人趁此时机,竟然大发横财,将米价调高。说是从国外购回的粮米,实则定是那张元隆囤积的陈化粮。苦于找不到证据,也对他无可奈何。"

冉永光道:"孝先,莫要着急。既然皇上一直不曾批复,我们且商议一下,看还有什么好的办法。"

张伯行道:"也只好如此!"

当天晚上,张伯行与冉永光、王岚生、钟邃、大仪等人吃过饭以后,回房休息。

张伯行来到夫人房间,王夫人笑道:"老爷竟还知道来我房间哩,看来老爷眼里竟还有我呀!"

张伯行不解地问道:"夫人为何这般说话?"

王夫人慢慢说道:"今个白天,我们到达抚衙门口,老爷拉着冉太史竟激动得说不出话来。俺家可是跟冉太史一起下的车呀!"

张伯行不好意思地摸摸头,笑道:"夫人莫怪。只因我到福建以后,百姓无粮,我心甚忧,一直想见冉太史向他请教,以解我内心之忧困。"

王夫人道:"老爷,百姓无粮,为何不奏于皇帝,请皇上想想办法?"

张伯行道:"我也曾奏于皇上,想再次动用官银购粮,奈何皇上迟迟不曾批复。"

王夫人眉头一皱,说道:"我听闻各地社仓俱有备赈银两,为何不用?"

张伯行大吃一惊,看着夫人,愣了半天。

王夫人用手一指张伯行的脑门,说道:"老爷,你为何这样看着我呀?"

张伯行心道,我这夫人果然见识非凡,我为何未想到用备赈银购粮呢?

张伯行被夫人用手一指,恍然道:"多谢夫人提醒。"

说着话,张伯行对着王夫人竟深深一拜。

王夫人慌忙闪开,说道:"老爷,为何如此,岂不折煞我也!"

"夫人之言,让我顿开茅塞。若是此举有效,夫人可是救活福建百姓。我作为福建巡抚,自然要替福建百姓感谢夫人。多谢夫人提醒,我明天就让人去问各地备赈银两尚有多少。"

张伯行即命大黑带人到各地社仓查问登记备赈银两。

很快,大黑就带来极为兴奋的消息,各地备赈银两甚多。虽然百姓缺粮,但市面之上要么无粮,要么粮价太高,故备赈监谷银几乎没有动用。

（三）只听得"嗖嗖"的破空之声响起，海面之上浮起血红之色

不消几日，各地社仓备赈监谷银已经全部登记在册。

张伯行召冉永光、大仪、钟逵、大黑、林水晗、王岚生等人，商议如何购粮。

林水晗道："大人，若是论地域，自是前往江苏、浙江购粮极为方便。且江南乃鱼米之乡，物产丰富。"

张伯行微微摇头道："不可！虽说此地最佳，只是噶礼总督在那里。我与噶礼一直不睦，若是去那里购粮，噶礼势必会加以阻挠，恐难以成功。"

冉永光道："大人，既然如此，我有一地，大人看如何？"

张伯行问道："你且说来一听。"

冉永光道："湖广。"

张伯行闻听，略一思考，说道："先生之建议，甚是有理。湖广历来也是粮食大省，且湖广总督郭世隆乃是有名忠义之士。他之前也曾任闽浙总督，对福建也甚为了解，想来必会相助！"

几人又商议一番，最终敲定前往湖广购粮。

张伯行当即修书一封，派大黑与林水晗前往湖广拜见郭世隆。

> 史载：郭世隆，字昌伯，汉军镶黄旗，山西汾州人。康熙三十四年，擢闽浙总督；康熙四十一年，调两广总督；康熙四十六年，任湖广总督。短至刑部尚书后，复任湖广总督。

接到张伯行书信之后，郭世隆欣然同意，并派专人帮助大黑与林水晗购粮。

郭世隆任闽浙总督之时，也曾遇到和张伯行一般事宜，当时曾前往浙江等地购粮。史载"岁歉，率闭籴居奇。世隆疏请蠲赋，并发帑二十万，乞籴江、浙，海运平粜，诏谕之"。此举深得福建百姓之心。

大黑与林水晗在郭世隆帮助之下，迅速购得大批粮食，并押解到福建。

张伯行亲自接住大黑与林水晗的粮车，先将台湾岛所需粮草，重兵押送，以解后顾之忧。而后在各地设置购粮点，由巡抚府衙派专人管理各个购粮点

的售粮事宜。张伯行令大仪制定好详细的售粮制度,任何人不得有任何违规之举,若有违反,必要重罚。

官府平价售粮的消息迅速在各地传开,百姓们拿着口袋若河水决口一般蜂拥而至。宝成号店铺前马上变得冷冷清清,门可罗雀。

何枕听说之后,气得火冒三丈,但却无可奈何,只好赶紧报告给张令涛与张元隆。

二张闻听,也是气炸连肝肺,咬碎口中牙。

张令涛破口大骂张伯行,对张元隆说道:"大哥,张伯行不除,我们就没有好日子过。"

张元隆恨恨不已,也只能对张令涛说道:"此事尚须从长计议。"

这一天,福州港口东几十里的海域内,风平浪静,阳光在海面上洒下点点银光,随着海浪一波一波而去。

一艘货船正沿着航线往福州港行驶。

货船之上,几名伙计与老板正在攀谈。伙计道:"老板,这一趟如果顺利,至少能挣一千两吧?"

老板哈哈大笑,说道:"全仗各位弟兄尽心竭力,不然也不会如此顺利。照这个速度,我们大约一个时辰就能抵达福州海港。到岸上,我请弟兄们喝酒。"

几位伙计纷纷鼓掌。

突然之间,一名伙计喊道:"老板,快看,那边有几艘船向我们驶来。"

老板忙对伙计道:"弟兄们,多加注意一些,听说这一带有海盗出没。"

而后,那老板对另一名伙计吩咐道:"告诉划船的弟兄,加快速度,甩掉那几艘船只。"

货船速度开始加快,奈何那几艘小船速度则更快,片刻之间,已经距离货船不足百米。最前面的船只扯起一杆旗,上面写着一个"郑"字。

老板喊道:"不好,是郑可心的船队。快走,快走!"老板已经有些声嘶力竭。

几名伙计一听,魂飞魄散。果然是海盗郑可心的船队。

刹那间,那几艘船竟已经赶上货船。只听前面那艘船上传出一声唿哨之声。船头之上,几名彪形大汉手中提着鬼头刀,身后则是十几名弓箭手。

为首一人，身高八尺开外，一张国字脸，络腮胡须根根竖起。那人高声喊道："前面船上的人听着，速速停下，交出你们的货物，饶你们不死。"

老板对伙计喊道："快划船，快划船！"那声音里已经充满惊恐之意。

而那几名伙计已经吓得两股战战，哪里还有力气划船。

船头已经衔着船尾，为首大汉跳上船只，见人就砍。老板也是常年在海面行走之人，船里也自备有武器。

几名伙计各自拽出长枪短刀，与对面几名大汉对峙。

那大汉哈哈大笑，跳上一步，挥刀就砍，早有一名伙计惨叫一声，落水而亡。那老板见势不妙，纵身跳入海中。

那大汉对身后弓箭手喊道："放箭。"

只听得"嗖嗖"的破空之声响起，老板身中数箭，海面之上浮起血红之色。

余下的伙计不敢抵抗，纷纷扔下武器投降。

为首那大汉冷笑一声，说道："杀，不留活口！"

几名手下上前，举刀准备杀死余下的伙计。

忽然之间，从西面乘风破浪疾驰几只小船。船头之上扬起一杆旗帜，上面写着"杨"字。

为首那人一看，急忙对手下人喊道："风紧，扯呼！"

而后，跳到自己的船上，拉起风帆，顺风而去。不消片刻，踪迹不见。

那几只官船驶到跟前，跳上船，救下那几名伙计。

几名伙计看到官兵过来，知道性命无忧，个个瘫倒于船上。

官船为首之人，正是巡海的总兵杨辅鼎。

杨辅鼎跳到船上，询问情况。几名伙计依旧哆嗦不已，将适才经过讲述一遍，说道："原想着此行能够挣点钱，以后再也不出海。万没想到却遭遇海盗。如今，老板死去，货物也被抢走，以后这生活该怎么过啊！"

说着话，几名伙计开始哭泣。

看着几名伙计可怜巴巴的样子，杨辅鼎心生怜悯之心，劝慰道："你们且请放心，我定要抓住这些海盗，为你们报仇。"

看着海盗离去的方向，杨辅鼎恨恨不已。

（四）唯有一人之货船来去自由，每次都是毫发无损

张伯行满面春风走进内室。

王夫人看着张伯行，轻轻问道："老爷，今日为何如此高兴？"

张伯行笑道："大黑与林水晗到湖广购粮，湖广总督郭世隆大力配合，现已购得大批粮食投放到市面。各地百姓大多已经平价购得粮食，福建缺粮问题得以暂时解决。这还要感谢夫人提醒。夫人见识非凡，实乃奇女子也。"

王夫人脸色一红，笑道："我也是在家常听得舅舅讲起这些事情，因此知道一点。老爷整日忧心国事，只是未曾想到而已。"

张伯行再次深施一礼，笑着说道："夫人之功，张伯行牢记在心，再次替福建百姓谢过夫人。"

王夫人慌忙闪在一旁，搀起张伯行，慢声细语道："老爷，何时这么多礼节呀！在老家那么多年，除我们结婚时对拜一次，老爷可从来不曾这样的。莫不是多日不见，与奴家生分不成？"

张伯行低声语道："夫人大功，黑孩儿铭记在心。"

二人又说笑半天，门外忽有人禀告："大人，总兵杨辅鼎求见。"

张伯行闻听，对王夫人道："夫人且在内室休息，我去见客。"

张伯行来到客厅，总兵杨辅鼎忙站起身，插手施礼道："杨辅鼎见过巡抚大人。"

张伯行摆手道："勿要多礼。杨大人今日前来，可有军务来报？"

杨辅鼎道："抚台大人，昨日我带几十名弟兄在海面上巡防，碰见一艘货船被海盗抢劫。"

张伯行眉毛一挑："哦，货船可曾救下？"

听得张伯行只问货船情况，竟不问海盗如何，杨辅鼎心内暗暗钦佩，人人皆说张大人爱民如子，果然如此。我言说海盗劫船，张大人不问海盗是不是被擒，却只问货船是否被救。

杨辅鼎道："属下无能，向张大人请罪。我带人到达出事地点时，货船已经被劫，老板和船上几名伙计被海盗杀死。船中货物俱被海盗抢走，只剩下三名伙计得以幸存。"

张伯行道:"人人皆知杨大人为福建海防安全殚精竭虑,勿要自责。"

杨辅鼎再次插手施礼,说道:"多谢张大人体谅。杨辅鼎必加紧海防巡视,迟早会剿灭这股海匪。"

张伯行又问道:"可知此次抢劫的盗匪首领是谁?"

杨辅鼎道:"被救下的几名伙计俱说,海盗船上插着一杆旗,旗上写着一个'郑'字,想来必是海上巨匪郑可心的船队。"

张伯行有些愤怒,恨声道:"小小海盗,竟公然插旗抢劫,也太胆大包天。这等海匪不除,福建来往客商便不得安宁。长此以往,福建经济也必受影响。"

杨辅鼎又道:"张大人,属下还有一事禀报。"

张伯行道:"尚有何事,速速讲来!"

杨辅鼎回道:"抚台大人,据属下所知,这股海盗横行海面,来往客商,但凡带有各种货物与钱财,经过他们地盘,莫不被抢。故来往客商谈郑色变,人人皆说能过此鬼门关,就能挣大钱。可是,唯有一人之货船来去自由,每次都是毫发无损。"

张伯行闻听,眉头一皱,说道:"如果我猜得不错的话,这每次毫发无伤的,定是张元隆的船队。"

杨辅鼎道:"张大人所言极是。"

张伯行站起身来,在客厅之中伫立很久,眉头拧得愈紧。

杨辅鼎看张伯行眉目之间极为愤怒,也不再多言。

张伯行站立半天,说道:"这个张元隆,真个是手眼通天。不仅海盗对他网开一面,官府似乎也对他不管不问,故意纵容。我倒要看看他还能横行几时!"

回身对杨辅鼎道:"加紧各处海防的巡视,务必要保证来往客商安全,我会再调派兵力协助你。"

杨辅鼎站起身,插手施礼说道:"属下定当尽心竭力!保证福建海域安全,乃属下职责所在。海盗纵横,实乃是属下无能。"

张伯行温言道:"勿要自责。海盗存在,本与你无关。我们当齐心协力,剿除这股海盗,让福建百姓得以安居乐业。"

"抚台大人,若无其他吩咐,属下先行告退。"

杨辅鼎正要离去,张伯行突然想起什么,连声说道:"咸平兄,且慢且慢。

仪封老家来人,带来'马豫兴'桶子鸡、'兴盛德'麻辣花生。我又专门让他们捎几只通许'海家柴鸡',你且带回自用。"

"久闻抚台大人从不送礼,今日却为属下打破规矩,着实不易啊!"见张伯行难得高兴,杨辅鼎就半开玩笑地说道,"做梦都想吃这些特产,尤其是'海家柴鸡',个小肉嫩,光鸡肋都能啃上半天,下半斤小酒没一点问题。"

张伯行又道:"你且加把劲。我给你留两瓶'仪封醇',等荡平海盗之日,咱们一醉方休!"

杨辅鼎正色道:"抚台大人,于公,维护治安、打击犯罪,乃职责所在;于私,你我同乡同源,咸平理应庶竭驽钝,更胜一筹。卑职定当竭尽全力,不辱使命,以上报皇恩,再报抚台,又安黎民!"

(五)一道寒光从空中划过,直奔张伯行的咽喉

动用备赈监谷银从湖广购进大批粮食,福建百姓缺粮问题得以暂时缓解。此举则让各地宝成号粮店每日里门可罗雀,生意日渐萧条。

张令涛找到张元隆商议如何应对。

此前,张元隆一直不允许用暗杀手段除去张伯行。只因张伯行乃一封疆大吏,无端喋血必会引起朝廷震怒,若是追查起来后果严重。

但这一次张伯行的举动让张元隆极为愤怒,张元隆似乎也失去理智。张令涛再次提出收买杀手除去张伯行时,张元隆竟没有丝毫犹豫,点头同意。

张令涛收到指令,大喜而去。

这一日,张伯行带领大黑、大仪等人,到福州各个售粮点巡视访查。看到各售粮点俱是有条不紊,百姓们按照统计的户籍有序购米,张伯行频频点头。

各地百姓见到张伯行纷纷下跪叩头,齐声高呼:"青天大人!"

一位白发苍苍的老者背着半袋米,跪倒在张伯行面前,声音哽咽着说道:"我只在戏文里看到过为民做主的青天大老爷,却没有想到这样的人和事,竟然发生在我们福州。福州百姓有幸,福建百姓有幸啊!"

老人操着一口闽浙方言,张伯行虽不能完全听懂,却也明白七八分。张伯行忙将老人搀起,宽慰老人几句。

老人背着米,步履蹒跚地离开售米点。

此时,已经临近傍晚时分。夕阳西下,洒下万道金光。在夕阳的光芒中,老人的身影渐去渐远。

看着老人的身影,张伯行内心深处再起波澜。他感动于百姓的单纯与善良。百姓的要求其实都极其简单,能够让他们平安地活着,他们就会感恩戴德。可是,为何那么多为官的连这点就不能做到呢?

正在张伯行沉思之时,只听"嗖"的破空之声响起,一道寒光从空中划过,直奔张伯行的咽喉。

又听得"当"的撞击之声,却是大黑瞬间拔出的腰刀,将那道寒光挡住,一只袖箭掉落在尘埃之中,被阳光一照,寒光四射。

大黑一个箭步跳到张伯行身前,眼睛向四处观看。

却见从对面房檐上跃下一人。此人身着一身黑衣,脸上蒙着黑色脸罩,手中也握着一把钢刀。

这人从房顶跃下,挥刀冲向张伯行。大黑一面对身后的大仪喝道"保护好大人",一面提刀上前挡住此人。

这人也不说话,一招力劈华山,钢刀闪起一道寒光,劈向大黑。大黑挥刀一招霸王举鼎,两柄钢刀相碰,"当啷"一声巨响,两人俱感到手腕有些发麻。

大黑心中不禁一凛,心想:"此前大人多次遇刺,我所遇对手似乎都不及此人!"

但不容大黑多想。那人提刀左虚右实,虚晃一下之后,从另一面刺向大黑。大黑忙向后一跳,闪过钢刀。而后,用手中钢刀划个圆弧,砍向对方右肋。两人你来我往,战在一处。霎时,只见钢刀,不见人形。

看着此人,大黑总觉有些眼熟,却想不起在哪儿见过。

张伯行身边兵士,只见两柄钢刀各自舞得泼风似的,众人不由得暗自喝彩。

大黑也是不由得暗自称赞,心想,今日这刺客竟是硬茬,若不使出十分本事,恐怕不能取胜。

大黑稍一分心,只感觉手臂一麻,钢刀脱手而出。

张伯行大喝:"大黑小心!"

未等话落,那人刀随话至,看似锁喉,到眼前刀锋一转,直逼大黑下身而去。

危急之下,大仪拔剑而出,一个跟头前翻,落到两人中间。大仪练的就是"子路八卦剑",动作流畅无滞,挥撾潇洒;忽往复收,行多停少;柔和蕴藉,缓缓不断。所谓"一舞剑器动四方",仅看大仪的剑穗,足以让人目瞪口呆。只见大仪剑出"刺、斩、撩、挂",穗走"带、甩、摆、打",穗随剑行,剑穗合一。

那人让大仪的剑穗舞得眼花缭乱,虚实难辨。看似头、眼、喉,实则指上打下,防不胜防。

这边,赤手空拳的大黑开始使出"子路八卦拳"的绝招"四两拨千斤"。

这"四两拨千斤"是"子路八卦拳"的看家本领,属于"杀敌一千,自损八百"的阴招、损招。一出手就会致对方死地,只是也让自己元气大伤,不到万不得已,不能轻易使用。只见大黑手与足合,肘与膝合,肩与胯合,肩不自动随胯动,肩领胯行胯催肩,招招致命,步步紧逼。

到底是双拳难敌四手,好手搁不住人多。那人一面要对大仪的剑,一面要防大黑的拳,渐渐额头冒汗,刀法也开始散乱。

大黑和大仪知道对手快要不行,心中唯恐对手逃脱,于是逼得更紧,只想一剑封喉。

那人也看出大仪和大黑的用心,知道今日行刺不成,就暗使一招,声东击西,身形晃动,钢刀冲向张伯行。

大仪大吃一惊,急忙翻身后退,护住张伯行。

那人见大黑躲开,大仪无暇顾及,一个箭步跃出丈余。而后,身形微缩,跳上房顶,霎时没有踪影。

大仪喝道:"哪里走!"

二人抬腿就要去追,张伯行道:"穷寇莫追!"

大黑和大仪忙停下脚步,回到张伯行身旁,问道:"大人,没事吧?"

"我没有事。"张伯行说道,"大黑,你如何使出'四两拨千斤'啊?这样内功受损,极易伤人。"

"钢刀脱手,我一时心急,只想取胜,故用绝招。"大黑恨声道,"这人身手了得,打斗半日,我们二人竟没有将他擒获,真是大辱。"

"光天化日之下,竟敢刺杀朝廷命官,可见猖獗至极。"张伯行习惯性地咬着下嘴唇。

大黑闻听,略一沉吟,说道:"我觉得此人有些眼熟。"

张伯行道:"天色已晚,我们且先回去吧!"

两江总督噶礼府内,张元隆站在噶礼面前,汗如雨下。噶礼脸色铁青。

噶礼看着张元隆说道:"张元隆,你信誓旦旦说此次行动一定可以成功,而且保证事情做得滴水不漏。可是现在,张伯行依旧活得好好的,你该如何解释啊?"

张元隆擦一把汗,嗫嚅半天,却一个字也说不出来。

噶礼又问道:"那杀手在张伯行面前可露出什么破绽没有?"

张元隆忙道:"总督大人放心。虽说此次刺杀张伯行没有成功,但刺客身份绝对没有暴露。"

噶礼松一口气,说道:"切记不可大意,一定要小心从事。若是有什么破绽……"

噶礼做个割头动作,继续说道:"你知道该怎么做。"

张元隆忙道:"总督大人,但请放心,元隆知道该怎么处理。"

噶礼挥挥手,说道:"下去吧!"

张元隆从府中退出,浑身湿透,坐车离去。

且说张伯行遇刺回府以后,王夫人闻听,不禁担心害怕起来。

张伯行道:"夫人请放宽心,有大黑、大仪保护,这些毛贼伤我不得。"

王夫人道:"话虽如此,老爷还是小心为好。这几日尽量在府中处理公务,不要轻易外出。"

张伯行笑道:"夫人,勿要多虑,你看我不是依旧好好的吗?我会更加小心。"

王夫人不再多语。

但第二天,张伯行还是早早起来,在府衙之内处理完公务,便带着大黑、大仪等人,又去各地售粮点亲自巡视查访。

(六)不如派兵攻打海盗,定能找到大批粮食

福建百姓粮食的缺口远远超过张伯行的想象,从湖广购回这批粮食很快就销售一空。而在售粮点前,每日依旧有很多缺粮的百姓排队等候。

张伯行愁眉不展。一大早就将冉永光、大黑、大仪等人找来商议对策。

众人七嘴八舌说着各人想法,众说纷纭却又莫衷一是。

大黑忽然高声道:"大人,您不是天天都在说那张元隆和海盗勾结,一定囤积大量粮食。我们不如派兵攻打海盗,将海盗老巢找到,我想一定能找到大批粮食。"

冉永光看看大黑,眼神半天没有动。大黑被看得有些不好意思,嘿嘿笑道:"冉太史,您这样看着我,是什么意思? 难道是我说得太离谱了吗?"

冉永光笑道:"平日里只知道大黑想法简单,其实有时候解决问题的方法不需要复杂,也许简单明了更有效果。我以为大黑这个提议可以一试。"

说着话,冉永光看着张伯行道:"孝先以为如何?"

张伯行抚髯笑道:"我也觉得此举可行。不过需要找总兵杨辅鼎商议一下如何出兵方好!"

众人商议完毕,皆觉大黑所提也许是目前唯一可行的办法。

福州向东约百里之外的一处偏僻小岛上,树木茂密,且有几处高峰。其中一座高峰之上,建筑几所房屋。

郑可心将张令涛迎入议事厅内。

郑可心拱手道:"张老板,许久不来,这次可在海岛上小住两日,我这就让弟兄们打些海味。前些日子在海面上劫获一艘货船,内中有一坛上好的女儿红。今日打开,给张老板接风。"

张令涛拱手道:"小住就不必了。如今,张伯行到福建做巡抚,给我们的生意带来极大麻烦。城中各种事务繁多,肯定不能在此逗留太久。"

郑可心道:"我听闻张伯行手段极其强硬,且采取各种手段,干扰我们对福建粮食的掌控。"

张令涛道:"正是如此,郑头领也务必要小心。据我所知,张伯行估计也会向岛上弟兄们动手。"

郑可心闻听,哈哈大笑几声,说道:"张老板,那杨辅鼎也不是攻打我们一次两次了,哪一次不是损兵折将? 张老板这么说,是不是担心岛上的粮食被那张伯行抢走啊?"

张令涛道:"郑头领和弟兄们的能力,我绝对相信,我只是提醒郑头领小心为上。说到粮食,郑头领,我去年收购的那批粮食,现在大约还剩多少?"

郑可心道:"张老板,但请放心。除去你上次运走的一批外,其他都安然无恙。您上次不是说,等到福建百姓粮食已尽,甚至为买粮不得不卖儿卖女的时候,您再出售这批粮食吗?"

张令涛道:"本来就是这样安排的,不然,我们那么多弟兄怎么能够过上好日子。还有岛上郑头领手下这几百号人,风里来雨里去,每日里刀尖上行走,风险巨大,我也不能亏待弟兄们。要不,我于心何忍啊!"

张令涛的语气竟无比真诚。

郑可心听得十分感动,拱手道:"难得张老板这么细心,岛上的每一位弟兄竟都放在心上。我替岛上弟兄先谢谢张老板!"

张令涛道:"都是自家兄弟,不必客气。"

张令涛咬咬牙道:"本来这批粮食已经可以出手,奈何张伯行那厮竟然从湖广购进一批粮食,福建百姓十之八九都买到口粮。不然,弟兄们都已有分成。"

郑可心道:"此事我也听说,如今形势如何?"

张令涛冷笑道:"福建粮食缺口极大。去年各家各户的粮食大多被我收购,结果恰逢大灾,今年多数百姓颗粒无收。即使张伯行购进那批粮食,也是杯水车薪,不能解决根本问题。如今,粮食已经销售一空,却依旧有大批百姓无粮,这几日应该就是我们出手的最佳时机。我此次前来,就是先运走一批粮食,投放到市场上,看看行情如何。"

郑可心道:"去年张老板所购粮食,按照您的吩咐,已经分别放在三个岛上。这里只有大米,等会儿我让弟兄们先装上一批。我们且先喝酒吧!"

说着话,郑可心端起酒杯,与张令涛碰杯而饮。

张令涛吃过饭后,押着一批粮食离开海岛。郑可心带着手下那些海盗头目继续痛饮。

喝得正酣,外面飞也似地跑进一个喽啰,一边飞奔一边高声大喊:"报——报——报告头领,大事不好,外面有官兵攻打海岛!"

郑可心瞪着血红的眼睛,看着那喽啰道:"有多少官兵前来,为首之人是谁?"

那喽啰道:"报告头领,巡逻的弟兄说,约有几十艘战舰,估计会有上千人。"

郑可心一听,大吃一惊。本来已经有八分醉意,此刻已经清醒大半。郑可心对那喽啰道:"再探再报。"

那喽啰离去。

郑可心对身旁一海盗头目说道："看来今日这酒是喝不成了。弟兄们，我们且出去看看形势如何。"

说着话，郑可心带着身旁几名头目走出聚义厅，疾步登上瞭望塔。从喽啰手中拿过长筒瞭望镜，向远处遥望。看过之后，不禁暗暗心惊。

只见远处海面之上，几十艘战舰黑压压一片，正向海岛疾驰而来。

郑可心回头看一眼几名头领，略作思考，说道："弟兄们，我看此次官兵来势凶猛，不宜正面强抵。大家说，是战还是撤？"

几名头领与郑可心略作商议，决定先行撤退，留得青山在，不愁没柴烧。

于是，郑可心果断对山上各处海盗头领下令："撤！"

这些海盗对海岛地形极为熟悉。郑可心一声令下之后，不过半个时辰，海岛上已经空空如也。

张伯行亲自督战，总兵杨辅鼎带领众多官兵，本来准备和郑可心浴血奋战一番，却没有想到，竟然没有遇到任何抵抗，官兵就到海岛之上。

看到杯盘狼藉，酒菜尚温，张伯行恨声道："这帮海盗，当真狡猾，撤得竟然这么快！"

张伯行下令："搜！"

官兵四下散开，分成小队，细细搜查。

片刻之后，已有人来报："报大人，在后山山洞之内搜到大批粮食。"

张伯行闻听，大喜过望，对那士兵道："带我过去！"语气之中，竟是激动万分。

那士兵带着张伯行等人来到后山，果见一山洞。只见满仓大米，大眼看去，不下百十万斤。

张伯行抄起一把大米，满脸兴奋之色，回头对总兵杨辅鼎道："虽说此次那帮海盗得以逃脱，但是得到这些粮食，杨总兵大功一件。福建百姓又可支撑一阵了。"

总兵杨辅鼎道："多谢巡抚大人夸奖，这本是属下分内之事。"

张伯行下令道："将海岛所有粮食装上船只，运回福州。"

总兵杨辅鼎带领几千名官兵急忙动手，不消几个时辰，已经将所有粮食装上船只。

五
实行海禁

（一）定要想法子除去张伯行这颗眼中钉、肉中刺

作为战利品，海岛之上所有粮食均运到福州，大家异常激动和高兴。看着眼前白花花的大米，张伯行知道，福建缺粮之事又可暂得缓解。

张伯行当即下令，将所有大米运到各地售粮点，依旧以平价卖与百姓。

各地百姓闻听，皆呼青天在世。

话说那日张令涛押着一船大米刚刚离开海岛不久，就有人报告他，说海岛喊杀声四起，且有火光闪烁。

张令涛大惊，走出船舱，来到船头一看，果然如此。张令涛知道，应是官军攻打海岛。

张令涛既喜又怒。喜的是自己提前一步离开海岛，不然后果难料；怒的是自己辛辛苦苦收购的一批粮食，定会被官军夺走。

张令涛在船上顿足不已，破口大骂。他一边骂一边暗暗发誓，定要想法子除去张伯行这颗眼中钉、肉中刺。

此次缉拿海盗，虽然令郑可心脱身而去，却运回一批粮食，这件事更加坚定张伯行缉拿海盗的决心和信心。

于是，张伯行令总兵杨辅鼎加大巡防力度。若发现海盗踪迹，即刻出兵缉拿；若有困难，定会尽全力予以帮助和解决。

得到张伯行的支持，杨辅鼎率领手下弟兄开始在福建各处海域进行巡防。一旦察觉到海盗的蛛丝马迹，马上出兵。

这一日，杨辅鼎手下一人前来报告，说距离台湾岛不远处有一小岛，似乎有海盗行迹。

总兵杨辅鼎闻听大喜，亲自率队驾十余艘军舰前往查看。

距离小岛约不到一里地的时候，杨辅鼎令人扯起风帆，全速前进。片刻之间，已到小岛旁边。

这一小岛果然是郑可心等人的又一处藏身之处。当日适逢有雾，杨辅鼎率人抵达海岛边上，岛上海盗方才发现。

杨辅鼎一声令下，几百名军士杀上海岛，岛上群匪乱作一团。

郑可心当时正在聚义厅喝酒，忽听得外面喊杀声大作，有人禀报说官军来袭，他忙率领手下几名头目提着兵刃出门查看。

等到郑可心走出房门，发现事情不妙，在岛上巡防的弟兄已经被斩杀几十名。眼看海岛难以守卫，郑可心跟几个头目商议之后，迅速驾几艘小船离开小岛，逃之夭夭。

岛上所余海盗迅速被肃清，总兵杨辅鼎令手下人仔细搜查各处。

手下人很快前来报告，说在后山发现一藏宝洞，内中藏有大批金银珠宝。

总兵杨辅鼎急忙过去查看，果然洞内金光闪闪，各种财物数不胜数，遂令手下一一登记在册。

杨辅鼎又令官兵细细勘察，不能放过任何蛛丝马迹。忽然之间，发现在玉如意旁边有一便签，上写一行小字："两江总督噶。"共计玉如意数只，其他金银珠宝各有数目。

看完之后，杨辅鼎倒吸一口冷气，心想：难道两江总督噶礼大人与海盗有染？

杨辅鼎不敢声张，忙将此便签收藏起来。回到福州，急忙前往巡抚衙门拜见张伯行。

张伯行见杨辅鼎神情严肃且紧张，有些惊异，急忙屏退左右。厅堂之内只剩二人，杨辅鼎这才将自己缉拿海盗的事情详细禀报。张伯行闻听再次大胜，分外喜悦，对总兵及手下弟兄大力夸赞。

"巡抚大人，莫再夸奖属下，都是弟兄们的功劳。"

说完之后，杨辅鼎从袖内拿出在海岛珠宝洞里面搜到的那张便签，呈给张伯行，说道："巡抚大人，属下搜查海岛时，搜到这张便签。"

接过一看，张伯行也不禁大惊。

张伯行疑惑地看着杨辅鼎，问道："果真是从海岛上搜到的？不会有错？"

杨辅鼎道:"这等大事,事关朝廷命官,我焉敢说谎!"

张伯行沉思一会儿,说道:"此事就你我知道,不可再告诉第三人。只凭这一张便签,并不能完全坐实噶礼与海盗勾结。"

杨辅鼎道:"属下明白。搜查完毕,属下当即就来禀报大人。"

张伯行颔首,说道:"你且先回去,这张便签便放于我这里。若是日后再查到相关证据,我定会向皇上奏明此事。"

"属下明白。"而后,杨辅鼎又道:"缉拿海盗之后,属下搜查小岛,缉获大批金银财宝,俱已押解到府衙。"

张伯行道:"杨大人行事谨慎,又一心为公,实属难得。且将此批财宝清点数目之后,上缴府库。"

杨辅鼎领命而去。

张伯行端着茶杯,陷入沉思。"天下之难持者莫如心,天下之易染者莫如欲。"总兵杨辅鼎拿回的这张便签,让张伯行意识到,福建的问题绝不仅仅是缺粮。自己面对的,也不仅仅只是天灾,也许最大的对手乃是人祸。

面对这场斗争,张伯行虽然不曾有任何畏缩和恐惧之感,却依旧有一种巨大的压力,让他心内略有不安。

这种不安来源于福建百姓缺粮问题迟迟不能从根本上解决,这种不安来源于内心深处巨大的责任感。若只是失去一己仕途与生命,张伯行不会有丝毫犹豫;但若失去仕途与生命之后,却仍不能挽救百姓于水火,自己如何能够安眠?

窗外,阳光甚好。蓝天之上,有白云朵朵;天地之间,异常清明。忽然,卷来一阵乌云,白云被吹走,阳光被遮住。

"君子之德风,小人之德草,草上之风必偃。"张伯行想起《论语·颜渊》这句话,抬头仰望天空,谁知天色忽然就暗了下来。

(二)若是高山,我当攀之;若是深海,吾当蹈之

话说王岚生与玉秀跟着王夫人来到福建不久,张伯行即命王岚生前往苏州看望陈鹏年,顺便将王夫人从仪封带来的一些特产捎去。

王岚生刚到苏州知府衙门,陈鹏年并未在府中。等了半日,陈鹏年方才

回来。陈鹏年听说王岚生过来看望他,甚为高兴。他先是询问这两年王岚生与玉秀之事,王岚生一一回答。而后又问张伯行在福建的事情,王岚生也略略介绍一番。

陈鹏年听完之后,面有怒色,恨声道:"这个噶礼,在两江折腾得还不够,竟然手掌都伸到福建,实在可恼可恨。"

王岚生问道:"是不是陈大人也遇到不顺心之事?"

陈鹏年叹口气,说道:"初到苏州,因为我没有给噶礼送礼,噶礼便不喜,我自不会在意。前几日,我看苏州官场奢侈之风甚盛,欲要改革,却不料遭到噶礼责难。我所定制的各种改革措施,竟极难推进。噶礼此人,心胸狭窄,而且心狠手辣,又深得皇上信任。你回去务必要告诉张大人,以后要多加小心。"

王岚生道:"多谢陈大人关心!我回去之后,定将陈大人之言俱告与义父大人。"

陈鹏年思索一会儿,说道:"我还是亲自修书一封,你回去之后交于张大人。"

说着话,陈鹏年拿出笔墨纸砚,王岚生忙站起身磨墨。陈鹏年铺开纸张,刷刷点点修书一封。

陈鹏年道:"岚生,今日也莫着急回去。在此吃过饭后,看一下苏州风景。"

可那王岚生归心似箭,随即快马加鞭赶回福建。

自那日总兵杨辅鼎禀报,缉拿海盗时发现一张可疑的便签后,张伯行意识到此事非同小可。福建缺粮问题若要彻底解决,也绝非易事,困难肯定要比想象中大得多。

但只凭一张便签也不能就证明噶礼与海盗勾结。若是凭此就写奏折弹劾噶礼,恐弄巧成拙,反为其害。张伯行只是将便签收好,加紧缉拿海盗力度,一则可保福建海域安全,保护来往客商;二则可以从海盗手中夺取更多粮食,以资百姓;三则可以收取更多张元隆、噶礼等人作恶的证据。

一切安排妥当后,张伯行的心境逐渐平静下来。

这一日,张伯行正在府衙审阅各种公文、案件。忽听外面马銮铃响起,从外面大踏步走进一人。

张伯行定睛一看，却是前几日去苏州看望陈鹏年的王岚生。

王岚生走进衙门，见到张伯行，忙跪倒施礼："岚生见过义父大人！"

张伯行忙从书案前站起，绕过书案来到王岚生跟前，将王岚生搀起，说道："岚生，可曾见过沧州，他在苏州如何？"

王岚生站起来，将自己前往苏州见到陈鹏年的经过讲述一遍。而后，从行囊中取出那封信，说道："临走之时，陈大人修书一封，并嘱咐我务必将此信亲手交于义父大人。"

说着话，王岚生将此信呈上。张伯行接过，见信封上写着：张伯行大人赐启。他急忙将信接过打开观瞧。

书信起首曰：苏州知府陈鹏年再拜奉福建巡抚张伯行。自苏州一别，恍然半年有余，每每思及往事，遂感慨万端……

而后，陈鹏年在书信之中，感谢张伯行专门派王岚生前往苏州看望自己，从仪封所带礼物也一并收到。接着，陈鹏年话锋一转，谈到自己自任苏州知府之后遇到的诸种事端。尤其谈到与噶礼之间的隔阂，并在各种事情处理中，看出噶礼其人不仅心胸狭隘，而且极其贪婪，欲壑难填。他趋利而往，不念忠义，更不顾百姓之生死、同僚之情义，甚至皇上之圣恩也不闻不问。更可怕者，此人做事干练，为人处世八面玲珑，深得皇上信任。故自噶礼来到两江以后，广识三教九流各色人等，以图其利。凡不顺遂其心者，必要想方设法予以报复打击……

后陈鹏年又暗指噶礼极有可能与张元隆以及海盗勾结，以谋其私。鉴于噶礼此人心狠手辣，做事不择手段，请张伯行万万小心。

张伯行读完之后，掩卷沉思。书中所言之事，自己亦有所察觉。而今陈鹏年郑重提出，更加确认自己所有猜想。

噶礼位高权重，且又深得皇上信任，自己也知道很难将对方扳倒。但是，一想到百姓们流离失所，严重者鬻儿卖女，更有甚者易子而食，铤而走险，张伯行胸内就陡然升起一股豪气。

张伯行暗想：不管对手多么强大，若是自己为民请命，即便是刀山火海，亦要赴汤蹈火。

突然之间，张伯行又想到被自己处死的陈首魁，感慨万端，甚至心生悔意。

若非官商勾结，蛇鼠一窝，祸害人间，如陈首魁者，又焉能上山为匪？自己每日里标榜为民请命,可面对这样的悲剧,却也要推波助澜。

张伯行越想越气愤,不禁拍案而起,怒声喝道:"若是高山,我当攀之;若是深海,吾当蹈之……"

王岚生吓了一跳,忙上前道:"义父大人,您没事吧?"

张伯行听到问话,方才知道自己浑然之间忘记现实。他急忙收回思绪,说道:"一路辛苦,你且先回去歇息吧!"

王岚生领命退出。

(三)面对明代祝枝山的《赤壁赋》,张鹏翮心中既喜又忧

冬天的脚步渐渐临近。福建冬天的风虽不及北方那般刺骨,但吹过脸庞,亦有淡淡寒意,寒意中又透着海水的潮湿。

张元隆与张令涛、何枕正在商议如何应对目前局面。眼见得张伯行步步紧逼,自己各处商号俱不能像往年那般赢取暴利,张元隆烦躁无比。

张令涛恨声道:"大哥,我早就说过,对付张伯行就不要前怕狼后怕虎,要想办法将他除掉。可大哥总是瞻前顾后,说张伯行是朝廷命官,不可轻动。结果呢,我们却被逼得无路可走。"

张元隆道:"令涛,你也不是没刺杀过张伯行,可是都已失败。上次还专门找到朱章,不也是劳而无功吗?"

几人正在商议之时,忽然门外家人来报,说海上人来。

张元隆一听,内心一惊,心想,郑可心派人来,定是有事。难道又有不好的消息吗?

张元隆忙命将来人请进。一黑衣男子从外面走进,见到张元隆,急忙施礼道:"见过张老板!"

张元隆摆手道:"无须多礼,你们头领派你来,可有要事?"

那人道:"回张老板。前几日官兵攻打小岛,将我们准备送与总督噶大人的礼品悉数拉走。"

张元隆闻听,暴跳如雷,又开始大骂张伯行。

那人接着说道:"张老板,先莫要动怒,小的还有下情禀报。"

张元隆平静一下心情,说道:"还有什么事?"

那人道："郑头领说，他曾记得在准备礼品时，好像写有一张清单，上面似乎写有'两江总督噶'这样字眼。"

张元隆闻听脸色大变，上前一步道："你所说当真？"

那人点点头。

张元隆颓然坐于椅子上，神色木然，眼睛发呆。

停上半天，张元隆挥挥手，对那人说道："我已知道。你回去给郑头领说，以后行事务必要小心，万不可再出任何纰漏。"

等那人离开后，张元隆看一眼张令涛，问道："令涛，你方才也听到，此事该当如何是好？"

张令涛看着张元隆，说道："大哥，依小弟之见，此事须当快速禀报总督大人。不然，若是以后有什么事，总督大人那里实在不好交代！"

张元隆叹一口气，说道："也只能如此。兄弟，我们现在就出发，你陪我去一趟江宁，拜见总督大人。"

两人令家人备好马匹，急匆匆前往两江总督府拜见噶礼。

两人见到噶礼，张元隆将郑可心的一处海岛被官兵攻打，并将欲送给噶礼的礼品抄走一事，一一禀于噶礼。

噶礼闻听，既惊又怒，大发雷霆，吓得张元隆唯唯诺诺，不敢出声。

噶礼骂了半天，最后说道："此事已经如此，我们必须做好应对之策。"

张令涛上前一步，轻声说道："大人，我有一言，不知当讲与否？"

噶礼点头。

张令涛道："大人，依我之见，只凭一张便条，那张伯行定不敢对大人有任何不利行为。毕竟，这个还算不得大人与盗匪有染的真凭实据。若那张伯行胆敢奏与皇上，我们只说是海盗欲要诬陷大人。我们不认，那张伯行也没有其他证据，又奈我何？"

噶礼点头道："我也是这样想法。但凡事必须往最坏处考虑，人无远虑，必有近忧，我们须当提前做好准备。"

张元隆道："大人，我有一策，大人看可行与否？"

噶礼道："说来听听。"

张元隆道："在南方的地界上，自当是我们说了算。京城那边，虽说大人您深得皇上信任，但皇上的心思我们毕竟还不好猜测。我想，我们是不是在京城寻找一靠山。若是有什么事,此人可替我们在皇上面前讲情。这样,即使有人弹劾大人,也不会有什么大碍。"

噶礼想想,说道:"也不失一条应对之策。本来朝中有多位同僚都会替我说话,可此事事关重大,须再找一位德高望重者方行。"

噶礼略一思索,说出一人名字:张鹏翮。

张元隆闻听,略微一愣,说道:"总督大人,我听说此人为人耿直,且张伯行就是他举荐的。大人找张鹏翮,恐怕不妥吧?"

噶礼道:"你还不是真正了解张鹏翮。这张鹏翮为人的确耿直,但是,张鹏翮却又懂得与朝中官员相处之道。而且,他跟我关系素来很好,想来他不会完全拒绝我。另外,若是争取到此人,一旦他开口替我们说情驳斥张伯行,我想皇上定会相信他。"

张元隆闻听,不禁挑起大拇指,称赞道:"总督大人此举,乃超出常人之想,实乃高妙。"

噶礼道:"兵者,诡道也。我们现在跟张伯行,就跟两军交锋一样,必须处处做出最坏打算。不然,就会被他牵着鼻子走。"

张元隆与张令涛齐声称赞。

噶礼道:"我这就列出一张清单,你按照此清单迅速备好礼品,我想办法送与张鹏翮。"

张元隆道:"谨遵总督大人吩咐。"

噶礼将清单写好,交于张元隆。张元隆拿着就要离开。噶礼忽然道:"且慢。"

张元隆忙停下问道:"总督大人,还有什么吩咐?"

噶礼道:"我再添上一件物品。"

说着话,噶礼又在清单上写上一条:名人字画一幅。

张元隆拿着清单离去。

不到两日,张元隆便将所有礼品备齐。噶礼一一查看过之后,对张元隆夸奖道:"你做这事,倒是又快又好。"

且说噶礼备齐礼品之后,亲自上京拜访张鹏翮。

张鹏翮闻听噶礼来访,有些奇怪,忙亲自出迎。

两人见面,寒暄一番。

噶礼道："此次进京,主要是向皇上汇报江南民生。本欲今日回去,但想到多日未曾见过张大人,甚是想念,故特来拜访。"

张鹏翮笑道："承蒙噶大人还惦记着老朽,老朽多谢!"

噶礼笑道："张大人,之前我们曾共事许久,那时,我们相处甚为融洽。更何况贵公子懋诚和养子不语也在江南为官,我自当前来给您说一下他们的情况。"

张鹏翮闻听,笑道："二子年少无知,还要噶大人多加指点关照。"

噶礼笑道："张大人请放心,咱们自己家的孩子,我自当尽力照看。"

噶礼略顿一下说道："此次到京城,捎带一些江南特产,特给张大人留一些,还望张大人笑纳。"

说着话,噶礼对身旁一名随从使个眼色。那人赶紧出去,不一会儿便抬进来几个锦盒。

张鹏翮一看便知绝非普通特产,脸色肃然,说道："噶大人,张鹏翮为人想必噶大人应该了解,这些礼物我断不能接受。"

噶礼笑着说道："张大人客气。只是一些江南特产,张大人勿要多想。我噶礼若是想请张大人帮忙,还需要贿赂张大人不成?"

张鹏翮依旧非常严肃,说道："噶大人,不是张鹏翮推辞,也不是张鹏翮不懂官场。我自入仕途,就曾告诫家人勿要贪图荣耀,更不敢接受同僚馈送。还请噶大人见谅!"

噶礼道："张大人若不受,我噶礼以后哪里还敢登临大人府上? 回到江南,我有何颜面与两位公子相见啊?"

张鹏翮听到噶礼说到自己的儿子和养子,心内一动,脸色之间略有缓和,说道："这样吧,噶大人,这卷轴想必是一幅字画,我收下这幅字画即可,其他礼品还请噶大人收回。"

噶礼无奈道："张大人高风亮节,实乃让人钦佩,噶礼以后当向张大人靠拢。"

噶礼命人将那幅字画留下,其他礼品又全部带走。

噶礼离去后,张鹏翮拿起那幅字画,轻轻打开,却是一幅书法作品。张鹏翮认真观瞧,内容是苏轼的《赤壁赋》。只见每个字的点画盘旋进跳,穿插避让,结体雄奇跌宕,大小正侧。既有张旭的横撑,又有怀素的圆转,同时还有黄山谷夸张的点线结合。

张鹏翮对字画极有研究,略一观看,脱口而出道:"此作莫非明代祝枝山的《赤壁赋》吗?"

张鹏翮赶紧往下看,落款果然是祝枝山。

张鹏翮既喜又忧。喜的是竟然得到祝枝山的书法真迹作品;忧的是自己自诩清正,拒绝噶礼的其他礼品,但这幅书法作品的价值远超那些金银珠宝,自己岂非落个把柄在噶礼手中!

(四)若想从根本上解决福建百姓缺粮之事,则必须实行海禁

福建的冬天相较于北方自是柔和许多,虽说已是十月,但阳光依旧温暖。

大街小巷,行人逐渐多了起来。店铺商户,开门营业;人来客往,川流不息。福建粮食短缺问题得以缓解,百姓生活也相对稳定,大家神情语气之中已经没有之前的那种忧虑、无奈和悲愤。

张伯行与大黑、大仪、钟逵等人正在府衙议事,忽然外面进来一衙役,递上一封家书。

张伯行忙拆开,看过之后,眉头紧皱。突然之间,张伯行想起岑参的《逢入京使》,心中顿生忧虑之意。

> 故园东望路漫漫,双袖龙钟泪不干。
>
> 马上相逢无纸笔,凭君传语报平安。

大仪问道:"大人,何事让您忧虑?"

张伯行道:"老夫人近日身体微恙,我有些担忧。但是信中也说并无大事,特地嘱咐我不用专门回家。"

大仪道:"那大人准备怎么办?"

张伯行道:"且先让夫人回去照看,若不行我再告假回乡。"

张伯行当即回到内室,将信中内容讲与王夫人听,让王岚生和玉秀陪着夫人,并冉永光一起,离开福建,回老家仪封。

诸事安排妥当,张伯行内心方安。

这一日,张伯行正在书房安坐,忽然有人通禀,说总兵杨辅鼎拜见。张伯行急忙到议事厅,杨辅鼎已经等候。

杨辅鼎见到张伯行,急忙施礼。

张伯行忙摆手勿要多礼,而后问可是海防有事。

杨辅鼎道:"昨日巡防之时,见一商船可疑,于是上前盘查。船内装有大批粮食,那老板各种手续倒是齐全,可这批粮食却是准备运到海外西洋。"

杨辅鼎说到此处,若有所思地说道:"下官当时想着福建缺粮,若将这些粮食卖与福建百姓,岂不缓解福建百姓的压力? 可是这个商人手续齐备,仔细盘查后,也并无任何违法勾当。但下官思之再三,还是暂时将此人扣押,不知合适与否,故特来向巡抚大人禀告。"

张伯行对杨辅鼎这个老乡感觉越来越好,评价越来越高。本来,在张伯行心目中,老乡的概念十分淡漠。时至今日,张伯行感到:有些东西不可回避。只要上报国,下安民,志同道合,出于公心,无私无畏,同学、同乡、同门反倒是更能尽快打开局面,勠力同心。遂抚髯道:"杨大人不仅能征善战,而且心思缜密,且一心为百姓着想,着实难得。"

杨辅鼎道:"多谢大人夸奖。那位商人我也一并带到,大人是否亲自询问一下。"

张伯行点点头。

那位商人来到张伯行面前,吓得急忙跪倒于地,高声说道:"抚台大人,小的从未做过违法之事。此次所运粮食,也是我倾家荡产收购而来,只想着能够运到海外挣几个钱养家糊口。"

张伯行道:"不要惊慌。你是哪里人氏,为何想到将本地粮食运往海外?"

那人道:"我祖籍福州,姓段名仁。其实,我们运粮到海外只是小打小闹,挣些小钱,真正能够挣大钱的乃是张老板。"

张伯行眉毛一挑,说道:"你所说张老板却是何人?"

段仁道:"大人难道不知沿海一带有一船队,老板乃是张元隆。张元隆手眼通天,黑白两道通吃,手下大小船只上百艘。张元隆每年都会收购大批粮食,或在福建本地缺粮时高价卖给百姓。若是百姓不缺粮,则会将粮食卖与海外,获取暴利。我等也只是跟随张老板挣几个小钱而已。"

张伯行闻听,脸色之间,略显怒色。

段仁见张伯行有些生气,更加胆怯,磕头如捣蒜一般,说道:"抚台大人,小的真是不知不许出海卖粮,小的再也不敢了。小人家中上有老母,下有幼子,望大人开恩,放小人回去。"

张伯行看着段仁,说道:"本抚并未责怪你,只是听到你说到那张元隆之事,有些动怒。"

张伯行转向杨辅鼎,说道:"段仁倒是合法商人。本抚以为,可以命段仁将所购粮食卖与本地百姓,让段仁适当获利,杨大人以为如何?"

"属下谨遵大人之命。"

段仁一听,跪爬半步,语气极为激动,高声喊道:"多谢抚台大人。福建百姓皆说抚台大人乃不世之清官,今日一见,果然如此!"

等段仁退下之后,杨辅鼎又对张伯行说道:"日前得报:张元隆在松江府上海县摆下数十桌宴席款待宾客,庆贺他的船队又一次顺利从南洋返航。借着酒胆,张元隆宣布更大的航海计划。他目前已经有几十艘船,将来要建立一支百艘船队。第一艘船叫'赵员发号',第二艘船叫'钱两仪号',而后是'孙三益号',再后是'李四美号'……这个船队就叫'百家姓'船队。现在造一艘海船要用银七八千两,张元隆敢出此狂言,由此可见,他是有雄厚家资为底气。"

杨辅鼎离去,张伯行坐在议事厅内陷入沉思。

自从来到福建,缺粮之事一直困扰着张伯行。尽管为此殚精竭虑,却一直未曾从根本上解决问题。

今日段仁的一番话让张伯行明白,福建缺粮原因复杂,牵涉各方利益,而其间似乎每个环节都和张元隆有着千丝万缕的联系。本以为通过自己努力,可以缓解福建百姓缺粮现状,戳穿张元隆的阴谋诡计,却未曾想到这张元隆竟将本地粮米大批运到海外。自己又当如何应对呢?

张伯行思考半天,内心已经有了主意。于是,将大黑、大仪、钟逵、林水晗等人喊来商议此事。

张伯行将总兵杨辅鼎在巡海之时扣押段仁之事简单介绍一番,问几人道:"福建之所以缺粮,一则跟本地粮食产量不够有关;二则和天灾有关;三则就是人祸之因,这人祸主要就是张元隆。我之前只想着张元隆囤积粮食,是为了在本地缺粮时获取暴利,如今看来绝不是如此简单,他囤积粮食主要是卖到海外。若是长此以往,自会有更多商人效仿,那么福建缺粮之事就永不得解决。诸位,可有良策?"

钟逵道:"大人,将粮食卖与海外,绝非易事。这些商人又是如何做到的呢?"

张伯行哼了一声,说道:"若非官府支持,这些商人焉敢如此胆大妄为?"

林水晗道:"大人所言,是指两江总督噶……"

林水晗说到这个"噶",语气停顿一下。

大黑道:"定是两江总督噶礼那厮!"

林水晗看看张伯行,张伯行微微点头。

张伯行道:"我有个想法,与诸位商议一下,看是否可行?"

众人看着张伯行,张伯行道:"目前的局势,福建若想安稳,必要先稳定民心;而若想民心稳定,则必须要让百姓有饭吃。其实百姓要求并不高,只要让他们衣食无忧,他们绝不会寻衅滋事。而张元隆船队每年将大批粮食运往海外,则必影响到福建的粮价。我想,此事若要从根本上得以改观,则必须海禁!"

张伯行将"海禁"两个字重重说出。

(五)康熙帝曰:海外如西洋等国,千百年后,中国恐受其累

经过慎重考虑及多次商议,张伯行终于给康熙帝上疏,请求海禁!

张伯行在疏本中奏道:

福建沿海,渔船、商船及海盗船只各处穿行,无法辨识。更有一些不法商人与海盗勾结,将内地粮米运至海外。此种事宜,一则令海盗在海上肆意横行,二则令一些不法商人谋取暴利。更严重者,致使福建缺粮事宜无法解决,造成福建民心不稳,甚至令百姓铤而走险,化身匪盗……

京师。紫禁城乾清宫。

看到张伯行的奏折,康熙帝不禁陷入深深忧虑之中,眼前又浮现出父皇顺治帝实施海禁的一幕幕情景。

为防止海外反清复明势力的侵扰,杜绝大陆与海外敌对势力勾结,维护东南沿海的稳定,大清王朝在立国之初实行严厉的禁海政策,禁止出海贸易,违者甚至处以极刑。顺治十三年(1656年)六月,父皇发布《申严海禁敕谕》,规定北自天津,南至广东沿海岸线各省,一律"严禁商民船只私自出海。有将一切粮食货物交逆贼贸易者……不论军民,俱行奏闻处斩"。"其该管文武各官,不行盘诘擒辑,皆革职,从重治罪。地方保甲通同容隐,不行举首,皆处死。""不许片帆入口,一贼登岸。"使用军事、法律、暴力,以强制割断海内外的一切联系往来,取缔一切对外贸易活动,其目的是削弱和扼杀明郑的反清力量。

可是,《申严海禁敕谕》实行五年,并未达到彻底割断联系的目的,也没有遏制住沿海不法之徒对明郑反清力量的支持,"粮、饷、油、铁、桅船之物,靡不接济",海内外人和物的交流仍在隐蔽状况下继续进行。

顺治十八年(1661年),父皇又决定逼迁沿海居民,尽毁沿海民房物资和船只,实行"立界移民",即迁界的做法。迁界是禁海政策的扩大和补充,制造一个无人区,以作为隔离地带,将之作为实现彻底禁海的重要措施。

自古道:心慈不能将兵!何况海禁事关大清王朝的生死存亡,措施不可谓不严厉,手段不可谓不残酷。"令下之日,处其居室,放火焚烧,片石不留,民死过半。"在当时的闽、粤、江、浙沿海,到处挖界沟、筑界墙、设烟墩、派旗兵警戒,界内外严禁通行,出界寸步即以违旨罪逮杀。

有一些地方官也因受此类案件株连,被处理甚至杀头问斩。康熙帝清楚记得,即位之初的康熙元年(1662年),扬州府海门县知县董常裕便因"私给船肚,有违界限",被控违反"海禁新例",而判"知情故纵","以同谋论处斩",被革职杀头。

一直到康熙二十二年,台湾告平,朝廷方开海禁。

虽然海禁已开,但康熙帝一直对沿海贸易比较关注,且心存忌惮,时时警惕。

思索一炷香工夫,康熙帝命张廷玉、李光地觐见。

二位重臣本就在南书房待命,和衣而寝。见皇上深夜召见,便迅疾赶到。看过张伯行的折子,张廷玉和李光地顿时神色凝重。

一向坚决主张实施海禁的大学士李光地躬身奏道:"皇上,毋庸置疑,大清立国之初实行'迁界禁海',给明郑势力造成致命打击。台湾因为这一政策的实施,在近二十年间,地区经济发生恶化,各方势力此消彼长,于是才有康熙二十一年皇上命施琅率军攻台成功,明郑势力被彻底剿灭,国家才完全统一。"

康熙帝道:"朕是主张实施开海贸易,先后设置粤海关(广州)、闽海关(厦门)、浙海关(宁波)、江海关(上海)。并于四十六年,取消不许民间私造双桅以及多桅海船的禁令,以广开财源、富裕百姓。"

主张开海贸易的中堂张廷玉说道:"皇上,微臣以为,闽浙得濒海之便利,凭鱼米之充足,用丝绸之丰厚,海上贸易极其繁盛。中国茶、南京布、江浙米,还有瓷器,遍布南洋,出口西洋,白银黄金源源不断流入我大清国库。如此,国强民富,国泰民安。"

"两位爱卿所言不无道理。只是天生物产,只有此数。如稻米大量出洋,国内一定供给不足,米价也就必然上涨。朕前巡幸南方时,米价每石不过六七钱。近闻江浙米价,每石竟至一两二三钱。"

在康熙帝看来,米价上涨发生在素称"鱼米之乡"、曾经激烈反抗过清廷征服的江南地区,更令他寝食难安。虽然国家已经统一,但南方及海外反清势力仍是肘腋之患。康熙帝顿时产生一种不祥预感:海外如西洋等国,千百年后,中国恐受其累。

李光地奏道:"皇上,张伯行亲眼所见、亲耳所闻,其言'内地之米,下海者甚多,其载往千百石之米,特为卖与彼处耳'之说,非亲临其境不可感悟。微臣以为,自当警惕!"

康熙帝点头称是,颔首说道:"朕一直以为,米粮贩往福建、广东内地尤可。若卖与外洋海贼,关系不小。"

李光地小心翼翼地说道:"更为可怕的是,如海商富可敌国,又与海外残渣余孽沆瀣一气,为牟取暴利,囤积居奇,把稻米倾与敌手,则尾大不掉,后患无穷。"

李光地的话,更加重康熙帝内心的焦虑与不安。两害相权取其轻,两利相权取其重。康熙帝思虑许久,传旨道:

凡商船照旧东洋贸易外,其南洋、吕宋、噶罗吧等处,不许商船前往贸易,于南澳等地方截住,令广东、福建沿海一带水师各营巡查,违禁者严拿治罪。其外国夹板船照旧准来贸易,令地方文武官严加防范。嗣后洋船初造时,报明海关监督,地方官亲验印烙,取船户甘结,并将船只丈尺、客商姓名、货物、往某处贸易,填给船单,令沿海口岸文武官照单严查,按月册报督抚存案。每日每人准带食米一升,并余米一升,以防风阻。如有越额之米,查出入海,船户、商人一并治罪。至于小船偷载米粮,剥运大船者,严拿治罪。如将船卖与外国者,造船与卖船之人皆立斩。所去之人留在外国,将知情目击之人枷号三月。该督行文外国,将留下之人令其解回立斩。

(六)台湾府嘉义县驻扎军队发生哗变

张伯行得到康熙帝可根据福建沿海实际情况实行海禁的圣旨后,当即宣布:严禁福建各方将本地粮食运往海外,违者严惩不贷。命总兵杨辅鼎加紧海防巡逻,一则严格盘查沿海商人,二则加大缉拿各处海盗的力度。

只因巡查严紧,张元隆的商船不敢随意在海上行走,郑可心的手下亦不敢轻举妄动。

面对海禁,宝成号粮店依旧坚持不动,但其他各处粮站因所囤积粮食再无机会运至海外,只能在福建本地销售。张伯行知道后,心内甚为高兴。

但这种心情并未能持续很久。有人禀报说,总兵杨辅鼎有事求见。张伯行闻听,急忙请进,心想:难道海上又有什么消息不成?

只见杨辅鼎急匆匆从外面进入,见到张伯行忙施礼道:"属下参见抚台大人!"

张伯行挥手道:"无须多礼。杨大人如此着急,可是海上有什么情况不成?"

杨辅鼎道:"抚台大人所言甚是。适才得报,说台湾岛嘉义县驻扎军队发生叛乱,详情未知。我先来禀告抚台大人,该当如何处理,请抚台大人定夺。"

张伯行闻听,内心也是一阵惶急,上前一步道:"依你平日了解,台湾驻军为何如此?"

杨辅鼎沉吟道:"我之前听闻台湾有些地方驻兵,与郑可心海盗团伙常有联系。而今大人对海盗缉拿甚紧,郑可心一伙不敢轻举妄动,是不是因此……"

杨辅鼎说着,就停顿下来。

张伯行自然明白杨辅鼎所指,说道:"若是如此,还要麻烦你带兵亲自走一趟。"

见杨辅鼎略有犹豫,张伯行道:"杨总兵为何踌躇,难道……"

杨辅鼎忙施礼道:"大人,属下为国效力,虽赴汤蹈火亦在所不辞,决不会畏惧上岛平叛。我只是担心领兵进岛,若与海岛驻军发生冲突,不好收场。"

张伯行闻听,沉吟半晌,说道:"所言甚是有理。台湾事务极为敏感,我来福建上任之时,万岁爷一再叮咛,台湾事务必要以安抚为主,保持台湾安定,绝不可轻易发生冲突。"

思考片刻,张伯行又对杨辅鼎道:"杨总兵,记住,'诛一恶而众恶惧'!你上岛之后,会同陈瑸、崔相国,只须……"

杨辅鼎听完之后,拊掌大笑,领命而去。

却说杨辅鼎带领数千名士兵来到台湾岛,见到陈瑸、崔相国,三人商议之后,杨辅鼎和崔相国直奔嘉义县。

嘉义县驻军首领乃陈阿大,祖籍福清,行伍出身,从军后黑白两道通吃,左手右手互换。这陈阿大与郑可心素来交好,郑可心之所以在福建沿海横行无阻,与陈阿大暗中相助不无关系。自然,郑可心也不曾亏待陈阿大,但凡劫获财物皆会分半送与。

海禁之后,郑可心不敢轻举妄动,陈阿大的不义之财自然锐减。于是,他便怂恿手下弟兄,以海禁影响台湾与内地的商务往来为由,发动叛乱。

杨辅鼎、崔相国抵达嘉义县,直奔陈阿大的军营。

陈阿大听闻之后吃惊不已,但已经掀起这么大的波澜,只能硬着头皮往上迎。

军营之内,杨辅鼎、崔相国刚刚坐下,便听得外面喊声大作。杨辅鼎看一眼陈阿大,陈阿大急忙赔笑道:"手下弟兄喜欢闹腾,还望大人见谅!"

杨辅鼎说道:"陈阿大,我也是喜欢闹腾之人,不如我们去看看到底是如何闹腾的?"

陈阿大一听,正中下怀。

只见营外一座小山顶上，几百名士兵齐声高呼："抵制海禁，允许商船出海！"

杨辅鼎看着陈阿大，陈阿大忙将头扭向一边。

杨辅鼎冷笑一下，对着高处那些兵士喊道："众位弟兄，听我一言。今日我等奉抚台大人之命，前来与弟兄们相见。海禁一事乃抚台大人奉圣谕而为，其意只为解决百姓缺粮。诸位弟兄皆有亲朋好友在福建境内，你们且去打听一番，他们缺粮之时是如何凄惨。你们此举，当属叛乱，按照《大清律例》，定会严惩。我等奉抚台大人之命前来平叛，临行之时，抚台大人言说，若是真的有人违背圣命可杀无赦；若是诸位弟兄被人蒙蔽，也定会本着不知者不怪之原则宽恕各位；但若真有人一意孤行，也别怪杨某人无情。"

说着话，总兵杨辅鼎脸色一沉，手往下一挥，手下两名偏将以迅雷不及掩耳之势，拔出佩剑上前一步，将陈阿大擒获。

杨辅鼎接着说道："诸位弟兄，我知道此事皆为陈阿大一人所为，诸位皆是受此人蛊惑。适才已经跟诸位讲明，此事与诸位无关。但若是诸位不听良言相劝，那可是军法无情。"

那些兵士原本是被陈阿大蛊惑而叛乱，如今看陈阿大被擒，哪里还敢妄言。

杨辅鼎看众士兵怒气已渐渐平息，又接着说道："陈阿大犯上作乱，我奉抚台大人之命即刻押解回福建。此地事宜先由崔大人直接管理。"

兵不血刃。一场哗变谈笑间灰飞烟灭，杨辅鼎令手下兵士押解陈阿大离开嘉义县。

六
智擒匪首

（一）海潮汹涌，海浪翻滚，海涛澎湃

海浪翻滚，海风摇曳。冬天的海水触手甚凉，尤其是夜晚之时，海边的风掠过脸颊，让人陡生一股寒意。

农事初歇，正是海边渔民捕鱼的繁忙季节。每天天色不亮，渔民已经起床，趁着月色来到海边，驾驶小船下海捕鱼。眼前是苍茫遥远的水面，脚下是无边无际的大海，头顶则是无穷无尽的夜空。

总兵杨辅鼎的巡防海船每日里和渔民同样繁忙。张伯行反复叮嘱，海禁令已下，若是不加强巡逻，则无异于一纸空文。加紧海防巡逻，保护渔民安全，打击不法奸商，是当前的首要任务。

这一日凌晨，杨辅鼎亲自带领兵士在海上巡视。

海潮汹涌，海浪翻滚，海涛澎湃。

几位士兵皆在船头不停走动，眼睛如猫头鹰一般警惕地望着四周。

海面之上，艘艘渔船在晨曦之中来回穿梭。渔民们披着一身霞光已经从远海归来，脸上带着收获的喜悦，船舱满载而归，海岸触手可及。

忽然之间，哨兵指着远处一艘渔船对总兵杨辅鼎道："杨大人，前方那艘渔船似乎不太对头。"

杨辅鼎拿起长筒望远镜仔细观瞧，果然看到不远处有一艘渔船正在急速前进。表面看去，这船似乎也和周围渔船相若，但仔细观察，则可以看出其间不同。

相较于周围的渔船，这艘渔船船身更大，船行速度更快。但船身吃水深度似乎又深许多，可见船内所载物品更重。

杨辅鼎下令:"全速前进,拦住那艘渔船。"

官船一旦加速,自是一般渔船无法比拟。片刻之间,杨辅鼎的船队来到那艘渔船旁边。

船头几名士兵高声喊道:"前方船上的人听着,我们乃福建水师,奉抚台大人之命在此巡防,请你们速速停下。"

对面船听到喊声,非但没有停下,反而加快速度。瞬时之间,那艘渔船竟似离弦之箭飞速行驶。

杨辅鼎见此情形,知道这艘渔船定有问题,急命手下弟兄加快速度追击此船。

不到一炷香工夫,官船形成包抄之势,船头已经衔着船尾,杨辅鼎带着几名弟兄一个箭步跃上船尾。

兵士拔出佩剑,喝道:"还不停下?"

几名水手看着眼前利刃寒光闪烁,吓得面如土色,急忙停止划桨。这时从船舱走出一名三十岁上下的男子。

那人看到杨辅鼎,忙上前一步,满脸堆笑说道:"这位官爷,我们是守法的渔民,为何拦住不放?"

杨辅鼎直视着他,问道:"你可是这艘船的船主?"

那人拱手赔笑道:"正是,正是。"

"既是守法渔船,为何见了我们却加速逃走?是不是做下什么见不得人的勾当?"

那人强笑道:"官爷,可不敢乱说,我们确是守法渔船。"

"守法与否,搜过即知。"杨辅鼎一挥手,几名兵士进入船舱开始搜查。

片刻,士兵从船舱走出,插手施礼道:"报告总兵大人,船舱内藏有各种货物。"

杨辅鼎盯着那位男子,厉声说道:"既为货船,为何假装成渔船?又为何见了我们立即逃走?速速从实招来!"

那人神色之间有些紧张,额角似乎已经冒出冷汗,但言语之间却并未慌乱,说道:"大人,我们实在是守法的良民。我们是上海县的商人,之所以装成渔船,是防止海盗抢劫。"

那人话音未落,却见不远处飞速驶来几艘小船。船头之上站着几个彪形大汉,手中提着明晃晃的鬼头刀。

船头上有一彪形大汉,也是三十岁上下,长得膘肥体壮,手中的鬼头刀寒光逼人。

早有几名兵士看到这几艘小船,马上向总兵杨辅鼎报告:"大人,那船上似乎是海盗!"

话音未落,只听破空之声传来,几支雕翎箭从对面船头射出。众人急忙侧身躲过。

杨辅鼎跃上船头,从身边兵士手中接过弓箭,高声喊道:"对面船只听好,我们乃福建水师,奉抚台之命在此巡查。你们这几个毛贼,是吃了熊心豹子胆,敢强抢官船不成?"

原以为自己亮出身份,对方定会被吓退。但出乎意料,那几艘小船上的海盗也不答言,依旧向前飞驶。

杨辅鼎高声喊道:"准备迎战。"

手下兵士刀枪出鞘,弓箭举起。霎时,双方厮杀到一处。

对面海盗虽然个个是亡命之徒,但官兵平日里训练有素,片刻之间已经斩杀强盗数名。

为首的那名大汉,眼见不抵,拇指、食指伸到嘴里打起口哨,高声道:"弟兄们,风紧,撤!"

群匪驾船飞速逃走。

手下士兵欲要追赶,杨辅鼎道:"穷寇莫追。今日暂且放过,待我教训尔等。"

说话间,杨辅鼎拈弓搭箭,两手用力,弓如满月。只听得"嗖"一声,海盗小船上传来一声惨叫,一名盗匪跌入海中。

那海盗头目看得大惊,急命手下扯起风帆,加快划船速度,惶惶如丧家之犬,落荒而逃。

手下士兵则齐声喊好。

(二)应该是张元隆船队按百家姓所排的第十九艘商船

总兵杨辅鼎押解着这艘货船回到水师衙门,一方面令手下人详细搜查这艘船中所有货物,一方面亲自审问船主。

那船主来到杨辅鼎面前,依旧神色不变。

这船主着实可疑,我从来没有见过如此镇定自若的经商之人。杨辅鼎心想,遂问道:"下面之人姓甚名谁,哪里人氏?"

那人答道:"小人姓赵名得利,松江府上海县人。"

杨辅鼎又问道:"你船中所装货物是要运往何处?难道你不知道抚台大人下过命令,不允许私自运货至境外吗?"

那人慌忙道:"大人,您错怪小人。小人主要从事丝绸生意,船中货物也是以丝绸为主。这批货物是小人从苏州拉来,准备运往福建,不承想却被大人盘查碰到。"

杨辅鼎喝道:"赵得利,若不从实招来,小心你的性命。"

赵得利慌忙道:"小人对天发誓,句句属实,不敢有半句谎言。"

"那我且问你,那群海盗明知有官军盘查,却依旧要抢劫你的货船,这是为何?"

赵得利马上做出无辜的表情,高声喊道:"大人,那海盗在海面上抢货船,是人人皆知的事情啊。"

赵得利又接着说道:"大人,您是不是怀疑小人与海盗有染?大人,天地良心,小人历代良善,从未做过任何违法乱纪之事。"

杨辅鼎冷笑道:"我手下兄弟命你的船只停下,你为何却不管不问,加速前行,妄图躲过盘查?一般经商者如何有这个胆量?而且,我们在搜查你的货船之时,竟然有海盗公然要抢劫这艘货船。如果没有特殊原因,焉敢有如此胆大之人自投罗网?再者,那海盗到来之时,我特意留心你的神情。你非但没有害怕之情,却闪过一丝惊喜,这难道是正常商人遇到海盗应有的表现吗?"

杨辅鼎死盯赵得利,仿佛要看穿他的五脏六腑。赵得利已经没有最初的镇定自若,冷汗又开始从额头渗出。

没等赵得利喘气,杨辅鼎厉声道:"赵得利,你该如何解释?快快回答!"

赵得利嗫嚅半天,不知如何应承。

正在此时,门外一兵士走进,来到杨辅鼎面前,插手施礼道:"见过总兵大人。适才将船内货物细细盘点搜查,船内主要是丝绸。"

那赵得利闻听,脸上又闪出得意之情。

但那兵士又上前一步,说道:"大人,小人从船内还找到一封书信!"

杨辅鼎一听,剑眉一挑,口中"哦"了一声,只见信封上写着:何枕亲启。

杨辅鼎眉头一皱,何枕这个名字好生熟悉。细细一想,恍然大悟,这何枕不是宝成号粮店老板吗? 据说乃张元隆的外甥。

正要问话时,门外又进来士兵,插手施礼道:"总兵大人,小人在搜船之时,发现船帮上写着'尤十九'这样的字眼,应该是张元隆船队按百家姓所排的第十九艘商船。"

杨辅鼎转向赵得利,问道:"适才两位兵士所言,你已经听到,这又当如何解释?"

那赵得利沉吟片刻,说道:"大人,小人与张元隆老板同为上海县人,关系甚好,帮他捎一封书信也不为过吧! 前些时日,我的货船在海面上被礁石撞坏,还未曾修复,故从张老板那里借来一艘货船使用。"

这赵得利滔滔不绝,竟然解释得合情合理。

杨辅鼎冷笑一声,说道:"我且看你能嚣张到何时?"

令人将赵得利暂行关押。

这一日,张伯行正在府衙与钟逵、大黑、大仪等人议事,忽听门外有人禀报,说总兵杨辅鼎求见。

张伯行忙说一声"请"。杨辅鼎踏步而来,见到张伯行躬身施礼道:"见过抚台大人。"

张伯行摆手,令人看座。

杨辅鼎把海上巡防遇到货船,而后又遭海盗抢劫之事,原原本本讲出。

张伯行皱眉道:"这海盗抢劫有些奇怪。明知是官军在盘查船只,依旧出手,其中必有蹊跷。"

杨辅鼎道:"卑职也这样想,故将那艘货船扣下,细细审问。"

杨辅鼎将审问赵得利,以及手下搜查货船发现的诸多疑点逐一道来。

张伯行听完,陷入沉思,之后说道:"此事足以说明张元隆与海盗有染,只是证据不够确凿。我以为,还是暂行把赵得利放走为好。"

杨辅鼎有些奇怪,问道:"大人,为何将赵得利放走?"

张伯行道:"一则我们证据不足,二则将赵得利放走,也可让张元隆放松警惕,目前只能是欲擒故纵。只要我们加紧巡防调查,想来定能找到足够证据,再一网打尽方可。"

总兵杨辅鼎点头道:"属下明白。"

张伯行道:"这些时日,加紧巡防和练兵,找到机会便缉拿郑可心。抓到郑可心,一切都会水到渠成。"

(三)再找江湖高手将张伯行置于死地,以绝后患

杨辅鼎把赵得利提出,细细查问一番,见他依然对答如流,就将其释放。

赵得利回到岸上,马不停蹄地去见张元隆,如此这般讲述一番。其间,将自己如何镇定自若、巧舌如簧吹嘘一番。

张元隆听完,半晌无语。遂找来张令涛,商议如何对付张伯行。

张令涛一听,便破口大骂。

张令涛骂了半天,气哼哼坐下,说道:"大哥,为今之计,该当如何? 我们现在是举步维艰,处处受制于人。"

张元隆道:"我喊你过来,就是要跟你商议,下一步我们该当如何?"

张令涛眉头紧锁,说道:"大哥,我想张伯行那厮定会继续加强海上巡防力度,或者会对郑可心下手。若是郑可心被抓,我们就会陷入危险之地!"

张元隆喟然长叹,说道:"我也这样认为。要尽快派人给郑可心送信,让他这一段时间切不可轻举妄动,以免不测。"

"大哥,我亲自去一趟吧!"

"也好。你找到郑可心,向他陈明利害得失。这段时间要让他潜行匿踪,再不能有出海行动!"

张令涛当即乘船而去。一路之上,心急如焚,恨不得肋生双翅,飞到海岛之上。

小船在海面之上劈波斩浪,快速前行。已经临近深冬,海风吹过,有股透心寒。张令涛站在船头,忧心忡忡。

约半日工夫,终于抵达海中孤岛。

聚义厅内,郑可心也急火攻心。只因前几日在海上望风的弟兄说,张元隆货船被查。郑可心冒险派人前往劫获这艘货船,却没想到遇到硬茬,非但

没有将货船劫下，反而折损几名兄弟。

正在与几位副头领商议之时，外面有人通报，说张令涛来访。

郑可心忙请张令涛入内。两人见面，寒暄几句，郑可心气冲冲说道："前几日，我派人本欲劫获张老板被扣船只，却不料最后却是赔了夫人又折兵！"

张令涛拱手道："我奉大哥之命，来找郑头领，也正是为了此事。"

郑可心道："哦，难道张老板是要责备我不曾将货船劫下不成？"

张令涛忙再次拱手道："岂敢责怪郑头领？我大哥分析当前形势，有几句话要交代郑头领。"

"张老板有什么事要交代的？"

"通过上次事件，我大哥分析，那张伯行定是越发怀疑我们之间有合作关系，甚至也会怀疑到总督大人身上。为了能够找到我们之间联手的证据，那张伯行会向弟兄们痛下杀手。再加上近些时日，张伯行对海禁之事巡查甚严。我大哥认为，郑头领最近这段时间最好不要采取任何行动。"

郑可心闻听，冷笑几声，说道："张老板，你大哥害怕张伯行，我郑可心还真没把他放在眼里。若是那张伯行不派兵来攻打我的山寨还罢，若是他真来，我定让他有去无回。"

张令涛闻听，内心着急，开始动用三寸不烂之舌劝诫再三。奈何郑可心这人脾气倔强，颇为自负。任张令涛如何解释劝说，却丝毫不为所动。

"张老板口口声声都在说，那张伯行如何嚣张，如何步步紧逼。我看还是派人将张伯行干掉，以绝后患。"

"郑头领，我之前也是这样想法，并且几次三番刺杀张伯行，奈何却没有成功。"

"只要张老板愿意出高价，我再帮张老板找江湖高手，定能将张伯行置于死地。"

"我欲除张伯行之心自比郑头领更加强烈，奈何那张伯行身边有高手相护，故此才屡次失败。"张令涛又接着说道，"还记得上次你让朱章刺杀张伯行之事吗？那朱章可算是江湖中的绝顶高手，可最后依旧没有成功，还险些被擒。"

"朱章只是一时大意疏忽，才无功而返。这次我再派高手与朱章联手前往刺杀张伯行，定能一举成功。"

张令涛无奈说道:"郑头领,刺杀张伯行之事,我们以后再详细商议,但最近这段时间,还是希望郑头领小心为上。如果没有什么要紧之事,就不要让弟兄们在海上行动。"

郑可心道:"张老板之言,我铭记在心。我也自会交代弟兄们,要小心为上。但如果那张伯行主动来攻打,那到时候,我绝对不能做缩头乌龟。想我郑可心在福建沿海横行多年,从未失手,他张伯行又能奈我何?"

张令涛微微摇头,也不再多言,旋即告辞。

回到张元隆府中,天色已晚。

张令涛将自己到海岛之上,与郑可心相见并交谈的详细内容,原原本本讲与张元隆听。

"这个郑可心勇猛有余,谨慎不足,以后要为此吃大亏,不信走着瞧。"张元隆摇头不已,说道,"你也一路辛苦,且先回去歇息。最近这段时间,我们都要各自小心为上,不要再让那张伯行抓住把柄。"

(四)把军中相貌清俊的兵士装扮成貌美女子

自那日接令后,总兵杨辅鼎带领手下弟兄日夜巡查,一方面保护沿海渔民,另一方面则为了探查海盗的蛛丝马迹。

但连续多日,海面上风平浪静,郑可心竟如蒸发一般。杨辅鼎心内有些纳闷,平素里每隔一段时间,郑可心都会带人出来抢劫,这连续多日为何没有动静?

原来,那日张令涛送信之后,郑可心嘴里满不在乎,但还是倍加小心。传令手下,若无十足把握,断不可出海行事。故连续多日在海上巡查,竟一无所获。

杨辅鼎又令手下弟兄去沿海各个岛屿搜查,看能否找到郑可心的老巢,奈何搜查多日,竟也毫无踪迹。

无奈之下,只好向张伯行汇报缉拿海盗的情况。

张伯行安慰道:"杨大人勿要着急。我想是有人给郑可心通风报信,海盗们知道官府正在四处缉拿他们,故此才会有些谨慎,没有外出作案。"

杨辅鼎道:"抚台大人所言有理。可这样何时才能将郑可心缉拿归案啊?

我也曾命手下弟兄,四处寻找那郑可心的老巢,奈何蛛丝马迹也不曾找到。真个急煞我也!"

张伯行环视大仪、钟逵、大黑几人,说道:"适才总兵所言之事,我们该当如何应对,方能抓获郑可心? 大家发表发表意见。"

大仪见众人无语,就率先说道:"大人,诚如您适才所讲,那郑可心定是得到消息,故才如此谨慎。如今这样形势,须要用引蛇出洞之计方可!"

张伯行闻听喜道:"大仪,你可是有什么好的计策?"

大仪道:"也算不得什么高明计策。郑可心既为海盗,断断不会改抢劫的这种习性。而且,时日已久,所存粮物紧缺之时,也必会出来抢劫。我想,可否让杨大人手下弟兄佯装成客商或者渔民? 如此,海盗出海抢劫岂非自投罗网?"

张伯行听过之后,问道:"杨大人,你以为如何?"

杨辅鼎拊掌称赞,说道:"此计甚好,或许真能引那郑可心出洞。若是此计可行,我定将他生擒活捉。"

张伯行道:"既然如此,你且去准备一番。"

杨辅鼎回去之后,马上召集手下弟兄,挑出几十名精明干练的士兵,让他们分成几队,乔装成渔民与客商,每日里驾着船只在海面上四处游荡。若是遇到海盗袭击,马上发出信号,自己率领大队人马即刻赶到。

这些士兵乔装完毕,每天早上出海,晚上回来。

连续三五日,郑可心那边依旧没有丝毫动静。

杨辅鼎不禁有些焦躁,只好再次找到张伯行。

张伯行感到事情有些棘手,听完之后,也有些急躁,回身对大仪道:"这引蛇出洞之计竟也不好使,又该如何是好?"

大仪也有些不解,一边轻轻摇头,一边喃喃自语:"这郑可心难道如此警惕不成?"

旁边的钟逵向前一步道:"大人,引蛇出洞之计绝对是最好办法。若是那蛇没有出洞,原因又是什么?"

张伯行道:"钟逵,你想说什么,仔细道来。"

钟逵道:"若是引蛇出洞而蛇未出,一般而言,皆是因为诱饵不够。若是诱饵能够让蛇动心,那洞中之蛇定会出来捕食诱饵。"

杨辅鼎道:"愿闻其详!"

钟递接着说道:"若是我们在货船与渔船上,故意让有姿色的女人走动,是不是对那些海盗更有诱惑力?"

杨辅鼎听闻,不禁哈哈大笑,说道:"这个想法极好。那群海盗个个都是好色之徒,若是船头上有女人出现,相信那些亡命徒会出来抢劫。"

张伯行略一沉吟,说道:"可是去哪里找这样的女人呢?此举可是有生命之危。"

钟递哈哈笑道:"大人,'双兔傍地走,安能辨我是雄雌'?"

张伯行闻听恍然大悟,不禁对钟递挑指称赞。

大黑道:"大人,你们说的兔子是什么意思?"

张伯行对大黑道:"钟递的意思是,能不能在军中找一些相貌清俊的兵士,乔装打扮一番,装扮成貌美女子。这样既可引郑可心出洞,又不会让无辜之人处虎穴之旁。"

听完之后,众人不禁连连称赞。杨辅鼎马上从军中挑出五六名相貌俊秀的士兵,让他们去烟花巷借来服装道具,一个个描眉画眼、涂脂抹粉。

容等化装完毕,杨辅鼎看着几名士兵不禁哈哈大笑。挑指称赞几名士兵果然是好相貌,化装之后,竟然个个貌似天仙。等到那几人迈着妖娆步伐从众位士兵面前走过,大家不禁目瞪口呆。

杨辅鼎对乔装成渔民和客商的士兵道:"此次我亲自出阵,明日一早,即刻出发。"

(五)厮杀声、呐喊声、惨叫声、刀枪撞击声,在空中不时响起

日出东方,风平浪静。朝霞洒在东海之上,泛起串串微波。笼罩多日的云雾逐渐散去,只剩下一览无余的阳光和无家可归的风,在辽阔的海面上四处游荡。

海天尽头,遥遥驶来一艘货船。远远望去,船只吃水较深,可知船内装有大量货物。近边,几艘渔船来回游弋,船上的渔人不时撒出渔网。渔网抛出一道弧线,而后漫天散开。不一会儿,渔网拉出,各种海鱼上下跳跃,煞是喜人。

忽然之间，货船船舱内走出一位妇人。这位妇人穿着华丽，云鬓高盘，面貌清秀，俏丽若三春之桃，清素若九秋之菊。海风吹过，衣袂飘飘。

妇人身旁跟随着两名丫鬟模样的人。两名丫鬟看上去年纪很轻，但模样也甚是周正。那妇人手内拿着一把小扇遮挡阳光，并不时用手指着天边，与两名丫鬟悄声低语。却见眉梢眼角藏秀气，声音笑貌露温柔。

几个女人的出现让寂寞的海上风光忽然显得妩媚起来。不远处，几个渔人看着船舱内走出的妙龄女子，竟忘记撒网，所有人的目光都注视着这几个女人。

渔船上一名伙计扯一把手拿渔网的打鱼人，喊道："喂，赵大哥，赶紧撒网啊！"

那赵大哥听闻，愣了一下，忙将手中网撒开。但是那网竟失去往日神韵，只是一条线甩向远处，拉起来竟一条鱼也没有打到。

忽然之间，风云突变。太阳被天上几朵乌云遮住，而后海风变得强劲起来。

几名打鱼人高声喊着："不好，起风喽！"

货船船头上那几个女人竟自浑然不觉，依旧站在船头，看着远方。

海风吹过，却见远处箭似的飞来几条船。船头之上各自站立十余人，人人手中都提着兵刃，个个脸上闪着凶恶之色。

最前面一条大船，桅杆之上，风帆扯起。帆借风势，风助帆力，云帆兜着海风，大船飞一般前进。

大船之上，挺立一汉，身高八尺，虎背熊腰。满脸的络腮胡须，一根根直竖起来，似钢针一般。这人一身的皂罗袍，头戴黑色方巾，脚蹬云底战靴，手中提着一杆镔铁钢枪。那棱角分明的轮廓，高大粗犷的身材，宛若黑夜中的鹰，冷傲孤清却又盛气逼人，孑然独立间散发的是傲视天地的强势。远远看去，却似三国时的张飞在世，又如梁山上的李逵重生。

这人就是福建沿海令人闻风丧胆的大盗郑可心！

你道郑可心为何前来？正如钟逵所料，前些时日，郑可心令手下弟兄稍加收敛，若非大的买卖，切不可轻举妄动。而今日早间，几个望风的手下前来禀告，说海上出现有货船，且船内似乎藏货不少，但郑可心依旧不为所动。

随后，几个喽啰又来报，说货船内似有几名妇人，且个个貌美如花。郑可心手下那些兄弟便有些心动,个个喜形于色,摩拳擦掌。

郑可心也不由得心动,心想若还是不出手,恐怕引起手下那些兄弟们耻笑。

终于,郑可心下定决心,决定干这一票。虽有手下几个副头领请战,但郑可心决定亲自出马。

于是,郑可心亲点几艘船并百十个弟兄驶出海岛,直奔那艘货船的方向而去。

海盗的船只疾驰而至,众海盗远远看到货船船头上那名夫人并身边的两名丫鬟。众人大呼小叫,脸上各自现出垂涎之色。

郑可心对旁边的小船命令道:"你们先去把周围那些打鱼的船只清理一番,看船中有值钱的家伙没有?"

然后,对划船的喽啰喊道:"全速前进,靠近货船。"

当海盗的船只靠近货船,郑可心高声喊道:"对面船上的人听着,我乃郑可心。若是识相的,赶紧将船中货物奉上,还有船头那几名妇人,也一并留下。不然,休怪郑某大开杀戒。"

对面货船上那几名妇人惊呼一声,作出惊慌的样子,急忙跑进船舱。

郑可心与几名副头领哈哈大笑。

但是,郑可心等人的笑声瞬间就变得僵硬起来。突然之间,从货船船舱内走出几十个人,一个个短衣襟小打扮,手中各自提着明晃晃的鬼头刀。为首一人,身高九尺开外,生得鼻直口方,两道剑眉浓黑上挑,一双大眼炯炯有神,手中一杆亮银枪,枪尖儿对着太阳,闪出道道寒光。适才在船头的几名妇人也在其中,虽说妆容还在,衣衫未换,手中也各提着兵刃。

郑可心内心不禁一惊,心想:难道上当了不成?

郑可心与众盗匪还没反应过来,对面货船却迎面驶到。为首那人一个箭步跳上海盗的船只,身后那些人也纷纷纵跃而上。

此时,郑可心方才真正醒悟过来,对身旁手下喊道:"不好,我们上当了,赶紧应敌!"

手下那些大小头目也终于醒悟过来,纷纷举起手中兵器开始与官军战在一处。

只听船头之上喊杀声四起,刀光剑影,间或夹杂着惨叫之声。

货船上手提长枪之人正是总兵杨辅鼎。只见杨辅鼎跃上海盗的船只,手中长枪直刺郑可心。

郑可心眼见得寒光闪烁,忙举起手中镔铁钢枪,用一招蛟龙出海,将杨辅鼎的长枪挑开。

两人在船上你来我往,打在一处。

而郑可心手下那些喽啰,本来想着能够轻而易举将那几艘渔船抢劫,却也没想到渔船之上竟都是官兵。

就这样,百名海盗与数百名官兵缠斗在一起。

只听海风呼呼,只见海水动荡,数百人只杀得天昏地暗。

其间,厮杀声、呐喊声、惨叫声、刀枪的撞击声,在空中不时响起。

官兵毕竟人多势众,且训练有素。而那群海盗欺负一般渔民尚可,真正遇到正规部队自然不敌。很快,众多海盗或者被杀,或者被擒。

众官兵将郑可心团团围住。

郑可心看着周围官军,冷笑道:"今日误中你们的埋伏,如今又以众欺寡,郑某就是输了,心也不服。"

杨辅鼎喝道:"郑可心,今日我让你心服口服。"

而后对身旁众人喊道:"你们且退在一旁,我只与这厮单打独斗。"

众人退后,闪出一块地方。郑可心与杨辅鼎手提长枪,相互对视。

突然之间,郑可心手中钢枪举起,宛如一朵枪花,长枪直刺杨辅鼎的哽嗓咽喉。

杨辅鼎一不着急,二不慌忙,手中亮银枪,使了一招毒蛇吐信,后发而先至,长枪竟直奔郑可心的眼睛而去。郑可心内心一惊,急忙抽回长枪,用一招举火朝天,将杨辅鼎的长枪拨开。

两人枪来枪往,不分彼此。大战几十回合,竟未分胜负。

杨辅鼎心内暗暗称赞,心想,这个郑可心果然名不虚传,能在海面上纵横这么多年,果然有些本事。

郑可心做梦也不会想到,总兵杨辅鼎是康熙三十三年甲戌科曹日纬榜的武举。纵然他武功再高再强,怎能是杨辅鼎的对手?只见杨辅鼎暗暗用劲,手中长枪舞得宛若雪花飞舞,又似梨花飘落。霎时,只见长枪不见人影。

只听惨叫一声,杨辅鼎跳出圈外,郑可心左肩和右肩各有一个血窟窿,距离相等,左右一线,就连鲜血也流得一样长短。郑可心手中长枪"当啷"一声,落在船头。

总兵杨辅鼎厉声道:"绑好!"

众人上前,抹肩头拢二背将郑可心五花大绑起来。

七
引蛇出洞

（一）不出张伯行所料，半路之上果然有人劫囚车

太阳照常升起，霞光万道。海面上，几艘渔船正从远海归来。海水被霞光染成金黄一片，金黄色的海面上渔船悠然行驶。划桨的渔人戴着斗笠，不时会撒出渔网，霞光之下，构成一道亮丽的图画。

船头之上又响起悠扬动听的歌声：

　　三月韭菜皮皮青，涯妹等哥心莫惊。妹子可比韭菜样，韭菜没肥也难青。

歌声动听而深情，却是一位年轻女子跟随兄长出海打鱼，眼见收获颇丰，姑娘忍不住唱起情歌。

闽南方言用歌声唱出，宛若燕语莺声，外人或不能听懂，但入耳却甚为舒服。

一切都显得如此平静而优美。

总兵杨辅鼎抓获郑可心之后，先将他押回水师衙门，而后派人给张伯行送信，说已经将郑可心抓获，明日上午即押解至巡抚衙门。

张伯行闻之大喜，对送信之人千叮咛万嘱咐，说押解郑可心一定小心，定要防备有人半路抢劫。

来人领命而去。

这日清晨，总兵"杨辅鼎"领着一队人马押解郑可心前往巡抚衙门。

走到半路，遇一树林，四周寂静，全无一人。"杨辅鼎"令手下弟兄小心谨

慎,勿要被郑可心的同伙抢劫。

刚刚叮嘱完毕,却听得一声唿哨,从树林里跳出几十人,个个黑布蒙面,手中提着各种兵刃。

几十人拦住去路。为首之人断喝一声:"放过囚车中的人,便让你们通行。"

还好,按照杨大人的嘱咐,早做准备,这伙强盗果然是胆大妄为。"杨辅鼎"心想,于是冷笑一声,说道:"想要郑可心,却要拿出你们的本事来。"

说完之后,提枪上前与那人战在一处。

余下几十名强盗呼啦一声,围住囚车。趁着官兵不备,将囚车砸开。一名海盗高声道:"郑大哥,弟兄们前来救你,快跟我们走。"

说着话,一名海盗伸手拉着囚车上之人就要离开。

却听得一声惨叫,那名海盗跌下囚车。囚车上的人手中不知何时已经多出一柄短刀,而后,这人跳下囚车,直奔抢劫囚车的海盗。

为首那人惊慌道:"不好,上当了,撤!"

那几十名海盗丢下几具尸体仓皇而逃。

原来,总兵杨辅鼎按照张伯行的叮嘱,不敢大意,就想出一个偷梁换柱的计策。一面令人假扮自己和郑可心,大张旗鼓地前往巡抚衙门。而自己则带几名亲兵押解郑可心,从小路暗暗前往巡抚衙门。

不出张伯行所料,半路之上果然有人劫囚车。而当那群海盗半路抢劫之时,杨辅鼎已经押解着郑可心来到巡抚衙门。

杨辅鼎将昨日与海盗战斗的情况,以及今日早间押解郑可心的安排,一一报与张伯行。

张伯行闻听,再次称赞杨辅鼎不仅能征善战,而且安排事情谨慎细心。

张伯行当即命令升堂,将郑可心押解到公堂之上进行审讯。

郑可心被三五个衙役推推搡搡地押解到张伯行面前,两旁衙役高声喊道:"跪下!"

郑可心怒目圆睁,看着两边的衙役,立而不跪。

张伯行盯着面前之人,心想,久闻郑可心之名,时至今日,方得见到其人,果然和传说中并无二致。

两边衙役看郑可心如此蛮横,举起棍棒就要打。张伯行摆摆手,令衙役退在一旁。

张伯行道:"郑可心,你可知身犯何罪?"

郑可心斜着眼睛瞟了一眼张伯行,说道:"你就是福建巡抚张伯行吗?"

两边衙役再次齐声怒喝:"抚台大人的名讳也是你这贼寇乱喊的不成?"

张伯行却毫不在意,说道:"正是在下。郑可心,本抚适才问你,你可知你身犯何罪?"

郑可心说道:"敢问大人,你说我犯什么罪呢?"

张伯行道:"郑可心,你横行福建海域,杀人越货,危害乡邻,使得福建商人与渔民不得安生。你难道不知这一款款一条条皆是十恶不赦之罪吗?"

郑可心冷笑道:"官逼民反,民不得不反。我也曾想做一个良善之人,但是官府欺压百姓,我被逼上梁山,且劫富济贫,又哪里有罪?"

张伯行哈哈大笑。郑可心有些奇怪,问道:"不知道大人笑些什么?"

张伯行道:"抢劫普通渔船,见色而良知丧;百姓听闻'郑可心'三个字,皆不敢出海。这难道就是你所说的劫富济贫?若是你说沦为海盗是不得已而为之,也许尚能让人同情。但是沦为海盗之后,却良莠不分,好坏不辨,勾结奸商,祸害福建百姓,却实在可恶,罪不容赦!"

郑可心不禁有些语塞,但继而又高声说道:"大人,我是海盗我自供认不讳。但我只抢劫,却不曾有勾结奸商之事,大人莫要胡说!"

张伯行冷笑道:"我适才列举你那么多条罪名,你却只就勾结奸商一事否认,可见你做贼心虚。郑可心,快快招认,你是如何和福建商人勾结,囤积粮食获取暴利的?"

郑可心哈哈大笑,说道:"男子汉大丈夫光明磊落,我是海盗我自承认,杀人抢劫我也毫不隐瞒。但勾结奸商危害福建百姓之事,我郑某从来不做!"

任凭张伯行如何盘问,郑可心始终咬定不曾与任何人有勾结。

张伯行审问半日,却没有得到一丝一毫与张元隆有关的口供,说道:"将郑可心暂且押至死囚牢,严加看管,来日再审!"

张伯行退到后堂,杨辅鼎甚为焦急。

杨辅鼎问道:"抚台大人,那郑可心如此嘴硬,大人为何不动用大刑?"

张伯行道:"杨大人,那郑可心是个不怕死的主儿,刑具又如何能撬开他的嘴巴?如若不能成功,反而会弄巧成拙,恐怕更不好让他招供。"

总兵杨辅鼎更加着急,说道:"大人,那该当如何?"

张伯行神色淡定,轻轻说道:"放心,鸟儿被捉,是因为鸟儿贪食。我们定能找到郑可心的破绽,让他招供。"

(二)若是皇上下旨调查此事,你有十个脑袋也担不起这个责任

比起北方,南方的冬天来得总是有些迟且温润。当北方寒风四起的时候,南方的风依旧在和煦中透着温柔。在北方广袤的土地上被一片萧瑟笼罩之时,江宁城内依旧是柔情似水、佳期如梦。

秦淮河两岸人声鼎沸,商铺伙计来回穿梭。勾栏瓦肆内,传出的仍是各种调笑之声。

与这种繁华不甚和谐的,是两江总督噶礼的心情。

当府内师爷把郑可心被抓获的消息报给噶礼之时,噶礼还沉浸在自己的美梦之中。

师爷慌慌张张闯入后室,门口早有人拦住,说大人还在午睡,不允许外人打扰。

师爷高声说道:"速速喊醒大人,说有要事禀报。若是耽误,恐你我都吃罪不起。"

那人看师爷言语惶急,神色严厉,也不禁有些发毛,只好小心翼翼来到房间内,又轻声喊了几声:"老爷,老爷……"

噶礼忽然听到有人喊自己,不禁有些恼怒,起身道:"你这奴才,我不是交代过你,午睡之时不要喊我吗?"

家丁赔笑道:"老爷,门外师爷求见,说有要事禀报。"

噶礼闻听,不禁眉头一皱。忙命人将衣衫拿来,自己穿戴整齐来到外房,见师爷正在屋内来回踱步。

师爷看到噶礼过来,急忙施礼道:"见过总督大人。"

噶礼神色不悦,端起桌案之上的茶盏,呷了一口,说道:"到底何事,却在此时将我喊醒?"

师爷道:"大人,大事不好,郑可心被张伯行抓住了!"

噶礼手微微一颤,茶水从杯中洒出,上前一步,盯着师爷,颤声道:"你刚

才怎讲?"

师爷的声音也有些颤抖,说道:"郑可心被⋯⋯被张伯行抓住了!"

噶礼颓然坐在椅子上,刚刚有些发昏的脑袋瞬间惊醒,后背上直冒冷汗。他略一思索,厉声道:"速将张元隆喊来见我!"

噶礼不知道的是,张元隆府内已经乱作一团。

张元隆得知郑可心被抓的消息比噶礼还要早。那边海面上,郑可心终于没有忍住诱惑,与总兵杨辅鼎的水师激战的时候,张令涛就已经知道消息。

张令涛快马加鞭来到大哥张元隆府上,将郑可心与总兵杨辅鼎交战之事报告给大哥。

张元隆一听,知道大事不妙,急忙派出手下精明强干之人前去打听消息。

很快消息传来,郑可心被抓,此时已经被关押在水师衙门之内,看管甚严,据说次日就要押解至巡抚衙门交给张伯行审问。

张元隆与张令涛面面相觑。

张元隆道:"兄弟,我上次怎么交代你的,让你务必把我的话讲与郑可心听,你,你,你难道没去不成?"

"大哥,你的话我如何不听啊? 上次我带人前往海岛,见到郑可心,对他千叮咛万嘱咐,要他千万注意,莫要轻举妄动,张伯行已经严阵以待。奈何郑可心丝毫不以为意,还耻笑我们兄弟胆子太小,太把张伯行当根葱。"张令涛有些委屈,说道,"回来之后,我原原本本都给大哥说了。"

张元隆目光有些呆滞,看着张令涛,说道:"可如今该当如何? 若是被总督大人知道,恐怕我们兄弟也不好交代。"

张令涛沉思一下,安慰张元隆道:"大哥,那郑可心是什么人,你难道不知? 一则,我们兄弟对他恩重如山;二则,郑可心是一个视义气超过生命的人。即使他被抓,我们也只是损失左膀右臂,但想来他绝不会供出你我兄弟,更不会供出总督大人。"

张元隆道:"这点我倒是深信不疑,但是,毕竟还是小心为上。那杨辅鼎明天要押解郑可心到巡抚衙门,你速速联系郑可心的手下弟兄,再找几个高手相助。若能在半路上劫下囚车,那是再好不过。我这边要亲自去总督府向噶礼大人请罪。"

张令涛领命,急忙出去找人准备劫囚车。张元隆则骑快马前往江宁拜见噶礼。

噶礼派出的人还没有出门,张元隆就已经来到两江总督府。

早有人通报噶礼,说张元隆门外求见。噶礼一愣,随即就明白,张元隆早一步知道郑可心被抓一事。

张元隆来到噶礼面前,连忙跪倒请罪。

噶礼脸色之间依旧愠怒不已,厉声对张元隆喝问道:"记得之前我也曾给你说过,千万要郑可心小心,莫要张狂。一旦被抓,后果难料。你到底是如何做事的?"

张元隆惶恐道:"总督大人勿怒!一切都是张元隆处事不当,张元隆任凭大人责罚。"

噶礼怒道:"那我该如何责罚你?一旦郑可心吐口说出我的名字,那张伯行定会上疏皇上弹劾我。若是皇上知道我与盗匪有染,这……"

说到此处,噶礼已经无法再说下去。

张元隆见噶礼已经有些狂怒,不敢接声。

噶礼又冲张元隆吼了半天,怒气稍稍平息下来。

张元隆见状,小心翼翼地说道:"总督大人且放宽心。虽说郑可心被抓,我们只是损失海面上的帮手。至于适才总督大人说郑可心口供之事,我可以用脑袋保证,郑可心绝不会这么做。"

噶礼道:"你用你的脑袋保证?若是皇上下旨调查此事,你张元隆有十个脑袋也担不起这个责任。"

张元隆惶恐道:"总督大人教训的极是。但依我对郑可心的了解,他断不会说出我们之间的事情。那郑可心为人极其义气,是个宁死也不会出卖兄弟的人。我们之间最初联手的时候,他就向我保证:若是被抓,宁可一死。"

噶礼闻听,心内稍安。

噶礼在厅堂内来回踱步,神色凝重。片刻之后,他回身对张元隆说道:"你且先回去,时刻关注张伯行的动态。一定要做最坏的打算,真不行就派人……"

噶礼做出割喉的动作。

张元隆心内一惊,但脸色不变,施礼道:"大人放心,此事我一定处理妥善。"

张元隆退出厅堂,后背之上的贴身衣服已经被冷汗浸透。

(三)礼品已经分门别类,标注送与各位大人的名号

转眼之间郑可心被抓已有十日。

张元隆每日都如坐针毡,心腹之人每天也都会前往巡抚衙门探听消息。好在每次得到的消息都还不错,郑可心不曾供认和其他人有任何关联。

渐渐地,张元隆心里就平静下来。他依旧每天都留心郑可心在牢狱中的情况,另一方面,则开始考虑自己囤积在郑可心海岛上的几批货物。

在郑可心的匪巢内,不仅囤积着张元隆从内陆各地收购的粮食,还有从西洋购进的大批洋货。这些洋货,一些卖到内陆之地赢取暴利,一些用来贿赂各级官员。自然,其间十之六七都是留给两江总督噶礼的。

张元隆内心越发担心,一旦官军发现郑可心的巢穴所在,后果不堪设想。不仅会牵连到江苏、福建大批官员,自己这几十年的努力也会毁于一旦。

张元隆每天都茶饭不思。张令涛知道大哥的心思,于是主动请命,愿意前去打探一下海上情形。

思考半日,张元隆也无良策,只好同意张令涛铤而走险。

正要出门,张元隆忽又喊张令涛停下。

张令涛有些奇怪,忙问还有何吩咐。张元隆想了一下,说道:"兄弟,还是不妥。一旦被总兵杨辅鼎的巡逻官军抓住,必会打草惊蛇。目前张伯行还没有找到那批货物,若是此举被那张伯行顺藤摸瓜,找到那批货物的踪迹,后果实在不敢想象。"

张令涛也有些踌躇,思索一下,说道:"大哥,要不押一艘船出海试探一下。若是那杨辅鼎查问不严,我们则想办法将货物分批运出;若是查问甚严,我们再做其他打算。"

张元隆无奈,说道:"也只好如此。"

张令涛再次出门而去。

张元隆在家中忐忑不安,一会儿坐下,一会儿站起;一会儿将手中茶碗放下,一会儿又来到门口张望。

海面之上,依旧显得风平浪静。波光粼粼的海面上,不时驶过几只渔船。

而总兵杨辅鼎的巡逻海船并没有因为郑可心被抓而有任何松懈,反而较之往日更加严厉。

张伯行已经料到郑可心的手中必然还有张元隆的走私货物。如果查获,将会查出更重要的线索。或者到那时,证据确凿,证据链形成,不用郑可心的供词,也能查出一些端倪。

张令涛押着一艘货船,刚刚出海就被总兵杨辅鼎手下巡逻的军士截住。幸亏,张令涛的船内只是装着一些普通货物。面对军士盘问,张令涛久历江湖,自然回答得滴水不漏。那些军士见一切如常,便放张令涛离去。

经此一查,张令涛便知自己此行定会无功而返。无奈之下,张令涛押着这艘货船在海上转了一圈,便原路返回。

张令涛回到张元隆府中,将自己所见所闻一一讲与大哥听。张元隆听完之后,颓然坐下,嘴里喃喃自语:"这该当如何,该当如何是好?"

张令涛看着张元隆,说道:"大哥,为今之计,只能还请总督大人出马。"

张元隆叹道:"我不是没有想过,但是前几日因为郑可心被抓一事,总督大人极为恼火。若是再去找他,只怕去碰一鼻子灰。"

张令涛道:"大哥,目前这种情形,唯有总督大人出马方有希望将那批货物运出。况且,其中一些货物可是专门从西洋给总督大人带回的礼品呢!"

张元隆思考半日,决然道:"也罢,还是硬着头皮再去见总督大人。"

张元隆再次来到总督府,拜见噶礼。先是小心翼翼地将郑可心之事禀报,说那郑可心虽被张伯行提审数次,每次都是守口如瓶,不曾吐露任何与张元隆、噶礼相关之事。

噶礼听完之后,心内稍安,便令张元隆坐下。

张元隆不敢就座,依旧躬身施礼。噶礼道:"张老板,可还有其他事情吗?"

张元隆赔笑道:"总督大人,还有一事,须要总督大人出面方能办妥。"

噶礼闻听,脸色不悦,但却没有更多表现出来,只让张元隆快快讲出。

张元隆于是将欲要运出海岛之上那批货物之事,小心翼翼地讲出。张元隆一边讲述,一边偷眼观瞧噶礼的表情。

果然不出所料。张元隆刚刚讲完,噶礼便勃然大怒道:"你知道,此举若是被皇上知道,后果是什么吗?此举是要把我噶礼当作鱼肉,而那张伯行就是一烤炉啊!"

张元隆只能不断赔笑,说道:"总督大人,我自然知道此举于大人不利。不过这批货物若是被张伯行查到,损失绝不是数以万计的银两。"

噶礼一愣,说道:"此话何意?"

张元隆道:"这批货物内,有一批是我从西洋购回的珍贵礼品,其中绝大部分是备与总督大人使用的。而且……"

说着话,张元隆语气停顿一下。

噶礼看着张元隆,提高语调,问道:"而且什么?"

张元隆诚惶诚恐地说道:"而且,礼品已经分门别类,标注送与各位大人的名号。"

噶礼闻听,再次大怒,厉声喝道:"张元隆,上次我已经提醒过你,这样愚蠢的行为不要出现,可是你……"

张元隆道:"总督大人,我提醒过那郑可心,第一,不要轻易出海;第二,岛上货物千万不要留下任何蛛丝马迹。可谁知……"

此时的噶礼,用手指着张元隆,只是摇头,半晌竟没有说出一个字来。

停了半日,噶礼对门外的师爷喊道:"把水师提督苏大人请来,说我有要事相商。"

张元隆闻听噶礼此言,悬着的一颗心终于放下。

(四)满载走私货物的军舰就要通过福建海域,接近江浙地界

噶礼对水师提督说是自己有亲戚从福建沿海过来,只因捎带一批货物,且亲戚中有女眷,福建沿海海盗众多,甚不太平,故借调一艘军舰使用。

而后,噶礼将这艘军舰交于张元隆。

张元隆大喜,亲自带领几名随从前往海岛运货。

来到海岛之上,张元隆先备好一桌上等酒菜,又安排几名颇有姿色的妇人作陪,让押船的几名官兵在船舱内吃喝。那官兵数人自是满意。

张元隆带着手下人,将岛上仓库内所有货物搬出,并打包装好后,一一运到军舰之内,又用黑色油布盖好。

看到船舱内那些押船官兵正不亦乐乎,张元隆对为首的一名千总说道:

"李大人,货物已经装好,我们现在就可以返程。"

那名千总哈哈笑道:"张老板,谢谢你的招待,我这就命人开船。"

张元隆又微微一笑,从衣袖内掏出一个包裹,递与那名千总,说道:"李大人,此次能否安全抵达江苏,全仗李大人。这里是纹银百两,李大人到苏州之后,请船上弟兄们喝酒所用。"

而后,张元隆又拿出一锭黄金塞到李千总的手中,笑道:"李大人,这是特为你准备的。"

那李千总却是个识货之人,手一摸,便知这锭黄金至少十两。李千总堆满笑容,说道:"张老板无须这么客气,为您效劳,李某深感荣幸。以后还要您在总督大人面前美言两句,我李某就感激不尽,又如何敢接受您的礼物?"

张元隆笑道:"李千总莫要推辞,这是一点小小心意。你要不收,就说明看不起张某。那张某以后又如何能为大人美言,哈哈!"

李千总闻言,也是哈哈大笑。

这艘军舰带着张元隆的两艘船离开海岛,劈波斩浪,往江苏海岸而去。

海风扑面,夹杂着海水的一股腥气,却甚为清爽,让人身心愉悦。张元隆站在船头,心内不禁有些得意。

船只行驶速度极快,很快就要通过福建海域,接近江浙地界。

突然之间,从对面行驶过来几艘船只,船上一杆大旗迎风飘扬。

张元隆一看旗号,即知乃是总兵杨辅鼎的巡逻队,大惊,忙对李千总说道:"我且去内舱躲避一下,烦请李大人周旋一下。"

李千总笑道:"张老板且去休息,有我在这里,看哪个不要命的胆敢盘查?"

对面的船只很快驶近,船头上一人喊道:"对面船上之人听好,立即停下,接受检查。"

李千总命手下将船只停下,对面船上几名官兵跳上船。

李千总对那几人道:"各位辛苦,敢问你们是谁的手下?"

对面为首之人看到船上乃是一队大清水师装扮,不禁一愣,连忙拱手道:"我们乃福建水师总兵杨辅鼎手下巡逻船只,请问你们是……"

李千总也拱手道:"我乃两江水师苏大人手下千总李顺。奉提督大人之命,护卫两江总督噶礼大人的家眷前往苏州。"

总兵杨辅鼎并不在船上，而是在其他地方巡逻。这艘船上为首之人乃姓罗的一名参将，名字唤作罗勇。

罗勇闻听，忙拱手笑道："原来是李千总。在下乃总兵杨辅鼎手下参将罗勇，幸会，幸会。"

李千总道："罗参将辛苦，弟兄们辛苦。兄弟也是奉命而为，还请各位弟兄们放我们过去。"

罗勇脸色之间有些为难，说道："按说噶大人的家眷不便搜查，只是总兵杨辅鼎每日里都会叮嘱我们，说任何船只都不可放过。李千总，您看是否容我们略略看一下，走走形式也可。"

李千总闻听，神色有些愠怒，抬高声调喝道："罗参将，你可以盘查船舱，但内中尚有女眷。若是惊扰几位夫人小姐，你可担当得起？"

罗勇不禁有些踌躇。

正在此时，不远处又来一艘船只，罗勇远远一看，不禁喜道："是总兵杨辅鼎大人，我们且听杨大人的命令。"

原来，总兵杨辅鼎在另一艘船上，恰好驶到。见此处几只船只僵持不动，于是便前来一看。

杨辅鼎跳到船上，罗勇急忙躬身施礼道："见过杨大人。这只船上乃是两江总督噶礼大人的家眷，末将不知当查不当查。正在为难，恰好总兵大人到来。"

总兵杨辅鼎怀疑地看着李千总，问道："船上果是总督大人的家眷不成？"

李千总道："正是，还请总兵大人放行。"

总兵杨辅鼎笑道："若真是总督大人的家眷，自会放行。"

李千总急忙施礼道："多谢总兵大人，那我们就先行一步。"

说着话，李千总就要令手下开船。

不料总兵杨辅鼎忽然道："且慢，我只说船上若真是总督大人的家眷，自会放行。不过真假与否，我且看过方知。"

李千总闻听，心内有些恼火，但却不敢发作，只能高声道："总兵大人，总督大人的家眷难道还有假的不成？您看一眼自然可以，但是若惊扰舱内的夫人，到时候总兵大人还要亲自向总督大人解释。"

杨辅鼎冷笑道："我奉福建巡抚张大人之命，在此盘查过往船只。若是因此得罪总督大人，杨某自会向总督大人请罪。"

船舱之内的张元隆一直紧张地听着外面的动静。初始的时候,罗勇不敢进来搜查,张元隆心内稍稍平静。此时闻听总兵杨辅鼎定要执意搜查,不禁暗暗心惊,双手紧紧攥住,手心之内已经满是汗水。

然后,张元隆又听到李千总与杨辅鼎开始争吵,一会儿又听到利刃出鞘之声。接着,又听到杨辅鼎喝道:"胆敢阻拦盘查者,杀无赦。"

张元隆额头之上已经开始冒汗。

接着又听到脚步之声传来,似乎是总兵杨辅鼎正带人往船舱而来。

张元隆的内衣已经湿透。

忽然之间,只听一个声音从海面远远传来:"总督大人到。"

张元隆闻听,如释重负。

原来张元隆走后,噶礼还是不放心,唯恐张元隆的船只被查。若是张元隆被查出蛛丝马迹,恐不好应对。思之再三,决定自己亲自到海面接应张元隆。

噶礼的船队到来之时,总兵杨辅鼎正要带人搜查船舱。

噶礼带人来到船上,李千总一见大喜,忙上前跪倒施礼说道:"小人乃苏大人手下千总李顺,见过总督大人。"

而后,李顺将适才的经过略略给噶礼描述一番。

噶礼怒气冲冲瞪着总兵杨辅鼎,说道:"本督的家眷还有假不成?你们巡抚大人难道连我的家眷也要盘查?"

总兵杨辅鼎闻听,只好退在一旁说道:"属下不敢。"

"收队,放行!"杨辅鼎又对噶礼拱手施礼道,"总督大人,属下若有得罪之处,还请总督大人见谅。"

噶礼哈哈大笑,说道:"你也是职责所在,没有惊扰到夫人就好。"

总兵杨辅鼎说完之后,退到自己的船上,而后将手一挥,船只四下散开,让出一条水路。

船舱内的张元隆,嘴角之上泛起一丝得意的笑容。

(五)张伯行看着郑可心,再次轻轻摇头

旭日东升,又一个崭新的清晨如期而至。

打鱼的船只已经在朝霞中开始出海。海滩上,一些渔家女子在整理打来

的各种海鲜,另一些则在修补破旧的渔网。阳光洒在他们身上,一片祥和的景象。

巡抚衙门内,张伯行下令升堂,要再次审问郑可心。

郑可心被押解到公堂上,依旧一副骄横不服的模样。他一边走一边骂骂咧咧,只说还审什么,直接将爷爷砍头就行。

来到公堂之上,郑可心依旧立而不跪。

张伯行不急不躁地问道:"郑可心,今日你可有什么说的?"

郑可心瞪着眼睛,哈哈笑道:"张大人,你也不是第一次审问我,那么多废话干吗?我就是一海盗,独来独往,靠抢劫为生。我知道自己杀人无数,犯的是死罪。我从当海盗那天起,就已经抱定必死的决心。大人速速下令将我杀死,我无话可说。"

张伯行淡然一笑,说道:"郑可心,我今日不再问你和谁勾结。我问你其他一些事情,你可愿如实回答?"

郑可心一愣,心内不知道张伯行要做什么,便道:"大人,你且问,看我愿不愿意回答。"

张伯行道:"郑可心,我想知道,你当初为何走上做海盗这条路的。"

郑可心哼了一声,说道:"官逼民反,也没什么可讲。"

张伯行微微笑道:"你不愿说,或者你已经忘记。那我今日讲与你听,如何?"

郑可心又哼一声,却不答言。

"郑可心,我知道,没人愿意生来做强盗,你也是。"

郑可心神色有些异样,依旧没有说话。

张伯行又缓缓说道:"我知道,你本是福州乡下一普通的人家。你九岁那年因家中缺粮,父亲无奈出海打鱼,却遇到风暴,不幸遇难。你母亲不忍心你受委屈,故一直不曾改嫁,含辛茹苦终于把你养大成人。"

郑可心的脸色之间渐渐变得平静,似乎已经被张伯行的讲述拉回到往事之中。

郑可心的母亲郑王氏在郑可心十八岁那年,用半生攒下的一点积蓄,作为聘礼,为郑可心定下一门亲事。对象是邻村的一个姑娘,名字唤作翠玉。那姑娘本也是普通乡村女孩,但是生得甚净美。郑可心的母亲郑王氏极为满意,也甚是高兴,想着自己一生的心愿也算了结。

但是,让郑王氏没有想到的变故却突然发生。

原来,村中有一地主,平日里在十里八村就是一霸,人送绰号"郑霸天"。那郑霸天偶然看到翠玉,被翠玉的容貌吸引,于是拿着钱财就让媒人前去说亲,欲娶翠玉为妾。

翠玉的父母也是良善人家。听说郑霸天前来提亲,自是不同意,说已经许到郑家村的郑可心。

郑霸天闻听,就起了歹心。

有一天早上,郑可心的母亲郑王氏正在院子里扫地,忽然之间从外面跑来一头猪。郑王氏不知道是谁家的,就赶紧拿着扫帚欲要赶走这头猪。谁知道郑王氏刚刚举起扫帚,那头猪竟突然倒地不起。

郑王氏正在奇怪之时,外面呼啦啦闯进来几个人。那几个人手里拿着各种工具,看到倒在地上的那头猪,为首之人马上厉声喊道:"你这女人,为何把我家老爷的猪给打死?"

郑王氏一愣,急忙低头仔细查看,果然看到那头猪不知为何,倒在地上之后就一动不动。

郑王氏急忙解释。但那几个人不由分说,就要上前拉着郑王氏往院外走。

屋里的郑可心听见外面人声嘈杂,急忙从屋里走出。看到几个人正要拉着母亲往院外去,他自是不会答应,于是上前跟那几个人理论。没有说上几句,那几个人拿着工具就要动手殴打他。

郑可心年轻气盛,哪里受得这种欺辱,于是抄起家中的铁锹与那几个人厮打在一起。

郑王氏一看,吓得魂飞魄散,连忙拉住郑可心。

原来,那几个人皆是郑霸天的家人。郑霸天想要诬陷郑可心将他家的猪杀死,而后将郑可心送上公堂。先将那头猪喂过毒药,又赶到郑家。正在两厢对峙之时,郑霸天赶到。

几位家人急忙上前,言语之中说是郑王氏将那头猪打死,郑可心却要动手殴打他们。

郑霸天就将郑王氏和郑可心告上公堂。告郑王氏将自己家的猪打死,告郑可心动手打伤自己的家人。

那知县收受了郑霸天的贿赂,公堂之上自是偏袒。

郑王氏虽是一妇人,但却甚为节烈。无论知县怎么询问,都不承认是自己打死那头猪。

公堂之上,知县命人对郑王氏动刑。郑王氏受刑不住,惨死在公堂。

郑可心眼睁睁看着母亲被当堂打死,悲愤异常。那知县见郑王氏被打死,也有些害怕,便草草结案,将郑可心抓入牢狱。

郑可心悲愤不已,乘公差不备,半路逃出。

郑可心逃出以后,又听说郑霸天强娶翠玉。那翠玉宁死不从,结果碰柱而死。

短短几日,郑可心就接连失去自己所有的亲人。于是,郑可心决心报仇。在一个月黑风高的夜晚,潜入郑霸天家中,将仇人全家杀死,然后就投靠海上的强盗。

"你的母亲本是村中最为良善之人,却被村中恶霸与当地官府勾结杀死。你也本可以过普通人的幸福生活,却因为这次陷害而沦为海盗。"

张伯行看着郑可心,缓缓讲述。

郑可心的脸色忽而平静,忽而悲愤,忽而痛苦,忽而狰狞。

张伯行又接着说道:"你一家的悲剧,皆源自恶霸与官府的勾结。而你现在若是不招,岂不又要因为你与奸商为伍,使更多的百姓遭受和你一样的悲剧?"

"郑可心,难道你就忍心让更多的无辜百姓如你一样家破人亡?"

张伯行说到此,语调之间已经有些哽咽。

郑可心的心似乎已经被撕裂,忽然双膝跪倒,高声说道:"大人,郑可心有罪。我知道,我若说出实情,或可挽救更多百姓。我……"

张伯行看着郑可心,脸上充满期待之情,希望郑可心能够说出实情。张伯行知道,郑可心的灵魂深处已被触动。

但是,郑可心的神色之间极为挣扎。挣扎半日,郑可心再次跪爬半步,慨然说道:"大人,请恕郑可心之罪,郑可心不能做一言而无信之人。"

张伯行看着郑可心,再次轻轻摇头。

八

险象环生

（一）行走江湖，唯一法则就是义气

公堂之上，张伯行希望用旧日往事打动郑可心，眼看就要成功，但是郑可心依旧不能通过"义气"二字的心魔。

张伯行内心着急。

为了能够打动郑可心，张伯行亲自带领大黑前往郑可心的老家郑家村，好不容易找到郑可心的一个同姓堂叔。郑可心这位堂叔听闻是巡抚大人前来，自不敢怠慢，一五一十地将郑可心家的情况讲与张伯行听。张伯行满以为可以借此将郑可心说服，却不曾想到依旧功亏一篑。

张伯行退堂之后，回到后室，看着钟逵、大黑等人。众人面面相觑，一个个低头无语。

正在此时，门外有人禀报，说总兵杨辅鼎求见。

张伯行忙说有请。

片刻之后，杨辅鼎来到后堂。

张伯行看到杨辅鼎脸色有些凝重，有些奇怪。还未开口，杨辅鼎上前一步插手施礼道："属下见过抚台大人！"

张伯行道："杨总兵，无须多礼。我看你神色不对，可是有什么事吗？"

杨辅鼎回道："昨日我领人巡查海面，碰到一艘军舰。初始我手下参将欲要搜查军舰，对方说是帮两江总督噶礼大人接送亲眷。我手下参将不敢搜查，恰好末将赶到。末将执意要查，对方却百般阻挠。末将想着其间定有蹊跷，正要强行搜查之时，两江总督噶礼大人赶到，总督大人亲自阻止末将。末将无奈，只好放弃搜查，但是末将却总觉得不对，故特来禀报大人。"

而后杨辅鼎又将昨日碰到军舰之事一些细节讲与张伯行。

张伯行闻听不禁大惊，皱着眉头在房间里来回踱步。

片刻之后，张伯行坐在椅子上，看一下眼前的几人，问道："你们如何看待军舰帮噶礼接送亲眷一事？"

钟逵道："大人，适才杨总兵所说，我以为绝不是接送亲戚这么简单。若是接送亲眷，噶礼绝不会亲自相迎。正是因为船中有些猫腻，噶礼唯恐出事，才会这么做。"

大仪道："钟兄所言极是。我们虽不能断定船中运送的到底是什么，但可以确认的是违法之物。"

大黑看着杨总兵道："杨大人，若是依着大黑的性子，才不管什么两江总督，带人闯入船舱看个究竟便是！"

张伯行瞪一眼大黑，说道："大黑，没有真凭实据，两江总督面前，如何能够造次？若都依你，不知要闯多少祸端。"

大黑伸伸舌头，不再说话。

张伯行道："杨总兵，若是我判断得不错，这件事定和张元隆有关，也一定和郑可心有关。"

杨辅鼎道："来的路上属下也一直思考，回想种种细节，或者真如大人所说。大约是张元隆在郑可心匪巢存放有一些货物，普通船只无法运送，噶礼方才动用水师的军舰。"

"杨总兵所言，于我心有戚戚焉！"张伯行点头，说道，"杨总兵，你且先回去，依旧严查各处海防，并且尽快找到郑可心的匪巢。我相信郑可心的匪巢内一定藏有相关证据。"

杨辅鼎领命离去。

张伯行又看着钟逵等人说道："为今之计，还要想办法撬开郑可心的嘴巴。若是郑可心承认与噶礼、张元隆勾结，那么我就可以向皇上写本弹劾噶礼。"

钟逵思索一下，说道："大人，张元隆着急着要把货物运出，还有噶礼竟动用军舰帮助张元隆运货，确实可以判断郑可心的匪巢内藏有不可见人的物件。若是这些物件全部运出，那么郑可心对他们的价值恐怕越来越小，他们也会越来越肆无忌惮。"

张伯行闻听,微微颔首,说道:"此言有理,我须再亲自去狱中见郑可心,希望郑可心尽快吐口。"

中午时分,张伯行命人备一些酒菜送到死囚牢内,张伯行想再跟郑可心谈谈。

郑可心看到有人送来几样酒菜,不禁有些奇怪,而后又看到张伯行也来到狱中。

郑可心看着张伯行,呵呵笑道:"张大人,莫不是要送我郑可心上路不成?"

张伯行看着郑可心,微微一笑,只是轻轻摇头,却没有说话。

郑可心笑道:"无妨,无妨,我郑可心踏上此路的第一天,就抱定必死之心。张大人若是真要送我走,我郑可心求之不得,免得在这里受这牢狱之苦。"

张伯行呵呵笑道:"郑可心,我敬你是一条好汉,今日只想跟你聊聊一些事情,我们且边吃边聊。"

郑可心笑道:"张大人,我已经跟你说过,从我的嘴里你不能问出什么于你有价值的东西,一桌酒菜也绝不会将我收买。大人,若你真想让我吃这桌酒菜,酒菜放下,我自斟自饮便可。跟张大人对饮,郑可心却不甚自在。"

张伯行哈哈笑道:"郑可心,我敬你的就是这种豪爽气概。"

说着话,张伯行在郑可心对面坐下。先给郑可心倒一杯酒,自己也自斟一杯,然后举起酒杯,对郑可心道:"来,郑可心,我们且先饮这一杯。"

两人举杯一饮而尽。

两人喝几杯之后,张伯行对郑可心道:"郑可心,今日过来我只想给你说一件事。"

郑可心道:"张大人,我知道你是一个好官,只是很可惜,我们相遇太晚。若是我郑可心早些遇到张大人,也许我就不会走到这条路上。张大人有什么事尽管说就是。"

张伯行思考片刻,便将总兵杨辅鼎查船之事一一讲与郑可心。

郑可心说道:"张大人,这本是你们府衙的机密之事,你讲给我郑可心听,是何用意?"

张伯行道:"郑可心啊,那张元隆和噶礼之所以要将你岛中货物运走,目的无非有二。一则这些货物乃是张元隆经商之根本;二则这些货物中,必然藏有一些不可告人的东西。一旦这些货物全部被运走,也就意味着你郑可心对他们来说,已经没有任何价值。你郑可心为了义气,不肯招认实情。但他们对你郑可心,却不会有丝毫怜悯之心。时至今日,张元隆与噶礼只是急着将你手中货物运走,却从来没有想过救你的办法。也许在他们眼里,你就是过河卒子。你已经走到底了,再也没有什么利用价值。听我一言,若是说出实情,一则为福建百姓造福,少让那些奸商佞臣危害人间;二则也可减轻你的罪责。”

郑可心一言不发,将杯中酒饮下,脸色阴晴不定。

过一会儿,郑可心叹口气,说道:“张大人,你一心为百姓的做法,郑某佩服,但我也有我的做人原则。我行走江湖,唯一法则就是义气。张大人,很抱歉,郑可心无话可说。”

(二)若我张伯行遇到不测,还请先生替我完成

审问郑可心再次失败。

回到府中,张伯行郁闷不已。心内甚为着急,却又想不出什么好的办法。

这一日,大黑带人在府门四周巡逻。几人走到府门之后,忽见两个黑影在墙角一闪不见。大黑一惊,急忙箭步跳跃过去,却见两个黑衣人转至墙角,手中拿着长索,扔到墙顶,而后又使劲拽了拽,绳索那头的百爪神钩已经抓牢墙头。

大黑高声吆喝一声:“什么人?”

大黑喊声刚起,人已至那二人身旁。其中一个黑衣人已经顺着绳索爬至高墙中间,闻听有人高声喝叫,心内略慌,手中一松,“刺溜”一声滑落下来。

另外一人正在仰头看着高墙,却见大黑赶到。那人忙从背后抽出一柄钢刀劈面砍向大黑。大黑举刀相架,二人战在一处。

墙上之人落在地面,也拿出兵器加入战团。瞬时之间,三人刀光闪闪。只听得几柄钢刀叮当相撞之声,一个个舞得泼风一般。大黑身后的几名衙役竟不能近身帮忙。

厮杀片刻,那二人中一人喊道:“大哥,撤!”

只见那二人各自从刀光中跳出,嗯哨一声,抽身而去。

大黑身后的衙役正要追赶,大黑高声喊道:"莫要中敌人的调虎离山之计,速回府中保护大人。"

大黑领着数名衙役急忙绕到前门,来到府中,去找张伯行,迎面碰到钟逵。钟逵喊道:"大黑,如此匆忙做什么?"

大黑道:"钟逵兄弟,大人可在府中?"

钟逵道:"大人刚刚出府门,你找大人何事?"

大黑一跺脚,嘴里喊道:"哎呀,坏事。钟逵兄弟,你速速跟我一起去找大人。"

大黑说着话,拉着钟逵就往府门外边走去。钟逵急道:"大黑,你且先说说什么事。"

大黑道:"钟逵兄弟,我们边走边说。"

大黑拉着钟逵出府门,边走边将刚才的事情给钟逵描述一番。

大黑道:"那二人定是来刺杀大人的,大人身处险境,你说我急不急?"

钟逵道:"大黑兄弟莫急。那二人与你一番交战,定然知道府中戒备森严,今日不敢轻举妄动。但我们须要找到大人,让他小心方可。"

两人在街上寻找半日,终于在寻常百姓之家找到张伯行。原来他去街巷之中体察民情。

钟逵与大黑见到张伯行,终于松了一口气。

张伯行问二人来此何事。大黑拉着张伯行道:"大人,速速回府,外面不宜久留,到府中再说。"

钟逵将大黑在府门后墙遇到刺客之事讲与张伯行。

而后,钟逵对张伯行道:"大人,你在福建的所作所为已经触动很多人的利益。尤其是张元隆与张令涛,他们背后还有两江总督噶礼,这些人都不可轻视。来福建之前和放粮之时,一直都有人刺杀大人。如今,大人又抓获郑可心,张元隆等人定对大人恨之入骨。今日大黑所遇到的刺客,想来也只是探听消息,还不是真正高手,以后还会有刺客行刺大人。大人,要多加小心!"

大黑也道:"大人,钟逵兄弟的话,也是我想说的。我们到福建以来,凶险不断。当然,不管什么人前来行刺,只要被我大黑碰到,我大黑也会拼上命保护大人。可大人还是小心在意一些,明枪易躲,暗箭难防。"

看着两人,张伯行脸上现出一种感动。但是,随之而来的却是一种更加坚决的表情。

"为官避事平生耻,重任千钧惟担当。"张伯行说道,"大黑、钟逮,你们所说我当然知道。可是,既然我们选择这条道路,就不可因为凶险,便要另择他路而行。人说明知山有虎,偏向虎山行,此为大丈夫也! 我也知道张元隆、噶礼等人是极其强大的对手。可是,如果他们一直做危害百姓之事,我张伯行焉能坐视不理,听之任之? 若是如此,岂非与他们同流合污不成? 你们的话我极为感动,我知道你们皆是为我着想,我也自会小心在意,但绝不会因此而退缩!"

钟逮道:"大人之决心,令我等钦佩不已,但还是要注意安全。唯有保护好自己,才能更好与对手斗争,也才能更好为百姓谋福祉。"

张伯行点头。

两人离去之后,张伯行在屋内思考片刻,令人将鳌峰书院的堂长余甸请来。

余甸来到客厅,呷口茶,说道:"抚台喊我,可是有事嘱托?"

"仲敏兄所言极是啊。"

张伯行将大黑与钟逮所遇之事讲述一遍。

余甸听完,眉头紧锁,缓缓说道:"抚台,钟逮、大黑所言有理。你须先护全自身,方能大展宏图。不然,一切皆是空谈。"

张伯行道:"这个道理我自是明白。但正如大黑所言,明枪易躲,暗箭难防。我思索半日,决定有些事情须要仲敏兄助我。"

余甸急忙拱手道:"抚台,有何事情,只须开口便是。若是我能做到,定当尽力而为。"

张伯行起身施礼,说道:"多谢仲敏兄!"

余甸急忙起身,说道:"抚台,你我之间,为何这等客气?"

张伯行转身去书房,怀中抱着一摞书稿。

余甸不解。

张伯行道:"这是我最近几年撰写的一些书稿心得,有些尚在进行中。今日我将这些书稿寄存到你那里,他日若我张伯行遇到不测,还请仲敏兄替我完成。"

余甸闻听，内心有些激荡。

张伯行此言大有托孤之意。

"德不孤，必有邻。"余甸慨然道，"抚台，我相信吉人自有天相。你一心为民为国，这等清官廉吏，古今罕有。若是上苍有眼，也会护你周全，你又何必如此？"

张伯行道："以防万一吧！这些书稿是我多年心血，我怕万一有什么不测……"

"天行健，君子以自强不息；地势坤，君子以厚德载物。"余甸急忙打断张伯行的话语，说道，"抚台，没有什么万一。这些书稿我可以替你保存，但只是暂时替你保存，也为你解一点后顾之忧。一切都会没事的！"

说着话，余甸接过书稿，神色之间肃穆且庄重。

返回鳌峰书院，余甸即把张伯行的书稿，和自己的子母狮端砚放在一起，小心翼翼地珍藏起来。

（三）唯有死人才不会将秘密说出

两名刺客回到张元隆府中，二人也没有隐瞒，将行刺过程简略说与张元隆听。并说张伯行府中确实有高手护卫，不好接近。

张元隆闻听，眉头紧皱。

虽说上次将岛上货物大部分已经运出，但是这么多年中，张元隆与郑可心携手连襟，自己放在岛上的各种物品处处都是。若是被张伯行找到老巢所在，难保不露出一些马脚。

张元隆想到海岛之上的物品，又想起狱中的郑可心，这郑可心果然是一条硬汉。听人说张伯行用各种手段，软硬兼施，那郑可心竟然是铁嘴钢牙，一个字都不曾承认与我有染。我须想办法救出郑可心，一则让他回到岛上，以后海上的生意还需要他的帮助；二则，他如此仗义，我若坐视不理，会惹得手下人心寒、江湖人耻笑。

张元隆想到此处，便令人去找张令涛过来商议办法。

张元隆将自己的想法说与他听，问有何良策。

思索片刻，张令涛说道："大哥，我可以试试能否打通看管郑可心的狱卒，想办法试着把郑可心救出,不知可行?"

张元隆看着张令涛,略略考虑一下,说道:"若是依靠我们的人手力量,似乎唯有这一条路可行。老郑此举的确让我们兄弟佩服,虽说我们是做生意的,一切以利益为重,但面对真正的兄弟,若是不管不问,却也说不过去。你只管试试,行则最好,若是不行,我们只有再去请求总督大人出手帮忙。"

张令涛领命而去。

三日之后,张令涛又找到张元隆。张元隆见张令涛满脸郁闷,心知救郑可心之事定是不太顺利。

果然,张令涛一屁股坐下,张口就骂:"平日里养着这些人,没少花钱,也没少管他们吃管他们喝。可事到临头,却个个缩头乌龟一般,问谁谁摇头说不行。"

张元隆叹一口气,说道:"兄弟,也莫怪他们。上次老黄的事情闹得有点大,而郑可心又是重犯,想来张伯行定会派心腹之人看管,外人不好插手。我之所以同意你去试试,也只是想着死马当作活马医。如今之计,我们还是去求总督大人吧。若是总督大人愿意援手,此事尚有一线希望。"

张令涛也只能同意。

两人骑快马再次找到噶礼。

噶礼正在府中闲坐,忽听下人禀报说张元隆兄弟求见,眉头不禁一皱。心想,张元隆过来又有何事?

噶礼令下人将二人引入。两人来到客厅,见到噶礼,急忙躬身施礼。

噶礼令人看座。

张元隆没有隐瞒,将自己心内所想,以及前几日张令涛欲救郑可心受阻之事,细说一遍。

噶礼闻听,眉头蹙在一起,将手中茶碗放在案上,像看陌生人一样看着张元隆,说道:"张老板,你此举是否有些轻举妄动?"

张元隆心内一沉,噶礼语气虽轻,但却甚为凌厉,就说道:"还请总督大人指教!"

噶礼道:"郑可心可是福建沿海人人皆知的大盗,张伯行好不容易抓住他,又如何能够容你轻易救出?你这种做法,非但不能救出郑可心,一不小心还会弄巧成拙,被张伯行抓住把柄。张老板,你也太大意啦!"

噶礼此番话,让张元隆额头有些冒汗。

张元隆惶恐道:"总督大人,只因郑可心多年以来对我们忠心耿耿。而且自从被抓入牢,张伯行软硬兼施,郑可心却依旧不曾供出与我们有染之事。若是不救他,于心不忍,且会被江湖人耻笑。为此,我方出此下策,还望总督大人见谅。"

噶礼端起茶碗,轻轻吹一下,说道:"张老板,你是商人,凡事皆要以我们的利益为重。我说一句话,你不要不爱听。"

张元隆道:"请总督大人赐教。"

噶礼道:"我觉得目前的形势,郑可心绝不能救。"

张元隆有些奇怪,问道:"可是……"

噶礼一抬手,阻止张元隆的后话,继续说道:"张老板,郑可心不但不能救,而且,让他离开这个世界的时间越早越好!"

噶礼说这几句话的时候,每一个字都是轻轻说出,但每一个字都像重雷一样在张元隆的耳边响起。

张元隆道:"总督大人……"

噶礼没有让张元隆把话说完,来回在屋里踱上几步,说道:"张老板,我知道你今日过来是想求我出手去救郑可心。但是,前些时日因为你运送货物,我亲自出马,肯定引起张伯行的怀疑。我怎么还可以以身犯险,授人话柄?另外,还是刚才那句话,郑可心活的时间越长,对我们的威胁就越大。所以,我以为郑可心:不能救,不必救。"

最后六个字,噶礼说得极为坚决。

噶礼回身,面对张元隆,继续说道:"不但不能救,还要想办法让他速死。虽然说目前郑可心一直没有供认什么事情,但以后难保不说,唯有死人才不会将秘密说出。"

张元隆闻听,有些颓然。他知道,想要让噶礼救郑可心已经无望。

(四)噶礼巴不得郑可心被张伯行速速处决

回到自己府中,张元隆心内依旧有些郁闷。

张元隆知道,噶礼对于郑可心并不了解,两人也素来没有什么直接往来。

在噶礼眼中,郑可心只是一枚棋子。如今,这枚棋子对于噶礼而言,已经没有什么意义。噶礼巴不得郑可心被张伯行速速处决,这样才不会对他有什么威胁。

但是自己却不能坐视不理。一则这么多年来,郑可心与自己休戚相关,各种利益交错。郑可心若死,必然会对自己以后的生意有影响。二则张元隆对郑可心还是非常佩服的,自己大量货物囤积于郑可心的海岛之上,但郑可心从来没有多拿一毫,只取自己该得的财物。三则自从郑可心入狱以来,无论张伯行怎么去审问,郑可心都一直没有出卖张元隆,更没有提到噶礼。

对于郑可心的所作所为,张元隆不可能无动于衷。想到此处,让人将张令涛喊过来商议对策。

张令涛回到自己家中,屁股还没坐稳,就接到大哥的命令,不敢怠慢,又匆忙来到张元隆府内。

张元隆将自己适才所想细细说出。听完之后,张令涛沉吟片刻,说道:"大哥,如今的形势,想要救郑可心确实不易。不然,总督大人也不会置之不理。以你我的能力,恐怕不行吧?"

张元隆道:"郑可心若死,对你我也不利。一则,郑可心岛上尚有一些物品没有运出;二则,以后恐再也找不到如郑可心这样的合伙人;三则,郑可心能够做到宁死不供认你我兄弟,我们又焉能看着他送死?"

张令涛叹口气,说道:"大哥,你所说的话,我自然也想过。可自从上次牢狱内出事之后,张伯行对牢狱上下进行治理。如今想要入手,实在很难啊!"

张元隆道:"不管如何,都要再做一次努力。你今日下午去找枕儿,看能否买通狱卒,再打听一下郑可心的情况。"

张令涛无奈,离去之后,去找何枕。

张令涛见到何枕,将张元隆的话告诉何枕。何枕撮着牙花,一直摇头。

张令涛有些烦躁,说道:"行与不行,你只说一句话!"

何枕吧嗒吧嗒嘴,只好说道:"我只管找人试试,死马当作活马医。你告诉大舅,我会尽力而为,但希望渺茫!"

自从郑可心被抓之后,张伯行不敢有任何疏忽。由三名负责人看守郑可心的狱卒,三人又各带数人分成三班,日夜不歇。没有张伯行的直接命令,任何人不得以任何理由接近郑可心的牢房。

何枕四处打听,却处处碰壁。

这一日,何枕和一朋友喝酒,何枕边喝酒边长吁短叹。朋友有些奇怪,问何枕为何如此。

何枕与那人素来交好,就将内心郁闷说出。那人听过后,眉头皱了一下,忽然说道:"何兄,我这倒有一个人,不知可行?"

何枕闻听大喜,说道:"你且说来一听,若是能帮上忙,我自当重谢。"

那人说道:"我一朋友,与我乃莫逆之交。前几日听说他近几日看管一要犯,适才听你所言,似乎就是这个大盗郑可心。"

何枕听过之后,激动万分,忙拉住那人之手,只说若是事情成功,定会重金感谢。

不消两日,那人又找到何枕。何枕忙问:"事情如何?"

那人叹道:"何兄,此事果然非同小可。我那朋友听说之后,告诉我,莫要说救出郑可心,即使见上一面,也要担着泼天一样的干系。"

何枕颓然坐下,呆了半晌,说道:"你告诉你那兄弟,若是能见上一面,我也愿付重金相谢。"

又停两日。那人再次找到何枕,脸色之间显出喜色。

何枕知道事情已有眉目。

原来,次日张伯行要带人前往海上查访,故能想办法安排何枕与郑可心相见,但时间不可太长。

何枕闻听,当即拿出纹银五百两交于那人安排。

第二日,何枕扮作狱卒模样,来到关押郑可心的牢房。想起自己上次坐牢的情景,何枕不寒而栗。

郑可心忽然见到何枕,惊奇不已。自己入狱这么久,一个熟识的人都不曾见过,不料今日竟见到何枕。

何枕见到郑可心,便将自己舅舅张元隆欲要拼死搭救郑可心的想法说与他听。

郑可心听完,感激不尽,慨然说道:"我素来把张老板当作过命的朋友相待。也正是因为如此,我虽被张伯行屡次审问,却不曾供出一字。何枕,你只告诉张老板,莫要再徒费心力。这里看管甚严,你能够前来与我相见,也定是费下不少周折。另外,让张老板放心,我郑可心自入狱之日起,便抱定必死之心。但即使我死,也不会供出张老板等人。"

何枕闻听,也是钦佩不已,心内想着,这郑可心果然是条汉子。何枕临走时又给那看管牢房的头目五十两纹银。

何枕离去找到张元隆,将自己这么多天来的努力讲与张元隆。张元隆听到狱中郑可心所说,内心自然也是感动。虽然依旧想要搭救郑可心,却也无可奈何。

张伯行自从那日将书稿托付于余甸之后,便更加不顾一切调查张元隆、郑可心商匪勾结一案。

种种迹象表明,张元隆必然与郑可心有染,甚至两江总督噶礼也会参与其中。

只因此事关系重大,张伯行不敢轻下结论。一切都还要继续查访,直到找到真凭实据,方能上奏朝廷。

奈何张伯行四处查访,却再也不能找到有力证据。

张伯行不知,自从上次军舰事件以后,张元隆唯恐事情有变,又做出周密安排。故张伯行在调查中,处处无果而返。

这一日,张伯行坐在书房看书。忽然读到程颐的《养鱼记》:"书斋之前有石盆池。家人买鱼仔食猫,见其煦沫也,不忍。因择可生者,得百余,大者如指,细者如箸。支颐而观之者竟日,始舍之,洋洋然,鱼之得其所也;终观之,戚戚焉,吾之感于中也。吾观古圣人书,观古圣人政禁,数罟不得入池,鱼尾不盈尺不中杀,市不得鬻,人不得食。圣人之仁,养物而不伤也。"

张伯行读过之后,颇有感慨。张伯行暗想,自己年轻时也曾读过此文,但那时尚不以为然。如今自己为官一方再读此文,感慨遂深。为官须要有这样一颗"仁"心,将百姓的事情放在心头,将民生之事看得更重,方能至"圣人"之境。

张伯行想到程颐当年为官之时不畏权贵之事,更是心向往之。

宋神宗时,黄河的水兵按律法不必服其他劳役。宦官程昉为河防大臣,仗势不把州郡律法放在眼里,想征调黄河水兵整治三股河。程颐以不合律法拒绝,程昉便上奏神宗,朝廷于是下令程颐拨八百水兵给程昉。时正值天寒河水冻结,士兵不能忍受程昉的暴虐,纷纷逃离。

次晨,州官齐集官府议事时,突有吏卒禀报:"水兵集体逃亡,即将入城。"

众官怕得罪程昉,想拒开城门,程颐说:"如果不开城门,一定会有乱事发生。程昉如真怪罪,由我程颐一人担当。"说完,亲自到城门口迎接,并宣布水兵可以休假三天再回去服役。士兵们在一片欢呼声中进城。程颐又将水兵受虐待的情形禀报朝廷,终于免除水兵再服劳役之苦。

想到此处,张伯行内心激荡不已,暗想自己须向前贤那般不慕名利,不畏权势,只为百姓求得一个公道。

想到程颐的种种举动,张伯行忽又想到"程门立雪"的典故,恍然之间又想到举荐自己的恩师张鹏翮。

张伯行心想,张元隆一案实在棘手。若是将郑可心正法,此案也可了结。奈何张元隆恐就此逍遥法外,而噶礼更是会躲在暗处高兴且嘲笑自己。自己费尽心力查问,却又不知所向。

张伯行想到此处,将笔墨取出,纸张铺好,开始给张鹏翮写信。

张伯行的心中,早已将张鹏翮奉作自己的恩师,更是将张鹏翮当作自己人生中的指路明灯。故每每有难以解决之事,都会向张鹏翮倾诉一番。

或许张鹏翮也不能给自己提出更切实的建议,但这似乎已经成一种习惯。

张伯行将自己到福建之后遇到的种种事端,全无隐瞒,一一写与张鹏翮。包括自己查访张元隆,缉拿郑可心,郑可心海岛之上藏有送与噶礼的礼物等事件,俱在给张鹏翮的信中呈现。

最后,张伯行又倾诉自己目前举步维艰的郁闷,希望能够得到恩师的指点。

(五)最好的办法是让张伯行远离是非之地

却说张鹏翮这一日正在府中歇息。忽然接到张伯行的书信,赶紧展开细读,边读边皱紧眉头。

大夫人看到相公如此,不禁有些担心,问道:"老爷,何人书信,为何如此紧张?"

张鹏翮微微一叹,说道:"孝先从福建来的书信。"

大夫人忙又问道:"那张伯行在信中说些什么?"

张鹏翮也没有隐瞒,将书信中的内容简单讲与大夫人。

大夫人闻言,说道:"老爷,这个张伯行的胆子是不是太大了,竟然怀疑两江总督与海盗有染?"

张鹏翮叹息道:"我也是这样想啊。当年张伯行在江苏任按察使之时,就与噶礼不睦。如今人在福建,原本想着可以与噶礼不再扯上关系,谁想到竟然又搅在一起。而且,我听人说,那个张元隆在福建也是手眼通天。张伯行竟然同时怀疑这两个人与海盗有染,此事非同小可。张伯行若是不加以小心,不仅有可能丢官罢职,甚至有生命之危。"

大夫人说道:"老爷,您又作何打算?"

张鹏翮沉吟一下,说道:"张伯行素来视我为恩师,我自当帮他一把。只是张伯行有时做事太过执拗,也是让人头疼不已。"

大夫人又问:"那此事又该当如何处置?"

张鹏翮又思考片刻,缓缓说道:"让张伯行远离是非之地,也许是解决问题的唯一办法,也是最好的办法。"

接到张伯行的书信之后,张鹏翮就打定主意,想办法把张伯行调离福建,调至京师。

当然,此事绝非朝夕之间就能完成,必须等待时机给皇上奏本。

张鹏翮此举一箭双雕。一则是为张伯行考虑,他也知道张伯行是一位难得的清官廉吏,若是被别人抓住把柄丢官罢职,实在可惜;二则把张伯行调至京师,自己在朝中也算多一位得力的助手,相信张伯行在很多事情上也会和自己保持一致。

但是,张鹏翮不知道自己的这种想法由开始的主动而为,渐次演变成不得已而为之。

因为噶礼、张元隆等人的目光,已经紧紧盯住张鹏翮。

且说在江西省呈瑞县担任知县的唐不语,正在沉醉于苏芙蓉的酥胸红唇。其实,唐不语一直想着张鹏翮这个义父能够将自己调回京师。奈何张鹏翮为人正派,小心谨慎,唯恐朝中有人说三道四,一心想着让他能够在江南富庶之地做出一番业绩,再想办法将其升职调回,也可名正言顺。张鹏翮想法虽好,奈何却没有料到自己远在京师,却不能把控唐不语的所作所为。

唐不语自那日在碧水宫抢走苏芙蓉后,将那苏芙蓉养在县衙后院之中,日日欢娱,夜夜笙歌。

可那苏芙蓉原是在妓院大手大脚惯了,故平日里仗着自己得宠,吃喝玩乐开销甚大。

唐不语固然家底殷实,却也架不住这等开销。不消半年,已经让唐不语招架不住。

这一日,唐不语与县丞一起吃酒,两人边喝边聊。

县丞姓张。张县丞与唐不语喝得尽兴,皆有些醉意。张县丞说道:"大人,我有一疑问,不知当讲与否?"

唐不语笑道:"你我之间,何须客套,有话但讲无妨!"

张县丞道:"大人,人人皆知您的亲戚乃朝中大员,却为何在这偏远小县受各种委屈?"

唐不语闻听,放下酒杯,叹口气说道:"我那义父虽然在皇上面前颇受青睐,奈何他为人古板,不愿动用私人关系。只想着我在此地能够做出一些业绩,然后才可名正言顺向皇上奏本。"

张县丞闻听,不禁挑起大拇指称赞道:"大人,您的义父真个是高风亮节,让人钦佩。只是,在这里想要做出业绩谈何容易啊!"

唐不语也叹息道:"确实是这样,我来这里也有一段时间,不要说什么业绩,连家室都养不起。"

张县丞闻听,眼珠一转,然后将脑袋凑上前去,压低声音,说道:"大人,我这里识得一人,若大人有意,我可介绍给大人。大人与此人合作,莫说赡养家室,即使富甲一方也未为不可。"

唐不语听后,心内不禁一动,将酒杯端起说道:"来,我们干下此杯。若有这样人物,他日请介绍我认识一番。"

两人又喝半日。唐不语自感不胜酒力,于是各自回府。

过没两天,张县丞找到唐不语,满脸笑容。唐不语奇道:"为何如此高兴?"

张县丞笑道:"恭喜大人,我前日与你说的那人,欲要请你吃酒,大人可有意前往?"

唐不语闻听,心内有些惊喜,表面却不动声色,只是淡淡说道:"在哪里?"

张县丞道:"清河酒家。"

唐不语沉吟片刻,说道:"且等我将这些公文批阅就去,你先去接待一下。"

唐不语将公文批阅完毕,换上便装,就往清河酒家而去。

张县丞早在门口等待,看到唐不语后,急忙上前迎接。两人来到订好的房间,里面等待之人见到唐不语,急忙起身拱手道:"久仰唐大人之名,幸会,幸会。"

唐不语亦客套一番,几人分宾主落座。

张县丞给唐不语介绍道:"大人,这就是我前日给您说的贵客,这位也姓张。今日实在凑巧,我们俩与您义父五百年前皆为一家。"

原来此人就是张令涛。

那张元隆与噶礼早知唐不语在江西为官,一直注意唐不语的动向。上次唐不语从碧水宫抢走苏芙蓉,引得何枕大怒。但张元隆却不容何枕与唐不语针锋相对,只为将来有一天可以拉拢唐不语。

这张县丞与张令涛素有来往,张令涛也早就叮嘱张县丞,想办法让自己与唐不语一叙。时至今日,方得有此机会。

张令涛令小二将酒菜上齐,而后吩咐小二,没有召唤勿要打扰。那小二自是乐得清闲。

张县丞与两人斟酒之后,几人边喝边聊。

几人客套一番后,很快就切入正题。

张令涛道:"我们做的是海上生意,唐大人的治下长江穿县而过,顺流而下,不出一日,即可抵海。若是唐大人可以相助,相信定会日进斗金。"

唐不语笑道:"只是我官小职微,恐帮不上张老板的忙。"

张令涛笑道:"唐大人放心,您今日只消点头同意合作即可。他日若是唐大人可以帮得上的,我们会前来麻烦大人;若是超出大人职责,我们也不会强人所难。"

张令涛说完之后,从身后行囊之内拿出一张银票,递与唐不语,说道:"唐大人,小小心意,不成敬意,还望笑纳。"

唐不语打眼一看,那分明是一张一千两的银票,心内不禁有些发毛。唐不语心想,我义父一年俸银也只是数百两而已,此人出手着实阔绰。

唐不语笑着推辞道:"无功不受禄啊!"

张令涛将银票强塞到唐不语的袖中,哈哈笑道:"唐大人,无须客气。"

"听说前几年,在常州毗陵驿皇华阁,有三位姓张的相聚,还相互对诗曰'九张机',但最后结果是不欢而散。"说着话,张令涛举起酒杯,高声说道,"今日,我们三位相聚,实在是三生有幸。相信我们三位定会精诚团结,抱团取暖,相濡以沫,一展宏图。来,我们共同干过此杯!"

几人举杯,一饮而尽。

(六)张鹏翮打定主意把张伯行调离福建,调至京师

阳光洒向海面,海面泛起层层金光。

海面之上,一艘船自南向北缓缓行驶。船头之上的唐不语脸色有些许紧张。

昨日中午,张令涛拉来一批货物,请求唐不语将这批货物从海路捎到京城。

唐不语看那批货物皆捆扎得整齐,不知都是什么,便询问张令涛。张令涛笑道:"皆是一些从西洋购得的稀奇玩意。京城之内皇亲贵族很多,很多人喜欢用这稀奇东西攀比张扬。若是这批货物大卖,定能获取暴利。"

唐不语有些担心,问道:"张老板,运送这些货物不会违法吧?若是被查出,该当如何?"

张令涛心内暗笑,心想,果真是自小生在富贵之乡的公子哥,只是代运一些货物,就吓成这样。

张令涛笑着安慰唐不语:"唐大人放心。一则这只是一些货物而已,并无违禁之物;二则唐大人您是回京探亲,还不能带一些特产回京?"

唐不语依旧有些担心。

张令涛见状,从行囊之中拿出一张银票,趁着无人悄悄递给唐不语,说道:"唐大人,这是三百两纹银,事成之后尚有重金相谢。"

唐不语忙接过银票藏于袖内,干笑道:"张老板,我尽力而为,希望能够一路顺风。"

尽管张令涛一再让唐不语放心,但毕竟第一次做这种事情。站在船头之上,唐不语却无心欣赏海上美景。

唐不语的思绪宛若这海水一般,表面风平浪静,实则暗涛汹涌。若是被

义父知道,他定不会饶过自己。

正在唐不语思绪飘飞之际,忽然之间从对面驶来一只军舰,军舰之上几名军士站在船头。

唐不语看到不禁有些心惊。

那艘军舰之上的军士远远看到唐不语的船只,为首一人高声喊道:"对面船只速速停下,我等乃福建水师,奉命在此巡查。"

唐不语忙命停下船只。

那艘军舰也放缓速度,慢慢停靠在唐不语的船只旁边。为首那人拱手道:"我们乃杨总兵手下,奉命巡查。敢问你们是商船还是民船,船内可有违禁物品?"

唐不语心内突突乱跳,但脸色之上不敢带出惊恐,拱手道:"这位军爷,我乃江西省呈瑞县知县唐不语,今日告假回京城探亲,不想遇到几位。弟兄们辛苦!"

为首之人闻听乃是呈瑞县知县,脸色顿然缓和许多,急忙拱手道:"小人失敬,原来是知县大人!"

唐不语又道:"只因我义父张鹏翮近日贵体欠安,故特意回京探视。不知几位军爷要作何查勘?"

为首之人闻听,脸色之间有些惊异,再次拱手道:"原来是京师张大人的义子,小的真是失敬。张大人乃我们巡抚大人恩师,这个是人人皆知。小人如何敢查看唐大人的船只?"

说着话,那人大手一挥,高声喊道:"放行。"

唐不语悬着的一颗心放进肚里。

他没想到事情竟然如此顺利,自己只是不经意中报出自己义父的名头,一切都迎刃而解。

唐不语顺利将那批货物交于京城中接货之人。那人奉张令涛之命,又将五百两纹银送与唐不语。

他揣着这些银票,宛若做梦一般。

唐不语回到府中拜见义父。张鹏翮闻听唐不语探亲回京,喜不自胜,但脸色之间依旧严肃无比。

张鹏翮温言道:"语儿,缘何从江西回京啊?"

唐不语跪下磕头问安,之后回道,听闻义父身体不适,故特地请假回京探亲。张鹏翮心内略安,也有一些宽慰:孩子大了,也渐渐懂事,竟然懂得牵挂家人。

张鹏翮长年在外为官,夙夜在公,殚精竭虑,很少有时间顾家。时值中年,张鹏翮尚无一子,成为夫妇二人的一块心病。

这一年,张鹏翮的夫人向他念叨,陪嫁丫头唐小雪的哥哥病故,嫂子改嫁,将三岁的独子唐不语撇给年迈的公婆,十分可怜,想把唐不语收为养子。张鹏翮自是同意。

那唐小雪本是夫人的陪嫁丫头,得知老爷和夫人均有此意,非常高兴,连忙将唐不语从娘家抱来。

唐不语生得乖巧,张鹏翮夫妇甚是喜爱。收养唐不语不到半年,张鹏翮就升职拔擢。又过些时日,夫人接连生下二子二女,长子取名张懋诚,次子取名张懋龄,自此张府人丁兴旺。张鹏翮夫妇为之高兴不已,觉得这都是唐不语带来的福气,也把唐不语视为己出,唐小雪对唐不语更是溺爱有加。因此,让唐不语长出一身臭毛病。

史载:张懋诚(1667—1737年),字孟一,号存庵,四川遂宁人。张鹏翮长子、张问陶曾祖。读书时即不趋奉豪贵,惟事诸大家书籍,手口诵作不辍。康熙二十六年(1687年)中举人,出任安徽怀宁知县十年,抑豪强,处衙蠹;救穷民,爱寒士;开运河,护城池;作养斯文,文教大兴;治怀实政,民深感戴。任期内,张懋诚续修《怀宁县志》并作序,今存。他还重修大观亭,今已成为古城安庆一大景观。康熙五十四年(1715年)至五十八年任奉天辽阳知州,处死妖恶。特放科道,疏流民,纠保举。巡东城,称铁面御史。后升通政使司通政使,不避宰相私人,行必参奏。署工部右侍郎,一清积案,官吏肃然,有古良吏风。官至通政使。工诗,著有《通政诗集》一卷。

张懋龄(1675—1725年),字与九、希龄,四川遂宁人。张鹏翮次子,张懋诚弟。娶山东衍圣公孔毓圻女为妻,官河工同知。《国朝全蜀诗钞》卷六录有其诗二首,俱清新可诵。

为了孩子们的成长,张鹏翮请下一文一武两位师傅。"文"老师给他们讲孔孟之道,诗词文章;"武"老师教他们习武骑马,强身健体。张懋诚、唐不语二人天生聪慧,凭着真才实学同一年考取举人。此刻,张懋诚在安徽安庆府的附郭县怀宁县做知县;唐不语在江西呈瑞县做知县。两县均在噶礼管辖之下。

要说这应该让张鹏翮感到欣慰,但他还是放心不下。唐不语对权力的欲望,对金钱的追求,对苍生的漠视,都让张鹏翮忧心忡忡。唐不语几次写信想让张鹏翮说情提升职位,或者利用张鹏翮的影响调到京城做官,都被张鹏翮断然拒绝,一一驳回。

尽管公务繁忙,张鹏翮依然抽出时间,隔三差五给唐不语写长信,晓之以理,动之以情,语重心长地规劝唐不语,让他尊孔孟,承程朱,知敬畏,守底线,踏踏实实工作,干干净净做人,兢兢业业做事,认认真真读书。政绩突出了,百姓认可了,机会自然会来,皇上自会拔擢。

只是唐不语左耳朵进、右耳朵出,根本不把张鹏翮的谆谆教诲放到心头,只想着捞足捞够,早点拔腿。

此时,唐小雪得知娘家侄子回家,急急忙忙从后院赶来。看见唐不语,一把拉到怀中,眼泪不由掉下。

唐小雪哭泣半天,方才止住眼泪,对唐不语哽咽道:"语儿,你且先陪你义父说话,我去备饭。今日,你们爷儿俩好好喝上几杯。"

唐小雪下去不提。厅堂之上,张鹏翮询问唐不语在南方为官的情况。

唐不语不敢怠慢,将自己在南方的那些经历一一讲与义父听。两人说着说着,话题竟然扯到张伯行身上。

张鹏翮便问唐不语:"那张伯行在福建如何?"

唐不语语气略顿一下,说道:"义父,那张伯行是您的门生,我也不必避讳。据我听说,那张伯行在福建有些独断专行,得罪了福建大批官吏和富商。"

唐不语将张伯行实行海禁,严加查访,不许来往客商互通有无之事,添油加醋叙述一番。

而后,唐不语说道:"义父,那张伯行此举实属有些哗众取宠。打着为百姓的旗号,却做很多与同僚相逆之事。时间若久,恐怕对您的名声不利!"

张鹏翮听过之后,沉吟不语。

停顿半天,张鹏翮叹息道:"这个张伯行为官确实清廉,但为人却实为执拗,不懂人情世故,不知为官之道。长此以往,的确会有后患。我一直想着把他调回京师,只是一直没有找到合适机会向皇上奏本。听语儿今日之言,此事恐不能耽搁。"

唐不语也道:"义父所言有理,我也以为这张伯行不能在地方独掌大权。不仅福建官吏,我听说两江总督噶礼大人也对他极为不满。"

"众口铄金,积毁销骨,此事我已知道。"张鹏翮叹道,"好吧,今日先聊到这里,我们且去用餐。"

九
刀光剑影

（一）张伯行最终下定决心，公开处决郑可心

张伯行站在牢房门口，脸色之间有些焦急，也有些惋惜。

牢房之内，郑可心面壁而坐。

张伯行开口问道："郑可心，本抚再问你一句，你可还有话说？若是说出实情，本抚或可想法减轻你的罪罚。这样，你九泉之下的母亲也可安心。"

郑可心的脸上显出一丝痛苦，但瞬间即恢复平静。他依旧没有回身，面对着牢房的墙壁，开口回道："多谢张大人好意，郑可心领情。若有下世，郑可心定会做个好人，让母亲安心，但这辈子我就是一个强盗。郑可心只求速死，别无他求。"

"锄一害而众苗成，刑一恶而万民悦。"想至此，张伯行向身后挥手，很快两名狱卒端来一壶好酒、两盘佳肴。

"郑可心，你还有什么未了之事，本抚亦可帮你。"张伯行又问道。

"多谢张大人！郑可心只有母亲和未婚妻两个亲人，只是俱已身亡。郑可心并无身后之事。"郑可心道。

"端进去吧！"张伯行回身对狱卒道，离去。

两个狱卒打开牢门，高声对郑可心喊道："郑可心，这是你的饭菜。"

郑可心终于回身。看到眼前的酒菜，他明白，这就是自己的断头酒。他并无犹豫，端起酒壶，自己斟满一杯，仰头而尽。而后，夹起一块牛肉送到口中。

张伯行最终下定决心，公开处决郑可心。

"杀人者死，伤人及盗抵罪。"按照郑可心的罪行，本可早早处决。但张伯

行一心想要通过郑可心查出幕后更多的人和事。奈何郑可心江湖义气浓重，宁死也不愿说出事情端倪。

秋天的风吹动树叶，发出飒飒之声。

大街之上，人头攒动，热闹异常，福州百姓十之八九都听说今日要处决海盗头目郑可心。

郑可心的名字福州百姓无人不知、无人不晓。家里若是小孩儿哭闹不止，只说一句郑可心来了，那小孩儿便马上闭嘴。

这么多年，福建沿海百姓多受海盗之苦。不管来往客商，还是出海打鱼的普通百姓，被海盗强抢杀害者数不胜数。

郑可心被抓之时，各地百姓皆欢欣鼓舞。而今日要公开处决郑可心，更是群情激昂，众人纷纷出门观看。

终于，押解郑可心的囚车出现在众人面前。

囚车之内，郑可心头发散乱，脸色也极为憔悴。但即使如此，神色之间那种凶恶亦让人胆寒。

百姓看到之后，纷纷拿起手中各种物品砸向囚车。有人边扔东西边破口大骂，还有人高喊着："还我父亲的命来。"

郑可心跪在囚车之内，身上堆满扔来的物品，耳边传来各种谩骂诅咒之声，内心开始有些动摇。

他一直以为，自己所作所为都是不得已而为之，所以，平日里不管如何杀人越货，从来没有感觉到一丝的愧意。但是今日，他看到百姓脸上的痛恨之色，听到百姓从内心迸发出来的愤怒之声，他的眼角突然之间出现一滴浑浊之物，脑海中忽然闪现出母亲的身影。母亲也是跟周围这些百姓一样，是普普通通的农村女人。若是母亲还活着，知道我这样的行为，看到我这样的下场，她又会如何？

在郑可心内心深处波涛汹涌之时，囚车已经来到福州城西门外菜市口。

郑可心被五花大绑押解出囚车。

张伯行莅临法场。身后，大黑的手一直紧紧握着腰间悬挂的钢刀。

为防止有人劫法场，张伯行做好周密准备。行刑现场布置重兵，更有诸多高手混在人群之中。

监斩官当众宣读郑可心的种种罪行，最后拿起行刑令箭扔到地上，厉声高喝:"行刑!"

郑可心仰头看天,高声喊道:"二十年后,老子还是一条好汉! 母亲,孩儿去看望您了!"

人群之中,张元隆看着郑可心的表情,内心深处亦极为痛苦。他也想着能够派人劫法场,但噶礼告诉他,万不可轻举妄动。郑可心之死乃是必然。若是公然劫法场,必然会引起震动,闹不好会被朝廷知道,无法收场。

张令涛也劝大哥,劫法场乃是下下之策,只能鸡飞蛋打。张元隆前思后想之后,只好作罢。

刽子手举起钢刀,阳光照耀之下,钢刀阴森逼人。寒光闪过之后,一腔鲜血喷出,郑可心的身子"扑通"倒地。

万众欢呼,张伯行率领众人回府。

张元隆令人悄悄运走郑可心的尸体,选一地方,将郑可心埋葬。没敢留坟头,也没敢做任何记号,只种棵松树作为标记。

(二)这二人竟是用自己性命来刺杀张伯行

郑可心被公开处决。噶礼听说之后,如释重负。

眼睁睁看着郑可心被斩,张元隆虽想相救,却不敢妄动,但内心对张伯行的仇恨却越来越深。

回到府中,张元隆马上派人将张令涛喊来议事。

张元隆的脸上写满恨意,眉头紧紧拧在一起。张令涛知道,大哥这次是确定要向张伯行宣战。

"令涛,你认识的江湖人士众多,帮我找一绝顶高手,前去刺杀张伯行。事情若成,我出重金相谢。"张元隆开口说道。

"大哥,此前我一直主张除掉张伯行,您却一直不允。如今,为何又要出重金刺杀他?"

"之前不能行动,是因为我不想打草惊蛇。可如今那张伯行骑在我们脖子上,欺人太甚。如果不除掉他,郑可心死得岂不是太冤枉? 如果不除掉他,以后我们的生意又如何能够坚持下去?"

"大哥,我有一计,不须大哥出钱,就可除掉张伯行。"

"有什么想法,速速讲出。"

"大哥,郑可心平日里极重义气,手下弟兄也多愿追附与他,且对他忠心耿耿。我们只须将郑可心往日那些兄弟召集起来,从中挑出一些高手,然后再煽风点火,相信他们定能以死相拼,刺杀张伯行。"

张元隆听过微微点头,说道:"令涛,你速速去办理此事,将郑可心手下弟兄找些过来。虽说不用付给他们金银,但从物质方面,我必将全力以赴。"

张令涛施过一礼,告别大哥,离开张府。

这一日,风和日丽。虽是秋季,却温暖如春。

张伯行带领钟逵与大仪,乘船在海面上巡视各处海防事宜。临行之时,钟逵劝说张伯行勿要随便外出。毕竟郑可心刚刚被处死,其手下那些亡命之徒恐不会善罢甘休。但张伯行坚持出海巡视,钟逵无奈。

大仪也劝说张伯行,奈何张伯行执意前往。大仪说道:"老爷,如果非要出去,可否等大黑哥哥回来一同前往。这样若是有事,大黑哥哥也可保护老爷安全?"

张伯行道:"我们随身护卫众多,料也无妨!"

钟逵与大仪无奈,只好跟随张伯行一同出海。

海面之上,风平浪静,水波不兴。

张伯行看着四周渔民的船只往来如梭,渔民脸上写满笑容,内心也极是欣慰,对钟逵与大仪道:"郑可心的确是一条汉子,杀他也当真有些可惜。可是你们看,这海面之所以能够如此安静祥和,就是因为郑可心处决的缘故。"

钟逵道:"大人,郑可心虽说是一条好汉,但杀人越货,无恶不作,实在是死有余辜。"

大仪的眼睛却一直观察着周围的形势,审视着来往的各种船只。

忽然之间,从对面驶来两只小船,船身吃水很深,却在海面之上行驶如飞。初始之时,只是两个小圆点,片刻之间已经距离张伯行的船仅有一箭之遥。

"大人,那两只船有些蹊跷!"大仪喊道,对身后几名军士说道:"速向船上之人喊话,不许靠近我们的船只。"

话音未落,却见对面船上忽然立起一人,那人手中拿着弓箭。

大仪喊道:"大人,小心!"

说着话，大仪一把将张伯行拉至一旁。与此同时，只听得弓弦之声响起，便看到一支雕翎箭"嗖"地一下射来。

那支箭从张伯行耳边穿过，只听身后一声惨叫，一名随行军士肩头中箭。

变故突生。

船上军士纷纷拿出武器，乱箭齐发，射向对面的两只小船。

对面船只之上，几人纷纷中箭落水，但是那两只小船却依旧向张伯行的船只疾驰而来。

张伯行手下军士个个拈弓搭箭，箭如雨下，仍不能阻止小船行驶的速度。

眼看得已经接近张伯行的船只，忽然之间，两只小船船身起火，火船直接冲入张伯行的船队。

张伯行船上，众军士乱作一团。大仪高喊："保护大人，快快救火。"

正在众人慌乱之时，那两只火船的船舱之内站起两人，手中拿着钢刀，纵身一跃，跳到张伯行的船上，挥刀就砍。

张伯行手下几名军士齐齐上前挡住两人，钟递与大仪急忙拉着张伯行退至船尾。

眼看着几名军士不能抵挡，钟递与大仪心急如焚。

正在千钧一发之时，却见一只小船飞也似的赶来。距离张伯行的船只尚有数尺，船头之人手握钢刀一个箭步跳跃而至。

那人跳到船头，加入战团。钟递与大仪定睛一看，正是大黑。

原来钟递临行之前交代府中衙役，若是大黑回来，马上让他到海上接应张伯行。

大黑回到府中听说之后，急忙驾只小船飞驰而来。

来得早不如来得巧。大黑跳到船头，加入战团，那两人很快不支。忽然之间，那两人跳到圈外，手中一挥，不知为何，身上火起，然后大喊道："郑大哥，小弟为你报仇了！"

说着话，那两个火人便冲向张伯行。

大黑大吃一惊，知道二人身上定是绑着硫黄烟硝之类的东西。这二人竟是用自己性命来刺杀张伯行。

情急之下，大黑不顾自己安危，又使出"子路八卦拳"的绝招"四两拨千斤"，奋勇挡在张伯行身前。

前面说过,这"四两拨千斤"是"子路八卦拳"的看家本领,也是阴招、损招。"杀敌一千,自损八百",一出手就会致对方死地,自己也会元气大伤,不到绝境万不可使用。

两人被踢中要害倒地,几名军士上前挥刀乱砍,两人惨叫而死。

此时,船上大火燃烧。

大黑与众军士护着张伯行跳到大黑驾驶的船上,看着适才张伯行的船上火越来越大,霎时已经被火吞没。

众人看着那只火船,听着周围的惨叫之声,心悸不已。

(三)张伯行走过去,见与中土常用酒杯不甚一样

回到府中,张伯行震怒不已。大黑、大仪、钟逮等人跟着来到客厅,张伯行回身道:"这群海盗也忒猖狂了吧!我本是堂堂福建巡抚,他们却胆敢公然攻击伤害本官。本官尚有护卫保护,若是平民百姓,他们是否更要肆无忌惮?这群海盗不除,福建百姓便无宁日。"

张伯行的声音中充满愤怒。

大黑也高声说道:"大人,依照大黑的想法,早就该把这股海盗铲平。我最见不得的就是欺负百姓的那些恶贼。"

钟逮则道:"大人,这股海盗因为怨恨大人公然处决他们的头领郑可心,故对大人下了杀手。大人以后还是小心为上!"

大仪也点头称是。

林水晗想劝劝愤怒的张伯行,说道:"巡抚大人,其实,这股盗匪在您来之前更为猖獗。因为官商勾结,故郑可心的盗匪在海面上几乎是为所欲为。即使偶尔有官府剿匪,也只是做给上面来人看看。所以,不管巡防的水师或者是巡逻的衙役,莫敢撄其锋者。"

张伯行冷笑几声,嘴里一直重复着适才林水晗的那句话:"莫敢撄其锋者,莫敢撄其锋者……本抚就要看看,这股海盗到底有多猖獗。若不彻底剿灭这股海匪,本官誓不为人!"

张伯行回身高声对外面喊道:"来人,速将总兵杨辅鼎唤来,就说本抚有要事相商。"

当日下午,杨辅鼎跳下马,快步来到府衙拜见张伯行,说道:"听说大人在海面遇刺,属下失职,罪该万死。"

张伯行道:"杨总兵,此事与你无关,莫要自责。郑可心手下海盗过于猖獗,竟胆敢公然行刺本官。本官在想,平日里这股盗匪会如何伤害百姓?"

杨辅鼎道:"大人说的甚是,平日里这股海匪的确极为猖狂。不过,自从郑可心被抓之后,海面上已经平静很多。大人之所以遇刺,还是因为郑可心那些手下愤恨大人杀害他们的头目,意欲为他报仇。"

"杨总兵,今日着你前来,就是要商议一下如何肃清海盗余孽。余孽不除,福建便无宁日!"

"抚台大人,据属下所知,郑可心的匪巢不止一处。我们之前已经捣毁其中一处。至于另一处在什么地方,属下也一直令人查访,至今尚无结果。据属下猜测,郑可心手下的那些海盗定是藏匿于其巢穴之内。若能找到其匪巢,定可以将其肃清。"

张伯行道:"既然如此,杨总兵,动用全部海上军队,速速找到其老巢,务必将盗匪余孽肃清。"

杨辅鼎插手施礼道:"属下明白。属下这就去办。"

说着话,杨辅鼎回身就要离去。

张伯行忽然又道:"且慢。"

杨辅鼎连忙回身,问道:"大人,还有何事?"

张伯行道:"若是查到那些海盗的藏身之处,务必报告本抚,本抚要亲自前往。"

杨总兵领命而去。

这一日,张伯行正在府衙处理公务,忽然外边一人急匆匆而来,却是杨辅鼎的手下。

那人来到巡抚府衙拜见张伯行,说杨总兵已经找到郑可心的匪窝所在海岛。

张伯行闻听大喜,令来人给杨辅鼎带令,倾全部兵力肃清海盗。自己随后就到,要亲自搜查海岛。

却说杨辅鼎领数千军士,驾驶着数十艘舰船前往郑可心余匪的藏身海岛。

那些海盗刺杀张伯行再次失败之后,再也不敢轻举妄动,却没有想到神兵天降。

郑可心被抓之后，众匪徒群龙无首，再加上杨辅鼎的人马忽然而至，众匪徒皆无防备。故海岛很快就被攻陷，余匪或者被杀，或者被擒。

张伯行和杨辅鼎一起上岛，来到聚义厅内慢慢查看，细细搜索。众军士四下散开，搜查海岛的每一个角落。

张伯行在聚义厅内来回踱步，边走边看，边看边拿起各种东西翻来覆去细细抚摸，不放过任何蛛丝马迹。

忽然之间，居中主位上的一只酒杯吸引住张伯行的注意力。张伯行走过去，拿起那只酒杯，见与中土常用酒杯不甚一样，摸起来光滑无比，看上去晶莹剔透。

杨辅鼎看到张伯行拿着酒杯呆呆发愣，就上前一步问道："抚台大人，这酒杯可有什么蹊跷不成？"

"这酒杯似乎并非中土所造，我看着酒杯甚为眼熟，却一时又想不起在哪儿见过。"张伯行又仔细端详半天，忽然一拍脑袋喊道："果是如此！"

杨总兵忙问："抚台大人，果是如此什么？"

张伯行道："我想起来之前，我在江苏任按察使时曾拜访噶礼，在噶礼府中看到过一模一样的杯子。"

"抚台大人的意思是……"

"上次我们已经查到郑可心的岛上有送给噶礼的礼物。如今，这只酒杯更加印证我们的判断。"

杨辅鼎点头称是。

言语之间，外面进来一名军士，来到厅内插手施礼道："禀报抚台大人、总兵大人，属下在岛上仓库内发现大批货物。"

张伯行道："且带我们前去观看！"

张伯行与杨辅鼎来到仓库，果见大批货物在内。其中有粮食，也有其他货物。

张伯行道："这必是张元隆囤积于此的各种货物。"

正在众人查看之时，忽听到外面有人高声喊道："不好，有人逃跑了。"

张伯行与杨辅鼎急忙走出仓库，只见很多军士齐往后岛跑去。

待大家跑到后岛，却见海内一艘小船顺风疾驰而去。船舱蹲着一人，旁边有两人划桨。

张伯行细细观看，发现那人竟极像张元隆之弟张令涛，大喊道："此人乃是张令涛，莫让他跑。"

一旁兵士拈弓搭箭，箭如雨下，直射而去。

但那小船速度极快，眨眼之间消失在茫茫大海之中。那些羽箭纷纷掉落海面，鞭长莫及。杨辅鼎顿足不已，张伯行也无可奈何。

（四）信封下面的落款竟然是张元隆

众人再次回到匪徒的聚义厅继续细细查看，希望能找到更多证据。

忽然之间，杨辅鼎喊道："大人，快来看！"

张伯行急忙过去。只见杨辅鼎手中拿着一封信，信封下面的落款竟然是张元隆。

张伯行大喜，急忙打开信封，但是信封内却空空如也。

张伯行失望地看着杨辅鼎，说道："这必是张元隆写给郑可心的信，可惜内容却已经不见。"

杨辅鼎道："抚台大人，种种证据俱可证明，张元隆与郑可心沆瀣一气，勾搭连环。我们是不是可以直接抓捕张元隆？"

张伯行道："目前我们所掌握的证据，尚不能完全证死张元隆与郑可心是商匪勾结，危害百姓。但只有将张元隆抓获，再加以审问，方能得出实情。"

张伯行沉思片刻，说道："此事，我们回去商议之后再作定夺。"

杨辅鼎带领手下数千名官兵，将海岛里里外外、上上下下搜查个遍，将能够带回去的物品全部带回。

张伯行召集众人商议如何处理张元隆。

众人各执一词，莫衷一是。

钟逵道："大人，我以为目前就抓张元隆，似乎尚有不妥。毕竟我们证据不是很充分，只是从海岛之内搜查到一些货物，张元隆完全可以矢口否认。况且，张元隆老家在上海县，上海县隶属于松江府，乃是噶礼治下，恐会与噶礼交恶。"

林水晗亦道："钟兄所言有理。若是跟两江总督针锋相对，此事恐怕不好处理,弄不好就是两败俱伤。"

大仪则说:"若不从速处理,恐以后又要节外生枝。而且,张元隆趁此时机,也可能销毁很多他手中的证据。若是让当地官府先行扣押张元隆,方为上策。"

大黑高声道:"依我的看法,先把那小子抓到监狱,严刑拷打,我就不信他不招供。"

张伯行沉吟半晌,最后说道:"在江宁牟钦元府,在常州皇华阁,我曾和张元隆多次交手,感觉他很难对付。明日我带人去找张元隆,本抚亲自会会他。"

张伯行带领大黑、大仪并几个衙役随从,骑快马前往张元隆的府邸,准备与张元隆正面交锋。

自上次策划刺杀张伯行失败以后,张元隆一直深居简出,再也不敢轻举妄动。但是外界的任何风吹草动,他也都了若指掌。

张令涛那日从海盗老巢逃出以后,匆忙如丧家之犬。一方面内心深处暗自庆幸没有被张伯行抓住,另一方面则更加痛恨张伯行。

张令涛逃至陆地上,忙去找大哥张元隆,将张伯行血洗海岛的过程讲给张元隆。张元隆闻听,倒吸一口凉气。

张元隆知道这次张伯行应该要痛下杀手。既然能够血洗海岛,那定会将海盗巢穴搜查个底朝天。自己难免会有一些把柄落在张伯行手中,说不定过几天张伯行就会亲自找上门来。

张令涛劝大哥逃走,但是张元隆道:"若是逃走,岂不正是不打自招?"

张元隆在家苦思冥想,将各种最坏的结果俱已想到。也想着如果张伯行前来,自己又该当如何应对。

果不其然,第二天,张伯行就带人来到张元隆的府邸。

却见张元隆的宅院非同凡响。远远看去,整个院子有五六亩大小,宅院内房屋林立。大门高高耸立,门顶上方挂着一个牌匾,上写四个大字:天官赐福。两边一副对联写着:花开富贵地,鸿福吉祥居。

张伯行令人上前敲打门环。不一会儿,大门打开,里面一个仆人模样的人探出脑袋询问一句:"请问来者姓甚名谁,有何贵干?"

大仪上前道:"此地可是张元隆的府邸? 福建巡抚张大人前来问话!"

那仆人吓得赶紧施礼道："见过张大人，小的这就去通禀。"

不一会儿，张元隆从里面出来迎接。

见到张伯行，张元隆急忙上前施礼道："草民张元隆见过张大人。常州一别，甚是惦念。张大人可好可安？"

张伯行也没怎么搭理张元隆，一挥手令他前头带路，进入张府。

张伯行看这宅院内部，更加富丽堂皇。入门看到三间垂花门楼，四面抄手游廊，院中甬路相衔，山石点缀。整个院落富丽堂皇，雍容华贵，花团锦簇，剔透玲珑。

张伯行心想，这张元隆的宅子竟比福建巡抚的府邸更加气派。

几人来到厅堂。张元隆命人上茶。

张伯行也没有客气，端起茶碗喝一大口，直接开门见山，说道："张老板，前天我手下剿灭福建巨匪郑可心的海岛，却见岛上有很多货物似乎是张老板家的物品，不知是何情况？"

张元隆道："张大人，何以见得是我们店铺的货物呢？"

张伯行道："内中一些粮食使用的口袋，皆为宝成号店铺的字样，故我判断乃是张老板的货物。"

张元隆闻听，脸色之间竟然出现大喜过望的表情，高声道："张大人，那海岛之上果然有我们的货物不成？ 不瞒张大人说，前几个月，我们的商船在海上被劫，被海盗抢走一船货物。张大人真乃是当世之清官，平灭海盗，为民除害，为来往商人保驾护航，张元隆替沿海商人先谢过张大人！"

张元隆说着话，当即向张伯行深施一礼。

张伯行心想，这个张元隆果然是个厉害角色。

张元隆施过一礼之后，继续说道："张大人，我听说福建缺粮。张大人若是不嫌弃，岛上那批粮食，张某就捐献给福建百姓，如何？"

张伯行闻听，不禁呵呵笑几声，说道："这么说，福建百姓要对张老板感恩戴德啊？"

张元隆道："张大人，张某只想为百姓们的生活献出一点微薄之力，绝不敢有任何贪功之念。"

张伯行冷笑一声，继续说道："我初到福建便听说，郑可心手下海盗打劫各路客商，唯有你张元隆的船只在海面上来往平安。不知是真是假？"

张元隆脸上马上显出委屈至极的表情,说道:"大人,您也知道我的生意做得比较大,老话说得好,树大招风。那些小商小贩,定是不满我抢他们的生意,这背后骂我的人太多啦!"

张伯行心想,看来这张元隆已经做好充分的思想准备,不管我如何问他,他都回答得滴水不漏。

张伯行从自己袖中掏出那个信封,放在桌面之上,语气有些冰冷,说道:"张老板,这是我属下从郑可心的匪穴之中找到的信封,你又该如何解释?"

张元隆拿过那封信,见上面写的收信之人乃是郑可心,落款却是自己的名讳,哈哈大笑,说道:"张大人,您的意思是要凭借这个信封定张某通匪之罪,是吗?"

张伯行冷笑道:"若是证据充足,不管什么人,本抚都不会轻饶!"

(五)那些人拔出兵器,瞬间掀倒几名衙役,顿时血洒公堂

张伯行的话语之中甚是凌厉,但张元隆却不动声色。

张元隆回身对一仆人吩咐道:"将我往日那些来往书信拿出,给张大人一看。"

仆人转身离去,片刻之后回到厅堂,手中拿着一摞书信。

张元隆接过之后,放在张伯行面前摊开,说道:"张大人请过目。这些俱是我平日里来往书信。您上眼仔细观看,跟您手中这封信进行对比,看哪里能够判断出来是我的字迹?"

张伯行随手拿起一封书信,看到下面落款与自己那封信的落款,笔迹果然不甚一样。

张伯行微微点头,说道:"张老板,希望你是一个守法的商人。"

张元隆道:"张大人放心,张某定不会做那些为富不仁之事。"

张伯行带领几人离开张元隆的府邸。路途之上,大黑道:"老爷,我一眼看过去,那张元隆就不是个好人,您为何不下令让我把他抓走?"

张伯行道:"大黑,不要着急。今日我们只是前往探听一下虚实。看他今日答语,定是料到我们会找他问话,故能够回答得滴水不漏。"

大黑道:"难道我们就让他逍遥法外不成?"

大仪笑道:"大黑哥哥,不要着急,老爷一定不会让张元隆逍遥法外。"

张伯行看着两人,又抬头仰望天空,一只鹰正在蓝天白云之间翱翔。

张伯行轻轻说道:"古人云:大道不孤。你且抬眼相看,'晴空一鹤排云上,便引诗情到碧霄'。我们且回去再做打算。"

回到巡抚衙门后,张伯行唤林水晗过来,先将去张元隆府中之事讲述一遍,而后对林水晗道:"张元隆狡猾无比,将诸多事情掩盖过去。只不过若真的是狐狸,尾巴终会露出。张元隆在福建各处生意甚多,本抚想着可以使用旁敲侧击的计策。我们从他在福建各处生意调查入手,想必能够找到一些证据。林师爷久居福建,对张元隆各处生意甚为了解,故此事着你去办。"

林水晗领命而去,将张元隆在福建各地的商铺搜集完整,居然有几十处之多。林水晗斟酌半天,最终决定从上杭县的一家商铺打开缺口。

只因上杭知县史圉与林水晗素来交好,应该更容易入手。

史载:史圉,归安人,由庶常出知上杭。绝苞苴,清讼狱,严缉盗贼,境内肃清。岁祲,捐俸泛籴江、广,以赈饥民。尤汲引士类,每月课试,躬自丹黄,邑文风为之一变。

林水晗领人前往上杭县找到史圉说明来意。史圉闻听是巡抚张大人的命令,又加上与林水晗私交甚好,故不敢怠慢,即刻命县尉带人以缉捕盗贼为名,前往张元隆的一处店铺搜查。

这县尉到达店铺之中,唬得老板魂飞魄散。他一面马上命人飞报张元隆,一面出门与县尉大人周旋。

县尉并不搭理老板,一到店铺之内就详加搜查。果然搜出一些违禁物品,更有一些之前与郑可心进行货物交割的手续便条。

县尉马上将这些货物与便条,连同店铺老板带到县衙。

史圉闻听大喜,即刻升堂审问。但那老板也是一个厉害角色,竟死活也不承认。

史圉命人先将老板收监。因天色已晚,便留林水晗在上杭县住下。

第二日一早,上杭县知县史圉再次升堂审问。

史圉刚将那老板提出,忽然之间从门外赶来衙役。那衙役慌慌张张跑到公堂跪下道:"报县太爷,大事不好。门外跑来一队人马,只说是奉上边命令,前来捉拿'宝成粮栈'的老板。"

史闿闻听大惊,疑惑地看着林水晗,林水晗也觉奇怪。

史闿对那衙役道:"请他们进来!"

不大一会儿,从外面走进十几人。史闿见为首之人顶盔掼甲,面目凶恶,竟是一位武官。

史闿急忙施礼道:"不知这位大人……"

那人横一眼史闿,说道:"我乃两江水师提督苏大人手下参将。听闻贵县'宝成粮栈'钱老板被抓获,故特来一问。"

史闿奇道:"这位大人,我们昨日方将那钱老板抓获,不知苏大人为何得知?且我们在上杭县抓人,又关两江水师何事?"

那参将厉声喝道:"这钱老板本是上海县人,且之前与两江沿海盗匪有染。我们本欲抓获他,却不想被史知县先期动手,故今日特来将钱老板提走。"

史闿听过之后,询问似的看看林水晗,林水晗轻轻摇头。

史闿道:"这钱老板与福建巨匪郑可心有染,交于两江,我恐不能向巡抚大人交代。"

那参将听过之后,一阵狂笑,说道:"小小知县竟胆敢用巡抚的名号吓我,爷爷可不是被吓大的。来人啊,将人与相关问卷全部带走。"

话音未落,早上来几人,不由分说便将那钱老板带走,案几之上的那些证据也一并被抢。

有几名衙役刚想上前拦阻,那些人拔出兵器,瞬间就搠倒几名衙役,顿时血洒公堂。

史闿直吓得体如筛糠,再也不敢多说一个字。

林水晗看到这种情景,上前一步道:"此地乃是张大人治下,敢问苏提督怎能越俎代庖呢?"

那人看着林水晗,高声道:"你是何人?如何敢质疑我们大人?"

林水晗道:"在下奉福建巡抚张大人之命,前来查访官匪勾结一案。"

那人上前一步,却听得"当啷啷"一声,那人拔出佩剑,明晃晃的宝剑指向林水晗,冷笑道:"不管你是谁,今日之事由我做主。若你再多说一个字,我手中宝剑只认得总督大人。至于你说的什么巡抚，我却不识。"

林水晗听到那人说道总督大人，心中不禁一凛，但却不动声色，也不再多言，退在一旁。

那名参将又逼着史圜将搜出的各种货物证据全部交出，而后带着这些物品并钱老板本人，扬长而去。

（六）我这剑只认得总督大人，却不识什么巡抚大人

林水晗回到巡抚衙门拜见张伯行，将自己在上杭县的遭遇详细讲述一番。

张伯行奇道："两江水师提督为何插手此事？又如何能够这么快知道消息？这件事必有阴谋！"

林水晗道："巡抚大人，我在跟那名参将理论之时，那人不经意里说出一句话，着实令人起疑。"

张伯行眉毛一挑，忙问林水晗："他说什么？"

林水晗道："当时那人用剑指着我，说过一句，'我这剑只认得总督大人，却不识什么巡抚大人'。"

张伯行眉头紧皱，对林水晗说道："也就是说这帮人并不是两江水师的人，极有可能是两江总督噶礼派过去的。"

林水晗微微点头。

张伯行的眉头皱得更紧。

张伯行皱着眉头在房间里来回踱步，最后对林水晗说道："林师爷，且先回去休息吧！"

林水晗退出。

张伯行一个人在房间里，端起茶杯，却又放下；拿起书本，看不到两行，也放回原处。

张伯行的心绪有些纷乱。

忽然之间，张伯行对门外喊道："来人！"

早从外面进来一名衙役，那人进来施礼道："大人，有何吩咐？"

张伯行道："将钟逵、大仪唤来！"

半个时辰之后，钟逵与大仪来到府衙。张伯行看着两人，将适才林水晗

的话语又重复一遍。

钟逵与大仪相互对视一眼,而后目光又都转向张伯行。大仪开口问道:"大人,准备如何处置此事?"

张伯行看着两人,却不曾开言。

钟逵说道:"大人,难道要与那噶礼撕破面皮,针锋相对不成?"

张伯行缓缓说道:"正是。从调查郑可心一案以来,种种迹象已经证明,噶礼在背后为张元隆、郑可心撑腰。若我们一味退让,必定会让这伙人肆无忌惮、变本加厉。也许,我们需要作出一些回应,方能让我们的调查走下去。"

大仪说道:"可是,那噶礼身为两江总督,若论品级比大人尚高,且深受皇上信任。若是此事处理不当,恐怕在皇上那边不好交代。到那时,大人的前程……"

大仪没有把话说完。

"志之所趋,无远弗届;穷山距海,不能限也。"张伯行抬头看着窗外,说道,"大仪,我知道你是担心我。但是此事若不进行回应,便永无结果。而且,若是为百姓、为正义,我这顶戴花翎不要,又能如何?"

张伯行说到最后几个字,语气之间甚为坚定。

钟逵沉吟一下,说道:"大人,此事是否再计议一番。若我们前往总督府要人,确是不太妥当。"

张伯行道:"我也知道贸然前往,确是不妥。但很多事情,也许只有用最简单的方式方能取得最好的效果。"

张伯行停顿片刻,说道:"也许此去,我们不能找到什么证据,但却可以敲山震虎。让那噶礼知道我们已经掌握他的很多罪证,或许会让他有所收敛,这样我们方能顺利完结此案。"

钟逵的神色之间依旧有些犹豫,但最终说道:"既然大人如此决定,那全凭大人做主。"

张伯行道:"你们二人去找大黑,明日我们前往两江总督府衙走一趟。"

两人离去。

次日,张伯行带着大黑、大仪、钟逵并几个随从早早收拾停当,离开福建巡抚衙门,直奔两江总督府。

再次来到江宁,张伯行看着这座熟悉的城市,感慨万端。

几人到达总督府,大仪上前递上拜帖。那人见是福建巡抚张伯行前来拜访,不敢怠慢,急忙进去通禀。

不一会儿,那看门人出来请张伯行进去。

张伯行刚刚走进府门,噶礼从里面迎出。噶礼上前一步,哈哈大笑道:"张大人,什么风把你吹过来了? 这多日不见,张大人风采依旧啊!"

张伯行施礼道:"见过总督大人。"

噶礼笑道:"张大人,何须多礼? 快快请进,快快请进。"

几人走进客厅。噶礼命人看茶。

忽然,张伯行注意到桌案之上,有一只茶杯晶莹剔透、华丽无比。他迅速回忆起来,在郑可心的海岛之上,见过一模一样的茶杯。

张伯行顺手拿起那只茶杯,回头对噶礼道:"总督大人,这个杯子我看着有点眼熟,似乎是西洋的玩意?"

噶礼道:"哦? 张大人也用过这样的杯子不成?"

张伯行道:"张伯行哪里有总督大人这样的福分? 前些时日,我在福建缉拿巨匪郑可心时,在那郑可心的海岛之上,见过这样的杯子。"

说完之后,张伯行偷眼看噶礼的表情。

噶礼的神色之间闪过一丝慌乱,但瞬间就恢复平静,哈哈笑道:"张大人,这杯子乃是我跟万岁爷征讨噶尔丹回来之后,贵妃娘娘赏给内人的。我看着做工精致,就从夫人那里拿来一用。"

张伯行轻轻"哦"了一声。

噶礼忙岔开话题道:"张大人此番前来,定是无事不登三宝殿啊!"

张伯行道:"正是如此。前些时日,福建境内发生一些案件,张伯行特来向总督大人请教。"

噶礼笑道:"难得张大人向我请教啊。有事只管讲来,我定会如实相告。"

张伯行闻听,便单刀直入,将前几日上杭县内那参将之事讲出,而后道:"总督大人,那参将口内说是奉两江水师提督之命前去,后又说出总督大人的名讳。张伯行想弄明白,总督大人可知道此事?"

噶礼听过之后,心中想到:幸亏我提前做好准备,不然今日恐被张伯行抓住把柄。

原来,那名参将回到江宁见过噶礼后,噶礼当即下令将所有文卷证物全部销毁,又让张元隆将钱老板带走。

昨日晚间方才将诸事处理妥当,不想今日张伯行就过来当面对质。

噶礼听过之后,勃然变色道:"张大人,你的意思是指我越境处理公务吗?我噶礼虽然无知,但这点常识还是知道。即使我越境办案,也肯定会事先通知张大人,让张大人得知后方能行事。更何况那参将咆哮公堂,血溅当场,我如何能够纵容手下人做这等无法无天的事情?"

"'法令行则国治,法令弛则国乱。'是不是总督大人差人前往,张伯行不敢断言。"张伯行微微笑道,"但是,既然那人口中说是奉两江水师提督的命令,张伯行以为,这事恐怕两江脱不了干系吧?敢问这个世上,谁有那么大的胆子,胆敢冒充总督大人的手下?"

噶礼怒道:"张大人,你这话的意思是认定我派人越境办案,并且令手下杀人抢劫证物不成?张大人若是血口喷人,那我只好向皇上奏本,请万岁爷来给我主持公道!"

(七)雪夜之中,刀锋依旧闪着逼人的寒光

张伯行看噶礼愤怒无比,也针锋相对道:"总督大人,我张伯行做事问心无愧。若是需要万岁爷来主持公道,张伯行愿意奉陪到底!"

噶礼厉声道:"既然如此,今日我尚有公务在身,恕不能陪张大人在此闲聊。他日我们金殿之上,面见皇上,再说不迟!"

说完,拂袖而去。

张伯行带着钟逵、大黑、大仪也甩袖而出。

回去的路上,几人半晌无语。

终于,还是大黑打破沉寂,说道:"大人,那噶礼嚣张至极。按我大黑的意思,直接搜查他的府邸,我就不信找不到他勾结郑可心的证据!"

钟逵说道:"大黑兄弟,事情哪有你想的那么简单?那噶礼可是堂堂二品大员,我们怎么可以说搜就搜他的府邸呢?"

张伯行点头称是。

钟逵看着张伯行又道:"大人,我们今日这事做得恐怕不是很好。"

大仪道:"钟兄此话怎讲?"

钟逯道："今日,我们大人可说跟噶礼算是撕破脸皮。依照噶礼独断专横的品行,恐不会善罢甘休。我想,回去以后我们大人恐怕危机重重。"

张伯行闻听此言,胸中陡然升起一股豪气,仰天长吟道："常苦沙崩损药栏,也从江槛落风湍。新松恨不高千尺,恶竹应须斩万竿。生理只凭黄阁老,衰颜欲付紫金丹。三年奔走空皮骨,信有人间行路难。"

吟完这几句诗,张伯行对几人道："我们且回去再议。"随即,打马扬鞭疾驰而去。

回到福州的那天晚上,天色有些阴沉,星月俱隐,四周寂静无声。先是一阵狂风,卷起落叶,肆无忌惮。风稍微小了一些,雨噼噼啪啪地接踵而来。风未停,雨未住,雪又不期而遇。据记载,福州下雪,还是前朝崇祯年间,当时天下大乱,盗贼蜂起。转眼间一个甲子过去,天下大定,四海安宁,政通人和,国泰民安,老天怎么会突然间又降大雪呢?

大雪之中,张伯行的房间内却依旧灯光摇曳。窗棂之上,映射出张伯行高大的身影。

房间之内,张伯行手不释卷,口内吟诵着《孟子滕文公下》中的名句："居天下之广居,立天下之正位,行天下之大道。得志,与民由之;不得志,独行其道。富贵不能淫,贫贱不能移,威武不能屈,此之谓大丈夫。"

忽然之间,房间外的屋檐之上一道黑影掠过。那道黑影用一招珍珠倒卷帘,双腿弯曲挂在房檐之上,头朝下观看房间内的情况。当看到只有张伯行一人,只见那人轻轻从后背抽出一把钢刀。雪夜之中,刀锋依旧闪着逼人的寒光。

那人纵身一跃,落在庭院之中。而后,破窗而入,手中钢刀直刺张伯行。

只听得房间内一声惨叫。

突然,从房间里同时跃出两人。其中一人正是大黑,另外一人则是适才行刺的刺客。

原来,白日里几人回到巡抚衙门,钟逯与大仪便叮嘱大黑,要带人保护好大人。

张伯行在房间里读书,大黑则在一直在屋内门口站立守卫。那黑衣刺客破窗而入的时候,大黑早听到动静。那人刚落在屋内,就被大黑的刀尖刺伤。幸亏那人身手不凡,大黑的刀尖刚刚刺至身上,那人顺势往后一躲。纵是如此,肩膀之上也有血迹渗出。

两人跳出房间,来到庭院空阔之处。大黑大吼一声:"哪里来的毛贼,拿命过来!"

不等说完,提刀用一招力劈华山剁向那人头顶。那人也不搭言,身形跳动,闪过大黑的钢刀,顺势用一招白蛇出洞,夜空中一道寒光闪过,钢刀直刺大黑心窝。大黑身形后仰,用一招铁板桥,身体平躺,躲过钢刀。只听夜空之中叮当乱响,两人战在一处。

两人你来我往,战上几十个回合,未分胜负。

大黑心内不禁有些焦躁,心想,这人好生厉害,肩头受我一刀,竟然还能够如此强悍。

那人心中其实更为慌乱。一则,自己已经带伤;二则,大黑刀法精湛,自己占不到丝毫的便宜;三则,拖得时间越长,若巡抚衙门其他人赶到,自己更不好逃脱。

高手交战,焉能容得丝毫分心。那人心中慌乱之时,被大黑抓到一个破绽。大黑瞬间使出一招声东击西,钢刀直刺。那人刚要闪躲,却不料钢刀只是一个虚式,大黑右腿弹出,只中那人心口。却听得那人又一声惨叫,"扑通"一声倒地。

大黑上前一步,举刀就砍。

那人顺势就地十八滚,向后滚动约有一丈的距离。大黑如影随形,纵身一跃到那人身边,钢刀指向脖项,厉声喝道:"别动!"

这时候,从外面拥入一群衙役。

大黑喝道:"绑下。"上前一步,将那人脸上黑布扯下。

张伯行也从屋中走出,定睛一看,此人面相有些眼熟。

"这人不是朱章吗?"大黑又道,"刚才我就觉得有些眼熟。我想起来了,上次在大街之上也是你行刺我家大人,是也不是?"

张伯行道:"朱章,我知你是一条汉子。但我们无甚仇怨,你到底受何人指派来行刺我?"

那人果是朱章。

上次拿过何枕五百两纹银,刺杀张伯行失败。昨日上午,张元隆又找到朱章,出纹银一千两,让朱章再次行刺张伯行。

朱章哼一声,说道:"拿人钱财,与人消灾,至于是何人指派,恕不能告知。朱章是江湖之人,江湖的规矩朱章定会遵守。我朱章学艺不精,今日被你们抓住,只求一死。"

张伯行知道问不出什么,便命人将朱章押入大牢。

朱章刺杀张伯行虽未成功,但是大黑、大仪、钟逵等人皆劝张伯行放弃张元隆一案。毕竟,郑可心已经被斩,福建沿海海盗基本肃清。张元隆只是一个唯利是图的商人,郑可心已死,张元隆也不会再有机会做违法乱纪之事。

但张伯行却以为,若是停止审查此案,只会让张元隆以及和张元隆一样的违法商人有恃无恐,从而酿成大患,危害百姓。故此,张伯行不顾危险,依旧进行各种调查。

几人无奈,钟逵、大仪只好叮嘱大黑严加防范,保护张伯行。屡次遇险之后,更加激起张伯行将此案调查到底的决心。张伯行以为,噶礼、张元隆等人如此猖狂,若不能将其绳之以法,自会有更多无辜之人受害。

十
难忘八闽

（一）一年之中,康熙帝两次赏赐张伯行三十束鹿干,十分罕见

人言落日是天涯,望极天涯不见家。
已恨碧山相阻隔,碧山还被暮云遮。

康熙四十八年九月,深秋的福州,榕树叶子依旧郁郁葱葱,从它们身上看不出时间的转换,仿佛春夏秋冬的转变与它们无关。什么风起云涌,什么日落而息,都无法阻碍它们枝繁叶茂,无法阻止它们无拘无束地郁郁葱葱。就像福建百姓,在巡抚张伯行治理下,一直感受着如沐春风般的温暖。

一晃,张伯行来福建已两年有余。这两年多,他抗旱祈雨,天降甘霖;购粮平稳粮价,赈灾救济百姓;建社仓储粮,防不时之需;加强治安,实行保甲;制定村规民约,教育感化百姓;上奏朝廷,为台湾府灾民减免赋税;破除迷信,劝导民众安葬久停灵枢;建鳌峰书院,育万千学子;拆瘟神庙,毁五神像;禁止买卖女孩,提倡赎女婚配;上奏增加中举额度,鼓励学子参加科考等等。一系列惠民举措,使百姓得以休养生息,安心发展经济。一时间,福建官场风清气正,上下政通人和,百姓安居乐业。

这天是重阳节,正是"每逢佳节倍思亲"之时,远离家乡的大黑不免也有思乡之苦。大黑没去登山,而是早早备下一斤仪封醇、四样菜蔬,今晚,老哥仨要好好喝上几杯。

酒席就摆在抚衙后花园的石桌上。三个人:张伯行、大黑、大仪;四盘菜:卤猪头肉、凉拌黄瓜、盐水煮毛豆、油炒花生仁;一壶酒:仪封醇;外加一灯笼、一石桌。明月当空,秋风习习,三人自斟自饮,好不痛快。

平日里，张伯行公务在身，饮酒有度，不敢放开。大仪虽能喝些，但与大黑比差得太远。大黑年轻时非常能喝，他一个人能喝一斤多高度烧酒，因此，还落下个"黑一斤"的绰号。如今上了些年纪，而且时刻还要操张伯行的心，也不敢再放开大喝。

桌上的酒是老家仪封老百姓最爱喝的"仪封醇"，大黑在家时常喝。因是红薯片酿的酒，比黄酒便宜，还劲大。大黑喜欢喝劲大的。在家时，大黑干完农活，常到村中杂货铺，往柜台上撂一文制钱。店主从酒坛中打出一提酒，倒在黑陶碗中。大黑二话不说，端起碗，一仰脖，整整一两，顷刻间倒入肚中。大黑用手背抹抹嘴，满心欢喜地回家而去。

大黑将张伯行、大仪面前三钱三的小酒杯满上，往自己面前的黑陶酒碗里足足倒上二两多。今天是重阳佳节，既然喝，就喝尽兴。

张伯行端起酒杯，满怀歉意地对大黑和大仪说："二位兄弟，这些年你们俩抛家舍业，跟着我走南闯北，很是辛苦，连逢年过节也不得回家。今日正逢重阳佳节，我敬二位兄弟一杯！"

大仪端着酒杯道："此话差矣。能跟着老爷是我们哥俩的福分，也是咱兄弟间的情意。这几年跟着老爷一路向南，先是去济宁，后又到江宁，如今又来福州。我们哥俩真是经一辈子没经过的事，看一辈子没看过的景，吃一辈子没吃过的饭。我觉得这辈子活得可值啦！"

大仪的话还没说完，大黑举着酒碗兴奋地抢着说道："若是没老爷，我怎么能看见皇上啊？"

的确，大黑见过皇上，而且，是三次。康熙四十四年，张伯行任山东济宁道时，康熙帝巡阅河工，二月，路经济宁，大黑见过一次。四月，圣驾回銮路经济宁，他又见两次，虽都是隔着百十丈远。正是因为远，才敢抬着头看，康熙帝的五官看不清楚，身形、阵势每次都看个真真切切。哪一次都把大黑高兴得几夜睡不着觉。

酒过三巡，菜过五味，不觉三人都有些微醉。三人越聊越兴奋，越喝越激动，仿佛又回到了童年。

大黑独自喝口酒，掩饰不住内心的高兴，笑道："跟老爷出来这几年，真是见了大世面。不但举过御赐的牌匾，捧过御扇，还闻过御赐的鹿肉干呢！"

大仪故做大惊小怪道："哈哈！好你这黑大个，贼不打三年自招。那可是御赐之物,我拿时都是屏住呼吸,轻拿轻放。他不但偷着闻,还闻得饱饱的,真没出息。老爷,你管不管啊?"

"哼哼! 你还好意思说我没出息。老爷,前天我亲眼看见,大仪放下鹿肉干后,添自己的指头呢!"大黑指着大仪笑道。

"不瞒二位兄弟,我接鹿干时,也悄悄闻了闻。"张伯行不好意思地笑道。

大黑与大仪异口同声道:"哈哈,老爷也闻啦!"

三人哈哈大笑起来。

皇上赏赐之物怎敢随便用、随便吃,那可是要设香案供奉的宝贝之物。康熙帝在木兰围场共猎获过数百只麋鹿。他不仅自己吃鹿肉,把鹿肉用于祭祀,还时常赏赐给大臣。康熙帝分别于康熙四十七年十月、康熙四十八年九月,两次各赏赐张伯行三十束鹿干。一年之中,康熙帝两次赏赐鹿干,有清一代,绝无仅有,可见他对张伯行的偏爱与器重。

(二)查办张元隆,张伯行十分谨慎也十分坚定

青海长云暗雪山,孤城遥望玉门关。

黄沙百战穿金甲,不破楼兰终不还。

这几日,张伯行一直在思索一件事,到该解决张元隆的时候了。张元隆的事不解决,就会给那些不法商人一个错误信号,让他们有恃无恐地继续操纵市场。长此下去,吃亏的还是百姓。尽管张伯行知道,张元隆有后台支持。

虽然,目前没有确凿证据表明噶礼与海盗沆瀣一气、狼狈为奸,但所有线索均指明张元隆与海盗有关系。

张伯行来福建上任之前曾去看望张鹏翮。那时,张鹏翮因修河毁田一事,刚被南巡的康熙帝削去太子太保,革去河道总督,留任效力。而当时张伯行正是春风得意。皇上钦点的巡抚在临行前不忘与他话别,让张鹏翮非常感动。

临别时,张鹏翮拉着张伯行的手嘱咐道:"孝先,福建地处东南,与京城隔数千里之遥,况且,战火才消不过二十几年。那里各种势力错综复杂,有些事连朝廷也鞭长莫及。孝先此去定要事事留心,步步为营,遇事睁一只眼、闭一

只眼,方可化险为夷。"

前些日子,已调任户部尚书的张鹏翮来信告诉张伯行,两江总督噶礼乃皇上幼时保姆之子,立过战功,是皇上的亲信。听说,他管家在福建很有势力。噶礼在山西巡抚任上闹出那么大的事,都没被追究,还升任户部左侍郎。他嘱咐张伯行最好不要招惹他们,以免惹上麻烦。

张伯行知道张鹏翮的提醒是出于好意,他也知道张元隆的弟弟张令涛曾担任噶礼的管家。但坑害百姓,触犯王法,不论是谁,他张伯行都不会坐视不管。

张元隆是不是噶礼的生意代理人,噶礼与海盗有没有直接联系,换句话说,海盗受不受噶礼指挥,张伯行目前还不敢确定。

张伯行听从鳌峰书院的堂长余甸的建议,先不把那张在海岛搜到的便签与噶礼联系起来,那样只会让处置张元隆更有阻力。对于查办张元隆,张伯行始终十分谨慎,但也十分坚定。

张元隆操纵物价、哄抬粮价的事好查。将宝成粮栈总号、分号查封,再将掌柜、账房、伙计等人一抓,搜出账本,很快就能审出个结果。但仅凭这些,很难治张元隆重罪。关键的关键,是海盗之事必须查清。

大黑手里有一条张元隆与海盗勾结的线索,是抚标兵士阿牛偶然所得。

此时,张元隆半躺在家中的逍遥椅上,丫鬟服侍着他喝着小酒,歌姬边弹琵琶边为他唱着小曲。张元隆没想到官兵能端掉郑可心的老巢,没想到张伯行行动这么迅速,没想到杨辅鼎这么卖力。庆幸的是,张令涛得以逃脱。留得青山在,不愁没柴烧。张元隆是经过大风大浪的人,还算看得开。虽损失些金银财宝,毕竟那是身外之物。只要人没事,黄白之物还能挣过来。

这时,何枕跌跌撞撞进到屋中,这一折腾把张元隆吓得不轻。何枕如惊弓之鸟般一进来就说:"大舅,这里不能再待了,咱们去苏州避一避吧。"

看外甥慌里慌张的样子,张元隆就来气。他坐起来斥责道:"慌什么慌,不成大事的东西。房子着火了吗?存不住一点气。走什么走,我哪儿也不去。"

"我听巡抚衙门里的人说,张伯行那老东西正查咱们哄抬物价。"说到这里,何枕看看丫鬟和歌姬,不耐烦地摆摆手说:"去去去。"

见丫鬟、歌姬出去,何枕才小声说:"大舅,咱们与老郑的事,张伯行似乎也闻到气味。"

"怕什么,让他们查呗。没真凭实据,谁能把我怎么样?即便查出囤积居奇,哄抬物价,大不了也就罚些银子的事。"说完,张元隆抿口酒,不慌不忙地又半躺下去。

何枕悄声说道:"可是,咱那张便签丢在岛上。"

听到这话,张元隆不由得又坐起。他沉思好半天,自言自语道:"不会那么巧就被姓张的搜到吧!"

张元隆又沉默片刻,突然豁然开朗笑道:"他们搜到更好,这样姓张的更不敢把我们怎么。哈哈!"

接着,他又轻声问何枕道:"去仪封的人派出了吗?"

何枕神秘地小声回道:"前天就已起程。"

张元隆嘱咐道:"吓唬吓唬就得了,莫将事情搞大。不然,闹出乱子,不好收拾。"

何枕笑着回道:"我就是按大舅这个意思安排的。"

"给你三舅的信送走了吗?"张元隆想起什么,问道。

"早几日就已送走,估计现在应该收到。"何枕掐着指头数了数。

张元隆"嗯"了一声,脸上露出一丝诡异的微笑,得意地半躺到逍遥椅上哼起小曲来。

大黑和钟逵陆续回来向张伯行禀告,张元隆私通海盗的事,一点线索都没有。从大牢那边也传来消息,被抓的那些海盗,没一个听说过张元隆、何枕,更别说认识。张伯行在书房里踱着步,陷入沉思。

(三)在请见书院读书的张师栻收到一把匕首

初冬的仪封,一场小雪让人感觉寒意十足。天寒地冻丝毫没妨碍请见书院学子读书的热忱,天刚蒙蒙亮,学子们已洗漱完毕,开始温书。

上课前,张师栻已经在宿舍背诵半个多时辰的《论语》和《孟子》。今天,先生上午教《论语》,下午讲《孟子》。他先将先生昨日教的课程温习一遍,又将今日要学的课程预习一下。张师栻认真读书的样子,总让人想起张伯行当年寒窗苦读的情景。

中午,张师杖排着队,在书院饭堂盛碗热乎乎的熬菜,还有一个高粱面做的窝窝头。张师杖发现自己碗中,除去白菜、粉条、豆腐,还有一大块猪肉,脸上显出惊喜的笑容。张师杖没舍得吃,而是将这块肉夹到王嘉宜的碗中。王嘉宜看着猪肉,咽了咽口水,也没舍得吃,又夹给谷智强。夹来夹去,这块肉最后来到冉永光碗中。

冉永光看着碗中的猪肉,点点头,慈祥地笑道:"孺子可教也!"

请见书院山长冉永光考虑到学生读书过于劳累,决定从学田中拿出专项经费,补充学子营养。不论贫富,一视同仁,让孩子们既长知识又长身体。

今冬的初雪要比往年来得早些,突如其来的一场瑞雪让人防不胜防。趁着午休的光景,张师杖赶回家换过冬的棉衣。

见儿子师杖回来,王夫人既意外又高兴。望着儿子因用功读书而消瘦的脸,她非常心疼,忙要为儿子做饭,被儿子拦住。他对母亲说:"母亲,午饭孩儿在书院已吃过,您将我的棉衣准备好,我还要赶回书院上课呢!"

之后,张师杖用征询的目光看着母亲,说道:"母亲,您能否多准备两套棉衣,王嘉宜、谷智强两家日子过得艰难,无棉衣可穿,他们冻得常到室外跑步。我想为他们每人各准备一套,不知可否?"

王夫人看着,听着,发自内心地笑出了声。她越看儿子越像自己的夫君。

张师杖向耿太夫人问过安,便拿着母亲为他准备的两个包裹,匆匆回到书院。两个鼓囊囊的包裹里,一个是母亲准备的棉衣,另一个是母亲特意准备的食物。王夫人知道,虽然儿子每次都会将食物分给同学们,但她依然感到幸福而满足。她觉得,书院里的学子,都和儿子一样,值得疼,值得爱。

张师杖高高兴兴回到学院时,下午的课将要开始。他赶紧跑回宿舍,放下包裹,准备上课。当他走进宿舍,被眼前的景象惊呆。桌子上扎着一把匕首,匕首上扎着一只鲜血直流的老鼠。旁边放着一封信,信封上歪歪扭扭写着"张师杖亲启"。他忙将包袱撂到自己的床铺,拆开信看。信纸上的字与信封一样歪歪扭扭:"难道你父亲想和老鼠一样下场吗?"

张师杖突然明白,这是一封恐吓信,其目的不言而喻。从老鼠痛苦挣扎的状况来看,像是刚刚扎死的。他忙跑到屋外,四下里没有人。

为了不引起大家的恐慌,张师杖将信收好后,又将现场清理干净。之后,就像什么都没有发生一样,回到教室上课。

晚上,张师栻回家将事情禀告母亲。干练的王夫人听儿子说完,只是淡淡一笑,轻描淡写地对儿子说道:"栻儿,这件事不用告诉你父亲。他有正事要办,不要让他分心。载儿还小,也先不要告诉他。我让你正保叔加强防范就是。"

张师栻斩钉截铁道:"母亲切莫着急上火。光天化日,朗朗乾坤,谅他们也干不出什么出格的事。有儿在家,您就放心吧!"

王夫人道:"读书人以学业为大,你还是在书院安心读书。有你正保叔他们在家,应该没事的。只是,你在书院要多加小心,没事就待在书院里,人少的地方一定不要去!"

张师栻道:"母亲只管放心,他们也就有拿老鼠撒气的胆。儿会照顾好自己,就让正保叔他们多费些心,您和奶奶、弟弟一定要多多保重。"

望着儿子,王夫人暗暗想,栻儿果真长大了,越来越有他父亲的胆识和谋略。

忙完公务,张伯行从书架上取出一本书,随意翻阅起来。这是《正谊堂丛书》里的一册文集,新近刊印的。治学虽说主要放在程朱理学上,但古文、诗词,乃至今人文章,张伯行都有所涉猎。初集的立德、立功、立言三部为已成,更可喜的是新得二十一家文,可刻为二集。

他一边看,一边做批注,完全沉浸在这难得的清静读书时刻。忽然,眼角余光瞥见案前地上有一封信。他猛地想起来,晌午时大仪交到他手上一封家书。但是当时正在埋头处理公文,心思跳脱不出,就随手放在一边。要不是无意间把这封信碰落在地,实难想起。

张伯行赶紧捡起来,打开书信来看。

"男师栻恭请父亲大人万福金安:阖家安好,祖母康健,父亲不必挂念。六月,黄河决兰阳雷家集、仪封洪邵湾及水驿张家庄各堤,现今堤坝修筑将已。吾家庄田秋种罢,经补种,年下见禾苗青碧齐整,颇为可观……"

看着书信,张伯行突然间想起岑参的《逢入京使》:"故园东望路漫漫,双袖龙钟泪不干。马上相逢无纸笔,凭君传语报平安。"不觉泪眼模糊。这封家书,字里行间透着的稚嫩显出儿子的认真劲儿,他所述及事情也必是老母亲和夫人百般嘱咐的。过年本是全家团圆、尽享天伦之乐的日子,而他几乎每一年都要成为这个家的缺憾。

唉！忠孝不能两全。想到这里，张伯行铺开纸张，决定写一封长信，以慰家人盼望，也聊表自己的念家之心。而今，不比从前，自己一年年老下来，身体也常有不适，家书中却不能多提这事，只能轻描淡写，报喜不报忧，以免耿太夫人日夜悬心。

这时，大仪忽然进来说："大人，忙完公事了吧？"

张伯行方才写完，还未抽出思绪来，下意识地皱皱眉，道："怎么啦？"

大仪笑道："趁天还未黑，我们去街市上走走，看看热闹景象可好？"

张伯行一拍脑袋，说道："倒是我忘记了，你们随意去哪里都好。我不拘着你们。"

大仪笑道："哎呀，一年到头，左右无事，你就出来散散心吧！"

张伯行听他如此说，不觉看向这个从小一起长大的伙伴、这个最忠实的好朋友，忽然心有所感，说道："好。就听老伙计的。"

忽听大黑在门外笑道："就是就是，走走路消消食，晚上好敞开吃喝。"

三位老伙计有说有笑地走出抚衙，如同三人儿时一起去逛庙会一样。

（四）我想除尽天下贪官污吏，让百姓免受欺凌

春节临近，只见街市旗幌招摇，彩灯辉煌，人头攒动，爆竹声声，一派祥和喜庆的气氛。三人逛过好几条街，一路上无论是店铺还是小摊，个个生意兴隆。

临近傍晚，三人在一生意冷清的摊位前停下脚步。这小摊卖的是福州特色糕点，摊主是个白净的后生，读书人打扮。后生坐在摊内，头低着，心思好像并不在买卖上。

似乎感觉到来主顾，年轻人抬起头道："客人请自便，选好之后招呼在下。"只此一句，便又低下头。

张伯行笑笑。

大黑心想，小子，生意有你这样做的吗？怪不得没有买主。

大仪看所售糕点还算精致，想着备些给老爷路上吃，便选些饼、干果之类，估摸着得五六十文。他让后生包上，便问价，好付账。

谁知，后生看看他们三人，然后眼睛一翻，边起身包糕点，边说："十文也

可,一百文也可,不给也可。"起身同时顺手将一本《论语》放在摊上。

原来他是在低头看书,张伯行心中暗想。

大仪不解地问:"小哥,这是什么道理?"

后生道:"道理就是没有道理,无非看你们就是衙门之人。遇到你们,稳赔不赚,你们不白拿去就是在下的造化。"

张伯行暗想,不愧是读书人,果然好眼力,我三人便装出行,他就能看出我们是公人。

大黑嫉恶如仇气愤地问:"竟然还有白拿勒索商贩物品的公人?你可知是哪个衙门?"

后生看站在大黑身旁的张伯行器宇轩昂,一脸正气,不由得上下打量一番,才回大黑道:"说也无益,徒然招惹是非。"

大黑激将道:"我看,你是不敢说吧?"

后生脸一红,把到嘴边的话咽下去,说:"我即便说过,又能怎样?大叔你能打抱不平?"

张伯行见他满腹怨气,定有冤情,和气地笑道:"哈哈!'今日把示君,谁有不平事?'你这大叔还真喜欢管个不平事。小哥,不妨说来让这位大叔听听,看他敢管不敢管。"

年轻人突然情绪激动地冒出一句:"我想……我想除尽天下贪官污吏,让百姓免受欺凌。"

他这一句话,惹得附近人都把目光投过来。张伯行心中一动,既高兴又惭愧。高兴的是后生可畏,心怀天下;惭愧的是自己巡抚一省,两年来,虽殚精竭虑,百般筹措,也未能使福建吏治真正清明,让百姓家家安宁。

大黑道:"好,有志气!你可要用心读书,考取功名,将来报效朝廷,为万民谋福。"

后生情绪平静下来,叹声说道:"唉!三位官人一看就是好人,你们不要多问,学生怕连累三位。"说完,坐下来继续埋头看书。

任凭张伯行等三人怎么问,后生再也不言语。事已如此,张伯行示意大仪多付些制钱后,三人便转身离去。他交代大仪把事情的来龙去脉查清楚。卸任前,一定要将败坏纲纪之人绳之以法。

三人刚离开,后生摊位前就来几个锦衣玉带的汉子,神气十足,摇头晃脑。

其中一个龅牙汉子说道："说大话不怕闪舌头啊！你小子，成日说些反叛的话，小心衙门来人把你捆了！"

他说话的同时，几个人在后生摊位前拨弄那些待售的糕点。

年轻人立即拿起手边竹制长勺，向那些混混跋扈的手上挥动道："脏手躲开。"

龅牙说道："吴老爷家里要待客，还缺几斤干果。姓许的，你就乖乖地孝敬吧。"

龅牙说完，便和随行之人猖狂地大笑起来。

龅牙一摆手，几个无赖纷纷把摊位上的果品收拢，就往自己怀里揣。眨眼之间，摊位上就空大半，剩下的东西也被弄得狼藉一片，不像是摆出来卖给顾客的，倒像是丢在那里的垃圾。

拿上东西，这些人便吆喝着要走。那年轻人满面怒气，赶上来拦住道："你们！付过钱再走！"

龅牙一甩袖子，咧嘴恶笑道："什么钱不钱的，刚才大爷我不是说过嘛，这算你孝敬吴老爷的。"

张伯行本已走开，听见身后喧闹，回头望见阵势不对，便悄声对大仪说："你快回去，把当值的衙役叫几个来。"

之后，张伯行和大黑又走回来。眼见这些无赖野蛮霸道，心中叹道，这真是秀才遇到兵，不！是遇到贼。面对武蛮之流，读书人即便满胸豪情，也难以招架呀。

眼见这些人模狗样的汉子做出这样没脸没皮的勾当，大黑气不打一处来，恨不能一顿猛拳好好治治这帮无赖。不等张伯行发话，他先上前张开两手，把这些人往后拦挡。

"你们这些人，懂不懂买卖规矩？拿人家卖的东西，却不给钱，混账至极。快掏钱来！小哥，他们拿的东西要价多少？"

后生又气又急道："这些糕点，单本钱也得一吊多制钱。"

大黑对龅牙怒道："不拿两吊制钱，你们休想走！"

这群汉子先是吃惊，后见大黑只是一人，而且还年过半百。旁边虽然还有一个同伴，但也是半老之人，根本不是他们一伙人的对手。于是，他们如豺狼一般围住大黑，一边骂一边就要动起拳脚。

张伯行面沉似铁，赶忙呵斥道："住手！光天化日之下，抢东西不算，还敢动手打人，真是无法无天！"

这声喊，却镇住在场的人。龅牙吃惊地打量张伯行一番，见张伯行穿着常服，应是平常士绅。虽然器宇不凡，但当街之上，面子可不想输上分毫。

大黑见龅牙走向张伯行，大声叫道："你有本事，就冲我来！"

"哦，原来这是你的主人。"龅牙皮笑肉不笑，"老爷我今天就要给他松松筋骨，兄弟们给我打！"

龅牙一招呼，五六个汉子便向张伯行扑去。大黑怒吼一声，一跃就到张伯行的面前，将他紧紧护在身后，随时准备和这帮无赖厮打。

此刻，很多路人围拢上来观看。那龅牙站在一边得意地冷笑，口里下令："兄弟们，给我往死里打！"

后生见场面无法收拾，纵然手无缚鸡之力，也按捺不住满心愤怒，拿起竹扁担，往这帮人身上胡乱拍打。扁担很快被对手夺在手里，后生死活就不放手，任一些拳脚猛烈落在他身上，也不松手。

大仪心急火燎地往抚衙赶，心想，这个时间衙门恐怕没有几人值守。也罢，大不了连门子也叫过来，这时候正是用人之际。没想到事有凑巧，半路还真遇见正要去抚衙的抚标营参将温友安。

大仪一见，喜从天降，简单说明缘由。温友安一听心急火燎，和两个随行兵丁向张伯行那里跑去。等到他们赶到时，街上已经乱成一锅粥。

"巡抚大人在此，不得无礼！"温友安大喝一声，亮出佩刀。众无赖正打得兴起，头脑发热，忽然听见这一句断喝，胆气立即丢上几分，都乖乖地住手，呆立当场。两个抚兵拿出随身绳索，手脚麻利地将他们绑缚起来。

龅牙见事不好，还没忘"走为上计"。可他刚悄悄挪出去几步远，就被大黑扭住双臂。大黑带他来到张伯行面前，张伯行问道："你们如此猖狂，是倚仗谁的势力？"

龅牙瑟瑟发抖，畏怯谄笑道："我家老爷名讳吴正庆，乃京城海善贝勒的表兄，抚台应当认识。小人有眼不识荆山玉，冲撞大人。您大人有大量，嘿嘿，当小人是个屁，就把小人给放了吧！"

张伯行寻思，海善是已薨恭亲王的儿子，恭亲王乃当今皇上手足，顺治皇帝第五子，怎么会和福建这姓吴的士绅有亲族关系？此前他也曾听说过这个吴正庆,自诩皇亲国戚,却从没见过面。

见张伯行面有疑色,龅牙解释道:"我们老爷的姑母,是先恭亲王的侧室,海善贝勒的庶母。"

张伯行道:"如此,吴正庆更该谨慎为人。如此放纵你们这些下人祸害街坊百姓,不是给恭亲王府惹祸吗?"

"抚台老爷,是小人们糊涂,下次再不敢,再不敢了……"龅牙边说,边磕头如捣蒜。

张伯行不想和这些无赖多费唇舌,便嘱咐温友安道:"温将军,将他们押送到县衙,就说我的话,按律处治,侯官知县需将结果向我呈报。"说完,看向那一脸惊异表情的后生道:"大仪,你陪同这小哥,也去吧。"

"是,老爷。"大仪应道。

这一场风波平定,惹得围观的人拍手叫好。百姓们纷纷叫喊:"感谢张大人为民做主!""这帮人终于得治了!"

张伯行在人群中回望那摆摊的后生,只见他并不管凌乱的果品,只是匆忙把方才看的书收拾起来。张伯行不禁想起自己年少时专心苦读的经历,又想起自己的两个儿子,想必也常这样用心读书,不管遇到什么苦恼的事,一旦面对圣贤之言就浑然忘我,把读书看得比什么都重要。

天空阴沉沉的,起了一丝稍带些寒意的风。张伯行的心情很快又恢复到平静的状态。光阴如白驹过隙,自己入仕已近中年。多年来,南北东西奔波,苦乐都相宜,眼下这又一春,自己已是花甲之年矣!

(五)李光地、张玉书都想把张伯行留任在自己家乡

> 君自故乡来,应知故乡事。
> 来日绮窗前,寒梅著花未?

康熙四十八年十一月,闽浙总督梁鼐丁母忧,康熙帝命张伯行署理闽浙总督事务。因急于熟悉事务,查办张元隆的事情,张伯行只得暂时先放一放。

闽浙总督衙门也在福州城里,与福建巡抚衙门仅一箭之遥。腊月初,张伯行搬到督衙已经数日。时光如梭,不知不觉,他来福建已两年有余。年关

将近,总不能让大家都跟着自己在福建过年吧。他让大黑安排大家回仪封老家,欢度春节。

这一日,张伯行正在督衙的书房翻阅新任台厦道陈瑸呈报的公文。守门衙役慌不择路地一路小跑,磕头就报:"大人,圣旨到!"

大仪很是惊讶,一月之内皇上给老爷下两道圣旨,张家祖坟真是冒青烟了!

原来,噶礼弹劾江苏布政使宜思恭亏空库银三十四万两。下属革职,江苏巡抚于准难辞其咎,也一同被解任。江苏巡抚空缺,成为康熙帝关注之重点。此省极其富庶,不委以能臣廉者恐难胜任,康熙帝便想到张伯行。于是,腊月十六,康熙帝钦命张伯行调任江苏巡抚。

随圣旨一起来的还有御赐的五斗榛子。接过圣旨,张伯行很是平静。大仪说,老爷这叫"不以物喜,不以己悲",乃真丈夫也!大黑说,他不懂什么真丈夫假丈夫,他只知道,老爷当官不贪不占,其实在哪儿都一样,都是为朝廷效力、为百姓办事。钟逶向大黑竖起大拇指。

噶礼弹劾江苏布政使贪婪无度,还牵连到巡抚一同被解职,这让康熙帝对江苏的事情忧思不已。江南不但经济繁荣,还是全国的大粮仓。自古道,"苏湖熟,天下足"。而近几年,江苏不是涝,就是旱,造成粮食减产,令康熙帝感到担忧。这么重要的省份交于张伯行,康熙帝不但经过深思熟虑,还广泛征求朝中重臣的意见。

这一日早朝,康熙帝问张玉书和李光地:"自古江南富庶,近年来却是天灾不断,百姓饥馑。前次江苏亏空案,巡抚和布政使如今都在空缺。家有千口,主事一人。无人主事,江苏官员、百姓必定惴惴不安。朕寻思,张伯行为官清正,且有主见,必能为朕看好江苏。朕欲将他从福建换下,转任巡抚江苏。二位爱卿意下如何?"

李光地乃福建泉州府安溪人氏,对家乡之事自然了如指掌。要将张伯行从福建调走,那哪行呢!遂抢先奏道:"据微臣所知,张孝先居官清正,江南重地交于孝先也无不妥。只是,福建在张孝先的治理下刚有起色,政通人和,人心向好,官场风清气正,百姓安居乐业,正是蒸蒸日上、爬坡过坎之际。此时若调任他处,恐继任者改弦更张,另行他法。依微臣之见,让张孝先留任一两年,再考虑移职之事,更为妥当。微臣斗胆,望皇上三思!"

张玉书是江苏镇江府丹徒人氏，一听李光地极力让张伯行留任，忙跪奏道：“这几年江南灾害频发，百姓日子格外艰难，民间不免有抱怨之声。依微臣拙见，此时派员主政江苏，一是应选派清廉有为之臣，二是此人要对江苏熟知。张孝先向来有清廉之名，又在江苏任过按察使，而且微臣听闻，他在江苏时，办事顺民心，合民意，威信极高，声望颇佳。皇上圣明，此时派他去往江苏，既是众人所愿，又是百姓之福，乃众望所归。微臣以为，此时治理江苏，非此人不可！”

“二位爱卿不必相争，朕谋划的是天下大局。李爱卿放心，朕自然会挑选一清正之能臣治理福建。河南布政使许嗣兴素有政声，朕欲让他去福建接替张孝先。”康熙帝站起身来，一边踱步一边语速极缓地说道，“此人踏实干练，在四川、陕西任上，关心地方利弊、民生休戚，实心经营。朕看好他。”

一听是许嗣兴，李光地眉头微微一皱。看康熙帝意已决，李光地也不敢多语。

　　史载：许嗣兴，字衍公，汉军镶蓝旗人，籍贯奉天开原，荫生。康熙十一年，知山西蒲州操守，官任州牧。后任广东按察使、河南等处承宣布政使司布政使。康熙四十八年任福建巡抚。

听闻康熙帝此言，张玉书大喜，年迈的他跪倒在地，向康熙帝叩头道：“谢主隆恩，真乃百姓之福分也！微臣代江苏百姓给皇上叩头。”

李光地是福建人，而张玉书是江苏人，真个是“位置决定脑袋”。谁不想自己家乡由贤德能干之人治理，让家乡百业兴旺啊！康熙帝之所以问他们，正如那句诗所言“君从故乡来，应知故乡事”。

康熙帝即命张玉书拟旨，然后向近侍太监说道：“将昨天送来的榛子赐给张伯行。”

虽是腊月，闽地天气温和，草木依然葱茏。福建巡抚衙署内，闻听有赍诏官到来，张伯行吃惊之余，急忙整理衣冠，直奔大堂门口。

　　奉天承运，皇帝诏曰：福建巡抚张伯行恪尽职守，廉洁清正，深得民心。着调任江苏巡抚，赐榛子五斗。张伯行速完成交割事宜，即日上任。

钦此！

梁公公赶到福州向张伯行宣旨，张伯行领旨谢恩之后，梁公公拉着张伯行的手笑道："久闻张大人雅名，今日一见，所传不虚。"

张伯行口致谦辞。梁公公又道："那日圣上晓谕两位大学士，想调你为江苏巡抚。一位大学士说，张伯行在福建深得民心，离他不行；另一位大学士说，这几年江南屡遭灾难，非张伯行不可。你猜圣上怎么说，还是圣上圣明啊！圣上说，二位不必争论，朕为天下计，当然会慎选良才到福建去。张伯行清正刚直，正是江苏官员所急需，理应畀以重任。这件事就这么定吧！"

张伯行再次跪拜谢恩，梁公公忙拉张伯行起身道："圣上如此信任。张大人可不能让圣上失望哦！"

在场吏员听闻张大人迁任江苏巡抚，虽是好事，却不免有些怅然。

张伯行接收随诏送来的五斗榛子，再次叩谢御赐。他嘱咐大仪等人安排好千里赶来的赍诏官歇宿饮食，大仪听命而去。

江苏对于张伯行来讲，乃是故地。自从他任过江苏按察使之后，每遇邸报上有江苏的事情，他都会有意无意地看上几眼。因此，他知道如今江苏百姓的日子也不好过。

张伯行心中思量，江苏巡抚的担子本就不轻，何况又是这个节骨眼，我定不能辜负皇上信任。可是，如何解百姓于水火呢？

这时，大黑将榛子抬到门边，对张伯行笑道："大人，上次赏的是鹿肉干，这次是榛子，皇上的赏赐还真是合咱的胃口。"

张伯行也笑道："皇上自然不会赏我金银玩物。也罢，留下一斗，其余给衙署各员都分些。"虽然面上带笑，心里头却一时涌上许多牵挂，沉甸甸的。张伯行在福建任上两年多，所经所办的事多是关照民生，使百姓有粮吃有屋住，不至于背井离乡讨生活。闽人地处偏僻，多陋俗，尤其轻视女儿，穷人家多有卖女者，张伯行力破这种风气。如今他若离任，不知后来者能不能把他立下的条令坚持下来。

腊月的日子过得很快，一进腊月，家家户户便着手为过年做着准备。很快就是除夕，衙门放假，吏员多半回家，衙门里冷冷清清的，只剩下张伯行和大黑、大仪几个人。不知道这是多少个在外过的年，总之，除却照旧思乡想家,也多少有些习惯。大仪书写春联,大黑张罗着贴。两三个年轻些的差役,洒扫庭院,厨房里也难得地飘出炖肉的香味。

年夜饭,也并非依照福州本地风味。游宦多年,张伯行还是仪封老家口味,餐饭不求精致、丰盛,但求踏实、饱腹。仪封过年的风俗,蒸馍、炖肉、烩菜、炸果子盛到大碗大盘里,趁着热乎劲儿呼噜噜扒进肚子里。两碗过后,让人浑身酥软的暖意就袭上来。和家人再闲扯几句,心情一高兴,简直有种微醺的飘飘然。

（六）福建百姓盛情挽留张伯行永远在福建当抚台

福州的冬天虽算不上温暖如春,却也温凉适中,许多花卉仍在开放,让张伯行不止一次怀疑是否身处冬季。他此前在江宁时,冬天也是多雨少雪。天气虽不寒冷,却也少了些冬天该有的意趣。张伯行又一次思念起远在中原的仪封故土,思念起漫漫黄沙的黄河故道。在他的记忆里,每年深秋,风忽然变得凌厉刺骨的时候,就要下雪。过年前后,纷纷扬扬的大雪凑热闹似的落在广袤平坦的田野,喜得家乡父老无不赞叹瑞雪兆丰年。即使并没有多少好吃好穿的,年也过得欢欢喜喜。

夜阑人静,万籁俱寂。

红漆剥落的案几上摆着一斗榛子,黑斗黄榛,粒粒饱满,熠熠地闪着油光,堆成了圆锥形,前面放着一本厚厚的《近思录》。后面两支红烛分列左右,中间小香炉里燃着三根细香,烟气袅袅,香味盈室。

张伯行三叩九拜之后,长跪于香案之前,默誓于胸:"臣张伯行谢主隆恩!臣从偏远之地来到繁华都会,不敢窃喜,深怀戒惧,如履薄冰;虽才力卑微,亦不敢妄自菲薄。为巡行江苏,抚军安民,当鞠躬尽瘁,恪尽职守;清正为官,率先垂范;不阿谀奉承,不欺瞒朝廷;不贪不占,不畏豪强;敬理修心,尊崇躬行……"

康熙帝命张伯行即刻赴任。这几日,大仪与大黑一直忙着启程前的准备。

大仪搬个小樟木箱来到书房。刚一进门,他就看见大黑毛手毛脚地在整理张伯行的书稿,忙上前阻止道:"咦!你慢点,慢点,别乱动,交给我你就别管。这是老爷多年的心血,你粗手粗脚弄乱可麻烦了。"

大黑不服气道："就你细心。我知道这是老爷三更灯火五更鸡好不容易写的,当然会小心翼翼呀!"

大仪没理他,低着头查看着书稿。他自言自语道:"《道统录》《立德部文集》《濂洛关闽书集解》《立功部文集》《立言部文集》《气节部文集》《道南源委》,咦!怎么少一本啊?《名儒粹语部》的书稿呢?大黑,你给弄哪儿啦?"大仪翻找半天没找到,责怪大黑道。

大黑努努嘴,说道:"这不在那儿嘛。昨天你将它和刻好的《伊洛渊录》《思辨录》放在一起了,还问我。"

大仪忙郑重其事地将《名儒粹语部》和那些未来得及刻印的书稿,放到小樟木箱中。

张伯行不愧是学者型官员,在福建的这些时日,处理政务之外,还见缝插针,写出好几本著作。

大黑与大仪正在书房整理书稿之时,守门衙差官大老尹一掀帘走进来。

见到他二人,大老尹笑道:"小的正寻思去哪儿找二位爷呢,这不,循着声音就能找到。"

大仪笑道:"主要是咱们黑爷嗓门大。尹爷找我们何事呀?"

"大门外又聚集很多百姓。听说张抚台要走,大家不同意,非要见张抚台不可。我们几个怎么劝都不行,这不,大家又到了衙门口。麻烦你们二位出马,跟大家说一下吧!"大老尹笑着说明原委。

听说张伯行离任,这几天,衙门前常有百姓相聚。有的是请愿让其留任,有的是不舍前来相别;有的是送万民伞,有的是给百家衣。大老尹实在劝不走,就将大黑、大仪他俩请出,做百姓的工作。

大黑叹气道:"唉!离开济宁时是这样,离开江宁时是这样,离开福州时还是这样。咱老爷心里老想着百姓,百姓心里就装着他,谁会舍得让一心为百姓办事的好官离开啊!走,大仪,咱们去门口瞅瞅。"

三人还未走到督衙大门,远远就听见门外喧哗不止。大门外,人声鼎沸,密密麻麻。见有人出来,大家都围了过来,你一言,我一语,听不出个究竟。

大黑性子急,先开口道:"哈哈!各位乡亲,我俩是张抚台的长随。"他边说边指指大仪:"大家先静静,有话慢慢说。我家老爷公务繁忙,大家有什么事情,可以告诉我俩,我们一定转达给老爷。"

大黑一开口,大家立马就安静下来。站在最前面的一位老者说道:"请问两位老爷,抚台要调往江苏,可有此事?"

大黑笑着说道:"老哥,我俩可不是什么老爷。我叫大黑,他叫大仪,你叫我大黑兄弟,叫他大仪兄弟就中。老爷调往江苏,确有此事。圣旨已到,皇上调老爷任江苏巡抚,钦命即刻赴任。这不,我们正在里边打点行装,听说大家过来,就出门相见。"

"自从张抚台到任福建,为我们百姓做过很多好事、实事。一件件,一桩桩,让我们饱受恩惠,感念不已。大伙实在是舍不得张抚台,不想让张青天走。大黑兄弟,张抚台在哪儿当抚台不都一样啊?你给张抚台说说,就说福建百姓不让他走,想让他留下来,永远当我们的抚台!"老者说着流下泪来。

"我们想让张大人永远在福建当抚台!"人群中不知谁喊一句,众人异口同声附和道。

"老哥,众位乡亲,常言道,'官差不自由'。老爷当的是官差,就得听命。皇上让去哪儿,就得去哪儿,不是咱自己说了算的。"见老者落泪,大仪和大黑的眼睛也都湿润。

"大家都请回吧,我俩一定把各位乡亲的好意带给老爷。谢谢大家!"大仪眼里噙着泪劝说道。

大家看实在见不到张伯行,争着要将鸡蛋、腊肉、酒、鸡、鸭、鞋、帽……交由大黑他们转达。

大黑一看,好家伙,东西五花八门,竟然还有雕花的床,让人哭笑不得。

所有的物品都被大黑、大仪一一谢绝。

"善为国者,遇民如父母之爱子,兄之爱弟,面其饥寒为之哀,见其劳苦为之悲。"

大黑、大仪看到,那天傍晚摆摊设点卖糕点的书生从人群中挤到最前面,先施一礼,说道:"两位老爷,自古官爱民,民才会拥官。张抚台来福建这几年的所作所为,印证出什么是'天下第一清官'。听说张抚台要走,学生没什么好送,书写这副对子,望两位老爷一定转交张抚台。"

说着,书生请旁边的人帮忙将对联展开。先展示给大黑他们看,又转向众百姓。他边展示边念道:"一心为民,试问古今官场有几人;两袖清风,且看福建巡抚念万家。"

百姓纷纷赞道:"好一个'福建巡抚念万家'。不愧是读书人,言简意赅,说出我们想说的话。"

大仪看着这副对联,不但对得工整,字也写得秀气,文人气息浓郁,让人喜欢。

大仪诚恳地说道:"小兄弟,对联的内容我一定转告老爷,至于这对联,我真不敢收。老爷明确告诫我们,不准收一粒米、一文钱。若是老爷怪罪下来,我担当不起啊!"

老者说:"这位小兄弟一片赤诚,说出福建百姓的心声,况且这副对联又未装裱,不过两张纸而已。常言道,'文人之交一张纸',大仪老爷,你就转交张抚台吧!"

"我只听说过'君子之交淡如水',还第一次听说'文人之交一张纸'呢!"话到如此,大仪不好再拒绝,只得双手接过道,"中,我这回就破例交给老爷。"

众人欢呼雀跃,笑声一片。

(七)张伯行看着这千里闽江,喃喃低语道:"我也想我的母亲了!"

圣旨到的当天,张元隆就知道张伯行调往江苏的消息,他又喜又惊。喜的是张伯行终于离开闽地,惊的是冤家路窄。江苏巡抚的治所在苏州,而他的资产大部分也在那里。张元隆之前给三弟张令涛写信,让他找噶礼想办法把张伯行调离福建。让张元隆没想到的是,张伯行调是调走了,却调到了江苏;更让张元隆没有想到的是,张伯行离开福建不久,噶礼便借刀杀人,让他不明不白地死于家中。

同样意料不到的还有噶礼。张伯行当江苏按察使时噶礼对他都不感冒,谁知道转来转去,又转到一块儿,真是世事难料。他听说,张伯行端掉郑可心的老巢,要命的是老巢里留下一张便签,落没落到张伯行的手中,一直得不到确凿消息。

噶礼不怕皇上知道他与海盗有联系,他怕那些想扳倒他的人利用这件事,参他私养武装、图谋不轨,这可是弥天大罪。谁都知他和废太子关系密切,到那时,真的有口也说不清。那帮挨千刀的整天盯着他,时刻想置他于死地。山西那事要不是皇上念在额娘的面子,他一定会被那帮人给弹劾进去。怕什么来什么,才搞倒于准、宜思恭,又来个张伯行,这可是比于准、宜思恭加起来还难对付的主儿。况且,张伯行手中极有可能握有他的把柄。倘若张伯行以此作为要挟,不堪设想。两江总督与江苏巡抚的官邸不在一城,他又不好制约张伯行,愁得他一夜都没睡好觉。

康熙四十九年(1710年)的新年,张伯行是在福建巡抚衙门度过的。张伯行的门前与别的官员不同,他和往年一样,关起大门概不见客,也不去拜访旁人。因此,给张伯行当守门的衙役,越到逢年过节越清闲。

大年初一这天,抚衙大门紧闭。当值的阿彪、福生坐在门房里边喝工夫茶,边聊天。

"福生兄弟,喝一杯吧!张抚台这一走,逢年过节咱们又不得清闲。"阿彪将二人杯中的茶添满道。

"这个官说自己清廉,那个官说自己清廉,当官的清廉不清廉,咱看大门的最清楚。"福生拍拍胸脯自豪地说道。

"那是,不管是抬入,还是抬出,都得走大门不是?自从张抚台入住抚衙,我既没见过他收过礼,也没见过他送过礼。"阿彪一副不可思议的表情。

福生摇摇头道:"那是,呵呵!自打张抚台一来,咱们的荷包也干瘪许多。"

"唉!是呀,这两年多就没敢收过门子钱,穷得我连喝酒的闲钱都没有呀!"阿彪叹口气道。

"还不因为张抚台明令禁止。"福生一脸的不甘。

阿彪挺挺腰板,说道:"跟这样的青天大老爷,我觉得腰板都是直的,说话也有底气。"

"虽然少挣外快,我还是挺敬佩张抚台的。唉!没想到他这么快就调走了。"二人不由得黯然神伤。

新年刚过,张伯行就去江苏赴任。福州百姓得知这个消息之后,自发地来为他送行。他们每家门前都放着一盆清水和一面明镜,说张伯行清如水明如镜,表示对其清廉无私的肯定。

正月之中,年味尚浓。福州钟鼓楼前,万人集结,人声如沸。城北的豪绅贵族都汇聚于此,城南的平民百姓也闻讯而来。士农工商,男女老幼,三坊七巷,三教九流,得到消息的福州人都赶过来为张伯行送行。走的这天一大早,抚衙大门前被围得水泄不通,不少人伸着脖子往抚衙内张望。

张伯行不忍离别,一行人从抚衙后门悄悄走了,还没走到大街,就被百姓察觉。于是,大家成群结队堵在街上,苦苦挽留。大仪和大黑见此情景,心中暗暗叫苦,同时也为老爷感到欣慰。二人上前劝说,百姓不为所动。

福建各级官员、捕快差役都懂得皇命难违的道理,脸上虽有不舍之情,口中尚无挽留之语,但四周万头攒动的百姓就有所不同。他们手里捧着米肉果蔬、酒茶糕点,脸上淌满泪水,口中一声声一句句哀求,一个个悲痛不已。他们都希望"张老爷""张大人""张抚台"能留下来,不要离开他们。张伯行一走,他们觉得主心骨就没有了,天要塌,地要陷,茫茫然,惶惶然,都不知道该怎么活。

百姓们纷纷说道:"好不容易来个青天大老爷,让我们过上好日子,今天一旦调走,以后我们指望谁去?"

"是啊,大人不能走,不要走啊!"

"我们舍不得张青天走呀!"

"求张大人为我福建百姓留下来……"

"我们早已商量好,要向万岁爷上万民折,留任张抚台!"

张伯行在车内听到,心头一热,忙撩起帘子走下马车,并嘱咐抚兵不要驱赶百姓。

而后,他环顾众人,拱手道:"各位乡亲,各位父老!皇上规定的时日已迫在眉睫,张某人也不舍福建百姓。新任巡抚许嗣兴也是个实心办事的好官,一定能兴利除弊,使乡亲们继续安居乐业。感谢乡亲们一片至诚之心,张某人铭记终生!"

百姓们仍然不依,堵着路不肯放行。最终还是在抚兵的疏导下,大家才让出一条路来。前边是滚滚的车轮声,后边是杂沓的脚步声和呼喊声。马车出城门近十里,路边仍有扶老携幼的百姓为张伯行送行。

突然,又呼啦啦拥出一群男女老幼,他们终于等到马车来,齐齐簇拥过去,口中叫嚷着"张大人留步""抚台莫走",有的老人家干脆跪在地上哭泣起来。张伯行一路上眉头紧锁,心中难受,听见百姓哭声,更是心生悲戚。他想,身为朝廷命官,自己虽做些事情,也不过是分内应当,谁知竟得百姓如此爱戴敬重。假如没有圣旨,他也真愿意长居于此,以偿民愿。

前面和后方都不断有人聚来,眼看着没有道路只剩人,简直要水泄不通。

"这下还怎么走呢?"大仪心焦道。

大黑却说:"车到山前必有路,这场面也不是第一遭,兄弟莫急。"

大仪道:"这么多人,万一骚动起来,酿成踩踏,岂不是好事变成祸事?"

大黑骇然道:"哎,这倒是! 快告诉老爷!"

大仪便凑近提醒张伯行两句,张伯行听过,点点头。他自然也是舍不得这些百姓的,但是,圣命又不能违,终究还是得走。长痛不如短痛! 张伯行肃立片刻,便整整衣衫,向阻道的百姓作个长揖,朗声道:"张伯行就此拜别父老,万望各自珍重……"

张伯行一次次转身拱手作揖,好言相劝。每次深揖下去,张伯行心中都在默念两个愿望:一愿福建巡抚的继任者能克勤克俭,为官清廉,造福百姓;二愿自己到江苏之后定要一如既往,守住底线,敬畏苍生,真正做到为天地立心,为生民立命,为往圣继绝学,为万世开太平。

这时,鳌峰书院的山长蔡壁率众学子走过来,说道:"政声人去后,民意闲谈中。抚台此一去,不知何时再来八闽大地,恩泽父老乡亲。"

张伯行笑着摆手,表示愧不敢当。

蔡壁又道:"今日,抚台就要启程,抚台这秉性我们大家知道,无论送什么您都不会要。今日,山长代表福建百姓,敬抚台三杯薄酒,聊表寸心,还望抚台不要推辞。"

说着,蔡壁神情庄重地将三个酒杯倒满,端起一杯敬向张伯行。

张伯行恭恭敬敬地接过酒杯道:"这杯酒伯行借花献佛,敬福建这方热土。"说着,他弯腰将酒撒向大地。

他接过蔡壁端来的第二杯酒道:"这杯酒伯行回敬福建的父老乡亲,请山长代饮。"说着,张伯行恭恭敬敬将酒杯敬向蔡壁。

当接过蔡壁的第三杯酒后,张伯行弯下腰捏一小撮黄土,放入杯中,一饮而尽。

随后不久,福州百姓与读书人感念这一任巡抚的卓越政绩与办学功德,找到手艺最精湛的画师和石匠,画师画出张伯行的肖像,石匠雕刻出张伯行的石像。然后在鳌峰书院旁为张伯行建造一座生祠,雕像安放在生祠之内,天长日久供人瞻仰感怀,时时为他祈福,成为佳话。

张伯行走上船头,回首眺望这八闽大地,心中感慨万端。夙夜在公,风来雨去;披星戴月,竭诚为民;刀光剑影,血雨腥风……自己曾经犹豫过,徘徊过,甚至有过退缩的念头。但是,最终坚持下来,并且尽心尽力,无怨无悔。

忽然,张伯行远远地看到一个人,在岸上凝视自己,顿时感动不已。他又走下官船,快步向那人走去。

那人看到张伯行过来,也疾步而至。瞬间,两双大手紧紧握在一起。

"抚台大人,孝先兄,一路顺风!"杨辅鼎激动地说道。

"总兵大人,咸平兄,多多保重!"张伯行也兴奋不已。

"物有甘苦,尝之者识;道有夷险,履之者知。"在福建两年有余,二人互为倚重,鼎力无私,相互支持,才把陈首魁、郑可心、朱章等黑恶势力荡涤清扫,还福建百姓一个朗朗乾坤。他们胸怀朝廷,心念苍生,敢于担当,勇于奉献,配合得天衣无缝,让张元隆、张令涛之流闻风丧胆,寝食难安。

两人同为开封府人氏,同来八闽大地为国效力,一文一武,相得益彰。可以说,张伯行和杨辅鼎他们做到了仰无愧于天、俯无愧于地,行无愧于人、止无愧于心,真乃大丈夫也!

张伯行这时像想起什么似的问道:"杨大人,这官船海兵,昼伏夜出,责任重大。为国家计,为百姓谋,吾辈定当赴汤蹈火,在所不惜!"说完,向总兵杨辅鼎深施一礼。

"仗剑千里行,微躯感一言。曾为大梁客,不负信陵恩。"杨辅鼎慷然道,"抚台大人请放心。辅鼎自幼饱读经书,习武弄文,为的就是上报国家,下安黎民。"

"此一别,不知何时能见?"张伯行道。

"解甲之年,归田之日,你我再同游开封,共话桑麻。"

"杨总兵是哪年武举?"

"康熙三十三年甲戌科曹日纬榜。"

"自古以来,以文教佐天下,以武功戡祸乱,皆为国之栋梁。"张伯行又问道,"通许家中还有何人?"

"父母妻儿,俱在老家。只是父母双亲年岁已大,却不能尽孝于前;子女年幼,却不能抚养尽责。想来惭愧至极!"杨辅鼎说完,把头扭到一边。

"为何不把家眷接至福建,也好床前尽孝。"张伯行说道。

"'悠悠天宇旷,切切故乡情。'抚台大人也是孑然一身啊!"杨辅鼎接着说道,"老人来过几日,却不能适应潮湿闷热气候,又怕终老于此,故日日盼归。老人在通许老家我也放心不下,故让妻儿一直陪伴跟前,替我尽孝。"

"我也想我的母亲了!"张伯行看着这千里闽江滔滔东流,遂喃喃低语道,"慈母手中线,游子身上衣。临行密密缝,意恐迟迟归。谁言寸草心,报得三春晖。"

水流千年归大海。这黑里河、汴河、黄河,都源源不断,汇聚到眼前这波澜壮阔、烟波浩渺的大海里。可这大海里的哪一滴水珠是从汴河遥遥而来,这大海里的哪一朵浪花是从黄河不期而至呢?

此时,张伯行耳畔又响起那首豫东小调:

> 汴河流,黄河流,河水向东没回头。黑哥哥,你慢些走,小闺女儿跟你手拉手。
>
> 汴河流,黄河流,河水向东没回头。黑哥哥,你慢些走,小闺女儿等你在家门口。

第八章

一

却赠檄文

(一)《却赠檄文》张贴于江苏巡抚府衙门外,明示江苏官绅百姓

已见寒梅发,复闻啼鸟声。

心心视春草,畏向阶前生。

进入腊月,天一直阴得能拧出水。这天黄昏,雪总算飘下来。漫天大雪里的紫禁城一派静穆、纯净,连平日常来觅食的乌鸦也不见踪影。

殿内暗香浮动,如春天般温暖。康熙帝靠在榻沿上,看着当值太监把几盆盛开的蜡梅摆放妥当。在旁边肃立的张玉书、李光地两位大学士,目光不约而同地被蜡梅引去。

"梅都开放乎?"康熙帝问道。

领头太监忙停下手中活计,恭敬而又轻声禀道:"回皇上,梅园里蜡梅全都开放,红梅和白梅还没有动静。"

这一年,康熙帝过得很不舒心。先是臣子间为立储之事争得不可开交;接着他复立太子,又将其监禁;为七八个阿哥册封的事,他也没少动心思。几件事搞得他心力交瘁,疲惫不堪。

入冬后,好不容易清清静静,不料,江南又闹出事来。

康熙帝望着那明黄馨香的蜡梅,若有所思,像是自言自语似的说道:"眼下才是深冬,朕却忧心明春。"

张玉书道:"皇上想的可是江南那档事儿?"

揣摩皇上心思乃是近臣的本事。因此,张玉书一猜一个准。只是这一

猜,已经是冬去春来。

在迎春花含苞吐蕊的江苏七府一州,上至达官贵人,下到升斗小民,却并不感到任何希望。"苏湖熟,天下足。"而这一两年,江苏多地遭受严重水灾,百姓流离失所,衣食无着。即便是没有遭灾的地方,见到讨饭的灾民也不免心有戚戚。而两江总督噶礼却忙于排除异己,搜刮民财,弄得两江上下怨声载道,鸡犬不宁。噶礼短暂任过户部左侍郎,便升任两江总督。噶礼此人,是颇有些才干,又很勤敏,只是性格过于贪婪残忍。此前巡抚山西,搞得山西也是民不聊生。

"唉!百姓日子实在是没法活啊!"坐在苏州福德茶馆的常三爷喝口茶叹气道。

邻桌的杜五爷气愤道:"还不是因为这个人巧言善辩。每次有御史弹劾他贪污害民,听说都被他三五下辩解过去。这事也怪,万岁爷真信他的!"

年长些的旗人那二爷捋着胡子慢条斯理道:"你们只知其一,这里面大有文章。噶礼靠着祖上功德,他姓董鄂氏,祖上那可是大清开国功臣,皇上念着他家功劳。还有大家猜不到的呢!"

那二爷卖个关子,喝口茶,清清嗓子,神秘地说道:"他额娘是万岁爷幼时的保姆。"

常三爷恍然大悟道:"原来如此!怪不得他在山西将征得钱粮往自家口袋里装几十万两,竟也能逍遥法外。其他名目逼捐强拿,就更不消说。"

李六爷道:"休说我们平民百姓,就是各级官吏,也胆战心惊,怕伺候这个活阎王。这才几个月,他已连续罢掉几个大员。巡抚于大人、布政使宜大人,这些人都丢掉乌纱帽,剩下的谁不怕呢?"

关于噶礼的话题热度还没退,张伯行调任江苏巡抚的消息又传来。这也好,人们又增添新的谈资。

说起张伯行,大家语气振奋,眼里都放着光芒。两年多前,张伯行在江苏按察使任上,就为官清正廉明、爱民惠民,在百姓中有口皆碑。现在都知道张伯行正在路上,不日就到,人人都像吃下定心丸,心安而且欢喜,天天盼着张青天早日到任。

"胡马依北风,越鸟恋南枝。"此时的张伯行正立在船头,专注地盯着前方的水路,若有所思。正午阳光的冲击下,浓雾愈来愈淡、愈来愈轻,由棉絮状渐渐演变成薄纱状,最后都化作一丝轻烟飘然而去。两岸的树大都光秃秃的,没多少风景可供观瞻。一只水鸟都没有,只有几丛枯草在寒风中瑟瑟抖动。倒是远处乌桕树上的红叶火一样簇簇地燃烧着,还有些许暖意;远处山的轮廓里还有一些苍松翠柏的影子,尚有一些绿色。

于准被解任江苏巡抚之事,张伯行是从邸报上得知的,原因是噶礼弹劾江苏布政使宜思恭。宜思恭被革职,作为宜思恭的上司,问个监管不力,捎带着将于准也解职归田。张伯行有一种预感,这斗争也许还没有完。噶礼恶名远扬,世人皆知。自己在任江苏按察使时,都饱受噶礼掣肘,举步维艰,弄得自己一度想辞官回家继续兴办请见书院。于准对噶礼亦步亦趋,沆瀣一气,居然还落个被免的结局;而自己与其格格不入,且因为张元隆之事屡次交锋,结果更难预料。遇上这样的顶头上司,张伯行的心情不言自喻。不过,还是有一件可喜之事,那就是故交陈鹏年如今署理江苏布政使。对于张伯行来说,真是莫大的助力和安慰。

那边,大仪拿起书想读,思忖片刻,又抬头对张伯行问道:"老爷,马上就要到苏州,'下马常例'您备好没有?"

张伯行一愣,问:"什么'下马常例'?"

"您不会真是忘记了吧?《却赠檄文》呀!"大仪道,"他们有他的'下马常例',您有您的'下马常例'。事关节操大义,万万马虎不得!"

"康熙三十八年,恩公张鹏翮举荐吾治理河务时,本人曾立下誓言:张伯行为官,绝不取民一钱。此等节操大事,本人万万不敢忘记。"张伯行又指着船上那只大书箱道,"从福州临行前,我已经写好一份,放在那里。等到苏州地界,还得有劳大仪快马加鞭,先行一步,张贴上去。"

大仪拱手道:"大仪记下。好在老爷两年前在那儿做过按察使,官员们都了解您的脾性。"

"不知道其他同僚变动没有。"张伯行神色凝重,"我只知道现在苏州知府是沧州兄,江宁知府是陈天立,两江总督是噶礼大人。"

张伯行知道,凡官员履新,衙门为迎接新官到任,都会安排极其铺张讲究的迎接。这笔钱并不从官中出,而是摊派在各商户头上。商户们哪敢不依,有苦也说不出。官员们一方面讨好新上司,一方面自己也顺手捞取一笔。人未到,先刮层地皮,实在可耻可笑。张伯行坚决不允许这种事情发生在自己身上。从福建来江苏这一路,有驿馆歇宿,连日里用度花费也不过一两银子。大黑和大仪都觉得他对自己要求太过苛刻,但张伯行宁可如此,也不愿让百姓花费分毫。因此,他命大仪快马加鞭,把《却赠檄文》张贴于江苏巡抚府衙,明示江苏官绅百姓禁止铺张浪费,坚决不收贺礼,不准官员迎接!

张伯行到达苏州城的时候,迎春花盛开。未入城前,张伯行站在官船上,欣赏两岸风光。河上小舟缓缓行着,岸上粉墙黛瓦在澄净的天空下格外雅致。苏州是江南大邑,明朝才子唐寅曾作诗云:

> 长洲茂苑古通津,风土清嘉百姓驯。
> 小巷十家三酒店,豪门五日一尝新。
> 市河到处堪摇橹,街巷通宵不绝人。
> 四百万粮岁充办,供输何处似吴民。

苏州的富庶可见一斑。城中百姓生活富足,从而日常吃穿、礼仪都比别处讲究。平日人们服饰鲜亮,遇上婚丧嫁娶,往往争强出奇,爱摆排场,不是僻壤之地可比。

(二)谁云交际之常,廉耻实伤;倘非不义之财,此物何来?

江苏巡抚衙门外,江宁知府陈天立等人耐心等待巡抚大人的到来。

> 史载:陈天立,字利震,号英侯,福建长乐人。康熙十九年(1680 年)举人。初任大名令,缓征恤刑,民德之,为立生祠。以亲老乞养归,送者数百里。丁忧,服阙,补江宁知府,政如大名。岁饥,捐廉煮粥,以赈贫乏。大水漂骸以千计,立义冢瘗之。复捐筑河堤,水患以息。康熙五十年,因卷入江南科场舞弊案,在狱中畏罪自杀。

这时候,大仪将一张告示贴在墙上,转身对陈天立等官员们说:"诸位大人,奉我家主人之命,现将《却赠檄文》公示于众。望诸位大人廉洁奉公,照章办事。不然的话,可不要怪我家主人不留情面!"

陈天立闻听大仪此言,忙凑到跟前问道:"敢问这位小哥,你家主人是……"

"新任江苏巡抚张伯行张老爷……"

大仪准备离开,陈天立慌忙追上一步问:"张抚台何时到达?"

"傍晚时分。"

大仪一走,官员们赶紧围上来念告示。

> 一丝一粒,我之名节;一厘一毫,民之脂膏。宽一分,民受赐不止一分;取一文,我为人不值一文。谁云交际之常,廉耻实伤;倘非不义之财,此物何来?本都院冰蘖盟心,各司道亦激扬同志。务期苞苴永杜,庶几风化日隆!

刚念个开头,官员们就你一言我一语地议论起来。

"这不是《却赠檄文》吗?早就听说张大人有此'一字诗',果然名不虚传。"

"如此说来,咱们的这些'下马常例'不是白准备吗?"

"对呀,如果张大人不接受这些礼品,该如何是好?"

陈天立冷冷一笑,道:"诸位竟有如此想法,未免过于幼稚。"

一位官员俯身上前问道:"陈大人,莫非这里面另有玄机……"

"实不相瞒,本官也曾有此想法,但临行前噶礼大人就曾开导我。"众官员一听噶大人有过训示,马上肃然而立。

陈天立接着说:"噶大人明示,万事万物皆在变化之中,人更不能例外。张大人诚然两袖清风,一身正气,天下闻名。两年前他在这里做江苏按察使的时候,的确如此,万岁爷都封他为'天下第一清官',但如今可就不一定。张大人在福建做两年巡抚,谁能保证两年前的张按察使和两年后的张巡抚是一个人呢?"

"对呀,对呀,噶大人见解高深。有道是,开门七件事,柴米油盐酱醋茶,也就是说,我们不能跟空气过日子,生活需要这些看得见摸得着的东西。另外迎来送往啊,在家尽孝啊,儿女婚事啊,这些可都是需要真金白银来维持。这,这……谁不需要啊?"一位官员举起右手,把拇指在中指和食指上搓了几下。

"诸位,哈哈,"陈天立颇为得意,说道,"本官好有一比,诸位见过海边石头没有?海边的石头都是鹅蛋形的,线条柔和,圆润优美,握在手里不扎手,踩上去也不硌脚。但是它们原来就是如此形状吗?非也。它们原来也是有方有长各具形态,都是有角有棱有尖有刺,人踩上去很不舒服的。诸位想想,是什么让它们有如此变化?然也,然也,是千百年来海浪的冲刷打击,石头与石头的碰撞磨砺造成的。诸位请记住我陈某一句话,时间会改变一切!"

官员们纷纷拊手称是,只有一个人提出质疑。这个人身高将近六尺,面如满月,目若朗星,白面有须,器宇轩昂。他左手拿着一幅束好的字画,捋捋胸前乌黑发亮的胡须笑道:"谬矣,谬矣!陈知府所言,曹某实在不敢苟同。"

众人都很意外。

"这不是美髯公曹大人吗?知无不言,言无不尽,有话请讲。"陈天立脸上勉强挤出一些笑容。

曹寅冲众人一拱手,道:"诸位大人,张伯行张大人乃当今大儒,品行高洁,自律甚严,绝非贪图名利、表里不一的虚伪之徒。当今圣上康熙爷御封他为'天下第一清官',岂能怀疑?"

曹寅扫一眼众人说道:"所以说呢,诸位给张大人准备如此贵重的礼品,我估计张大人是断不会收的,还是都请拿回去吧。不要金条没有送出去,反被怀疑为贪婪,那就弄巧成拙,事与愿违。"

陈天立脸上僵硬的肌肉接连抽动几下,好半天才舒缓过来,把手摁在自己为张伯行准备的珠宝箱上,说道:"诸位大人,陈某的意思非常明确,巡抚大人就要走马上任,我们必须试一试。张大人拒绝,我们也不损失什么嘛!再说,张大人是我们的顶头上司,衣食父母,我们这样也是一种礼节,是出于对张大人的尊重。如果不试一试,万一张大人怪罪下来,谁吃得起啊?"

"对呀对呀,宁可信其有,不可信其无。不试一试,怎么知道张大人收还是不收呢?"

"抬手不打笑脸人,开口不骂送礼人嘛!"

众官员阿谀奉承,拍拍打打,一片欢声笑语,只有曹寅一个人沉默不语。他踱着步子,轻捻美髯,双眼半睁半闭,频频颔首微笑,似乎在思索着什么。

果然,日暮时分,陈天立他们等来江苏巡抚张伯行。躬身施礼之后,陈天立忙命人把旁边的五口红漆木箱打开,里面满装璀璨夺目的金银珠宝、古董瓷器等物。

陈天立道:"抚台大人一路风尘,不远千里来到江苏,乃江苏官员和百姓的造化。这是卑职们给大人准备的一些薄礼,也叫'下马常例',望抚台大人不要嫌弃。"

张伯行脸色一沉,转身朝众人巡视一遍,问道:"苏州知府陈鹏年怎么没来?"

马上有官员回答:"陈大人在吴中赈灾。"

张伯行马上作出生气的样子说:"这个陈沧州,本抚台第一天到苏州上任,他居然不尽地主之谊,岂有此理? 看看这一位陈大人。"张伯行指着陈天立:"从江宁赶到苏州来迎接本官,天壤之别,天壤之别啊!"

"分内之事,分内之事。"陈天立笑眯眯地说。

"不过呢!"张伯行又冷笑道,"江苏的'下马常例'张某早有领教,但张某的'下马常例'不知道诸位大人看到没有?"看到官员们都愣住,张伯行就指着墙上的告示念诵起来:"一丝一粒,我之名节;一厘一毫,民之脂膏。宽一分,民受赐不止一分;取一文,我为人不值一文。谁云交际之常,廉耻实伤;倘非不义之财,此物何来? ⋯⋯⋯⋯"

张伯行刚念完,马上就有人大加赞誉:"抚台大人的一字诗,下官早已仰慕已久。刚才在恭候大人这段时间,又认真拜读几遍,现在已能倒背如流矣。"这官员就把一字诗背诵一遍,果然非常熟练。

"既然如此,那这些东西哪儿来的就哪儿去吧! 我张伯行做官,誓不敢取民一钱。再说,"张伯行冷笑一声,"我这江苏巡抚的俸银才一百五十两,陈知府的俸银才八十两,诸位的薪俸都不会比我更多吧,但这些'下马常例'已经远远超出你们的薪俸。这些东西哪儿来的? 诸位大人,这很值得推敲啊!"

张伯行的一席话,犹如朝官员们兜头浇一瓢凉水,众人立马满脸通红,张口结舌说不出话来。

陈天立倒很机敏,赶紧出来打圆场:"抚台大人初到江苏,与下官们彼此了解甚少。待日后天长日久,彼此熟悉,事情就好办。抚台大人,下官们对您仰慕已久,今天机会难得,卑职给您逐一介绍。"陈天立介绍的第一位是江南织造曹寅。康熙二十四年,张伯行高中进士,王原祁在什刹海设宴祝贺,让纳兰性德、陈维崧和曹寅作陪,张伯行与曹寅二人一见如故,更觉相见恨晚。几年前,张伯行在江苏按察使任上,又与曹寅这位江宁织造,长谈过好多次,互为知己。曹寅工于诗文,在江南文人中交游广泛。这些年,曹寅清积弊,节浮费,整饬两淮盐政,功劳卓著,张伯行一直关注着,很替他高兴。

之后,陈天立又介绍的是江苏学政胡润等人。张伯行对胡润很是敬重,上前一步拱手施礼道:"胡老学台德高望重,桃李满天下。来年秋闱开考,还得仰仗老学台多费心力。"胡润好像没受过这么高规格的待遇,连说:"分内之事,应该应该!"一脸的诚惶诚恐。

> 史载:胡润,字河九,号艮园,江复人。康熙辛未进士,改庶吉士,授编修,历官庶子,有《怀苏堂集》。任江苏提督学政期间,涉江南科考案,自杀而亡。

最后,陈天立介绍到句容县知县王曰俞和高淳县知县方明,张伯行稍愣一下,沉吟道:"句容县和高淳县应该归属于江宁府吧,两位知县大人消息还是很灵通的。"

王曰俞和方明一时语塞,额头上马上就布满汗珠子。

看看天色已晚,众官员要起身告辞,陈天立躬身施礼后说:"抚台大人,下官们得知您今天上任,早已在江宁'皇茶苑'备下酒宴,为大人接风洗尘。还望抚台大人屈尊纡贵,前往入席。"

"接风洗尘就算了。张某粗茶淡饭已习惯,不喜欢大鱼大肉。记得唐代诗人刘禹锡《金陵五题·台城》诗曰:台城六代竞豪华,结绮临春事最奢。万户千门成野草,只缘一曲后庭花。"张伯行又指着那几口礼品箱子:"这些东西十分贵重,张某收受不起,分拣开,是谁的谁还拿走吧!"

送过来的东西怎么好意思再拿走?可是不拿走又恐怕张伯行怪罪。陈天立与众官员一时左右为难,表情很尴尬。

这时候,曹寅出个主意,倒让大家比较满意。曹寅说:"诸位大人盛情难却,张抚台不妨把这些礼物交于按察司存入国库,将来兴修水利、赈灾办学,都能派上用场,也算是诸位大人为百姓造福,为朝廷分忧。"

张伯行一拍脑袋,大喜道:"对呀,本院一路风餐露宿,日夜兼程,从福州到此两千多里才花费一两银子,就是想节省些银两,为江苏建一座书院。这么多金银珠宝,能办多少大事啊!我到福建就任巡抚时,遇到这种问题,也是这样处理,效果极佳。曹大人好主意,不知诸位大人意下如何?"

陈天立和众官员纷纷表示同意,都愿意把这些钱财捐献给国家。其实他们还有得选择吗?他们是有苦说不出啊!

难题顺利解决,张伯行长舒口气。

等到曲终人散,客走主安,张伯行穿门过户,走到抚衙内室,只见四壁空空,只有桌椅、书柜和床,其他没有任何装饰。

参事禀道:"抚台大人,卑职遵从您的吩咐,不敢妄行,您看……"

张伯行笑道:"这样很好,正合我的心意,辛苦你们打扫。"

参事道:"大人一路辛苦,所带行李也不多,日用所需若有短缺的,叫人吩咐卑职去办即可。"

张伯行摆手道:"不必了。你们只管去吧。"

参事答应着,缓缓退出。

(三)身为百姓父母官,定要想百姓之想、急百姓之急

因连日行路辛苦,到苏州当晚,张伯行竟一觉睡到天亮方醒。他恍惚坐起身来,叫道:"来人。"

大黑在外听见,推门进来道:"老爷,您醒啦?早饭已经备好。"

张伯行埋怨道:"怎么不叫我?上任第一日就害我懒怠公务。"

大黑笑道:"嘿嘿!老爷,这话说的,不休息好,身体怎能吃得消?别说处理公务,看郎中、吃药就够忙活。"

张伯行近来常觉胸闷,做事一旦急切,就觉得有些支持不住。但他自认为不妨事,毕竟年近花甲,身体疲倦也属正常。

早饭之后,张伯行正在书房翻阅卷宗。衙役拿着拜帖来禀,泰州知州吴义德求见,说替兄吴义栋送信一封。

吴义栋乃理学名儒,与张伯行常有书信往来。吴义栋在淮安开馆课徒,怎么会让在泰州为官的弟弟捎信?张伯行思忖片刻,还是请他在书房相见。

"下官泰州知州吴义德,拜见抚台。"吴义德进来俯身便拜。

张伯行道:"吴知州免礼,坐吧。"

吴义德平身后,张伯行抬眼看去,此人四十多岁,长得尖嘴猴腮,一点没有其兄忠厚之相。

吴义德坐下笑眯眯道:"家兄受安定书院之邀,目前在泰州讲学。他听说下官要来苏州迎接抚台,便命下官带信一封。"说着,呈给张伯行一封书信。

"仲梁兄近来身体可好? 本抚与令兄情投意合,常在书信中研讨理学……"张伯行面带微笑,边说边拆信。不拆则已,拆开后张伯行脸色大变。原来,信封中除一张一千两的银票外,并无他物。

张伯行厉声道:"你这是何意?"

吴义德起身笑眯眯道:"抚台到任,下官一向廉洁,没什么贺礼好送,一张银票,权表寸心,望抚台笑纳。"

张伯行一拍桌子道:"本抚早下告示,不收贺礼,你竟大胆,先诓骗本抚说有书信转交,又送本抚白银千两。今天不拿你治罪,杀鸡儆猴,难正世风。来人!"

吴义德吓得魂飞魄散,急忙跪倒,连连磕头,说道:"下官知罪,下官知罪。望抚台念在与家兄交好的分儿上,就饶过下官吧! 下官再也不敢了!"

张伯行见他吓得瑟瑟发抖,一个劲儿认错,严厉地说:"快起来,把你的银票拿走!"

张伯行正要打发他走,突然想起,去年夏天,淮安、扬州和徐州遭受水灾,泰州属扬州府,自然也是灾情严重。前任巡抚于准虽然奏请赈济,但到秋天,又有多个州县遭受水灾。这泰州不知道赈济情况如何,百姓在这个春天可有粮食充饥? 正好泰州知州在此,便道:"吴知州,泰州赈济情况如何,今春百姓可有粮度日?"

吴义德起身收起银票,惊魂未定道:"回大人,近年来泰州连年遭灾,百姓日子本就艰难,去年夏秋又遭两次水灾,百姓哪有粮果腹? 亏得前任抚台奏请赈济,朝廷拨下赈济粮。下官不辞劳苦又是设粥棚,又是平粮价。经过下官不懈努力,目前,百姓度过春荒应该没有问题。"

张伯行点头道:"'知屋漏者在宇下,知政失者在草野。'百姓之事无小事! 身为百姓父母官,定要想百姓之想、急百姓之急。把百姓之事办好,朝廷自然看得到,皇上自然会知道。不要满脑子净想投机、龌龊之事,那样只会害人误己。"

吴义德连连点头称是。他腿都是软的,跟跟跄跄走出书房。

又过几日,六合县知县王佐来见。

谈完公事后,王佐呈上一幅画卷道:"下官素爱元人山水,闲暇时也偶然临摹几笔。这一件是下官近日仿倪云林之作,还请大人指正。"

张伯行心中一凛道:"本抚专心理学,于书画上不太留意。王知县可确定这是仿作,不是倪云林真迹?"

王佐忙道:"下官岂敢欺瞒大人?这正是下官拙作。古画真迹可遇不可求,下官也是在一名家处借来赏玩。寻常与同僚同道交际,彼此也常有这样的馈赠,还请抚台体谅。"

张伯行道:"既然是王知县一片至诚心意,又不致使我沾上受贿嫌疑,暂且放至此。"

张伯行示意门外候着的大仪将画卷接住。

王佐正要告辞,张伯行道:"王知县且慢,本抚也有礼回赠。"

大仪到书房将画卷展开,画轴中果然有玄机。刚打开,一张一千两的银票便露出来。

不一会儿,大仪送来一大纸包,交予张伯行。

张伯行道:"有来无往非礼也。本抚没什么好送,这包东西王知县拿去吧,切记回驿馆关起门再看。"

王佐一路好奇,却也不敢违背张伯行之言。回驿馆关上门,他迫不及待撕开纸包,见是个卷筒;再打开,顿时傻眼,是个画卷;再看,银票还在里头。这根本就是原封不动退回来了,他又惊奇,又慌张,惊出一身冷汗。

张伯行拒收礼品的事情不胫而走,没多久江苏各地官员几乎都知道。有机敏的,引以为戒;有固执的,仍不信那张伯行是铁板一块。所以,巡抚衙门连日来依然不断有送礼官员登门。风气如此败坏,张伯行不由得怒气填胸,他下令凡官员拜见,若无要紧事,一律不见,这才得清静,熟悉文札,处理事务。

张伯行见江苏抚标规制、数量比福建更多,在福建任上他便不肯按惯例以家丁充数领取钱粮,现在更是不肯。补缺之事张伯行交由抚标参将主办时,一再告诫,所招抚兵一定要德才兼备。

（四）一张又一张《却赠檄文》张贴在公堂之内、府衙门外

这一日，张伯行听衙役禀报陈鹏年来见，十分欣喜，站在檐下相迎。

张伯行想起数年前，两人同在山东张鹏翮麾下，赈灾治河，一见如故；想起济宁太白楼酬诗相送，把酒临风；想起百姓对其感恩戴德，编写戏曲《铁塔传奇》歌颂；想起陈鹏年性情耿直，以"大不敬"获罪……心中更是思念不已。

"交得其道，千里同好；固于胶漆，坚于磐石。"二人相见，禁不住激动得泪眼相对。张伯行紧紧握着陈鹏年的手，问道："沧州兄啊，别来无恙乎？"

张伯行见到比自己小十几岁，却也已两鬓斑白的陈鹏年满脸风霜，不由暗自感叹，这几年他该是经受多少风吹雨打啊！

陈鹏年含泪笑道："蒙抚台惦念，总算云开雾散。这一年来，倒是天天忙得很。"

张伯行又问道："一家老小，都还好吗？"

陈鹏年点头道："还好，都还康健。"

"甚好，甚好。"张伯行笑道，"你官声颇佳，我在福建都已知悉。如今又署理布政司，更是可喜可贺！"

二人携手走至客堂，促膝而坐。

张伯行道："你我还以兄弟相称才是。"

陈鹏年道："是，孝先兄。你来江苏巡抚任上，我实在意外。虽说也是非常高兴，但现在江苏诸事复杂，不好梳理。尤其是……"

张伯行见他犹豫，不觉笑道："你是说制台吧！"

陈鹏年道："因亏空案，前任巡抚于大人卸任后，江苏百官听说皇上调补的是孝先兄，心里都稍稍安定。一是兄廉洁之名天下皆知，二是总算有人能和噶礼分庭抗礼。只是，小弟不免担忧……"

张伯行皱眉道："愚兄与噶礼素无冤仇，以前我任江苏按察使时，也都是公事公办，没有私怨；后我任福建巡抚，打黑扫恶，除暴安良，虽偶有得罪，却出于公心。如今他在江宁，愚兄在苏州；他是总督，愚兄是巡抚，各不相扰。难不成噶礼会故意与我为难？"

陈鹏年道："按照噶礼的个性，必会如此。'法之不行，自于贵戚。'兄不与

他同流,即开罪于他。江苏两位大员,一个极其贪婪,一个极其清廉,自然是水火不相容之势。兄请想想,谁更坐不住?"

张伯行沉思不语。

陈鹏年道:"兄就任以来,想必有不少官员来拜,馈送财物。"

张伯行笑道:"有一两个人起头,众人跟从。他人向上司献勤讨好,自己假如落后,会不会受刁难排挤呢?日后他人得上司提拔,自己独受冷落,岂不是要吃大亏?呵呵!因此,岂有不送之理。沧州也知愚兄性情,他们送他们的,愚兄不收愚兄的。"

陈鹏年道:"小弟不怕说一句犯上的话,那噶礼,就是凭官员行贿多少来论远近亲疏,定官员优劣。"

张伯行哼声道:"真是岂有此理!他以往如何我管不到,如今愚兄既巡抚江苏,由不得他继续败坏风气,扰乱吏治。"

陈鹏年笑道:"那是,小弟奉劝兄一句:凡事要小心谨慎,一定要保护好自己。"

二人正说得投机,张伯行发现守门差官一直在院内等候,像有事要禀,便唤他进来。差官进入屋中,看看陈鹏年,欲言又止。

张伯行知道他的心思,说道:"沧州不是外人,有事但讲无妨。"

差官这才说道:"禀抚台,有人送来一只匣子。门吏知道抚台吩咐过不许收礼,正要讲与那人,那人放下匣子就跑了。卑职不敢擅自做主,只得来请示抚台。"

"打开看看。"张伯行道。

匣子打开,却是一株极精巧的珊瑚,颜色鲜艳,形态奇崛,上面还镶嵌着各色宝石,光芒夺目,宛如仙树。珊瑚树一出,满屋子都有一种灿然生辉的气氛。

陈鹏年面露微笑:"果然是无价之宝。我在武英殿修书时,曾在异志上见过此物,比贡品还要难得。"

张伯行不由得倒抽一口凉气。

再看看匣子里,底下放着一封书信,信上只有简短两句话,也没有落款。意思只是,这件珊瑚乃商船出海时老成水手偶然所得,特献给巡抚大人,以表江苏百姓爱戴之心,此物也只有"天下第一清官"配享。

张伯行看罢，又好气又好笑。

"沧州，你说，这会是谁的手笔？"

陈鹏年沉吟道："此人既不露面，也不具名，出手却如此阔绰。要么是极其富贵，日后想和抚台结交，好谋私利；要么是包藏祸心，不日就要置兄于死地。"

张伯行听后，深以为然，自言自语道："这人早晚要露面的，本抚却等不得，这件珍宝更不能留在抚衙。"

这时，只听外面大黑喊道："老爷，送礼的人已被抓到。"

张伯行喜出望外。原来，听说有人强行送礼，礼放下人就跑走，大仪便赶紧叫上大黑和几名家丁，前去追寻。

大仪边找边吩咐道："这人定没走远，大家都去问沿街商贩、行人，方才有无一人，携带匣子，从此经过，定能有所获。"

大家一问，果然有人看到一人从马车上下来，肩上挎着木匣子，奔抚衙而去。即刻返回后，坐上马车向东，行至第一个路口向南而去。

大黑急切道："大街上马车跑不太快，快追！"

果然众人边追边打听，不消一袋烟工夫，就见到那辆可疑的马车。

送礼之人被拖到张伯行面前。他先是在众人面前一味抵赖，见到张伯行，却满脸堆笑，下跪道："小人给抚台老爷请安。"

张伯行见他年近四十，一副久经世故的模样，问道："东西是谁差你送来的？"

此人道："抚台老爷，不要难为小人，我家主人吩咐不让讲。抚台老爷放心，日后我家主人定会亲自前来拜望。"

这时，大仪过来说道："你家主人好意送东西给抚台，你却弄得七零八落，送件破烂到此，是何道理？"

那人大吃一惊，将信将疑地干笑道："先生开玩笑。小人办事向来十足小心，怎会有半点差池？"

张伯行道："见物而不见人，实非常理。本抚不追究你无礼，你且原物带回吧。"

"小人不敢。倘若带回去，主人怪小人不会办事，非把我打个半死不可。求抚台老爷体察下情，小人感激不尽。"

张伯行笑道:"呵呵!难道为了你这样的狡猾小人免打,本抚就要自毁清名吗?今日本抚之话,你回去可告诉你家主人。左右人来,送客!"

"走吧,别叫我们费劲。"大黑对他喝道。

大黑等人不由分说,架着那人,抱着珊瑚匣子,径直走出书房。

众人走后,陈鹏年叹道:"孝先兄,你已得罪个得罪不起的人。"

张伯行看着他道:"你也已经猜出?"

陈鹏年点头:"这人尽管面色猥琐,却并不惧怕,可见来头不小。除去总督大人,谁还有这样的势力?"

张伯行沉吟道:"方才我不道破,也算是给噶礼颜面。真是没想到,这位总督大人这么张狂。"

陈鹏年道:"新任巡抚刚到,他自然要试试水性。"

"'日月不同光,昼夜各有宜。'我来江苏,只想好好为官,并不想与任何人为敌。"张伯行道。

陈鹏年道:"可惜,兄又不可能与他为友。"

"难道非友即敌?"张伯行若有所思道。

陈鹏年坚定地说:"在两江,总督与巡抚之间,没有第三种选择。"

张伯行斩钉截铁道:"我只以公事相交,'礼用之,和为贵'。他官阶高过我,我处处敬他就是。"

陈鹏年听过这话,不由得大笑起来。

张伯行道:"沧州,你也笑我不通人情?"

"不敢不敢。"陈鹏年笑着摇手。其实他是觉得张伯行有点一厢情愿,实际上是不可能做到的。

张伯行起身踱出书房,站在廊下,望着硕大的芭蕉叶子,思索良久。

当夜,下起今春第一场雨,张伯行在案前灯下奋笔疾书。回想为官二十多年的经历,大风大浪固然难忘,更有那许多不可言说的微妙之处,一次次使他心潮难平。但不论如何,他从未后悔。虽千万人,吾往矣!

回首为官这些年,张伯行也知道官场那些见不得光的勾当,变着花样行贿和受贿的、结党营私的、卖官鬻爵的、舞弊枉法的……不止一次两次。面对钱财他毫不动心,即使有人徇私,他也能秉公,并不因别人拉扯就同流合污。

一次,张伯行惊讶地发现,曾经被他视为很有节操的同僚,竟然有徇私枉法之事。张伯行忍不住质问他。

同僚先是羞惭，后转为愤怒，手指张伯行道："为官之人不免交际应酬。连平民百姓之间都有随礼、宴请、馈赠、帮忙，偏我就不可吗？不拿出钱来，怎么办事？谁给你办事？钱当然是自己出为好，但谁人能拿得出来？不想办法从库里出，咱们做官的一年到头都得喝西北风。一个官员，满心想着百姓当然是应该的，但假如你自己都要饿死，或者做不成官，你还能想着百姓吗？纵然还想着，又有什么用？"

张伯行反驳道："守不住名节的人，自然会找一堆理由为自己开脱。'人心似铁，官法如炉。'把做官看得重，名节便次之；再把身外之物看重些，名节位置就再靠后。天长日久，就把做官谋私利看成天经地义的事。"

同僚道："张孝先，人生在世，就要找准自己的位置。我虽不如你清廉，却也不会成为那巨贪之辈。说我蝇营狗苟也罢，胆小浅见也罢，我只想一路安稳，不祸国殃民，也不自绝于官场。如今这世道，不是你有能耐就行的，你有多大靠山，才能成就多大的事！"

两人的交谈不欢而散。自此，二人渐行渐远，直至绝交。张伯行每当想到这位同僚，心上都生出一股凉意，使他愈发自省。他的心从少年到中年，从中年到如今，一以贯之，不曾扭转。圣贤之道的教导，家训家风的浸染，皇天后土的养育，自己心志的凝聚，都决定他要"立天下之正位，行天下之大道"，做自律、清廉之人！

他与陈鹏年时隔几年再见，两人之间丝毫没有陌生之感，今日谈话都极尽坦诚亲切。张伯行知道陈鹏年是个心中有民的好官，是自己的同道中人。

张伯行仰望门外暗沉的苍穹，思绪万千。当他的思绪渐渐归于清晰，遂回身来到桌前，执笔写道："一丝一粒，我之名节；一厘一毫，民之脂膏。宽一分，民受赐不止一分；取一文，我为人不值一文。谁云交际之常，廉耻实伤；倘非不义之财，此物何来？本都院冰蘗盟心，各司道亦激扬同志。务期苞苴永杜，庶几风化日隆……"

一张又一张《却赠檄文》张贴在府衙门外、公堂之内、书房客厅、鼓楼钟楼，人人皆知张伯行杜绝贪腐的决心和信心。

檄文一经贴出，巡抚衙门外很快聚集起人群争相观瞧，更有读书人当下默诵，或者抄录下来，四处传扬。坊间谈及此事，大家都欣然慨叹。有此檄文，江苏百姓便可少受些盘剥，官员也可免去许多负累，很多人猜测总督噶礼对此会有什么反应。

张伯行连日跋涉扬州乡间，查看农田。只见稻苗青青，郁郁葱葱，虽然长势不算十分好，大体上也可望收成。淮安、扬州和徐州百姓，去年夏天洪灾中损失惨重。虽然前任巡抚于准上报赈济过，但秋天雨水还是很多，再次受灾。家园勉强收拾出来，得个栖身之所，苦撑到今年春天，眼下一日三餐却是没有着落。三郡有十三个县和徐州一卫，百姓断粮。

张伯行为官以来，多次赈灾，对百姓无从觅食的生活惨状最是了解。民以食为天，决不能等闲视之。

也等不及回到衙门，就在扬州拟定咨文送到两江总督府。他在文书中表明，希望和总督会同具本上奏，请朝廷赈济。这本是一道正常的公事程序，并没有不妥之处，但他不会料到噶礼的反应竟然是拒绝。

（五）噶礼一到江宁，就把他认为是异己的两江官员先后剪除

且说，早有人抄写张伯行的《却赠檄文》，送至噶礼面前。噶礼看罢，如同眼中钉、肉中刺，将此文撕得粉碎。但这不能消除他的怒火，那些字句如同张伯行本人在他面前数落一样，掷地有声，在他脑海里一遍遍回响。"民之脂膏、廉耻、名节、冰蘖盟心，说得多么好听啊！如此特立独行，敢冒天下之大不韪……"

想到这里噶礼愤怒地喊道："一派胡言。"

这日，噶礼正把玩美玉，衙役呈来张伯行的咨文。他看到信封上"张伯行"三个字便不禁冷笑，打开看完内容，便把文书一抛，心中又琢磨张伯行这个人和他那篇檄文来。

噶礼想，皇上对张伯行颇为赞赏，称他操守在天下清官里排第一位，哼！他还能胜过于成龙？于成龙的孙子于准都被我撵走了，张伯行一个乡野匹夫，能掀起多大的浪？不自量力的家伙，一到苏州就整出一个什么禁止馈送的东西，明摆着不把我这个大帅放眼里。我一定让他看看，皇上是看重他张伯行，还是更信任我噶礼！哼哼！走着瞧吧，我倒要看看，他这个巡抚能在江苏待几天。

"江南江西总督噶礼疏参江苏布政使宜思恭贪婪,请革职拟审,得准。宜思恭,著革职。此案著尚书张鹏翮赴江苏严审并追缴库银。其江苏巡抚于准,案内必有干连,并将于准解任。江苏巡抚员缺紧要,著福建巡抚张伯行调补。江苏布政司事,著苏州府知府陈鹏年署理。"

总督府内,噶礼读完康熙帝的议覆,禁不住仰天长笑,有如癫狂。

"哈哈!哈哈!于准啊于准,争啊,你倒是与本督争啊?"

"宜思恭,哼哼!我看你还如何在本督面前装清高,扮君子?哈哈!"

但当噶礼想到皇上派户部尚书张鹏翮前来审理此案,而没有让他这个两江总督亲自审理;并且江苏巡抚由于准变成张伯行,江苏布政使由宜思恭变成陈鹏年时,又眉头紧皱,面色凝重起来。噶礼倚窗而立,两腮肌肉紧绷,脸色也越来越阴沉,如暴雨前夏日的天空。

"张鹏翮,张伯行,陈鹏年,这几人都是朝中有名的穷酸迂腐、呆板僵硬的汉臣,深得皇上器重。皇上稍稍施舍一点儿信任,他们便会疯了似的摇尾乞怜,恨不得立时就肝脑涂地,死而后已……"

"有他们在这里晃来晃去,指手画脚,怎会让我心情舒畅,纵情恣意……"

噶礼深思良久,猛然把右拳击在左手掌中:"哼!江南是我噶礼的江南,任你是张鹏翮,还是张伯行、陈鹏年,哼哼!是龙你给我盘着,是虎你给我卧着。如若不然,于准、宜思恭的下场便是你们的下场……"

噶礼的自负不是没有道理。这种充分的自信是董鄂氏家族赋予的,也是他跟着康熙帝御驾亲征噶尔丹确立的。当时,噶礼任吏部郎中,在左都御史于成龙麾下负责督运中路军粮草,由于噶礼率先到达克鲁伦河康熙帝驻扎处,表现突出,又兼见到康熙帝时应答出色,深得康熙帝的赏识和信任,自此官运亨通。仅过三年,他就做到山西巡抚的位置。

在山西,噶礼办事虽有能力,却虐政害民,贪得无厌,光银子就贪数十万两。他的心腹、太原知府赵凤绍,以酷刑、苛政、贪婪著称,百姓义愤填膺。为扳倒赵凤绍,有人到京城告御状,却被赵凤绍设计陷害,下了刑部大狱。赵凤绍很得噶礼宠爱,也死心塌地为噶礼做事。康熙帝驾临龙泉关,召赵凤绍调见,问其山西巡抚噶礼贤否,他就在康熙帝面前为噶礼极力美言,吹嘘噶礼为"第一清官",康熙帝很是高兴,擢升噶礼出任两江总督。

康熙帝还对赵凤绍说:"汝父官声清廉,汝当效法。"赵凤绍回答:"微臣所自信者,不受贿而已。当官受贿,无异于闺女失节,臣实耻之。"康熙帝微微一笑说:"尔言虽鄙陋,然如此存心甚佳。"

四川道御史刘若鼐上疏弹劾噶礼。还没等康熙帝差人来查,噶礼便回奏道:"监察御史任意编造奴才各款罪状,没有年月日期,还把奴才的仇人当证人。这种企图置奴才于死地的诬蔑,奴才有口难辩。奴才一心为皇上办事,山西九十七个州、县,难保不得罪一两个官员。御史对奴才这种无端弹劾,幕后必有人指使。"

康熙帝对噶礼向来很信任,这次也不例外。他在折子上批道:"这件事很多人都在议论,你不必生气,自有公论……一个官员假如保他的多,又升得快,也不能不使人怀疑。此事你心里明白便罢。"

有康熙帝庇护,噶礼在山西更加有恃无恐。山西的百姓将噶礼比作恶虎,恶虎不除,山西百姓就不能得安宁。以郭明奇为首的几位平遥百姓决定进京告御状。吸取前人的教训,进京后,他们访得一位极有清名的御史——袁桥。

几人打听到袁桥的住处,天不亮就跪在袁府门前。当袁桥听仆人禀告出门看时,他们悲愤地向其哭诉。袁桥接过写满噶礼罪行的状书,极为愤慨,第二天,便上疏弹劾噶礼。御史蔡珍听闻噶礼的恶行,也同时上疏弹劾噶礼。官员们纷纷议论噶礼此番必遭严惩,结果出人意料,所有的弹劾没有伤到噶礼分毫。

噶礼回奏康熙帝,污蔑郭明奇等人为逃犯,所告全为陷害之词,并且说袁桥是收人家钱财才来弹劾他。他在山西因为官清廉得罪人,才遭恶人报复。

康熙帝看罢噶礼的奏折,沉思良久。空穴来风必有起因,这些日子,对噶礼被弹劾之事,康熙帝一直抱着否定态度。他不相信,也不愿相信噶礼会做出那样之事。结果,因弹劾噶礼,袁桥被革职;蔡珍被降一级,罚俸一年。屡遭弹劾的噶礼,不久升任两江总督。

人以类聚,物以群分。为消除后患,噶礼就把他认为是异己的两江官员先后剪除。在他的弹劾下,布政使宜思恭被革职,巡抚于准也解任。如此一来,下面的官员自然不敢不卑服。即便是新任的巡抚和布政使,有前车之鉴,自然也不敢跟他分庭抗礼。

（六）吃的粮食，穿的布料，就连磨面用的石磨和毛驴，也是从仪封老家遥遥运来

噶礼换好习武服来到院中。暮色中的总督府高大宏伟，庄严肃穆，神秘莫测，阴森可怖。他热过身，走到兵器架取下一把重三十三斤的大刀舞将起来。

噶礼自幼练武，膂力过人，善骑射，刀舞更是出神入化，十多个勇士不得近身。康熙三十五年，噶尔丹部叛乱，边疆告急，康熙帝御驾亲征。噶礼与时任左都御史的于成龙一起负责督运粮草，途中几次打退噶尔丹骑兵的袭扰，消灭几拨抢劫粮食的土匪山贼，督运中路兵粮第一个到达康熙驻地克鲁伊河。任山西巡抚时，他亲自操刀执行死刑犯，曾一次连砍十余人头而面不改色气不喘，血染衣襟，纵酒狂笑。不但部下皆为之惧，就连小孩哭闹不止时，大人一喊"噶礼来了"，小孩也立马不哭。

安徽巡抚叶九思是个年逾古稀的老人，常常抱恙，年老力衰，为官早没有气势，面对噶礼自然是顺从服帖。对自己没有威胁的官员，噶礼不会难为，叶九思的巡抚依旧当得四平八稳。

> 史载：叶九思，汉军镶蓝旗，康熙四十八年九月至五十年七月任安徽巡抚，兼都察院右副御史。其家人曾卷入江南科考舞弊案。

噶礼上任两江总督后，看江苏巡抚于准也不顺眼。于准仰仗着其祖父于成龙的威望，与噶礼争权夺利，不甘下风，噶礼就借宜思恭布政使亏空案将其弹劾下台。但是噶礼没想到，去个于准，康熙又派来个张伯行。于准爱钱贪权，还好办一些。可张伯行却不爱财不爱权，顽固不化。他在任江苏按察使时就不听招呼，现在当上巡抚会更难驾驭。噶礼想，这张伯行还不如于准呢！

噶礼历来不喜文官做派，眼下偏来个理学名臣张伯行，还是个油盐不进的家伙。经过那件珊瑚树试探，他算是看透这个新任的江苏巡抚。

随即，噶礼回复咨文道："江苏地方受灾，自行赈济便是。去年上奏过，如今还上奏，成何道理？再者，今年乃皇太后七旬万寿，皇上十分高兴。你为臣

子,自当为圣上分忧,岂能拿这小事去打扰圣上。本帅不准上奏。"

这一日,副将杜游到总督府禀报完公事,欲言又止道:"大帅,标下还有一事,不知当讲不当讲?"

"但说无妨。"噶礼拿起手边被盘得油亮朱红的一对核桃,边转边说道。

"标下听闻江苏巡抚张伯行,对大帅似乎颇有不敬之词。那个什么《却赠檄文》,满篇胡言乱语,标下实在看不下去。"

噶礼转着核桃,虽未出声,脸上不觉露出阴鸷莫测的表情。

"标下还听说,张伯行明明知道珊瑚是大帅所赠,有意辜负大人您的一番美意。"杜游进一步又道。

噶礼冷笑道:"此人正是兴头,且由他得意几天。这个张伯行,果真是村夫乡民,愣头愣脑,不知好歹,岂止是辜负于我? 他这是辜负江苏百姓。他既然这么率性,要独树一帜,本帅就成全他。"

杜游又道:"前日,标下同张巡抚标下参将偶然相见,倒也畅谈片刻。原来,这位张抚台得意是有原因的,他自以为在福建任上很得民心。听说,福建百姓因为舍不得他走,竟然塑一座像感念他,就在他办的什么鳌峰书院一侧,还建个生祠。"

噶礼冷冷道:"张伯行最喜的就是清廉的名声。土民无知,只知道当官的不爱钱就是好的,却哪里懂得为官之道错综复杂,都是些小门小户的思维,不会成大事。"

杜游阿谀道:"大帅说的极是。当今世上,像大帅这样有胆气能干大事的,才是好官!"

噶礼道:"好不好,有什么要紧? 得皇上信任才是最关键的。"

杜游点头笑道:"标下以为,皇上信任大人您,自然是胜过张伯行百万倍。"

噶礼得意地眯起眼睛。

张伯行看到总督的回函,就是一个态度:不可。他心上着实惊诧,向朝廷奏请赈济,究竟有什么不可行的? 江苏水灾又不是第一次,去岁也请赈过,有什么可遮掩的? 难不成就放着数万百姓忍饥挨饿不管? 即便是皇太后万寿,皇上岂能因此对百姓疾苦不闻不问?

闻得噶礼贪婪,但这件事并不损害到他什么,张伯行实在想不通这个道理,也不愿再想下去。他当即提笔书写起来,打算自己上疏朝廷。

写完,他自己倒杯茶,刚喝一口忽觉味道有些不对,不似先前那般清醇,打开茶壶看一眼茶叶,茶叶还是开封"王大昌"的茉莉花茶,并没有什么异样。于是,他问屋外候着的家丁:"府里水井可有什么问题,怎么茶水变了味儿?"

在屋外候着的家丁虎子道:"老爷,不会吧? 俺这就去问问。"

不多时,虎子叫来家丁铁蛋。

铁蛋禀道:"老爷,咱们每日所用之水都取自抚衙内的井中,今日井水也没异样呀?"

张伯行道:"自我来此,所饮之水,质地都是清冽甘甜,岂有今天这般涩味。"

铁蛋恍然大悟道:"老爷的茶水,一向用的不是抚衙内的井水,是从无锡运来的泉水。"

张伯行吃了一惊:"无锡的泉水? 是谁让买的? 市上价格几何?"

铁蛋道:"这是无锡知县每日早上派人送过来的惠泉之水。"

张伯行惊道:"这事为什么不早报我知晓?"

铁蛋道:"差官说,因抚衙内的井水有苦涩之味,历任制台吃的水,都是当日无锡知县派人送过来的惠泉之水。"

张伯行站起身,长叹一声,道:"大事,都是小事酿成的啊。虽然只是水,却也还是科派给百姓的徭役。我身为江苏一省的父母官,岂能受之?"

他让虎子找来大仪,对大仪道:"你这就派人去告诉无锡知县,从明日起水就不要再送。你再去查验一番,府上各项开支,如有白用、过度浪费的,从明日起一概蠲免。"

大仪回道:"禀老爷,府上所有用度,除无锡泉水这一项是前任旧例,其他没有一项是官银。"

张伯行放心地点点头。

为官这么多年,张伯行一向是俸禄不够用,就从仪封老家调取。吃的粮食,穿的布料,就连磨面用的石磨和毛驴,也是从仪封老家遥遥运来。在苏州一年的花费大仪计算过,得三千多两银子,毫无疑问,还是得从老家拿。他很早就和大黑商议,家里的产出一年也是有限的,如此源源不断地供应他在外为官的用度,恐怕早晚要吃不消。都说是"三年清知府,十万雪花银"。

可这些年,张伯行从仪封老家往外拿的有多少个十万,已无法计算。大清很多官员,只有往家里送银子、送东西给家人使用的,很少从家里往外运银子和东西供公用的。假如做官是这么个赔本的做法,估计大清很多官员都会辞官回家。

二

督抚并行

康熙四十九年二月，康熙帝西巡五台山。

这日，张伯行接到御批奏折，喜出望外。皇上仁爱百姓，准许赈济灾民，于是他马上行动，放粮赈灾。连忙数日，放粮赈灾之事总算安排就绪。当张伯行长出一口气时，一封信札躺在书案之上。他看到信封上"曹寅"二字，即欢喜异常。

随着曹寅书信送来的，还有《全唐诗》十函，是他的扬州诗局刻印的。此书是曹寅奉旨刊刻，共九百卷，经内府精刻行世后，引起朝野内外极大关注。张伯行一见，便爱不释手。

然而，信中的话语又让张伯行高兴不起来，他深深地读出此时曹寅的心境。一直以来，曹家虽然备受皇上宠信，家族荣耀，又做着世人眼中的肥差，但终究因出身包衣以及满汉之别，两下里都是矛盾，渐渐地他便有消极避世的心思，外出也不喜见人。他最喜欢竹子，几十年来，写过很多咏竹诗，如：

> 森苹青青绕碧塘，霜姿蔼蔼动幽香。
> 寒风不变终身节，绿叶纷然映晚凉。

这样悲凉的诗句，近年来在曹寅诗中是越来越多。

噶礼去年向康熙帝具本弹劾曹寅和他的内兄苏州织造李煦亏空，说他们欠官银三百万两，康熙帝压下这件事，密信嘱咐曹寅赶紧补上亏空。亏空之巨，如何能够弥补呢！江宁人最是清楚，康熙帝六次南巡，曹寅五次接驾，其中四次皇帝直接就住在曹家。其排场之豪华,花销之巨大,难以想象。曹家再富贵,也是千疮百孔,难以支撑。

曹寅并未在信中写明这些消息,但张伯行多少能够猜到。那一种沉郁的心情,使张伯行不由得皱紧眉头。唯有期待相见,当面叙叙别后寒温,暂解眼前愁怀。

噶礼,噶礼,又是噶礼!江南有这位总督大人,恐怕会风波不断。上一任江苏巡抚于准被他参下去。于准乃一代廉吏于成龙大人之孙,清官之后,素来也听噶礼的招呼,还得个被罢免的下场,更何况自己从不邀功取宠,更不巴结于他。可又一想,身正不怕影子斜,张某只要一心想着皇上朝廷,想着苍生百姓,想着做事干活,想着公平公正,实实在在为百姓办事,又惧他何?张伯行边在后花园散步,边想着心事。

转眼已是清明时节,忙完手头公事,张伯行修书一封,邀曹寅到无锡东林书院一会。

东林书院也叫龟山书院,与杨时祠堂遥遥相对,是无锡一处名胜古迹,也是讲学圣地,北宋政和年间建成,理学大师程颢、程颐的嫡传高徒杨时长年在此讲学。到了明代,几百年风雨沧桑,东林书院破损严重,顾宪成、高攀阳等人主持进行修复。东林书院再次迎来兴盛,高愈、钱仲选、顾培、顾麌等理学大儒先后来这里讲学传道。无锡重文兴教之风盛行,因此人才辈出。

在任江苏按察使时,张伯行拜谒过杨时祠堂,本想去无锡东林书院看看,可因为查唐徐氏卖房一案,需要见常州知府张文鏕,还引出张伯行、张文鏕、张元隆"三张"对出《九张机》,东林书院终未成行。

张伯行先于曹寅三日来到无锡。张伯行多年养成习惯,每到一书院必要免费讲学,到东林书院也不例外。来到无锡的第二日上午,他在东林书院洋洋洒洒地为士子们讲述"唐宋八大家"的散文,反响强烈,受到士子们极大欢迎和喜爱,他们强烈要求张伯行再讲一课。盛情难却,在书院极力请求下,来到第三日上午,他又到东林书院,以《周濂溪集》为主题,为众学子免费讲述《太极图详解》,让大家受益匪浅。

下午,张伯行在驿馆午觉刚醒,大仪来禀,曹大人已在客堂等候。

张伯行赶紧更衣前去相见。刚走到廊檐下,他只听得桂花树后面有人慢悠悠吟道:

> 一丝一粒,我之名节;一厘一毫,民之脂膏。宽一分,民受赐不止一
> 分;取一文,我为人不值一文……

张伯行听过一笑,也徐徐吟道:

> 君不见他乡井径无寻处,春风远拓黄花戍。
> 含哺鼓腹只吴侬,菜花中朝菜花暮。

这是曹寅所作《菜花歌》中的诗句。两个人面对面走近,都朗声大笑。

与张伯行专注于理学不同,曹寅非常喜欢诗词歌赋,并且出手不凡。曹寅最钦佩张伯行为官为人的清廉,办事认真;张伯行也欣赏曹寅风流儒雅,为人正派。两人一位喜藏书,一位爱看书,都是坦诚待人、忠心为公的秉性。再加上王原祁、纳兰性德、陈维崧等诸位文朋诗友的缘故,两人更是惺惺相惜。今日久别重逢,他们把几年间的收获和心得交流一番,兴味十分浓厚,直谈到掌灯时分。

晚饭后,二人边饮茶边聊。张伯行年长曹寅七岁,私下里和书信中二人皆以兄弟相称。

张伯行说道:"愚兄刚到任时就感觉到,现在的江苏跟三年前大不相同。前些日子,沧州向愚兄讲起江苏情况,没想到昔日富庶的鱼米之乡,如今却成这个样子。"

曹寅道:"沧州兄署理布政使,实在是江苏百姓之福。这两年,江苏各州府天灾不断,只有我们江宁府不曾遭过大灾。"

张伯行道:"赈灾之事目前正按部就班地进行,只是有一事愚兄没弄明白。前年,前任巡抚于准大人向朝廷奏请,松江、扬州、镇江等五府灾区漕米缓征一半,到去年一并征收。其实,去年也并没有收齐。一年征收一年半的粮,五府百姓哪能支撑?我跟沧州商议过,请求朝廷准许两年带征,今年一定将所欠之粮漕运到京。"

曹寅道:"此事并不稀奇,别的省也有,皇上必会准许。几年前,我也曾向皇上奏请提税带征,否则,我也无法将两淮积欠的银子填补上。"

张伯行道："可我担心，今年的漕米仍然征收不齐。"

曹寅笑道："怕什么，治水，是孝先兄的能事。其实，苏地肥沃，如果能改善水利，还是不愁农田丰收。我江宁织造局所需织品和绸缎颇多，我每年也留意江南的桑田农事。兄只管去各地看看水道、闸堰。"

张伯行这才舒展眉头，道："如此，愚兄听子清贤弟之言便是。"

两人又闲聊朝野中大事和趣闻。

曹寅道："小弟听闻皇上从五台山回来后，便在朝会上提出本朝要编纂一部字典。这部字典要收录自古以来所有的汉字，不但可供世人读书、研习之用，还要能够流传后世，百代不衰。皇上此议得到文武大臣的一致赞同，当即命文渊阁大学士张玉书、陈廷敬为总纂官，又命挑选二三十名翰林为纂修官。皇上此举，实属前无古人。"

张伯行道："如愚兄不是地方官，也在翰林院或内廷任职，一定毛遂自荐，参与纂修这部字典。"

曹寅笑道："孝先兄的大作《正谊堂丛书》还未编成，倒想起旁的美差来了。"

正说着，虎子来报："老爷，无锡知县来拜。"

张伯行道："无锡知县来何事？请他稍待。"

曹寅起身道："如此，我先告辞，改日再来与兄相会。"

（二）回到江苏这鱼米之乡、富庶之地，居然还要面对百姓饥馑

这一日，张伯行正在书房批阅公文，大黑气呼呼地来到书房，张嘴就道："今天行市上米价大涨，这帮奸商还让不让百姓活啊？"

张伯行把笔放下，急切问道："涨多少？"

大黑给自己倒碗水，痛饮一口，满脸怒气道："一升又涨三文，米价都快翻两番了！"

张伯行听说因灾米价涨得离谱，便安排大黑每日到街上粮行查看。今日早饭后，大黑连转附近几家粮行，见到米价天天在涨。有两家米行为囤积居奇，这几天干脆紧闭门板，挂出"今日无米"的牌子。大黑看着很多百姓拿着布袋，在街上来回奔波，只能眼睁睁望着昂贵的米价，叹着气，空手而回。望

着百姓忧伤的背影,大黑恨不得自己变做那米袋中的米,为百姓带来一丝宽慰。

陈鹏年曾告诉张伯行,江南人烟稠密,气候潮湿,梅雨期百姓储藏的粮食很少。再加上连年歉收,物以稀为贵,一有风吹草动,米价迎风便涨。

大黑退下后,张伯行陷入沉思。民以食为天,百姓一天两天买得起,一月两月还可艰难度日,时间一长怎么支撑下去。受灾地区的百姓有赈灾粮还能勉强维持,没受灾的百姓反倒要吃不上粮。粮价上涨,物价势必跟着涨。想到没粮吃的百姓,张伯行格外心疼。他没想到,在山东那穷困之地,在福建那偏远之乡,百姓缺粮少衣,赈灾是头等大事。回到江苏这天下鱼米之乡、富庶之地,居然还要面对百姓饥馑,真的让人不可思议!

为平粮价,当今之计,只有采取福建时的方法,从藩库里拿银子,到相邻各省买米,分拨到各州府,平价卖给百姓。这同放粮赈灾一样是十万火急的事。想到这里,张伯行忙铺上纸,拿起笔,上疏康熙帝。

张伯行恐收到皇上准予时为时已晚,他一面命人快马加鞭送往京城,一面预支三万两库银,着人迅速去购买粮食。他特别嘱咐一定要速买快运,边买边卖。不出十日,市面上米价就恢复正常,张伯行心里的两块石头,总算有一块落地。

张伯行擅自做主私动库银,没遭康熙帝怪罪,反而还得到嘉许。

对于皇上的态度,张伯行感到十分欣慰,却也不敢懈怠。米价虽已稳定,赈灾的事情却还没结束。他打算北上,到受灾的几个州府去巡查赈灾情况。康熙帝御批中也表达这个意思,命张伯行务必安抚灾民,帮助灾民生产自救。

粮价刚一平定,张伯行就深入田间地头,访贫问苦。

这一日,过境江宁地界,大仪向张伯行说道:"这里到江宁府城不过一日路程,老爷要不要去拜见制台?"

张伯行正在思索,大黑却道:"见他干什么?咱们老爷是去关心灾民疾苦,制台每日吃香的喝辣的,还用咱老爷关心?"

大仪笑道:"嘿嘿!你这嘴,越发没把门儿了。"

张伯行道:"大黑说的有理。我只忙我的事,如果向江宁走,再折回,至少浪费两三天的工夫,一日不将灾区走一遍,我心里就不踏实。"他抬头看看接近正午的日头,又说道,"大家劳苦半日,到前面驿馆,咱们吃过饭,休息半个时辰再赶路。"

还没到驿馆，大仪远远看到驿馆门前有重兵把守，想是有高官在馆内休息，忙叫停马车报与张伯行。

张伯行掀起车帘向驿馆望望，心想，如此派头，难不成是制台在此？便说道："他们休息他们的，咱们休息咱们的，各不妨碍。"

来到驿馆门前，大仪见一面"督"字旗，正迎风招展，门内一副排场的仪仗摆在墙下。他一问守门兵丁，果然两江总督噶礼在此。

驿丞出来拜见张伯行道："大帅昨日大驾至此，卑职这就去通报一声。"

张伯行摆摆手，表示不必，自行向驿馆大堂走去。只见座中主位一个浓眉重须的官员正在饮茶，正是噶礼。张伯行未到门前便恭谨揖道："江苏巡抚张伯行拜见大帅。"

噶礼抬头见张伯行进来，暗暗吃惊，起身笑道："哈哈，相约不如巧遇。昨天本帅还在念叨孝先，没想到今日便遇上。孝先，来，来，快坐！"

张伯行坐下道："下官正要赶往淮扬监赈，不想巧遇大人在此。"

噶礼笑道："好啊！孝先，你的咨文，本督看过。受灾三府地广人多，一个人怎么监守得过来？所以，本督特来此间等你，与你同去可好啊？哈哈！"

听过此话，张伯行更是大吃一惊，答道："哈哈！大帅心系灾民，实在是江苏之幸……"

"江南与别处不同，乃国库柱石，皇上时常挂念。"噶礼打断他的话道，"为慎重起见，也为皇上分忧，本督以为，江苏之事都应该本督与孝先共同行事。不知孝先意下如何？"

张伯行笑道："下官正求之不得。只是让大帅劳累，下官实不忍心，还请大帅以身体为重。"

噶礼道："孝先言重。为皇上操劳是咱们为臣子的本分，何有劳累之说。淮、扬、徐三地，本督与孝先同往，将一路所见记下。本督整理后将奏报皇上的折子写好，把你名字署本督后面便是。"

张伯行道："大帅安排甚好。三地百姓，定然感念大帅恩德。只是整理数据、书信奏折都是体力活，全由大帅操劳，下官实在于心不忍。"

"孝先果然心思缜密，知道本督为百姓操心劳累，忙得不可开交。要不孝先就受累，先拟出奏折，送予本督过目便可。"噶礼听出张伯行对他写奏折不放心,笑道。

噶礼看似大度,实仍紧握联名奏折决策。张伯行也不示弱,为防噶礼在奏折中做手脚,他又说:"这样最好,等大帅写好奏折,下官就签名。"

二人又谈片刻,张伯行才去用餐。二人相谈,看似风轻云淡,实则话不投机。只是,他俩始终不提起那棵珊瑚,也只字不提引起轰动的《却赠檄文》。

张伯行本想,这一次到淮扬监赈,顺便视察水利,实地了解水患根源,将需要治理的河道、水闸、河堰、堤岸上报朝廷拨银整治,从根本上消除水患。谁知,半路杀出个程咬金。与噶礼同行搅乱张伯行预想的行程,但是,拜见河道总督赵世显的计划万万不能改变。

(三)张伯行不禁想起自己数次在黄河上抗洪抢险,一时间思绪万千

江苏水网密布,稻桑农田耕种离不开水利。修好水利,农民丰收,江苏所欠朝廷的漕米就能在这一两年补上。城镇之中,百姓从事百业千行,倘若能够促使他们经商更加活跃,即便减免一部分赋税,库中也不会损失多少,反而有可能增加,曹寅所言很有道理。因此,此次张伯行一定要见见赵世显。

> 史载:赵世显,奉天人,康熙四十三年(1704 年)任山东巡抚,康熙四十七年(1708 年)十一月,从山东巡抚任上调河道总督。至康熙六十年(1721 年)十二月,被免去河道总督一职,在任十三年。曾书一联云:"只如此已为过分,待怎么才是称心",警醒自己"知足"。

河道总督衙门原本设在山东济宁。康熙十六年,考虑到淮安是黄河、淮河、大运河交汇处,是治河工程最重要的地方,而总河署所在的山东济宁距此路途遥远,往返不便。为便于及时掌握水情河势,就近指挥,时任河督的靳辅便在淮安城西北清江浦的原户部分司旧衙署设立行馆。

噶礼和张伯行第一次前往清江浦的河督衙门,未能见到赵世显。据门吏说,赵世显前去巡视黄河,短者三天,长者五天才回府。

噶礼不愿等,便说道:"孝先,既然赵河台不在,来日方长,本督与孝先下

次专门来清江浦拜访赵河台。"

张伯行一心想见赵世显,回道:"大帅,下官才到江苏,很多事情还在熟悉,尤其河患连年发生,搞得民不聊生。下官想去河边拜见赵河台,讨一破解之法。"

"既然孝先有此爱民之心,那就快去快回,本督在驿馆等候。"

说完,噶礼便回驿馆。张伯行由河衙差役引领,去寻赵世显。

马车走在黄河河堤上,踩过繁密的蒿草和野花,一路上张伯行凝视宽阔的黄河。此时,黄河平静如沉睡猛虎,虽然不见波涛汹涌,那股隐藏的力量却分明在河中荡漾,使人心生敬畏。张伯行不禁想起自己数次在黄河上指挥抗洪抢险的往事,一时间思绪万千。浩荡宽阔的黄河,千百年来,苍生赖以生存,又受其灾害。自古水利关系重大,一个坚固的水利工程能福泽千秋万代。这条桀骜不驯的大河,不知何年何代才能不再为祸苍生,成为造福人民的幸福河?

看到眼前的滔滔黄河,张伯行想起千里之外的故乡,想起铜瓦厢的黄河水惊涛拍岸,想起漫漫的黄河故道,想起黄河滩上的黄河少年。

后人有诗曰:

> 许多年许多年前,黄河没有地平线,只有孤零零的桅杆,撑起摇摆不定的帆。你坐在船头,坐在厚厚的历史中间,任祖父的茧纹在缆绳上滑落,任阳光叠着黄河在脚下泛滥。抛锚了,又粗又长的绳索,留下你尚未沉淀的信念。沙滩上的记忆都被收割,只剩你,在默默阅读河水写下的格言。哦,黄河少年,即使梦走不出汛期的八月,心中,也该藏着一只洁白的帆。

走了一个多时辰,在黄河岸边简易的指挥帐篷里,张伯行终于见到赵世显。赵世显虽就任河道总督不足两年,治河却十分勤勉。

张伯行见赵世显虽穿着官服,但浑身都是黄泥,正坐在凳子上对着一张图纸出神,便上前施礼道:"江苏巡抚张伯行,参见河帅。"

赵世显猛然抬头,愣了一愣,上下打量张伯行,起身道:"哦!张孝先,久闻大名,今日得见,果不寻常。听闻孝先治河颇有手段,来,来,帮本督看看,这一处这么裁决可行否?"说着,就将张伯行拉到案前。

这位河道总督,正值盛年,一脸忠厚相。方才听见人报说,江苏巡抚来见,因为心中想着事情,他并未在意。

二人面对面坐下,虽未寒暄,但并无陌生感,就像是相识已久,且一直共事。张伯行本想讨教如何治理江苏水患,没想,反而被赵世显请教起治黄。原来,赵世显奏请加长御黄西坝,得到康熙帝允准。眼下,工程正如火如荼进行中。

治黄之事难不倒张伯行,他曾多次参加过黄河抗洪、修筑河堤、疏通河道,正因为此,遇到难题的赵世显才请他出主意。

张伯行认真听过赵世显的叙述,沉思片刻,说道:"河督所论极是。只是,刚才河督讲工程要占用一片坟地,下官以为,让百姓迁移祖茔恐怕会遇抵触。倘若一味强人所难,动起粗来,激起民愤,惊动皇上,恐不好收拾。"

赵世显皱眉道:"这点本督也想到,有前任河督张鹏翮之鉴,本督遇事更要深思熟虑。"

张伯行道:"修河固堤本是好事,百姓吃过黄河的苦头,知道筑堤防洪的重要,正求之不得。大家也清楚,倘若大堤不牢,大水过来,不要说祖茔、房屋,就连身家性命恐也难保。下官窃以为,假如对当地乡绅、德高望重者及各家族长,晓之以理,动之以情,由他们带头迁坟,并请他们说服村民及族人,再对迁坟所需给予补偿,想来也未尝不可。"

赵世显颔首道:"此言甚是。工程虽然大,着眼却需小。"

二人畅谈黄河治理的心得体会,聊得好不投机。张伯行转换话题问道:"河督,江苏许多州县遭灾,民生艰难。我欲兴农桑,但不知对于江苏省内水利事,河督有何教下官?"

赵世显不假思索笑道:"前任于巡抚曾经上疏丹阳练湖的事,大约其他州县也有类似,孝先详察便可知悉。"

张伯行明白这是江苏本省民事,与河道无干。自己回去问陈鹏年,或查抚衙卷宗也能知晓。

"多谢河督指教!"张伯行致谢道。

张伯行告辞时,赵世显却有些不拘小节,不冷不热地说句"慢行",就继续低头在图纸上写写画画。张伯行由衷一笑,深感欣慰。

（四）只因自己在外为官多年，才致使家中财物日益匮乏

转眼暮春，苏州城中草木一片葱郁气象。偶有风起，飞花缭绕在行人之间与粉墙绿瓦上。

张伯行巡赈归来，从苏州北门刚入城，车马就停滞不前。前面一队披红挂绿的人马中，有牵马拉着大家什的，有抬着轿子的，有抬着箱笼的，还有吹打乐器的、手舞足蹈的，还有人沿街挥洒彩纸，队伍中夹杂着两辆装满奇花异草的花车，赶庙会一般热闹。好奇的百姓看半日才明白过来，原来是迎亲的队伍。大家纷纷议论怎么这样花里胡哨的，这到底是什么人家在办喜事，好大排场，不晓得要花多少银子。

掀开轿帘见此情景，张伯行想起一句谚语，"新婚胜如小登科，披红戴花胜似状元郎"。为不搅新郎官的好兴致，他吩咐回转车头，绕道回抚衙。没想到刚转过车头，后面也来一班人马，同样吹吹打打，同样抬着花轿，同样披红戴花，高头大马上同样坐着春风得意的新郎官。狭路相逢勇者胜，两方迎亲队伍似乎要一比高下，看看谁家更豪华谁家更气盛谁家更有脸面。张伯行心想，这哪里是办喜事，分明是攀比炫耀。这种崇尚奢华的陈规陋俗一定要改，不然，殷富之家会因办喜事被掏空；温饱之家一场喜事下来，怕是要举债。

两班人马堵在街上，僵持好长时间，两个媒人你来我往、大呼小叫地好一番沟通，最终，双方各让一步。一方后退几丈，另一方更改路线，这才错开阵势，各自忙活。

好不容易突出重围，回到衙门，张伯行稍事休息，便叫来见多识广、熟悉本地风土民俗的钟逯。

听张伯行询问民间婚俗，钟逯回道："本地红白喜事向来铺张，每家都想办得体体面面，不肯落人褒贬。有的人家，甚至是倾家荡产去办喜事。这还不算，还有叫人胆寒的，就是凡大小事，只要需和人交际洽谈，就必然大摆筵席，而且竞相选在昂贵豪华的酒楼或者别院。菜式讲究更多，假如花钱少点儿，就会沦为笑柄。"

张伯行道："这不是百姓度日之法，倒是日益困缚百姓之绳。"

钟逯道："所以，许多人最怕什么黄道吉日，碰上好日子，就得随礼破费。

今天就是大吉大利诸事皆宜的黄道吉日,所以城中喜事多、聚会多。"

忽听见墙外有人嚷嚷。张伯行觉得奇怪,抚衙院深墙高,轻易听不见街上的响动,何事闹出如此大动静,便叫大黑出去一看究竟。

很快,大黑回来笑着禀道:"回老爷,大家都在议论麒麟。刚有人从王、顾两家门前经过,瞧见麒麟。有人说,这麒麟好不高大,怕是比绣楼还要高些,更难得的是它行止舒缓斯文,也不怪吼。"

张伯行疑惑道:"麒麟乃神兽也,怎会出现在苏州城中?"

大黑道:"有人说,是从京城用极大的笼子运转过来,要放在顾家园林里养着,兴许是顾家所购。"

张伯行思忖片刻,忽然醒悟过来,道:"对了,你说的这个麒麟大约是一种鹿,前朝永乐年间就有外国进贡到京城。好像是哪本史书记载,是榜葛剌国遣使臣朝贡来的,所经之处也是人头攒动,争相一睹。想来这个麒麟对于我朝,应是物以稀而贵。"

"依老爷所言,此麒麟并非古书中说的祥瑞那种。"大黑恍然大悟道。

张伯行点点头。这时,守门衙役来报,陈鹏年求见。钟逵听说署理布政使来访,便应声退下。

陈鹏年一见张伯行,既不寒暄,也不提公务,直接就笑道:"孝先兄,与我一同去看麒麟如何?"

张伯行也笑道:"我倒是有几分好奇,怎么如此稀罕的奇兽会来到苏州?"

陈鹏年道:"小弟听说,是顾家从京城圆明园取得。圆明园尚未建成,就把这祥兽送出去,这事顾家倒是知会过知府衙门的礼房。"

张伯行思忖道:"如果顾家要在园林中自养,那么……"

陈鹏年道:"二十多年前,圣上南巡时,曾来到王、顾两家的园林。当然,那时这园林还不是他两家所有。"

张伯行惊异道:"顾家难道是预备着圣上再次南巡,住在他家?"

陈鹏年叹道:"只能做如此猜测。"

一个商人之家,竟然梦想着迎接圣驾。苏州人尚浮华豪奢竟至于此,真是令人瞠目!

过不一会儿,大仪也走来,回禀张伯行道:"老爷,那麒麟跟画里的麒麟差得远呢!头上也有两只短角,只不过四足修长,脖子更长得出奇。这东西性子倒是和顺,有人朝它投掷瓜果,它也不理会,也不发作。想来天下之大,地理有异,咱们也有外国不产的东西,外国有咱们不产的东西。"

张伯行道:"我曾看过的一幅画,画中大约正是此物。苏州人尚奢华,对罕有之物追捧自然不稀奇。"

陈鹏年道:"苏州自古也算是富庶之地,苏州人也多喜奢靡豪华,尤其富商、世家。前几年我也曾禁止过这股风气,革除些旧俗。"

"这也正是我考虑的一件事情。"张伯行道。

陈鹏年见张伯行面色沉重,知道他刚回苏州,一定满心都是要务,需商议处理,便说道:"今日这麒麟,可看可不看,何日看都可。"

张伯行道:"愚兄正要差人去请贤弟。"

"哦!兄长叫沧州来,有何吩咐?"陈鹏年问道。

张伯行便把在黄河边赵世显提到丹阳练湖的事询问一番。

陈鹏年思索片刻道:"这是去年之事。丹阳练湖,冬春季节泄水流进运河,夏秋季节分流灌溉农田。有奸恶小民为谋私利,把下湖之地让佃农耕种,自己征收赋税,害得许多农田无法灌溉,变成贫瘠的荒地,民怨很大。前任巡抚于大人上疏朝廷,皇上准予仍旧蓄水为湖,便于灌溉农田。"

张伯行捻须道:"原来如此。我省湖多,若加以利用,不但利于农田灌溉,还利于涝时行洪,于大人为百姓办的是件大好事。这等惠民之事,今后一定要继续下去。沧州回去看看,还有哪些湖泊尚需清理,治理好就是功在当代、利在千秋。"

说完,张伯行拿出厚厚一沓书本让陈鹏年看,这是他外出一个月来监赈情形和水利事务的手记。陈鹏年大致浏览一番,非常高兴,感到是非常难得的第一手资料。接下来,二人对迫在眉睫的内容逐条商议。

其实,有些事情张伯行心中已有治理方案,但听陈鹏年仔细分析后,才知并不可行。有些事情张伯行还苦无良策,陈鹏年给出些意见,令他茅塞顿开。二人从午后一直讨论到掌灯时分。

简单用过晚饭,陈鹏年告辞。张伯行携着他的手送到仪门外,高兴地说道:"听君一席话,胜读十年书。今天咱们兄弟所谈,令愚兄心里敞亮许多。哈哈!看来破解江苏水患指日可待,愚兄代江苏百姓感谢贤弟。"

夜幕深邃,街市之声隐隐。送走陈鹏年之后,张伯行在抚衙内缓缓踱步。

经过一个月实地查看,和今天与陈鹏年促膝长谈,水患这块压他心中的巨石,算是落下一半。他不时仰望满天星斗,享受这难得的轻松。

张伯行还没走进房间,大仪急匆匆而来,走到他背后叫了一声:"老爷,家书已到!"

张伯行闻言一喜,这是到江苏之后收到的第一封家书。他快步回到书房,迫切地裁开信封:

> 男师栻跪禀
>
> 父亲大人万福金安……

信是长子栻儿写的,他与弟弟载儿在家读书,眼见得功课一年年扎实起来,文采也颇为可观。张伯行急忙往下看,一字一句把书信细读两遍。栻儿在信中说起三件事:其一是祖母耿太夫人春日偶感风寒,病些日子,现在已经痊愈,胃口也颇好;其二是修葺先祖父东冈公的坟茔;其三是家中产业衰落,家资所剩不多,恐不久就会不支。

张伯行靠在椅子上,默然许久。只因自己在外为官多年,克己奉公,每每从家中取用,才致使家中财物日益匮乏。自古忠孝不能两全,果然如此啊!

前些天,张伯行梦见去世十几年的父亲。父亲面容清晰如昨,行动稳健如松,当年在家乡设棚煮粥救济乡亲的情形也模糊地浮现在梦中。父亲对他说,人生在世,吃饱穿暖就已经足够,就能做很多事。假如只顾自己锦衣玉食而置穷苦乡里于不顾,那真是枉为人。张伯行点头称是。父亲又说,儿啊,你只管去吧,不要挂念家里,好好为官造福百姓就是尽孝……不久前,张伯行也梦见母亲耿太夫人,像他年幼时那样,母亲爱抚地轻拍他的背,劝他读书不要太累,休息一会儿。张伯行醒来,发现自己脸上挂满泪水!

(五)张伯行顶着暑热,再往扬州,与总督噶礼会同审理案件

盛夏炎热,花草的叶子被太阳炙烤得耷拉着。在聒噪的蝉鸣声中,城中大街小巷泛起冰饮小食的叫卖声。在城中百姓设法消暑之际,张伯行轻装简从,顶着暑热,再往扬州,与总督噶礼会同审理案件。

噶礼与张伯行分上首、下首落座,扬州知府赵弘煜调取案卷奉上,二人一份份详加审察。其中有一些钦案,噶礼看得格外仔细,过程中还向陪侍的扬州知府赵弘煜问询一些细节。商议之中,遇到噶礼与张伯行意见不一的案件,只得留待再审。有时二人意见大相径庭,甚至需要赵弘煜从中调解。

　　史载:赵弘煜,镶白旗,宁夏卫(今银川)人。其父赵良栋,河西四汉将之一,升任宁夏提督、云贵总督、兵部尚书,并封一等子爵。其兄赵宏灿,迁浙江提督,擢两广总督,授兵部尚书。赵弘煜在康熙四十七年三月二十六日就任扬州府知府,康熙五十三年六月因江南科考舞弊案被革职。

赵弘煜眼见总督和巡抚二人意见相左,明显不和,自己夹在其中倍感尴尬和不安。毕竟自己是本府之知府,职责所在,只得在二人之间小心周旋。见二人又发生争论,忙赔着笑,小心翼翼劝道:"二位大人,哈哈! 天热暑气盛,莫动肝火,莫动肝火,哈哈! 小心伤身……哈哈!"

张伯行边查看案卷边想,假如会审一直如此,还不如不进行。督抚针锋相对,有失体统不说,传将出去恐引江苏官员人心惶惶。假如噶礼再质疑,自己不与他辩论,只管按自己的主张进行便是。此后不管噶礼再发何等议论,他都不再接腔。

张伯行在看一份民妇投毒杀人案卷时,感到颇有几处不妥,再看后面判的是斩监候。

案卷记录,康熙四十八年三月,江都县湖东村冯六一家七口人,三天之内先后中毒身亡。经仵作检验,是食用有鼠药的饭菜所致。冯六大哥冯义称,凶手为冯家邻居寡母张陈氏。张陈氏供称,因见冯六家人丁兴旺,日子宽裕,心生嫉妒,从而投毒。

此案性质极其恶劣,江都县民愤极大,百姓纷纷要求立即处死张陈氏,冯氏族人恨不得将张陈氏千刀万剐。江都知县审理此案,经层层报请,最后判的却是凌迟。张陈氏的儿子张大牛不服,称其母是冤枉的,他来扬州府衙告状。扬州知府细细查看口供和证据,提审张陈氏,让冯义、张大牛、张陈氏三人当堂对质,最后定下斩监候,报到刑部,刑部查阅过案卷,未有异议。

张伯行第一个疑惑是,如果罪证确凿,该判斩立决,为什么定的是斩监候呢？难道扬州知府并不确定张陈氏之罪是否属实？再看证据，只是在冯六家找到用过的鼠药。如何确定这是张陈氏用的呢？至于人证，都是口说之词，并没有可以互相印证的地方。

张伯行问道："赵知府，这案子里被告的儿子，为什么说被告是冤枉的，他有什么证据吗？"

赵弘煜看了看案卷，说道："回抚台，这张大牛除说他母亲绝不是杀人害命的人，也拿不出实在证据，关键是原告说的作案时间都跟被告对得上。"

张伯行道："第一次投毒和第二次投毒相隔两天，冯家的丧事还没办完，就又死人，委实可怜，凶手也是歹毒至极。即便被告张陈氏是出于嫉恨，但已经死三个人，还包括两个孩子。冯家已经家破人亡，为何非得赶尽杀绝再次投毒，何以有这么大的仇恨？"

噶礼不屑地说："有何奇怪！乡野刁民，只图一时之快，哪懂得仁义道德？孝先若以自己的仁人君子之心，揣度这等恶妇，岂非妇人一样少见多怪？"

张伯行拱手道："大帅，此案疑点颇多，想必赵知府也有此感吧。否则，为什么只判斩监候？"

赵弘煜讪讪应道："虽然下官想不通，但事实如此。况且，这案子刑部也呈报给皇上，皇上十分关切，要下官等严加审理，公正裁断。可以说，已经是钦案，结果也是确定的。"

噶礼道："孝先，难道皇上御览过的案子你也想翻案不成？"

张伯行一时语塞。他再次翻阅案卷，找到方才非常刺眼的一处口供。张陈氏被从江都押解到扬州审讯，一开始是翻供的。她说自己在县衙大牢里整夜被狱卒用刑逼供、威胁家人，不得已才认罪。当时的口供是捕快说一句她学一句，如此才录下。第二天一早到公堂上，捕快便说被告已经认罪，将口供交给知县。

张伯行指着这处翻供之词，对赵弘煜道："这里，赵知府可曾传问过江都知县？"

赵弘煜答道："问过的。江都知县说，并没有用刑逼供，犯人身上也没有伤痕。是这民妇刁赖，以为告到府衙就有机可乘，所以翻供。抚台您看，后面的证供足以说明她这是抵赖。"

张伯行摇摇头，他认为，最好还是当面问询这个张陈氏。假如他提出要亲自审问,一定会遭到噶礼的反对。假如之后再找知府赵弘煜要求审问张陈氏,事后被噶礼知晓,也必有麻烦。思忖一会儿,他说道:"大帅,下官对赵知府有个不情之请,未知可否?"

噶礼问道:"何事?"

赵弘煜忙说:"请抚台吩咐。"

张伯行道:"既然张陈氏不甘心认罪,而且其子张大牛也一直四处喊冤,不如将张大牛唤来,当堂审问,给他个心服口服,也免得他败坏扬州府刑狱的名声。"

噶礼道:"何需如此,这岂非画蛇添足? 刁民若敢放诞无礼,只管让差役捕捉过来,按律处置。"

赵弘煜却道:"这个张大牛,年轻气盛,也是不好捉哩! 还放言说要去告御状,是下官派人在要道留意才拦住他。"

张伯行道:"我大清律法严明,给天下人公道。假如是铁案,不怕他张大牛狡赖;假如还有疑点,岂不正是矫正的机会,也不辜负皇上仁慈爱民之意。"

"抚台言之有理。"赵弘煜听后,觉得有几分道理,对噶礼说道,"大帅意下如何?"

噶礼昂首傲然道:"本督自然从善如流。"

随后,张伯行派大黑设法找到张大牛,暗中了解案情。

(六)扬州府衙大堂上,赵弘煜主审,噶礼和张伯行坐在两旁

大黑动身之前思量一番,决定还是先向府衙门吏打听。门吏说,张大牛隔十天半月就来府衙门口喊冤,其他情况并不知晓。大黑便快马加鞭来到江都湖东村,找到张大牛家,却见大门紧锁,打听才知他在镇上帮人杀猪。

听见有人找,张大牛并没有放下手中的活。直到肥猪鲜血流尽不再动弹,他才松开手,胡乱擦擦,去见来者。

大黑见张大牛长得矮壮精明,直接说明来意,问道:"你可有什么物证、人证?"

张大牛瓮声瓮气道:"在冯家发现的老鼠药,是冯六从镇上药王赵石头那里买的。我娘如果有心害人,自己怎么不买鼠药? 就算是知道冯家有鼠药,

但这玩意谁家不是妥善放着,怕被小孩子拿来吃,我娘怎么知道他家的鼠药放在哪里? 我娘一个寡妇家,这么多年轻易不串门,虽然跟冯六家是邻居,但是几年都没进过他家屋门。"

大黑道:"这有人可以作证吗?"

张大牛说:"有啊,隔壁丁太婆最清楚,不过她八十多岁走不动路了。"

大黑道:"想救娘,就得想办法让她老人家去作证。"

张大牛信心倍增,说:"好,我有的是力气,就是背也把丁太婆背过去。"

果然,第二日,扬州府两名捕快找到张大牛家,即刻要带他赶往府衙接受讯问。张大牛不慌不忙,拿起准备好的小包袱,推着昨天借好的推车,到西邻推起半瞎的丁太婆,和两名捕快一同出发。

扬州府衙大堂上赵弘煜主审,噶礼和张伯行坐在两旁,江都知县郭才胜陪坐一旁。

赵弘煜向堂下说道:"张大牛,抬起头来。本府问你,自从你母亲张陈氏被定罪后,你多次来府衙喊冤,见人就说你母亲冤枉。制台和抚台在此,两位大人慈悲爱民,念你是个孝子,有何冤处,尽管说来。若有半句谎言,本府定拿你治罪。"

张大牛抬起头,见堂上除知府、知县外,还坐着两位身着官服威严之人,想必就是制台、抚台。知道母亲冤情能申,顿时心中欢喜。

张大牛早有准备,连连磕头道:"制台老爷、抚台老爷,我娘冤枉呀,请给小人做主呀! 小人一家永世不忘。"

赵弘煜道:"从实讲来。"

张大牛道:"有一次小的探监,娘曾告诉小人,因为捕快在牢里对她用刑,捂着鼻子不让呼吸,要她招认,我娘没有应承。后来,他们说,人就是你杀的,你要是不认,我们就把你儿子抓来定成同案犯,到时候你想承认是自己干的也不行。我娘听过非常害怕,她就我这么一个儿子,宁愿自己死也不愿我受苦,所以就认罪。可是,后来她又想想,如果当娘的成杀人犯,杀死人家全家,那儿子还怎么在江都待下去呢,谁不戳我的脊梁骨? 所以她又翻供。因为怕我娘再受刑,我卖房、卖地、卖牛,又四处借钱,凑十二两银子,在江都县衙的捕房和牢房里打点一番。小人本想送银子给知县的,但是人家都说,阎王好见,小鬼难缠。再说,我实在再也借不到银子了。"

赵弘煜问:"郭知县,张大牛说的行贿一事,可是实情?"

郭才胜忙起身说:"回知府大人,下官治下不严,回去一定严加训诫。"

大家心里都清楚,各衙门的捕房都有此弊病。捕快薪水少得可怜,又跟老百姓打交道最多,难保不受贿、索要。

赵弘煜又问:"对待嫌犯用刑,虽有可能屈打成招,但有时实属必需,这也证明不了张陈氏无辜。张陈氏那段日子每天去田里拔草,还要给人送菜,只有案发的那两日没出去,岂非正是作案的时间? 对此,冯义和几个村民都有证言。"

张大牛急道:"大人,小人的娘不止那两日没出门干活,还有一日也在家的。现有证人,小人带来,就是小人的邻居丁太婆。"

赵弘煜道:"传上堂来。"

不多时,一个面容如枯树皮状的老人在两名衙役的搀扶下,颤巍巍走进来。

见她上来,赵弘煜说:"老太婆,念你年高体衰,不必行礼,赐座。"

丁太婆向前探探身,算是施礼道:"多谢……大老爷……"

衙役搬上一个板凳,丁太婆拿着拐杖摸索着坐上。

赵弘煜道:"本府问你,可是丁太婆?"

"回大老爷,正是我老太婆,村里人都叫我丁太婆。"丁太婆颤颤巍巍道。

噶礼看着丁太婆疑惑道:"赵知府,这样老的一个人,记忆还可靠吗? 看她似乎眼睛也看不见。"

丁太婆虽然眼不好,耳朵却灵。她听到噶礼的话,不服老地说道:"哼! 我老太婆虽八十有三,几十年的事情都记得清楚着呢……眼睛虽然差不多全瞎,心却没瞎,村里的事瞒不住我。"

赵弘煜道:"好,丁太婆,你可说说张陈氏和冯六家的事,不许有半句谎言。"

丁太婆道:"他张奎姊子,我们是二十多年的邻居,打她十六岁嫁到张家我姐俩就认识,心善着呢,对公婆孝顺着呢,与邻居相处得都可好啦,从来没见和谁拌过嘴。这五六年,她根本就没去过冯家。那冯六啊,人恶,见张家人丁稀薄,老想霸占他家那三亩上等水田。大牛娘心善性子弱,就只会哭,也就是对我这个老太婆诉诉苦,我宽解她几句。你们想,这样一个可怜良善的寡妇,会去害别人的一家老小吗?"

赵弘煜道:"人心隔肚皮,你怎么就能断定张陈氏一定不会做伤天害理的事?"

丁太婆说道:"他张奎婶子连鸡都不敢杀,哪敢杀人?"

"冯六家死人的那两天,张陈氏在干什么,你知道吗?"

"第一次的时候,老太婆我不知道。第二次死人那天和头一天,他张奎婶子一直在我家,因为她害怕啊,越想越害怕,邻居家死三个人,换哪一个妇道人家不害怕?连我老太婆都害怕。所以白天她儿子出去干活,她就来我家和我做伴。冯家的丧事,我们也没出门去看一下。没想到这一次又死四口,一家子死绝啦。我们两家都打算先住到亲戚家,避避邪气,当天我就去三儿子家住,没想到他张奎婶子成杀人犯……这真是,哪家的道理哟……"丁太婆虽年老,口齿却还清楚,一口气说出这些事。

丁太婆讲完,张伯行问赵弘煜:"赵知府,原告指认张陈氏是凶手,是何理由?"

江都知县郭才胜忙接道:"据勘查现场的捕头孙光讲,据原告冯义说,冯六一家平时和人无冤无仇,就和邻居张家有过节。"

"具体怎么说?"张伯行接着问道。

赵弘煜道:"把孙光叫上来问话。"

大堂外,跟郭才胜来的捕头孙光忙上堂回道:"回大人的话。冯义说,去年过罢年,冯六夫妇和张陈氏因为琐事有过口角,冯六之妻还打过张陈氏一巴掌。因此,张陈氏就怀恨在心。"

丁太婆说:"冯义胡说!这个事我记得,是冯六看天黑大牛娘从门口过,就说几句不三不四的话。冯六老婆听见,就出来骂人。大牛娘分辩几句,却被骂哭,自己在家里哭天喊地一阵子。后来她儿子回家,她也没动声色,要不然,这小子这么壮实,非揍冯六个半死。"

张大牛这时说道:"我娘小心一辈子,就是怕被人说闲话。平时碰见男子,无论老的少的,都躲开。还经常劝我要老实本分,不要喝酒打架,她怎么会跑到别人家投毒害人呢?说我跟冯六家不和,除冯义再无旁人!"

堂上众人听后,都觉得此案定有隐情,张陈氏似有冤情。

噶礼道:"这也是被告亲属一面之词,毕竟还得拿出铁证来。"

张伯行道:"言之有理,应把原告传来对质才是。"

赵弘煜正要命人去传冯义,却见噶礼往椅子上一靠,面露疲惫之色,赵弘煜小声请示道:"大帅,不如今日就到此,明日再传冯义继续审讯?"

噶礼道:"赵知府是主审官,由你决定吧。"

赵弘煜郑重地说道:"今日就这样,改日再审。"接着,他一拍惊堂木说道:"退堂!"

案子发生反转,张伯行知道不能操之过急,便没有说什么。可见之前的审讯有诸多纰漏,这个赵弘煜心里也存着疑就结案。如此草率,万一张陈氏果真无辜,岂不是草菅人命?绝对不能让真正的凶手逍遥法外。

(七)噶礼明确知道,此后自己和这个江苏巡抚将势不两立

赵弘煜早已备好宴席,用过饭,噶礼与张伯行走出客堂。二人见到天上半圆的明月皎洁可爱,便放慢脚步,赏月闲话。

噶礼乘着三分醉意,对张伯行道:"孝先,看苍穹之上,是星星亮呢,还是明月更亮?"

张伯行答道:"无月时星汉璀璨,有月时自然是明月更胜一筹。"

噶礼笑道:"呵呵!说的极是,星星安敢与明月争辉?"

张伯行体味过这话的意思来,便也笑道:"皇上犹如天心明月,我等臣子就是那群星,自然是众星捧月。"

噶礼道:"所以说嘛,一颗小星,岂能翻明月照过的案子?本帅奉劝你,不要给皇上抹黑,不要给同僚添乱。"

张伯行一时语塞。心上一阵寒意过后,他不急不缓地朗声说:"在此事上,我张伯行一心只为求公道,上对得起皇上信任,下对得起百姓性命。我也相信,江苏官吏绝大部分都是忠君爱民之人,没有鸡鸣狗盗之心。"

"你……!"噶礼勃然大怒,转身看着张伯行,倨傲地冷笑道,"好个第一清官。本帅乃两江总督,偏不许你翻案,你又能怎样?"

张伯行不语,他在快速思索着。这件案子,如果照此审讯下去,极有可能会出真相。看这扬州知府赵弘煜,乃名门之后,父兄皆为朝廷重臣、国之栋梁,他也饱读诗书,断不会做个徇私枉法之人。

张伯行深深呼吸一下，对噶礼揖道："大帅，下官自然不能违拗上官的命令。大帅乃识大局明是非之人，必然也会聆听属下的意见。"

"哼，你还有什么意见？不就是要翻案吗？"

"倒不是下官要翻案，事到如今，孝先有个不情之请，还望大帅大人大量，能够接纳。"

"哼，说来听听。"

"大堂上，对此案下官不再言语，恳请大帅也只听不言。只让扬州知府照常审理，按律处置，如此可好？"

噶礼听过这个提议，不觉微微低头，捻须思考着。他想，这一招倒是出乎意料。不答应吧，显得自己心胸狭窄，故意为难，张伯行倒显得光明磊落。虽然自己是要挫挫张伯行的锐气，但太着痕迹，恐传到皇上耳朵里。这两年自己被御史和刁民多次告状，皇上已经多次庇护，如今还是不要太过招惹圣上的这位红人为好。

想到此，他又沉声呵呵大笑起来。

张伯行道："大帅，这是……下官就当您是答应啦？"

噶礼道："就依孝先。"

张伯行长揖道："君子一言，驷马难追。大帅风度，下官深为感佩。"

张伯行不知道的是，此番噶礼对他的忌恨更添几分。噶礼觉得，此前，张伯行在任江苏按察使时就固执己见，不听招呼。这次再来江苏就任巡抚，还是毫无畏惧、不知退让，便明确知道，此后自己和这个江苏巡抚将势不两立。

三

苏州府学

（一）从一个乡间孩子到朝廷大员，张伯行始终没敢忘记升斗小民的艰辛

假如天上真有雨师，这也是一个极不公道、极其任性的神仙。一年之内，同样是江苏地界，有的地方暴雨洪涝，有的地方干旱成灾。五月的骄阳炙烤着苏州城的大街小巷，也炙烤着城外的农田。已经很久没有下雨，到处呈现出干旱的迹象，张伯行忧心如焚。

自古以来，从朝堂到民间都有向天祈雨之事。说来这还是一件隆重而严肃的大事，自秦朝到大清，历朝历代的皇帝都极其重视，称为雩祀。

数十年来，只要出现较为严重的旱情，康熙帝都要亲往天坛雩祀求雨。尤其是每年的初夏时节，小麦生长的关键期，京城及周边地区十之八九出现旱情。汉代大儒董仲舒在《春秋繁露》中专门详细阐述祈雨的种种仪式，对此，张伯行虽不完全苟同，而今，为民求下甘霖仍是当务之急。

这日清晨，张伯行沐浴斋戒过，率领众官员来到苏州城外的元妙观设坛祷告祈雨。也许是诚意感动上天，到午时竟然哗啦啦落下大雨。望着雨幕，张伯行继续暗暗祈祷：下得久些吧，把江苏干旱之地都下个透。

众官员欢喜之余，纷纷禀道："抚台，可以撤坛了。"

张伯行道："不可，这雨还没有下透。"接着，进行步祷。所谓步，是指禹步，乃道士在祷神仪礼中常用的一种步法动作。传为夏禹所创，故称禹步。这种步法依北斗七星排列的位置而创，行步时好像踏在罡星斗宿之上。

天遂人愿，到黄昏时，这场及时雨浇透苏州干旱的土地。大雨中，苏州城内外都有人冒雨奔走，好像只有如此才能表达欣喜之情。农人更兴高采烈地冒雨来看田间久旱逢甘霖的禾苗。

后人有诗曰：

此刻，雨水沿着父亲额头上的垄沟，缓缓流淌，在冒烟的土地上吱吱有声。许多深刻的哲理有时，就这样简单，就这样的，出自乡野村夫之手，让我们读过经典之后，仍不能大彻大悟。雨，使我们学会宽容与忍耐。

求雨之后，张伯行来到田间，在农田边一脚踩上去，泥水湿黏，鞋子被粘掉。他心情大为畅快，愉悦至极。

他想，假如自己没有读书为官，现在还在仪封老家以教书务农为生，一年四季也是和田地打交道。生很多很多孩子，领一大帮孙男孙女，犁地，打场，每逢久旱无雨或者暴雨内涝，或者强风、冰雹天气，心内该有多么恓惶焦急。父亲一生深谙稼穑之道，经营得家道殷实，也从不忘本，更不忘乡亲父老。世上百业都有苦处，但农人更是辛苦，父亲晓得，他也晓得，而社稷又以农事为本。他从一个没见过世面的后生到巡抚一省的朝廷大员，一路辗转地走过来，心始终秉承理学，追求立功、立德、立言，没有一天敢忘记升斗小民的艰辛。因此，为官以来，他一直苛待自己，一刻不曾放松。

雨后苏州，沿街墙边、空地上盛开的蔷薇和丁香花沐浴过雨水，格外清新鲜艳，引得很多男女出来赏玩。张伯行漫步街头，一直走到苏州府学。府学里安安静静，不时响起年轻学子的读书声。

苏州府学由北宋济世良相范仲淹捐自家宅地创办，他还请来著名学者胡瑗来主持府学，在当时引起极大影响。苏州很多大户人家也开始效仿，兴资办学。范仲淹曾说，"国家之患，莫大于乏人"。他希望普天下读书人都能受到很好教育，将来成为国家栋梁。这些，和张伯行简直如出一辙。多年以来，张伯行是这么想的，也是这么做的。如今巡抚江苏一省，他时常会冒出复兴"吴学"的念头，创建书院的想法更是在心里酝酿数遍。

范仲淹建立苏州府学时，嫌地方太小，装不下天下士人，他张伯行又岂能满足于目前所见的这片学所？一个长方形院落，占地不到三亩，只有前楼、中厅、上房三部分。中轴线两侧建有二层楼房结构的厢房、套间，上、下两层只有十几间。他要依着府学现有的规模，再起一座楼阁，以此作为书院，就命名为紫阳书院,成为江苏第一个书院,边兴建边招生边授课,吸纳更多的士人来修习深造。

江苏邻省安徽,早在顺治九年就建成书院。为办这个书院,巡抚李曰芃捐银两千两,因李曰芃的号为培原,这座书院就命名"培原书院"。前些日子,安徽巡抚叶九思进行重修,将书院改名为"修永书院",不久又恢复原名。

作为一省巡抚,不可不重视书院的建设。张伯行在松柏间转来转去,察看地址位置,却忽然看见一面墙下站着一位年轻士子。他有些奇怪,为什么这人不在学里上课,而待在外面,形单影只?张伯行打量一番,看出这人衣着朴素,有些清贫之气。墙上挂着一些木板,也有笔墨桌案在旁,大概平时无事,士子们书写文章或诗词,张贴在木板上,互相鉴赏或较量。

张伯行走过去,看这人写些什么。

"碧云天,黄叶地。秋色连波,波上寒烟翠……"

原来写的是范仲淹的一首《苏幕遮》。虽然看不出他的文思如何,但书法相当可观,当是学的王铎,书卷气中透出一股潇洒的胸怀。

张伯行看他写完,落款"汪应铨"三个字,心道,原来这人叫这个名字。汪应铨也不理会有人一直在旁边观看,搁下笔,贴上这张字。

张伯行道:"汪公子,真是写得一手好字。"

汪应铨看他一眼道:"先生过奖,晚生的字恐怕远远不及先生。"

"哦,是吗?"张伯行顿来兴致,"你怎么得出这个结论的?"

汪应铨道:"看先生言行举止,必然是饱读诗书。不是晚生冒犯,您毕竟年长,写过的字恐怕比我读过的书都多,书法造诣自然胜过我辈。"

张伯行笑道:"言之有理。没想到你年纪轻轻,为人这么谦逊。"

汪应铨却道:"哪里啊,晚生却是有心要一较高低。请先生不吝赐教,也写几个字,只怕先生不肯。"

"好,写便写。"张伯行爽快地答应,引得大仪和大黑不由得好笑起来。老爷的年龄足可以做这年轻人的父亲,却还要和他比试高低。

张伯行又道:"不但要一较高低,还要赌个输赢。输了的……"

"怎么样?"汪应铨扬扬眉笑道。

张伯行闻到从府学厨房中飘出诱人的肉包子香味,他指着厨房方向呵呵笑道:"输的,请吃包子。如何?"

"好!"汪应铨道,"你我同时书写同样文字,看哪个写得好而且快。一会儿便下学,可以请各位学子评定。"

两人便又选范仲淹的一首《渔家傲》,各自摇动笔杆,在宣纸上挥洒开来。

> 塞下秋来风景异,衡阳雁去无留意。四面边声连角起,千嶂里,长烟落日孤城闭。浊酒一杯家万里,燕然未勒归无计。羌管悠悠霜满地,人不寐,将军白发征夫泪。

写完,大仪和大黑将两张字分别贴在两块木板上,并挂在一起。这时,他们身旁已经围上数名学子。大家看完,一时竟然品不出哪个更好,便一个字一个字地对比来看,你一嘴我一句。这个说"汪应铨兄的字有气势",那个说"这位长者的字有气象";这个说"论布局还是长者更胜一筹",那个说"要的就是汪兄的不拘一格"。吵吵嚷嚷,半天没有定论。大家举手表决,竟然是对半,惹得大家又是一阵吵嚷。

张伯行捻须笑道:"老夫选汪公子为优。"

"哦,这不就解决了嘛,汪兄胜出。"有学子笑道。

汪应铨反倒有些不好意思地说道:"书法之事,孰优孰劣,不是一时之论能够确定。晚生承蒙先生赐教,多谢多谢!"

君子一言,驷马难追。张伯行让大黑去买包子,他领着汪应铨在一间厢房中落座。不一会儿,两大盘包子、两碗白粥、两小碟爽口小菜、两个空碟、两双筷子就被大黑摆在桌上。摆好后,大黑退出去,顺手将房门关上。汪应铨是见过世面之人,他见只有自己和这位气度不凡的老者在此用餐,便料定此人大有来头。蓦地,他想起方才两人比试书法,老者的落款似乎是"恕斋",这个斋号他好像在哪里看到过,也许是哪本书上,只是一时想不起。

"汪公子请。"张伯行笑道,"今日偶然与公子相会,老夫甚是欢喜。"

汪应铨这才注意到老者说的官话中不但没有吴音,反倒带些中原口音,他心里似乎猜着八九分。难道是他? 不会吧! 眼前这位老先生这么和蔼可亲,怎会是? 他和官员打过交道,知道那些人的做派。拿起筷子的同时,他冒昧问道:"敢问先生名讳?"

张伯行坦然笑道:"哈哈! 老夫仪封张伯行也。初来贵地不多时,还请汪公子多多指教。"

听到"张伯行"三字,汪应铨手中筷子掉落于地,他忙敛衣跪拜道:"学生常熟汪应铨叩见抚台。"

张伯行笑道:"快快请起。今日老夫与公子以朋友相交,不必多礼。"

汪应铨道:"学生不敢。方才学生不知是抚台,多有造次,请抚台恕罪!"

张伯行道:"方才很好。读书人就应有公子这种傲骨,难能可贵。不知道你可打算参加今年秋闱?"

汪应铨沉吟不语。

张伯行感到奇怪,府学里的学子大多具有参加乡试资格,看汪应铨的文采自然也不例外,为何问起乡试他有些迟疑呢? 张伯行在他这身粗布长衫上似乎找出答案。从苏州到江宁一路人吃马喂,并且要在江宁待上十多天,一应用度也是不小花费。

汪应铨吞吞吐吐道:"学生才疏学浅,自知还需精进,今年就不打算应试。"

"哦,老夫看公子文采不凡,恐是过度自谦。"张伯行只得这么答道。他心下忖度,这年轻人真是有骨气,不肯告诉我家里贫穷,怕有向我求告之嫌。倘若他将来取得功名,一定是个傲骨铮铮的好官。

"酒逢知己千杯少,话不投机半句多。"两人边吃边聊。这餐饭,食物虽然简单,二人吃得却格外开心。看着眼前这位年轻后生,让张伯行想起自己的儿子师栻和师载。多年来他在外为官,妻子儿女都在仪封老家,他没有尽到为夫和为父的责任。尤其对两个儿子,本来想每天教导他们读书明理、做人处事,却只能通过鸿雁往来传递父子情意。

(二)许多忧国忧民的学子,一旦进入仕途,不过几年便志气全消

张伯行正沉浸于思念的情绪中,忽然听到院中有人吵嚷,声音由远及近。张伯行隔着门询问,大黑进屋禀道:"老爷,屋外有几人找汪公子。"

汪应铨站起来,对张伯行道:"抚台安坐,学生去去就来。"

张伯行没阻拦,等汪应铨出去后,他示意大黑忙跟出去。

"汪应铨,本少爷的水晶镇纸你可瞧见?"张伯行听见屋外有人气势汹汹地问道,一副兴师问罪的气势。

他听汪应铨诧异地回道:"瞧见过,是件珍宝,可找不到为何问在下?"

"为何问你? 有人告诉我,上午你一直在南墙转悠。本少爷放在案上的水晶镇纸,除你之外,还会有谁拿?"梁桧轻蔑说道。

"梁兄,你丢东西,与我何干?"汪应铨压住心中之火,接着说道,"在下光明磊落,从不做鸡鸣狗盗之事。不要说一对镇纸,即便是十两金子,在下也不会心动。"

梁桧脸上忽然浮现出怪异的微笑,说:"本少爷那镇纸,也不算什么稀罕物,同窗也没有谁以为了不得,大家用的文具都是差不多的,连日常用物也都所差不多。唯有你是个例外。"

汪应铨霎时脸红。长期以来,自己确实是勉强支撑着在这府学里读书求学,府学对学子虽有补贴,但他负担重,生活还是捉襟见肘。面对那些出手阔绰的豪门世家子弟,他虽无嫉妒羡慕之心,也不免有几分失落自卑。自己是官府供给廪银的廪生,才华出众、胸怀磊落,却只能独来独往,孤独也如影随形。而梁桧是花钱捐的例生,本就资质平平,还不学上进,整日华服美食,书童、奴婢服侍,备受追捧。苏州本是富庶之地,从不缺豪门大族,府学虽为学子修习圣贤书之地,却并不避讳对奢华的追求。梁桧自己奢靡,对那些富贵公子出手也大方,因而赢得很多拥趸。他看不起汪应铨这样的贫家子弟,更嫉妒汪应铨的才华,以时不时找汪应铨的茬为乐。汪应铨因坚决与他针锋相对,在府学中更加孤立。

汪应铨冷笑道:"哼哼! 既然出现失盗之事,梁兄何不去禀告业师?"

张伯行端坐在厢房里,关注外面发生的这一切。他听见梁桧气急败坏道:"弟兄们搜身,一会儿咱们下馆子去,老地方贵香楼。"

汪应铨拉出打架的阵势,愤怒道:"没凭没据,看哪个敢?"

众人知道汪应铨会武功,没一个敢上前。

见此阵势,梁桧撂下一句硬话:"很好,我们就走着瞧。"气哼哼带着众人转身离去,其他围观的学子也都一哄而散。

汪应铨回到屋内,不好意思地说道:"抚台见笑了。"

张伯行示意他坐下道:"竟有这样无理之事。"

汪应铨看着张伯行,思忖再三才说:"府学这两年沾染上外面奢华风气,本该读书明理的人,却把金银和权势看得极重。我与这样的人格格不入。"

张伯行凛然道:"前些时日,我就想刹刹这股奢华之风,一来时间过于仓促,二来想到不可一概而论,眼下看来,是不能耽搁。道之以德,齐之以礼,有耻且格。读书人就应当为天地立心,为生民立命,为往圣继绝学,为万世开太平,不可被声色货利迷失本心。"

张伯行深知,许多忧国忧民的学子,一旦进入仕途,不过几年,便被名利熏染驯服,志气全消。一腔抱负的血肉之躯,也只剩下绫罗包裹的铜臭之气而已。

不但应当禁止苏州城的奢华之风,将来紫阳书院落成以后,也将克勤克俭,着实为国培养一些可用之才。

望着张伯行,汪应铨若有所思。他虽年轻,但饱尝人情冷暖,也看惯世态炎凉,自己参加过两回乡试均落榜,不免有些灰心。今年虽然又该乡试,自己却并不热心。他早已有所预感,自己即便参加,也仍会落第。只此一途,日子一年年愈发窘迫,他有点看淡的意味。假如有其他办法施展自己的才能,他也不是非谋个功名不可。

这时候,有几位学子又来找汪应铨。他们在门外喊道:"汪兄快回去看吧,梁兄在宿舍搜到那对镇纸,还有一些其他东西,说是在你书匣里翻到的。"

汪应铨不觉又惊又气。他见张伯行脸上显出关切之色,起身拱手道:"抚台不必介怀,更无需关切这种无聊闹剧,学生先行告辞了。"

府学的学子宿舍是后面两排房屋,二至四人一间。汪应铨和三个家境一般的学子住一间,屋内陈设虽简单,却干净整洁。汪应铨回到房中,肺都快气炸,原本整齐的房间被翻腾得凌乱不堪,书籍、衣物散落得到处都是。

见汪应铨回来,梁桧晃晃手中的水晶镇纸,气汹汹地说道:"好一个汪大才子,偷本少爷的水晶镇纸据为己有。我要禀告先生,告诉所有人,看你还有什么脸待在这里。"

汪应铨心里早已思忖得八九不离十,当下不急不缓,蔑视着笑道:"这么轻易就被事主找到,我这个做贼的也太蠢了吧?"又向其他人道:"你们几个,刚才亲眼看到梁桧从我这里找到这些赃物吗?"

"那是当然,这还能有假吗?"一个人说道,其他人跟着附和。

汪应铨横眉冷笑道:"早晨水晶镇纸还在包某的书案之上,现在却从我这儿翻出来,难道不是趁在下不在宿舍时,有人偷偷进来,把水晶镇纸栽赃给在下?说,是何人指使你们这样做?"

梁桧坏笑道:"汪应铨,你少虚张声势,想抵赖可是不行的,这么多人看着呢!"

汪应铨冷笑道:"我汪应铨虽然贫寒,你的这些宝贝,不过是些俗物。纵然值钱,还真放不到在下眼里,我又岂肯拿来弄脏我的书匣?"

梁桧等人被汪应铨义正词严揭破秘密,一时间脸上微红,无言以对。

张伯行却并不离去,而是来到学舍门外观察事态。他听到这番话,不觉心上大快。这书生年纪不大,脾气不小,口气也够狂傲。只是他这样说,未免更加惹怒那贵公子。

"姓汪的……"梁桧指着汪应铨,气得说不上话来。

梁桧的一个跟班上前一步说道:"只怕你嘴上这么说,实际上藏得严实。有本事,叫我们搜搜你身上。"

汪应铨瞥他一眼,冷冷地哼一声,懒得搭茬。

梁桧激道:"汪应铨,想是你不敢吧?"

汪应铨嗤笑道:"你去报告官府,官府人来搜我身,我自然不敢违拗。快去吧,凡官府有个顶戴的不都是你家座上宾吗?一定不让你吃亏的。"

梁桧却听不出这里面的嘲讽意味,得意道:"你也知道我梁家不是好惹的,所以本少爷奉劝你,别敬酒不吃吃罚酒。现在是要搜你的身,你若听话还好说,不然,可别怪本少爷动粗。"

汪应铨冷笑两声道:"梁桧,想来你也知我要离开府学,这样做戏来污蔑我,企图驱逐我,又是何必呢?将来我也不与你争功名利禄,你有什么不放心的?"

梁桧的跟班道:"你以为你是谁,这么狂妄,爷们就是要教训你这样不知天高地厚的。"

"拿上你的东西,滚!"汪应铨愤怒地扬扬拳头。

众人知道汪应铨拳头的厉害,将梁桧劝走。

张伯行在门外心中不由得赞叹。这个年轻人果真是个满身正气的君子,只可惜似乎命运不济。他不便当面去问汪应铨,就去找府学先生请教。

一位须发皆白的老先生叹着气告诉张伯行："汪应铨实乃十年来府学里未有之奇才，只是家门不幸，无法度日，他性格又耿介……"

原来，汪应铨出身书香世家，祖上也做过不大不小的官。到他父亲这一代，家道中落，人丁稀少。其父前几年病故，现在家中只有母亲和一个使女，母亲年老多病，使女又请求放出去。汪应铨为给母亲治病，学业之余靠代写碑文书信赚些润笔，如今，恐怕要回家亲自侍奉母亲。这几年来，为给双亲治病，给父亲发丧，汪应铨欠下不少债务。只是他为人极好，又极孝顺，债主并不逼他。早岁哪知世事艰？这些年，他一方面饱尝人情冷暖，一方面见到世上是非颠倒、权势当道，虽然有心向学，于仕途上终究减去许多热情。

了解到这些情况，张伯行心中立即盘算起来。他到江苏任上，许多事情并不熟悉，实在需要一个秉性相投又深谙江苏世情的助手。汪应铨这样的人，可遇不可求。然而，现在不是时机，还要再等等。到那时或许可以邀他做个幕宾，先助他渡过难关，再从长计议。

（三）文人墨客觥筹交错，把箸击盘，个个潇洒任情，醉态可掬

凤愿固然需要实现，可张伯行的身体入夏以来一直欠佳。为稳住米价，张伯行一方面兴修水利严防旱涝，另一方面又防止上海港口粮米入洋。枫桥的一些牙行和海盗狼狈为奸，运米下海，每每使得米价大幅上涨，许多平民百姓度日艰难。张伯行采用在福建之策，痛惩这些走私的牙行，这一现象才得到遏制。

张伯行处理完诸多繁杂事宜之后，即觉得身体有些不适，心悸异常。人在这样的时候，往往生出悲慨。连续几天，张伯行思乡心切，寝食难安，魂梦惊悸，自知不能再强撑。

大仪和大黑轮流在病床边服侍，忧心非常，吃过郎中开的药都不管用，他们也不知所措。两人私下里说话，都觉得大人如此境况，还做什么官呢，操什么心呢！不如撂下这一切，回乡清清静静养身体，这病也许就自会好。再加上他们自己也常常思乡，如眼下就能回去，真是再好不过。这个想法，他们却不敢向张伯行说，恐怕他听过不同意，反倒生气，再加重病情。

他们没料到，在一个酷热的夜晚，张伯行无法入眠。思来想去，他最终决

定上疏康熙帝告病回乡。

诏书很快降临。康熙帝在诏书中说：朝廷正是用人之际，江苏不可无张伯行，并嘱咐他要悉心调养身体，生活不可过于苛刻。

掌灯后，张伯行披衣起身，踱步到门口，望着夜空喟然长叹，一时间心中茫然。

圣人说，五十而知天命！自己正在五十余岁的最后一年，对天命真是有种前所未有的感知。年轻时不以为意，现在觉到，只是自己该如何抉择呢？

"志合者，不以山海为远。"这一日，曹寅和王原祁、方苞等几位江南名士一起前来探望张伯行。故友相见，文士来访，张伯行感觉一股清雅之气扑面而来，炎夏里也生出几分凉意。

曹寅道："我私心揣度，明年，皇上便御极五十年。掌管天下五十年，自尧舜以后不曾有过的事，皇上必然高兴，大臣们必然具本称颂，甚至提议举行庆典、大赦天下、减免赋税，以显我皇之文治武功。三月间，不是还诏免浙江杭、湖二府未完的漕米吗？将近四万石呢！所以，孝先兄不必过于忧心。江苏事务虽艰难，但总会有转机。小弟知道一位名医，医术不凡，为兄明日请来如何？"

张伯行道："让贤弟费心！只是生死有命，怨艾不得，也奢求不得。死在任上，恐怕会是我的宿命。"

曹寅听过，不由得十分伤感，也不再勉强相劝。

老友探病，张伯行心中欢喜，忙命大黑安排酒菜，他要与众人欢聚一番。酒宴菜蔬虽简单，众人吟诗作对、高谈阔论，兴致却极高。王原祁又重提康熙二十四年，张伯行高中进士，纳兰性德、陈维崧等人把酒临风，吟诗作赋，一时间感慨万千。张伯行不能饮酒，看着文人墨客觥筹交错，开怀大笑。大家把箸击盘，吟诵前人的诗作，也吟诵当今的佳句，一个个潇洒任情，醉态可掬。方苞微醺中吟诵起自己的诗句：

　　　陶潜经世人，志不关沮溺。观其咏春蚕，自视侪禹稷。
　　　东皋日荷锄，忧勤同运甓。春风沂水情，孔颜宜命席。

看着大家兴致益然，张伯行也宽心许多。席间有人对理学颇有心得，一连问张伯行几个问题,张伯行作答间,也有新的领悟,不觉更加神清气爽,病似乎去掉大半。

临别前,曹寅单独与张伯行说:"兄长还要勉力而为。皇上对朝堂之上和东宫之事已颇为郁悒,龙体也不大安泰,身边信得过的老臣或渐次告老还乡,或卧病在床,或驾鹤而去。为国家计,皇上都撑着,你我更得撑着!"曹寅说着,眼中泛起泪光。

张伯行听过这话,伤感之余又受到极大鼓舞。"多谢子清金玉之言!贤弟也要保重,我们来日再聚!"

(四)贡院之内不得行驱邪之事,不得妄论鬼神之说

酷暑在入秋之后威力大减,每日一早一晚的凉风吹得姑苏安详温柔。从苏州到江宁路途走得顺畅,天气凉爽宜人。江宁乡试已经准备妥当,江苏莘莘学子如生员、贡生、监生等,十之八九都已到达江宁,住在城中各个客栈,全身心地准备应考。

巡抚乃乡试监临,张伯行开考前一天也到江南贡院。当晚他正与陈鹏年促膝畅谈,忽然看见几个副考官和同考官举案走过,案上似乎放着些香烛之类的东西。他奇怪,要起身出去问人,陈鹏年却拦住他。

陈鹏年说:"大人有所不知,这是江宁乡试历来不成文的惯例。学子们十年寒窗,乡试一旦中举,就有入仕为官的资格,竞争之激烈你我都知道。加上一连考三场,考生们情绪紧张,心理负担极重,就难免有突发急病的,甚至有发疯的、猝死的,种种怪状,想也想不到。他们毁掉自己前程不说,也影响其他考生。长久下来,这些内外帘官就想出个办法,就是焚香祭拜,伺候好各路神仙鬼怪,祈求他们不要干扰考生。"

张伯行问道:"这么说,就是在贡院里驱鬼拜神?"

陈鹏年道:"其实也不止江宁,其他好几个省都有这种事。"

张伯行愤然道:"真是岂有此理,'子不语怪力乱神'。贡院里还张挂着大成至圣先师像,他们却公然在圣贤门下搞这一套。"

张伯行戴上官帽,整整衣襟,开门要去看看这些同考官到底做何把戏。只见他们走到堂前,把一个牌位放在门前台阶上,又放上香炉、蜡烛、黄表纸、

纸人纸马,摆上四样供果。这四位同考官,每人点燃一束香,高举在额前,低声念叨着,然后把香插在香炉里。之后,齐齐跪在堂前的地上,对着牌位叩拜。

为首的翰林学士李肃祝祷道:"天有三奇日月星,通天透地鬼神惊。若有凶神恶煞鬼来临,地头凶神恶煞走不停。"

然后,四人起身,从身旁包袱里取出一件金闪闪的衣服来,上面布满"卍"字纹样。李肃将法衣穿上,又念道:"太上敕令,超汝孤魂;鬼魅一切,四生沾恩……"

张伯行又好气又好笑,他们是从哪里学来的这些歪词。他当即一步跨进门槛,沉声道:"各位好大才能,开门能为天下选拔人才,关门能通天地鬼神。"

几位同考官大吃一惊,急忙回转身来,见过抚台大人。唯有李肃一时惊呆,没有动弹。

陈鹏年便道:"李学士,抚台大人在此。"

李肃这才反应过来,满脸羞愧地笑笑说:"抚台莫怪,只因法衣在身,不便行礼。"

张伯行道:"李大人,你是翰林院学士,学富五车。本抚问你,你学的是何门何派之道?"

李肃答道:"自然是孔孟之道。卑职也是几经科考,策论文章篇篇可取,才被皇上钦点进士及第,成为翰林学士。"

张伯行道:"那么,方才李大人在做什么?"

"卑职在清理考场,驱散邪祟,澄清天地灵气,才能使众考生不受搅扰,安心应试。"李肃坦然道。

张伯行笑道:"哼哼!李大人倒一片苦心。只不过,这一礼仪,据自何处?我并不记得仪礼之书有在贡院驱邪的记载。"

李肃支支吾吾道:"这个……民间多有此法。抚台大约不知,恩仇二鬼历年扰乱学子心智……江南之地多有此事,不单江宁贡院……"

张伯行正色道:"此等不登大雅之堂之论、虚妄愚昧之举,也是你我朝廷命官该有的?伯行乃江苏巡抚,担任这次秋试监临,总调考场诸事。现在我就要下这道命令:贡院之内不得行驱邪之事,不得妄论鬼神之说。如有妖言惑众,以鬼神之说扰乱人心者,本官定亲自问罪!"

众考官只得应道:"下官遵命。"

"科举考试是为国选人才,凡是进场考试者,都是饱读典籍、束身严格的士子,心中除圣贤之道和忠君爱国,不应有什么杂念。连一己之志都控制不住,那还有什么本事报效社稷?"张伯行继续说道,"'忠信谨慎,此德义之基也;虚无谲诡,此乱道之根也。'只要心术端正,自然百鬼不侵。何况考场是什么地方,关防甚严。纵有鬼怪,如何能够进场捣乱? 万万不可再搞这些驱鬼召神的仪式。若出现问题,由本抚负责。"

众人听过,心中稍稍释然,应道:"抚台所言甚是,我等遵命!"

陈鹏年说道:"俗话说,疑心生暗鬼,我等遵从抚台之命。凡行事用心都光明正大,就无需多虑。"

张伯行捻须思索片刻又道:"明日考生进场,人数众多,关系重大,恐怕有心情急切的不按秩序来,造成混乱,大家务必关照好。"

一名同考官道:"从贡院大门至影壁,至明远楼,至考棚各区,都有专人指引、看守,我等也都有分工,保证有条不紊。"

张伯行闻言点点头。

陈鹏年道:"抚台连郎中都提前备下,明日起就有两个郎中在贡院外待命。"

外面月明星稀,夜已渐深,众人各自回去歇息。

第二天秋高气爽,是个好天气。江苏各地考生齐聚贡院门前,人声嘈杂,熙熙攘攘。门开处,有外帘官一一点名,考生们应声到位。经过搜身和检查考篮,确定是正身且没有夹带,才准许进入贡院。

张伯行远望见众学子有弱冠少年,也有华发老人。他们大都满脸严肃,不难看出紧张。张伯行不禁想起一个人来:汪应铨! 可惜因母亲病重无人照顾,今年秋闱他只怕要错过。这一错过,一等就是三年。

主考官左必蕃郑重打开密封考题的特制卷筒,抽出纸张,考题是《论语》中的一句话,难度适中。号房虽多,人数虽众,众位考官大声宣读考题后,考场却是十分安静。考生们清清楚楚听进耳中,大多数陷入沉思。有的不慌不忙还在整理文具,有的立即蘸墨开始下笔。

第一场考完。众考官都稍稍松口气,所幸并没有出现考生癫狂或发病的情况。接下来几天,除几个考生因为饥饿昏倒,并没有出现其他事故。三场考试平安度过,连着十来日,考官们紧锣密鼓地进行阅卷。经过激烈讨论与争执,最后由左必蕃确定中举者名单。

放榜之日,江宁城内桂花盛开,香气怡人。榜上有名的学子称为举人,众举子及其亲友欢呼雀跃,把整个江宁都闹腾得喜气洋洋。

张伯行也是心情大好。此刻,他已经回到苏州,苏州中举者甚众,不时有喜报传来,大街上爆发人群欢腾之声和锣鼓响声。张伯行骑马走在街上,忽然有一熟悉的身影经过。他扭头再看,只见那人一袭单薄旧衫,背影形销骨立,好似一阵秋风就能把他吹倒。这书生胁下挂着剑,在街上慢慢行走,失魂落魄一般。

大黑会意,下马跑去验证之后,向张伯行禀报说:"是那位叫汪应铨的秀才。不过,他家里可能有白事,我看他穿着孝鞋呢。"

"哦?"张伯行奇道,"难道是他的母亲去世不成?"思索片刻,张伯行道:"眼下没有工夫。大仪,你去打探他家住何处,请他明日来衙门见我。"

大仪道:"是。"

"回来。"张伯行思忖片刻,又道,"还是去告诉他,明日我想登门拜访,不知方便否?"

大黑说道:"这个年轻人脾气有点倔,他要是说不方便,不让您去,怎么办?"

张伯行道:"不会的。他要是拒绝我上门,一定会过来见我。"

大仪笑道:"大人如此自信,那小子不要辜负您才是。"

(五)张伯行心里一面感激上苍眷顾,一面感念曹寅真情

汪应铨居住在东城一条小巷子里,院门很小,门上糊着白纸。小小一个院子里放着一只水缸,里面白色的荷花正在盛开。大仪敲敲门,无人应答。透过门缝,看到院子里这样的情景。"汪公子在吗?"大仪喊道,"张抚台派我来跟公子说句话。"

门内仍是没有人声,也没有灯光。如此三遍,大仪自语道:"明明看到他进了这个巷子,难道不是这一家吗?奇怪得很。"大仪正要转身离开,迎面却险些撞上一人。定睛一看,正是汪应铨。时隔多日,汪应铨对大仪还有些面熟,认得他是张伯行的长随。

汪应铨觉得,和人交际只是一时一刻,散后便不欲再见。方才走着,发觉身后有人跟随,便生出几分戒备,找个空子躲起来。

"哎呀,汪公子。"大仪叫道,"这么巧,还好碰上,要不然还得白费力气找您家。"

汪应铨道:"找我什么事?"

大仪笑道:"是我家老爷派我来的。前些时日和公子在府学里有过一面之缘,老爷对公子甚是牵挂。老爷说,跟公子投缘,明天想来登门拜访,不知尊意可允否?"

"什么事?"汪应铨皱起眉头。

"这个,老爷不曾明示。"大仪忙道,"虽然小人不知道具体有什么事,但对您肯定不是坏事。"

汪应铨道:"蒙贵人抬爱,但寒舍简陋,岂敢让张抚台屈尊降临? 学生一介小民,不敢与官府往来,先生请回吧!"

大仪心下有些气愤,这小子,当时跟老爷比字,还同桌而食,挺谈得来的,怎么翻脸不认人啊?

"我家老爷也是读书人,平时最喜欢编书、著书,为官清正廉明,并不是摆架子威压人的那种官员。现在只不过想见公子一面,谈些事情,公子为什么避而不见呢?"

汪应铨不答,推开虚掩着的门,一只脚迈进去就要关门:"恕学生无礼,请回吧。"

大仪气道:"真是不知好歹,枉老爷怜惜你是个人才。"说完,就觉得有些失言,自己的脾气竟有些像大黑。

假如自己还年轻,真想和这书生再掰扯掰扯。现在,跟一个和自己儿子年纪大小的后生,生不起这个气。老爷还说他不会拒绝,要是拒绝,也会主动找上门来。现在看呀,不可能,老爷亲自来访人家也不一定给开门。

但大仪还没有被气昏头。他徘徊片刻,想着汪应铨家里新近是不是有变故,得打听一下。他敲开邻居家的门,一问,果然是,汪应铨的母亲上个月刚刚病亡。

"可怜年纪轻轻,就落得孤单单一个人,家里也一贫如洗。"邻居婆婆愤愤地说,"小汪在府学里读书,现在在家辍学。办他母亲的丧事,也没有通知学里,学里没有人知道。反正是一个同窗也没来,是我们这些街坊和他两三个穷朋友帮着办的。你是他什么人?"婆婆忽然警惕地看着大仪。

大仪忙道:"我家老爷是汪公子的朋友,想来看看他。可他就是不答应,不想见。"

婆婆道:"他忙着呢!每天早出晚归,给人家做馆师。不想见你们,你们还不识趣吗?"

"哦,是这样啊。那,就只好作罢。"大仪道,心下为掌握这些消息而欣慰。

回到抚衙,大仪将事情细细禀告张伯行。张伯行却不以为忤,说道:"改日,我再下帖请他。"

大仪不解,狐疑着问道:"老爷怎么就如此看重这小子,他如此冥顽不灵,该有多出类拔萃啊?"

张伯行叹道:"这你就有所不知。我同他虽然只有一面之缘,但看他言谈举止,知道这是个胸怀大志、才气不凡的年轻人。但也是因为年轻,不懂得或者不愿意圆滑,显得难以相处。古人曾说,尊之则为将,卑之则为虏;抗之则在青云之上,抑之则在深渊之下;用之则为虎,不用则为鼠。当然,这要遵天之道,顺地之理。我对于这汪应铨,就是如此想法。"

一日,张伯行从各州府送来的文书中看到一封书札,是扬州知府赵弘煜所写,禀告张伯行深为关切的张陈氏投毒一案。

信的大意是,督抚会审后,赵弘煜又传原告和一干证人,详加问讯,最终判定张陈氏投毒并无实据,已经释放还家。真正的凶手还需再行调查,目前仍然没有可靠的线索指向任何疑犯,此案还要再等些时日,才能查明真相,到时再上告张伯行。

张伯行看后,十分欣慰。虽然案子还没有水落石出,但好在及时纠错止损,没有错杀好人。

"吏不廉平,则治道衰",可见为官一任多么厉害。普通小民的生杀予夺之权掌握在手里,略有懈怠都可能酿成不可挽回的错误,更休说徇私枉法的勾当,该有多祸国殃民!

"有道以统之,法虽少,足以化矣;无道以行之,法虽众,足以乱矣。"张伯行审过很多案子,其中也自然有多起命案。每每遇到命案,他总是详加审察,审慎判断,唯恐冤枉好人,错漏真凶。人命关天,当然得以敬天的态度来对待命案。即便如此，每当面对命案，思虑太深，夜间常睡不安稳，生怕有一点差池。

这时，家丁来报说："有个姓吕的郎中求见，说是奉江宁织造曹大人之命前来为老爷瞧病的。"

张伯行猛然回过神来，上次曹寅来看望他，是说过要请个名医来为他诊治。他便说道："快请进来。"

吕郎中进来，是个须发皆白、仙风道骨的老人，看上去已经年逾古稀。张伯行尤其礼敬，彼此寒暄过，吕郎中便开始望闻问切。

良久，张伯行问道："先生，我这病，可治得吗？"

吕郎中捋须道："虽不可根治，却也不打紧。待我为抚台开上两服药方，一方先服用两个月；两月后，服用另一方。半年之功，大人便可觉得好转。"

张伯行道："多谢吕先生。只不过，假如再次复发，该如何处置，到时再去请您可否？"

吕郎中笑道："这倒不必。如我估计不错，两三年是可以保证的。如若复发，按此法再服药。"

张伯行默然片刻道："恕我冒昧直言，这样何时是个尽头呢？我是说……"

"抚台是想知道自己的寿数？"

"正是。先生明察秋毫，不知可否为我指点天命？"

吕郎中沉吟道："这个，老朽却判断不得。不过可以明言，老朽今年七十有二，抚台到老朽之年是绝没有问题的。"

张伯行闻听此言，心上开朗许多，拱手道："承蒙先生指教，多谢！届时，张伯行必专门去拜会先生。"假如真的还有十余年的寿命，自己还能做很多事，这可比自己一直以来的悲观想法要好许多。

吕郎中却呵呵笑道："只怕老朽那时没这个福气喽……"

事毕，张伯行亲自送吕郎中出去，心里一面感激上苍眷顾，一面感念曹寅真情。

四
山雨欲来

（一）只盼学子求学于书院，能如良工之入肆以成其器

却说汪应铨自母亲去世后独居，每日早出晚归独来独往，几乎断绝交游。这日回家刚推开门，却见门槛里有一封字笺，拾起来一看，笺面上写着"汪公子谨启"。趁着天还未黑下来他打开笺子，上面写道："汪公子台鉴：别来日久，甚是挂念，明日午正，吾特备淡茶于城南听雨亭恭候。盼晤。"落款是"张伯行"三个字。

汪应铨看罢，缓步走进屋内，心上一时纠结，不知怎样才好。平心而论，上次张伯行派人来约会面，已是给自己天大面子，自己却不通人情一口回绝。当时在府学里，知道他是江苏巡抚之后，为什么还能对谈良久呢？自己离开府学，决意远离此前一切人事是非，是否太过偏颇且无情呢？

人世茫茫，汪应铨刚刚从丧母的悲痛中稍稍释怀，对于前程并不特别期待。回想往事，只觉得隔膜，也不愿生出任何缱绻心思。

次日午时，张伯行在听雨亭内等候，正观看亭外花架上盛开的花朵和翩翩飞舞的蝴蝶，忽然瞥见一个熟悉的年轻身影走过来。他站起身，向亭外走下来笑道："汪公子如约而至，真令老夫欢喜。"

汪应铨面带惭色，拜道："学生汪应铨拜见抚台。一向是学生无礼，还望抚台恕罪。"

大仪这时在旁接道："唉，你这后生，着实无礼啊！"

张伯行笑道："大仪，不得如此。"

汪应铨忙上前向大仪拱手道："那日对待先生太过无礼，学生已知有罪，惭愧不已，还望前辈海涵。"

大仪笑道："呵呵！你这后生倒是能屈能伸。也罢，没有关系，我是跟你开个玩笑。"

张伯行携汪应铨的手，到亭子里就座。石桌上铺着一张半旧桌布，摆着一壶茶，两只茶杯，还有两样寻常的点心。大仪斟过茶，远远退到一旁。

张伯行道："老夫每日埋头公务，难得出来散散心。这里风景清雅，再见到小友汪公子，真乃良辰美景赏心乐事也。"

汪应铨道："学生如今在一户人家做西席，教导三四个学生，日间也常不得空闲。蒙大人不弃相邀……"

张伯行道："听闻公子家慈谢世，公子也离开府学，这次秋闱也没有参加。以公子的才能，做个西席可谓大材小用，不宜为长久之计。敢问汪公子，往后有什么打算吗？"

汪应铨苦笑一声道："三年丁忧，学生是不能参加科考的。实不相瞒大人，即便三年之后，学生也不欲走科考一途。"

张伯行忙问："这是为何？"

汪应铨道："学生参加乡试已两次，自信文章精妙，必能高中，结果却都是榜上无名。学生便知道，自己是不合于时。这其中，想必有许多权钱交易，遭遇不公的也并非学生一人，学生已心灰意冷，无意于仕途。如今在这世上孑然一身，了无牵挂，更不必挤破脑袋去钻营科举。"

张伯行道："莫非公子打算混沌一生吗？"

汪应铨笑道："教书育人之余读书作诗，寄情山水，逍遥自在，岂不是文人心向往之境界也？"

张伯行听过，一时默然无语。对于文人来说，这种避世逍遥自有其道理，但更应该"居庙堂之高则忧其民，处江湖之远则忧其君"，方不负青春韶华、男儿一世。

"自天子以至于庶人，皆以修身为本。然而，古之欲明德于天下者，追求的是修身、齐家、治国、平天下。我与汪公子虽然相识日短，但也觉察出公子志向高远，一身才能也是应该报效国家的。如只用来修身，何其可惜！"

"君子固穷，一箪食一瓢饮，不改其志。学生甘于如此，能落个身心清净。先前抚台也曾见到，府学里的那梁大公子如何为难我。学生的个性，惯会开罪于权贵。倘若进入仕途，必定饱受摧折，只怕三五日就要落个悲惨下场。"

说完,汪应铨长叹一声。

张伯行用赞许的目光看着他笑道:"公子性格耿介,与老夫倒是不谋而合。所幸老夫只是一心忠君为民,自持自守,'立天下之正位,行天下之大道'。皇上和朝廷许多人都看在眼里、记在心里,且能容我到今日。是非自有公断,公道自在人心,所以,老夫想公子倒也不必过于作悲。"

汪应铨忽然问道:"学生冒昧请教抚台……为官多年,可有想要挂冠归隐的时候吗?"

大仪在旁小声嘀咕道:"这后生真是不像话,竟然问这样的问题。"

张伯行却并不介意,温和地笑笑,思忖片刻道:"这个,自然有。就说前些日子,我还上疏辞官。我虽不算年迈,也近花甲之年,身体常大不如前。也遭遇过几次进退两难、力不能及的境地,曾感到心灰意冷,可这副担子不是说撂下就能撂下的。朱子有言:居敬以立其本,穷理以致其知,返躬以践其实。老夫一生的追求,为学为政都是如此。半途而废,非君子所为也!"

汪应铨用仰慕的眼神望着张伯行道:"抚台理学上的建树,学生早有耳闻。拜读过抚台著述,深有受益。抚台每到一地,或创办义学,或修复书院,延请名儒耆老讲学其中,用以传播理学。仪封的请见书院久有所闻,济宁的清源书院也时有所知,福建的鳌峰书院名声甚大,还有正在开建的苏州紫阳书院,备受江苏读书人瞩目。"

张伯行笑道:"处事不以聪明为先,而以尽心为急。只盼学子求学于书院,能如良工之入肆以成其器,继承孔孟之道,成为治国安民的人才。"

张伯行见汪应铨又皱眉不语,问道:"老夫方才说,公子不必过于作悲。其实就是说,吾道不孤,必有邻。以老夫执拗耿介的个性,朝中多有人不喜,但老夫并非孤家寡人,亦有良朋益友。这不,来江苏后便结交不少江南文士,大家谈诗书,谈理学,或者琴瑟为伴,解去人生几多苦恼。即便官场中,亦有清廉自守的有识之士。比如原来的河道总督、现在六部的张鹏翮大人,比如署理布政使陈鹏年,有这些人为同僚,吾道不孤。这天下容得读书人安身立命,也值得读书人效力!"

汪应铨依旧沉默寡言。

"当然,人各有志,不可以夺。读书人独善其身也未尝不可,老夫并非要强人所难。只有一点,老夫存着一份为公的私心——如公子愿意,老夫愿聘公子为幕宾,助我日常文牍事务,为我献策建言。人才难得,办事更需贤能之才。张伯行身为江苏巡抚,心下确是求贤若渴。若公子肯来屈就,本官必对你礼敬有加,维护周全,不使你明珠暗投,更不会令你涉险。酬劳按例,至于聘期,短则半年,长则不限,悉听尊便。本官言出必行,还请公子考虑。"

张伯行说完这一番话,回身看着汪应铨。

汪应铨不语,眼睛却望着亭外的花架出神。良久,他笑笑说道:"学生早料到抚台会有此意,所以逃避。不瞒抚台,但如今,天下第一清官把话说到这种程度,以这样诚意待我,我再不领受,真枉读圣贤之书。"说着,他敛衽跪下道:"汪应铨愿听大人差遣。"

"汪公子请起,本官深感荣幸。"张伯行忙将他扶起来,一时笑逐颜开。

"好呀,愉悦至极。"大仪在旁拍手道,"可惜没酒,老爷和公子就以茶代酒,庆贺此事。"

说着,两人举起茶盏,相对碰杯,一饮而尽,同时大笑起来。

天气也仿佛来助兴似的,吹起丝丝缕缕的凉风。只吹得毛孔扩张,浑身舒泰,心上惬意又增加几分。两人又畅谈良久,才依依作别。

张伯行心中甚慰,如同"轻舟已过万重山"。在江苏已过数月,千头万绪,关联错综,却日渐明晰,可掌可控。

汪应铨在回家的路上也是心潮澎湃。他觉得自己少年时的热血重新燃烧起来,男儿志在四方,当建功立业、报效国家,不可虚度大好年华。

　　史载:汪应铨,字杜林,号梅林,江苏常熟人。官赞善,工小楷。康熙五十七年(1718年)状元,授职翰林院修撰,掌修国史,后奉旨入值南书房。汪应铨本应进士馆研习,三年散馆后,方得升迁。然而汪应铨未及散馆,便被破格提为庶子。后官至左春坊赞善。将升转之际,因锋芒太露,得罪权贵而遭弹劾。不久,谢职离京,返归故乡。

(二)钦差大人张鹏翮奉旨查办宜思恭亏空案

清幽古木环城,满城书香氤氲。寒来暑往,冬去春归,苏州紫阳书院终于全部建成。康熙帝钦定《紫阳全书》以教天下万世,其论遂归于一,始知学者之所以为学,与教者之所以为教,当以紫阳为宗",钦赐"学道还醇"匾书。康熙五十三年(1714年),张伯行作《紫阳书院碑记》,并执掌书院学事和风纪,一如"学道还醇"这四个字,不但亲自讲学授业,还制定一些必要生活守则,并经常讲学于紫阳书院。张伯行一生旨在弘扬程朱理学,为天地立心,为生民立命,为往圣继绝学,为万世开太平。他在此讲课的目的,就是使这里"英才蔚起,代有其人,故生名人,甲于海内"。只是他也没想到,从这里出来的读书人,竟如此之多、如此出类拔萃。自张伯行兴建紫阳书院以后的数百年间,门下育两千余人,"其为台阁侍从,发名成业者,不胜计"。这里考出彭启半、钱棨、石韫玉、吴钟骏、陆润庠等多名状元,其中钱棨在乾隆朝以乡试、会试和殿试连中第一,成为中国历史上少有的三元及第者。日后,紫阳书院成为江苏著名学府,培养许多理学儒者,也造就一些治国安邦的人才,为世人所推崇。

钱棨三元及第让乾隆帝龙颜大悦,兴奋的心情溢于言表,随即做《三元诗》道:

> 龙虎传胪唱,太和晓日敦。
> 国朝经百载,春榜得三元。
> 文远风云壮,清明礼乐蕃。
> 载咨申四义,敷奏近千言。
> 诓业求端楷,所期进党论。
> 王曾如向继,违粥我心存。

紫阳书院还培养同治、光绪两任帝师翁同龢。翁同龢进入紫阳书院之后,开始接触明清时期顾炎武等人的著作,从而萌发爱国思想。道光二十八年(1848年),翁同龢以拔贡第一的资格离开紫阳书院,并在咸丰六年(1856年)高中殿试一甲一名,考中状元。后来,翁同龢担任同治帝、光绪帝的师傅,对光绪帝维新思想的形成,起到启蒙引导的作用。

寒冬腊月,北方已是滴水成冰,江南还是和风徐徐。苏州紫阳书院里,又传出张伯行声如洪钟、抑扬顿挫的讲课声。

"'天下之本在家。'无论时空如何转换,家庭的生活依托都不可替代,家庭的社会功能都不可替代,家庭的文明作用都不可替代。家风好,就能家道兴盛、和顺美满;家风差,难免殃及子孙、贻害社会。正所谓'积善之家,必有余庆;积不善之家,必有余殃'。"

张伯行讲得正在兴头时,大仪一路小跑来到门外。他喘着气,勾头往里看,想喊又不敢喊,犹豫很久,才怯声道:"老爷,老爷。"

张伯行授课有两个习惯:一是从不拿书本。"四书五经"早已倒背如流,烂熟于心,随便点哪一章哪一句都能即时开讲,滔滔不绝。二是不喜欢别人打扰。他通常是在学子中间徘徊着,时而低头思索,时而慷慨激昂,时时有精彩惊人之语蹦出,令学子们拊掌叫好。张伯行听到喊声转身,面带愠色:"等会儿。"

大仪急忙后退。

张伯行转身继续讲授:"家庭不只是人们身体的住处,更是人们心灵的归宿。所谓'修其心治其身,而后可以为政于天下',盖若是也。"

事情紧急,大仪哪敢远离。他不停地在门外来回晃悠,急得团团转。他的举动没影响到张伯行讲课,却惹得几名思想不专一的学子不时往外张望。

张伯行推门而出,怒问:"何事?"

"张大司徒和制台一起来到,现在抚衙喝茶……"大仪知道张伯行授课时的规矩,怕被训斥责罚,低着头嘟囔道。

"哦?两位大人怎么同时过来啊?"张伯行有些意外,吩咐大仪说,"你这就回去禀告,说我稍后就到。"

张伯行又走进学堂,坚持讲完本节内容,给学子交代要背诵的章节,才按时下课。

赶回抚衙,张伯行见张鹏翮和噶礼正站在庭院里说笑,忙上前施礼道:"江苏巡抚张伯行拜见两位大人。"

没等张鹏翮反应过来,噶礼就抢先一步拉住张伯行的手,笑道:"哈哈!孝先,本督从江宁专程赶来,与你同迎钦差大人,是不是有些唐突啊?哈哈!"

张伯行笑道:"大帅客气。钦差大人来江苏办案,大帅身为两江总督,理应尽地主之谊,何来唐突之说啊!"

"本督并非此意。江苏虽然在本督管辖,孝先毕竟是江苏巡抚,你才是江苏真正的主人嘛。哈哈!本督盛邀张钦差将行辕设在江宁,他却一定设于苏州。"噶礼大笑一阵,又道,"本督之所以来苏州亲迎钦差大人,是因为钦差大人与本督有一段特殊的情缘。"

张伯行一愣,抬头看张鹏翮,见张鹏翮微笑不语,就笑道:"下官鲁钝,还望大帅明示。"

噶礼哈哈大笑道:"哦,孝先不知吗?本督来两江之前,可是在钦差大人手下做过侍郎哟。哈哈!本督听说孝先也是由钦差大人举荐而走上仕途的,如此说来你我也算是同门,以后应该多亲近亲近才是。哈哈,哈哈!"

张伯行正色道:"大帅所言固然有些道理,下官亦不敢苟同。大帅与下官食的都是朝廷俸禄,办的是皇上的差,忠于皇上、尽心百姓乃是根本。一味同门间无原则地亲近,岂不有勾结朋党之嫌?'群臣朋党,则易有内乱。'"

噶礼的脸马上就阴沉下来,正待发作,张鹏翮朗声笑道:"哈哈!还是孝先有见识。你我同僚,不论做官还是做事,心中有皇上便足矣。'济苍生,安社稷',是我等为臣子的第一要旨。"

"来来来,两位大人到堂上一叙。"张鹏翮左手拉着张伯行,右手拉着噶礼,大步向堂上走去。

大黑站在轿子旁边,看着三位大人气宇轩昂,阔步前行,好生羡慕。大黑为老爷能与钦差和总督一样高贵而自豪。其实大黑不知道,未来几年里,他们三人将在两江大地上掀起一重重惊涛骇浪,上演一场场恩怨情仇,正邪博弈,壮怀激烈,令后人击节感叹,抚胸唏嘘!

(三)康熙帝盛赞张鹏翮"天下廉吏,无出其右"

"欲知平直,则必准绳;欲知方圆,则必规矩。"户部尚书张鹏翮接到圣旨赴江苏审理宜思恭一案,心里并不轻松。虽体现出皇上对他的信任,亦能为朝廷效命,做些实事,但江苏的浑水可不好蹚。噶礼乃皇上亲信,残暴、贪婪,声名狼藉。于准祖父于成龙的声望和在朝廷中的影响,让很多朝廷重臣望尘莫及。亏空案孰是孰非,如何断法,张鹏翮心里没有头绪。让他欣慰的是,张伯行在苏州,其人品与才能都值得信任。到他的地盘上办案,没有掣肘与推诿,只有团结与支持。只是有一事令他忐忑,大儿子张懋诚、义子唐不语二人均在两江总督治下任职多年。若是噶礼拿张懋诚、唐不语挟制他,如何是好?

这么多年,张鹏翮虽常年在外为官,公务繁忙,却不忘尽父亲之责。他时常给张懋诚、唐不语写信,教育他们,提醒他们,要求他们。

教育他们做官先做人,从政先立德。做人要有人品,当官要有官德,要把做人与做官统一起来,把做人的过程作为完善人格、夯实基石的过程,把做官的过程作为提升境界、为民做事的过程。

提醒他们要慎重对待朋友交往。"人过留名,雁过留声。"要明辨是非,克己慎行,讲操守,重品行,慎小事,拘小节,防微杜渐,两袖清风,一定要做一个清正廉洁的好官。

要求他们做到"民之所好好之,民之所恶恶之",不能只想着给自己留名,替自己立碑,为自己邀官,"不贪一时之功,不图一时之名",多为百姓办些实事。

总而言之,张鹏翮期望他们把心思花在治理政事、为民解忧上,花在读书做文章上,切实做到慎独、慎欲、慎微。要时刻反躬自省,就像古人讲的"吾日三省吾身",自重、自省、自警、自励,洁身自好,存正祛邪,注重修身养德,真正做到踏踏实实工作,清清白白做人,干干净净做事,坦坦荡荡为官。

张鹏翮此次南下,心里已经拟好一个计划,要去怀宁、呈瑞两县看看,暗自到大街小巷转转,看看张懋诚和唐不语到底把怀宁、呈瑞两县治理得怎么样,百姓是否安居乐业,治安情况又如何,顺便问问百姓,他们的知县是不是合格的父母官。

(四)张伯行设家宴招待钦差大臣张鹏翮和两江总督噶礼

张伯行特意拿出从老家带来的王大昌茶庄的茉莉花茶,招待客人。花茶香味清雅,润透五脏六腑,引得张鹏翮连连称赞。不觉已到掌灯时分,张伯行就让大仪准备酒菜,留两位大人在此用饭。两人推辞不过,只得留下。

不一会儿,一盘麻辣花生、一盘小葱拌豆腐、一盘大葱蘸面酱、一盘酱红萝卜丝、一盘炒酸辣绿豆芽、一盘炒红薯泥、一盆玉米糁汤、一盘玉米面窝窝,摆到桌子上。张伯行还特意嘱咐大黑,将他平时舍不得喝的"仪封醇"拿来。

酒菜、主食上齐后,张伯行端起酒杯道:"一时匆忙,粗茶淡饭,招呼不周,还请二位大人海涵。二位大人尝尝下官家乡的美酒吧!"

噶礼想着张伯行拿的是珍藏佳酿,一定口感极佳,便仰脖就饮。谁知酒到喉咙,就扭脸吐出,大喊大叫道:"这是什么酒啊?像水一样,还有一股子怪味!"

张鹏翮也举杯细品,慢慢咽下去,说道:"淡是淡了些,不过乡村气息还挺浓郁的。若是再陈放三五年,口感定会更好些。哈哈!噶制台,再尝尝,再尝尝,我们不能辜负孝先的一片好意呀!"

噶礼强压怒火,没拿酒杯,而是端起茶盏喝一口。这不喝茶还好,一口茶没进肚,涩得他直接吐出道:"这是什么茶啊,也敢呈给钦差喝?"

他取出手帕揾揾嘴,满脸不满地说:"再说这酒,哼哼,不要说三五年,再放个十年八年、一二十年,也好不到哪儿去。"

张鹏翮打圆场道:"哈哈!噶制台就爱开玩笑。来来来,尝尝孝先为咱们准备的美味佳肴。"

张伯行忙招呼:"二位大人请尝尝酱红萝卜、红薯泥,这可是下官老家的特产。"

"印象中前几年孝先就任江苏按察使时,曾经给我送过这些东西,被我严词拒绝。没想到孝先以福建巡抚之职,来就任江苏巡抚,生活还是这样简朴。呵呵,呵呵!"噶礼冷眼相看,皱起眉头道,"但这样款待钦差大人,恐有怠慢之嫌!这样吧,本督在山塘河岸有一处宅院,来之前我已命人在那里备好酒宴。我等到那里小酌几杯,一边畅叙友情,一边欣赏苏州美景,岂不美哉快哉!"

张鹏翮笑道:"噶制台习惯大鱼大肉的肠胃,偶尔调剂几顿粗茶淡饭,也是别有一番风味嘛!这几样菜蔬观之色美,香气扑鼻。噶制台,我们不妨品尝品尝如何啊?"

张鹏翮夹块儿豆腐放入口中,边细细咀嚼边夸道:"好吃,好吃。"之后,又像主人一样为噶礼和张伯行斟酒。

噶礼赌气吞下一杯,举筷夹菜。可筷子在桌子上巡视一圈,没找到可食的目标,又怏怏放下。

张伯行拱手笑道:"实在是不好意思,饭菜是有些简单,还望二位大人见谅。"

噶礼勉强夹一粒儿麻辣花生,边吃边说:"熟悉的同僚都知道,张钦差也可能听说过,噶某吃菜的口味中,是要避开葱这一作料的。"

张鹏翮正捏着一段葱白蘸面酱就着吃玉米面窝窝,听噶礼一说又笑道:

"本钦差倒是忘记了,噶制台在京城时就不吃葱。也罢,这盘儿麻辣花生就归你,谁让它是'奉陪到底'呢!"

三人边喝边聊,聊到案情。

噶礼说:"布政司亏空银两三十多万,铁证如山,宜思恭罪责难逃。噶某就不明白,一目了然的事情,皇上为什么还要派钦差来查呢?"噶礼话说得有些不耐烦,口中说的是"不明白",其实是在抱怨皇上多此一举。

张伯行道:"二位大人,恕下官直言,我等为皇上办差,就要对皇上负责。近来,官员接连被弹劾,恐不利于地方稳定。"

张鹏翮道:"二位大人不必争论。本钦差此行奉皇上之命,主查宜思恭一案。说得直白一些,国库里平白少三十多万两银子,岂能罢免了事? 现在西北边疆战事吃紧,各地灾荒不断,哪一项不需要真金白银? 当然,孝先所言之事,本钦差也会查他个水落石出,以不负皇上恩情。"

"填补亏空不是什么大难题。"噶礼看着张伯行说,"往大里说,钦差大人可以责成江苏巡抚办理;往小里说,钦差大人可以让新任布政使想办法。"

张鹏翮问:"新任布政使是谁?"

张伯行答道:"江苏布政使现在由苏州知府陈鹏年署理。"

张鹏翮大喜:"陈鹏年? 莫不是湖南的陈沧州?"

张伯行回答:"正是。沧州兄跟下官一样,都曾惠受过钦差大人的举荐。"

噶礼的脸色很是难看。

张鹏翮道:"陈沧州和孝先一样,都是皇上信得过的清官。'铁塔冤案'不就是陈沧州给平反的吗?"

"正是,钦差大人。"张伯行说道,"只是,据卑职了解,宜思恭绝非贪婪之人,不可能是他中饱私囊。布政司亏空银两三十多万,里面肯定另有隐情。这么大的亏空,到底是因公还是因私呢? 如果是因公,所为何事? 大人,依在下之见,这些问题非常有必要查个清楚,弄个明白。"

噶礼阴着脸道:"孝先,钦差大人此行的主要目的是填补亏空,想办法拿出钱来,这才是我等官员的职责所在。"

"填补亏空固然是主要目的。"张鹏翮笑道,"但是正本清源,刨根问底,才能真正让人心服口服,才是真正对皇上负责,才能尽到我等做臣子的一片忠心。"

噶礼脸色愈加阴沉。噶礼骨子里有一股贵族的傲气,刚才他看到张鹏翮对张伯行语气、神情、举止动作上格外亲近,已经很不舒服。又听到张鹏翮一次一次地驳斥自己的脸面,而站在张伯行的一边,顿时发作。他把酒杯顿在桌子上,"噔"地站起来道:"二位大人,对不住了。噶某不胜酒力,就此告别,明日堂上再见。"

噶礼走后,张鹏翮和张伯行又聊叙多时,才各自休息。

（五）张鹏翮会同噶礼、张伯行、陈鹏年初审库银亏空案

次日辰时,江苏抚衙大堂。

钦差大臣张鹏翮端坐于高悬在大堂正中的"公正廉明"匾额之下,眉头紧锁,一脸怒容。台案左右两侧放着三把太师椅,右侧坐着两江总督噶礼,左侧坐着江苏巡抚张伯行和江苏署理布政使陈鹏年。江苏其他大小官员都在堂外听候传唤。

宜思恭一身囚服,跪于堂下,蓬头垢面,低头不语。他身上虽然没有鞭刑的血痕,但囚服上也布满灰尘和污渍,浑身飘出牢狱中所特有的酸臭之气。不过,宜思恭并不显得颓败。他表情凝重,把目光聚焦于眼前的地上,倒显出几分镇定,似乎在思考着什么。

> 史载:宜思恭,字允啸,号省庵,生于清顺治十五年(1658年),盛京辽阳人。康熙时,以荫授湖南茶陵知州,改工部员外郎,出为直隶顺德知府,疏凿牛尾等河,减轻水患。性情耿介,为人所忌。累擢江苏藩司(布政使),以被诬挪帑罢官。再被起用后,官至广西巡抚。颁布的条款中有"但知有君上,不知有情面;但知有百姓,不知有官吏"等语,可见其为政要略。

张鹏翮盯着宜思恭沉思良久,声音低缓地问道:"下面可是江苏前任布政使宜思恭?"

"正是罪臣宜思恭。"宜思恭回答。

张鹏翮又问:"宜思恭,你是哪里人氏?"

宜思恭答:"盛京辽阳人。"

张鹏翮问:"哪一年中的进士?"

宜思恭答道:"康熙二十一年殿试第三甲第九名。"

张鹏翮问:"何时出任江苏布政使?"

宜思恭答道:"康熙四十四年。"

"宜思恭,截至你被免职之日,"张鹏翮翻看着台案上厚厚的账簿,说道,"江苏布政司应有库银八十万零九千六百二十八两二钱九分二厘,但现银只有四十六万八千零五十三两八钱二分六厘,莫名亏空三十四万一千五百七十四两四钱六分六厘。可是事实?"

宜思恭答道:"是。"

张鹏翮问:"亏空数目如此巨大,账簿上为什么没有备注缘由?"

宜思恭低头不语。

"宜思恭回答,为什么账簿上没有备注?"张鹏翮又问。

宜思恭叩首答道:"为皇上办差,罪臣肝脑涂地,死而无憾。"

"大胆宜思恭,竟敢避重就轻逃避责任。"张鹏翮猛地拍下惊堂木,"库银亏空三十万之巨,岂是你表几句忠心就能脱掉干系?"

"为皇上办差,罪臣肝脑涂地,死而无憾。"宜思恭头上布满黄豆大小的汗珠。

张鹏翮向堂下张伯行看了一眼,用手指敲敲台案,放缓声音道:"若依本钦差之见,你把中饱私囊的银两速交国库才是上策。否则,触怒皇上,可是要从重处罚。"

这时候,坐在堂下的陈鹏年站起身来,冲堂上躬身施礼道:"钦差大人,下官有一句话不知当讲不当讲?"

张鹏翮道:"陈蕃台但说无妨。"

"据下官所知,"陈鹏年道,"宜蕃台并无中饱私囊之事。相反,他还从家里拿出七百多两银子填补亏空,可惜杯水车薪,无济于事。宜大人家里老父亲现在病重无钱医治,境况甚是凄凉,望大人开恩。"

坐在陈鹏年对面的噶礼面有愠色,说道:"钦差大人审理案情,署理布政使勿要多言。"

张鹏翮道:"陈大人所言若属实,诚然可怜。但是,这些与本案有关系吗?"

"宜大人家事与亏空案有直接关系。"陈鹏年道,"钦差大人想知道布政司为何有这么大的亏空吗?"

"快讲,快讲!"张鹏翮道。

陈鹏年道:"钦差大人从账簿上可曾查到,布政司亏空库银三十四万多两,是从康熙四十七年才有的。从康熙四十七年到现在,亏空并无增加。"

"嗯,果然如此。"张鹏翮翻看一会儿账簿,"但是陈藩台,这能说明什么?"

"大人可知道康熙四十六年皇上南巡之事吗?"陈鹏年问道。

"皇上六次南巡,本钦差岂能不知?"

"禀告大人。"陈鹏年道,"布政司亏空银两都与皇上南巡有关,都是接待圣驾时所欠。"

跪在堂下的宜思恭突然涕泪交加,浑身颤抖,一头叩在地上,再也抬不起头来。

张鹏翮心头一震,感到事关重大,忙向堂下厉声喝问:"宜思恭,陈藩台所言可是实情?"

宜思恭俯首痛哭,口不能言。

"宜思恭速讲!"张鹏翮神色凝重。

良久,宜思恭才微微抬头,说道:"禀钦差大人,陈藩台所讲句句为实……"

"大胆宜思恭,是实情为何刚才不说?"张鹏翮又震一下惊堂木。

张伯行在下面激动得满脸通红,拍案而起,站起来说道:"宜大人对皇上忠心可鉴,但你考虑过多,以至于瞻前顾后,首鼠两端。你今天就以实情相告,本抚想,不但钦差大人不会怪罪,就连皇上也能够体谅。"

张鹏翮又问:"宜思恭,接待皇上所用开支可有明细账目?"

宜思恭答道:"有明细账目。"

张鹏翮问:"现在何处?"

宜思恭回答:"罪臣把它放在家中书房。"

张鹏翮发签,命捕快何通去宜府。张鹏翮说:"宜思恭,你可知伪造证物罪加一等?"

宜思恭低声说:"罪臣不敢。"

"好。等账簿取回,还需本钦差派人一一查证。"张鹏翮眼睛向堂下扫了一圈,"其他事宜都等查证之后方可定夺。来人,把宜思恭带下去。退堂!"

其他官员与衙役捕快都已退下,抚衙的铜钉大红门已经嘎嘎关闭,张鹏翮只把噶礼、张伯行、陈鹏年三人留下来合议。

张伯行还沉浸在刚才的兴奋之中。他来回踱着步子,搓着双手道:"峰回路转,柳暗花明,好啊,这下宜思恭有望获救了。皇上不但会赦他无罪,说不定还会让他官复原职呢。"

噶礼坐着一动不动,鼻子哼声说道:"依本督之见,他这是伪造证据,要罪加一等。"

"不会不会。"陈鹏年在一旁说,"以下官对宜大人的了解,这本账簿不会有假。"

"有假无假得等拿回来再说,现在谈论都是惘然。不过……"张鹏翮思虑片刻接着道,"诸位大人想过没有,如果宜思恭的账簿所记属实,布政司三十多万亏空该如何填补,总不能向皇上伸手要银子吧?"

"钦差大人所言极是。皇上南巡到此,我等做臣子的尽心接驾,乃分内之事。"陈鹏年说,"下官拙见,亏空的银子,可以从江苏官员的俸银和使用差役的费用中逐年扣除……"

"沧州何出此言?极谬!极谬!官员俸银和差役费用是他们养家糊口的依靠,本来就极为微薄,倘若再扣除一部分,他们还怎么生活?如果他们消极做事,江苏定会出大乱子。为江山社稷计,万万不能!"张伯行断然止住陈鹏年的言语。

"依孝先之见呢?"张鹏翮问。

"待十天半月之后,如果查实亏空之银皆用于接驾,下官愿随大帅联名上书,请求皇上豁免江苏亏空银两,再恢复宜大人的官职。"张伯行思索一下接着说,"'普天之下,莫非王土;率土之滨,莫非王臣。'江山乃大清之江山,子民乃大清之子民。钱财放在哪儿都是皇上的,都是我大清的,为什么非要放在布政司的账面上呢?"

张伯行对噶礼深施一礼道:"大帅意下如何?"

噶礼一脸凝重,如炭般黑,如铁般硬。他冷笑几声道:"填补亏空是你江苏本省之事,本督不便多言。"

言罢,他起身缓步,毕恭毕敬地对张鹏翮说道:"钦差大人,今早,差人来报总督府有要事急需下官处置,今日就得启程回江宁。下官不能在此侍奉钦差大人,敬请恕罪!"

张鹏翮见噶礼执意要走,也没有执意挽留,只是说:"噶制台有事去办就是,快去快回就行,皇上交下的差事耽误不得。"

噶礼听出张鹏翮不快之意,回道:"钦差大人所言极是。咱们当的是皇上的差,皇上要咱进京,咱哪敢怠慢呀!"

听到噶礼用皇上压他,张鹏翮更加不快。但噶礼说明要进京,自然也不好说什么,只是淡淡地说道:"那是,那是。谁不知道噶制台是为皇上、为黎民不辞劳苦的大忙人。"

当天下午,噶礼带着一肚子气离开苏州。

五
亏空大案

（一）宜思恭额头上的汗珠越来越大，越聚越多

噶礼走后，陈鹏年有紧急公务也赶回府衙。

傍晚时分，去宜府提取物证的捕快何通等人回来，把两本账簿双手交于张鹏翮。张鹏翮喜出望外，把一本账簿交于张伯行，要张伯行连夜审核，明日二人再交换账簿，继续核对。

两人拱手分别。张鹏翮拿着账簿回到离抚衙不远的钦差行辕。

张伯行满腹心事，无心吃晚饭。他走进内室，命人掌灯，想一口气看完账簿。这时候，大黑端来一盘烤红薯和一碗大米粥。

红薯是从老家仪封运来的。仪封临近黄河，屡受黄水灾害，除了盐碱地，就是沙地。只有很少土地上能成庄稼，但也造就它独特而神奇的土质，不成则已，一成则高。张伯行的老家有一块地，六亩左右，土质很"淤"，晴天还好，下雨天没法走路，遍地胶皮片儿，人走在上面，能把鞋粘掉。六亩风水宝地种什么成什么，还高产，冬春季种小麦，夏秋季则种玉米和红薯。这块地上长出来的红薯很神奇，不管浇水不浇水，它都长出成堆成堆的红薯，而且几乎都一般大，一样形状，都是中间鼓肚，两头渐渐变细，不太大，又不太小，看着顺眼，拿着顺手。这红薯外皮紫红色，掰开后茬口红黄色，叫"红薯茬"，润红如玉，生吃脆甜，煮熟香甜。特别是在火上烤熟以后，一掰开，色如瓜瓤，热气中冒出香味，细软绵甜，温润可口，使人垂涎欲滴，闻香而至。仪封人有言，"红薯烤三遍，给肉都不换"。大黑端上的红薯正是这块地所产。

张伯行一边吃着烤红薯，一边在烛光下看账簿。片刻，张伯行猛地站起，拿着红薯，起身便走。

大黑打着灯笼在前面带路,张伯行步出宅院,脚步匆匆。他们沿着宽阔的甬道往南,走出抚衙大门,径直奔向钦差行辕。

来到钦差行辕门前,张伯行见四名兵丁立在门外,手扶腰刀,威风凛凛。一队巡逻的兵丁在张伯行前面,另一队兵丁迎面走来。为首者见是张伯行忙撩衣半跪,手扶地砖,口喊:"抚台!"

张伯行道:"钦差在此,一定要小心戒备,不可疏忽!"

因心中有事,张伯行一直疾步前行,连兵丁高喊的"喳"都没听见。

张伯行让衙役进去通禀。

张鹏翮也没有吃饭,正在灯下翻看着那本账簿。听说张伯行拜见,忙让进来。

行辕甬道两侧,每一个宅院门前都挂着大红灯笼,里面烧着大红蜡烛,把甬道照得亮如白昼。

张伯行向张鹏翮讲出自己的想法,张鹏翮一拍书案便站起来,说道:"是啊,是有问题。"

事不宜迟,马上行动,二人坐上轿子直奔苏州府大牢。在牢头儿引领下,张鹏翮和张伯行行至牢房的最深处——关押重犯的监舍,也就是一号监舍,宜思恭就被关押在这里。

由于张鹏翮与张伯行的额外关照,宜思恭在监牢中没受什么折磨。墙角铺层厚厚的干草,身上盖着条厚厚的棉被,宜思恭正半躺半坐在草上闭目养神,身旁放着一本打开的《宋诗集注》。想必是他白天读到那一页,夜里没有灯光,就放在身边。

宜思恭看见张鹏翮与张伯行,忙跪伏于地,向二位大人问安。张鹏翮挥手示意他平身。

牢头儿搬来一条长凳,让二位大人坐下问话。张鹏翮没有坐,也和张伯行一起坐在宜思恭刚才躺的干草上,示意宜思恭也坐下。宜思恭口称不敢,张鹏翮说:"无碍,但坐无碍。"宜思恭才半跪半坐在旁边。

张伯行紧盯宜思恭的眼睛,说道:"宜思恭,钦差大人与本抚深夜到此问话,你要如实交代。"

宜思恭说:"罪臣不敢说谎。"

张鹏翮应声说道:"宜思恭,你再说一遍,你敢保证你的回答都是实情,没有隐瞒吗?"

宜思恭道:"罪臣保证。"

"那好,我且问你。"张伯行问道,"你书房两本账簿钦差大人已经拿到,真伪还有待核实。既然那三十四万一千多两银子的亏空你在账簿上记得清楚明白,为什么要私藏家中? 为什么不记录在你布政司官家的账簿上?"

张鹏翮在旁边喝问:"说,是何居心?"

宜思恭闻言不语。

张伯行问道:"有什么难言之隐,说出来,钦差大人和本抚为你做主。"

宜思恭低下头,似乎在思考什么。

张鹏翮道:"宜思恭意欲何为? 想包庇哪一个?"

张伯行说:"宜思恭,你忘记你刚才的承诺了吗?"

宜思恭仍然不抬头,回答说:"二位大人容禀,布政司亏空银两三十四万一千多,都是接驾时的开支。之所以没有记载于官家账簿,实在是罪臣幼稚浅薄。罪臣觉得,为人臣子,尽忠皇上,造福百姓是分内之事。莫说是几十万两银子,就是全部家当,身家性命,罪臣也会倾囊而出,毫不吝啬……"

"搪塞之词,搪塞之词!"张鹏翮右手猛拍一下地砖,站起来大发雷霆,"宜思恭,你休要拿尽忠皇上推脱。你一定是在为某一个人做掩饰,在保护某一个人。"

张伯行也说:"莫非有难言之隐?"

宜思恭仍然低头不语,但额头上的汗珠越来越大,越聚越多,犹如黄豆,"啪啪"地砸落在方形青砖上。

张伯行往前凑了凑,劝道:"宜思恭,你这样袒护某一个人,表面看是为人义气,其实是你最大的不义。你袒护的这个朝廷命官,肯定是一个贪官,亏空银两与他有直接关系。你包庇贪官就会继续危害百姓,蒙蔽皇上,此其一。你为某一个人而不惜自己遭受牢狱之灾,使自己空有一腔报国之志,满腹才华而不得施展,上不能报效朝廷,下不能安抚黎民,实在是暴殄天物、浪费人才,此其二。你这样隐忍不发,使皇上继续遭受蒙蔽,使皇上不知道体恤民情,只知道接受群臣朝拜表忠心,实是罪大恶极,此其三。宜思恭,私人情义与家国大义,孰轻孰重,请细掂量。"

宜思恭脸上赤一阵,白一阵,良久,道:"罪臣宜思恭羞惭万分,之所以如此,实在是因为……因为……"

张鹏翮急切地催促:"别结结巴巴的,快说!"

"是因为没有收据!"宜思恭道,"二位大人明鉴,没有收据的开支怎能凭空列入官家账簿?"

"既然没有收据,那三十四万多两银子你支付给谁?"张伯行缓缓地问。

宜思恭欲言又止。

"还用说,当然是他的顶头上司于准。"张鹏翮说。

张伯行问:"是于抚台吗?"

宜思恭道:"正是。"

张鹏翮问:"是于抚台拿走三十四万多两银子,没有给你收据吗?"

"也不尽然。"宜思恭道,"回禀二位大人,三十四万多两白银的开支明细,大部分是有收据的,现存于书房中。比如采购的猪羊牛肉、绫罗绸缎、瓜果蔬菜和土特产,采办者都上交了收据。发放给那两百名女子父母的'抚养费',每家二十两,也有单据。只有孝敬给随驾官员的银子,于大人说上面没有给收据,是于大人特意安排罪臣如此列账的。"

张鹏翮笑道:"果然不出孝先所料,宜思恭有救矣!"

张伯行却眉头紧锁,继续问宜思恭:"那两百名女子是怎么回事?"

宜思恭答道:"于大人说是宫中的使女。"

张伯行诧异道:"荒谬至极,荒谬至极!宫中选秀是朝廷大事,须得皇上下旨,定期选秀,怎么如此偷偷进行? 其中定有欺诈。"

"孝先,不要着急。若有欺诈,本钦差定会另案审理。目前当紧之急是要见见于抚台。"张鹏翮道。

张伯行点头说:"极是,极是。"

(二)账簿居然在钦差大臣和巡抚大人的房间内不翼而飞

张伯行目送张鹏翮步入行辕,自己也转身回府。

他步履沉重地穿过院子,步入厅堂,大黑把灯笼放在书案上去点蜡烛,张伯行一下子愣住。室内桌椅布置还是之前的样子,好像没动,但张伯行总觉得哪里有点不对劲。一股寒风吹进他后脖颈,他禁不住打个寒战。抬头一望,见厅堂的房顶上多出个大洞,像扇四四方方的小窗子,寒风就是从那里灌进来的。透过洞口,张伯行还能望见群星璀璨的夜空,星星们一个个挤弄着眼睛,像是在取笑谁似的。

张伯行大吃一惊,急忙喊道:"大事不好!"便扑到书案,提着灯笼寻找。书案上空空如也,账簿不翼而飞。张伯行四处查看,哪里还有?他急得一下子把灯笼掼在地上,口中喊道:"来人,来人,快来人!"

灯笼倒地,里面的蜡烛脱离蜡台倒在灯笼壁上。幸好灯笼没有燃烧,而是在倒的一瞬间熄灭。

张伯行又喊:"大黑,大黑!快,快,掌灯!"

大黑听见老爷接二连三在喊,知道大事不妙,急忙飞奔到厅堂,见室内一片黑暗。他手忙脚乱地摸出火镰和火石,"嚓嚓",火石猛烈地连续击打火镰。尽管火星四溅,却无法点着蜡烛。

大黑急急忙忙跑出去,摘下门外的灯笼。张伯行与他四下寻找,还是没有。

两名抚兵闻声跑进来,躬身请示道:"抚台有何事吩咐?"

焦急的张伯行对二人喊道:"快去叫大仪,快!"

抚兵刚跑到院中,正碰上直冲而来的大仪。

张伯行吩咐大仪道:"赶快叫人缉拿盗贼,账簿不翼而飞。"

大仪抬头看到房顶的大洞,骂道:"何方蟊贼,竟敢太岁头上动土?"

大仪拔出宝剑,带人跳上房顶,寻找盗贼。一时间灯笼火把到处闪耀,搜查声和愤怒的咒骂声四处震荡。

张伯行猛然想起张鹏翮,心中一凛,拔腿就往门外跑。刚出院门就一跤跌倒,官帽也摔出去很远。大黑急忙扶起张伯行,替他掸掉尘土,又找来官帽给他戴好。

张伯行道:"别管我,快去提醒钦差大人。"

话刚出口,守门抚兵来报:"禀抚台,钦差大人差人来见。"

张伯行忙喊:"快请。"

来人见到张伯行施礼道:"钦差大人请张抚台速去行辕。"

张鹏翮见到快步而来的张伯行,一把拉住他的手道:"孝先,大事不好,账簿不见了!"

张伯行满头大汗道:"正想禀报大人,可恨,可恨,下官那本也不翼而飞。"

张鹏翮的随身护卫张连忠在后面连声咒骂:"大胆狂徒,敢鲁班门前耍斧子,关公门前耍大刀,真是活得不耐烦,连钦差的东西也敢动!"

张鹏翮面沉似水,训斥张连忠道:"你是关公吗?你是鲁班吗?人家在你眼皮底下,鸦默雀静地就把物证给盗走,还有面目在此吹大话!"

张连忠连忙后退一旁。

张伯行在一边涨红着脸施礼道:"下官戒备不严,请钦差大人恕罪!请钦差大人放心,下官已派人四下搜查,定追回账簿抓住盗贼。"

张鹏翮低额拈须道:"嗯,去让陈鹏年协查此案。"

张伯行回道:"下官谨记。"

抚标材官急匆匆而来,见到张伯行单膝跪地禀报说:"禀抚台,西北角墙外发现一具死尸。"

张伯行坐轿来到西北角时,现场已被众抚兵围住。抚标营邓守备见张伯行轿到忙迎上来。

原来这人还没死,奄奄一息。张伯行年轻时练过子路八卦拳,懂医道,看过这人的伤口,倒吸口冷气。只见胸口处被刺一刀,离要害处不到一寸,短刀留在那里没拔出来,衣服和地上到处是血。这人是守夜巡逻的捕快,名叫林翔飞,身高体壮,练过几年功夫。能让林翔飞吃刀子,可见盗贼不是平凡人物。被邓守备唤醒后,林翔飞一边虚弱地喊疼,一边还恨恨地骂盗贼。林翔飞非常虚弱,还不能问询情况,张伯行安排人用门板抬回来,请名医施救。

据大仪观察,应该是盗贼翻越墙头时被林翔飞发现,并被追赶至墙外。打斗中,盗贼持短刀刺中林翔飞的心口。林翔飞一边夺刀,一边用手抓下盗贼蒙面的黑布,抓伤他的脸,有墙上被扒下的砖头、林翔飞右手中的黑布,以及指甲里的皮肉与血迹为证。

张伯行仔细验查现场,确认无一遗漏后才回府中。此时,天已拂晓,东南天空上泛起红霞。张伯行毫无睡意,在自己房中转过来转过去,总觉得还不对劲,一时又找不出缘由。转至床前,颓然坐下,抚额叹气,猛然间又站起来冲至墙边。原是床对面的西墙上,少了一幅自己临写的岳飞《前出师表》。

诸葛亮一生忠于汉室,鞠躬尽瘁,死而后已,是张伯行的精神楷模;岳飞忠君爱民,精忠报国,甘愿为君为民抛洒热血,更是张伯行崇拜的对象。又兼以热爱书法,张伯行就将岳飞题书的诸葛亮《前出师表》视若珍宝。

墙上挂的那幅被盗贼取走的《前出师表》,是张伯行在康熙四十二年任山东济宁道时所书。时任河道总督张鹏翮去济宁视察河务,对张伯行运河济宁段的治理非常满意。二人站立于岸边,指点江山,高谈阔论,谈百年的治理方略,谈康熙帝英明神武,谈臣子应竭尽忠心,保国安民,后来又谈起诗词文章,愈发投机,又回府把酒言欢,继续畅谈。

张鹏翮休息后,张伯行仍无睡意,兴奋难耐,就乘酒兴铺纸磨墨,挥笔而就,写成这幅《前出师表》。次日醒来,张伯行把它挂在墙上审视,暗暗惊奇。他觉得那是他最满意的一幅书法作品,再写肯定达不到这种状态和境界。张鹏翮看见之后,也连声称好,说这幅书法刚劲挺拔,挥洒恣肆,力透纸背,已经超出岳武穆的真迹,大有媲美王羲之《兰亭集序》之境界。张伯行知道那是溢美之词,不可当真,倒是当地一些热爱书法的富商将它奉为珍宝,让张伯行不胜其烦。他们纷纷托人说和或不惜重金,表示要收购这幅作品,或让张伯行再写一幅同样的《前出师表》,张伯行都婉言谢绝。张伯行认为"君子固穷",书法是欣赏的,用来换钱就俗不可耐。书法艺术是有生命的,不能像活字印刷术一样无限重复,否则就俗上加俗。

如今,这幅《前出师表》却被那盗贼连同账簿一起卷走,让张伯行很是恼怒。他坐在床上盯着墙上的那一方空白发呆,先是惊奇,继而惊喜,后来又有些欣慰。他觉得这个盗贼有些意思。

(三)陈鹏年听说账簿丢失的经过,沉思良久

天刚蒙蒙亮,陈鹏年便匆匆赶来。他听张伯行叙说行辕和抚衙丢账簿的经过后,胸有成竹地对张伯行说道:"下官已到几个案发现场查看过,还问过林翔飞。下官觉得此案不难,只要盗贼在苏州住,下官就能把他挖出来,可如此这般……"

张伯行听后很高兴,让陈鹏年马上派人依计行事。可是一天过去,杳然无音,张伯行有点焦躁难耐。

第二天一大早,张伯行便去行辕。他进去后不多时,从行辕中出来两位读书人、两位仆人,四人走出行辕便汇入人群之中。这四位不是旁人,正是张

鹏翮、张伯行和张连忠、大仪。

苏州不愧是江南重镇。大街上行人甚多,南来的北往的,坐轿的挑担的,锦衣布衣,骑马骑驴,男男女女,老老少少,五行八作,三教九流,眉眼间都流露出或忙碌或自信或喜悦的神情。两边店铺里的伙计都在卖力地吆喝,行人也大都比较捧场,只要你召唤,他们就进去逛一逛。其实出门前买什么东西,拿多少银钱,都是计划好的。即使进去也不一定买,但他们还是喜欢进去看一看。腰里装着银子,又有的是闲适时间,为什么不去享受一下老板的讨好与奉承呢?

一行四人边走边注意观察过往行人,重点是他们的脸,看脸上有没有被抓伤的痕迹。从抚衙走到西门一无所获。城门把守甚严,出入必须接受兵丁盘查。对那些用帽沿遮挡面部者,兵丁们会上前摘下他们的帽子仔细查看。张伯行看后欣慰地点点头,四个人观察片刻,转身向东走去。

行至竹器行,他们发现一人从里面走出来,犹豫一下,向东城门而去。他似乎很警惕,边走边观察路两侧。这汉子戴着一顶竹制大斗笠,脸部光线阴暗,看不出年龄,左边头上垂下一缕头发,长长的似乎有意遮挡左腮。张伯行他们不动声色地跟在其后。不一会儿,迎面两人骑着高头大马从这汉子身边疾驰而过。他左脸上的头发被马带起风旋起来,露出真面目,张伯行惊喜地看到他脸上分明有一抹殷红。

张伯行马上用胳膊碰碰张鹏翮,张鹏翮微笑着低声道:"是,很像。"

没等张鹏翮与张伯行吩咐,大仪、张连忠就冲了过去。汉子警惕性很高,听到身后有跑步声,他头也不回撒腿就跑,像一只受惊的兔子。不知这汉子受惊吓乱了分寸,还是天生愚蠢,他竟然朝着城门方向逃去。城门口盘查的兵丁老远就看见这个试图闯关者,呼啦迎上来十多个,挺着长矛、举着大刀向他喊:"站住!"

汉子虽如惊弓之鸟,但跑的速度并不快,张连忠脚下加力,三两步就追到他身后,抽刀用刀背向他腿部砍去。汉子"哎哟"一声栽个狗吃泥,斗笠飞出两丈远,拉起后吐口污血,污血里含着一颗白牙。

汉子哭求道:"老爷饶命,老爷饶命!我真没钱了。"

平日里走路四平八稳的两位张大人,着起急来行路如风,张伯行跑得快,把张鹏翮甩在身后。张伯行上前撩起汉子遮脸的长发,仔细察看,之后摇摇头。汉子脸上的伤口是圆形的,而且很大,几乎布满整个左腮,红、白、黑三色夹杂,酸臭难闻,分明是一块溃烂的脓包疮。

张鹏翮赶过来看看,大失所望道:"放了吧!"

大仪和张连忠不死心,他们把汉子拉到城门洞里的小房内审问半天。汉子叫赵梦川,是个赌徒,这几天输钱输大发,四处躲赌债。兼以心里面火气旺盛,脸上起个大脓疮,羞于见人,只好盖个大斗笠。

放行时,张连忠朝赵梦川屁股上使劲儿踢一脚,说:"看见脸上有伤的,赶紧来衙门报告。"

大仪补充道:"抓住案犯有重赏。"

张伯行听过大仪的禀报,笑道:"赏什么赏?再等两天人家伤口痊愈,大街上碰破鼻子,咱们也不会认得。"

其实,大仪也没抱多大希望,只是想着有枣没枣打三竿再说,没想到那个赵梦川还真起到大作用。

两天后,林翔飞伤势好转,头脑清醒许多。陈鹏年命画师依据林翔飞的描述,描出案犯的画像,然后拿着画像来见张鹏翮与张伯行。

张鹏翮大喜道:"孝先,多找些画师照此多多临摹,四处张贴,全省搜捕,提供线索者赏白银千两。"

这次账簿失窃,令张鹏翮大为恼火。责任重大是其一,更重要的是,他冥冥中觉得似乎有人故意与他作对。

张伯行也很高兴,他提醒道:"在江苏全省按图搜捕,甚好。只是,钦差大人,有一处恐怕下官也难以做到令行禁止,更莫说是沧州。"

张鹏翮疑惑地问道:"哦!在江苏还有巡抚大人令行不到的地方吗?是哪里?"

张伯行躬身施礼,欲言又止。

张鹏翮马上会意,捋捋胡子道:"孝先,难道是江宁那边不成?"

张伯行点头道:"正是。"

"这个好办。不知噶制台从京中回来没,本钦差正打算扩大缉拿范围。"

张鹏翮到书案前铺纸磨墨,"刷刷刷",写下一封信函交给张连忠,让他持信到江宁见噶礼。令噶礼在两江总督管辖下的江苏、江西、安徽三省缉拿此案盗贼,再调些绿营兵帮助搜查,并催促他快来苏州。

陈鹏年在旁边拱手道:"有钦差大人的信函,陈鹏年愿随张护卫一同去江宁。"

张鹏翮道:"甚好,甚好。"

事不宜迟,马上行动。张伯行开始发签派人通知全省各州府照图索人。陈鹏年带着江苏府的捕快,连同张伯行派给他的抚衙衙役,和张连忠一起赶往江宁。

(四)那黑影只一闪便飞上墙头,再一闪就不见踪影

到江宁时已是下午。陈鹏年、张连忠二人拿着张鹏翮的书信,直奔去总督府。噶礼不在,他们见到噶礼的师爷。师爷姓周,名世荫,绍兴府会稽县人,五十岁光景,个头中等,体型偏瘦,胡子花白,目光炯炯有神。仔细端详,倒与张令涛有几分神似。张伯行任江苏按察使时缉拿张令涛,无奈之下,噶礼将张令涛藏匿于牟钦元府中,终得逃脱。临行之前,张令涛向噶礼推荐了同门师兄周世荫,周世荫就成了两江总督的"西席"。

周世荫说:"大帅从苏州回来,第二天就进京而去。既然有钦差大人手谕,总督府自会配合。调兵和三省缉拿要犯是大事,鄙人这就派人进京报与大帅。"

张连忠说:"案情重大,烦劳老兄快快安排。我们先在江宁搜一搜,如需总督府协助,我们再来叨扰。"

周世荫忙俯身笑道:"上差放心,鄙人这就派人火速进京。如需总督府出力,上差随时吩咐,我们即刻照办。"

陈鹏年办事果决迅速,当天就将人员分配好。第二天一早,各城门和城内各十字路口及人流繁盛的地方,都贴上告示和画像,按像寻人。搜捕工作昼夜不停,人员三个时辰一轮换。搜上三日,人盘查的不少,就是没一个吻合。

这一日,陈鹏年盘算总督府进京之人应该返回,自己离开苏州这么久也该回去了。倘若钦差跟前再出什么差错,皇上怪罪下来他吃罪不起。吃过早饭,他和张连忠再次去总督府,接待他俩的还是周世荫。

周世荫这次明显没有上次热情,只是公事公办地说道:"进京之人昨晚已回,鄙人正要去向上差禀告。大帅已下令两江三省搜捕盗贼,公文今日下发,

有情况各地会直接报与江苏按察司。大帅还捎话说,京中要处理的事虽多,但钦差大人无时不挂念在大帅心上,大帅会日赶夜赶尽快忙完,好赶赴苏州听钦差大人调遣。"

张连忠道:"江苏按察司在江宁,钦差大人在苏州,两地甚远,为何不报到苏州府?"

周世荫依旧用公事公办的口气说道:"这个……"他顿顿道:"鄙人不知晓,想必大帅的意思是要按程序一级一级来吧。"

"调兵之事大帅是怎么说的?"张连忠问道。

"大帅说,调兵是大事,要等他回来亲自安排。"周世荫不紧不慢地说道。

张连忠急切地问:"大帅何时回府?"

"这个,大帅没说,咱们也不敢问,估计很快。多则十几日,少则三五日,就应该会动身吧。"周世荫慢条斯理地说道。

其实,进京之人昨天中午就已经回到江宁。他传来噶礼的话,钦差让在两江三省缉拿下个文便是。除此之外,总督府的人不得搅到此案中,调兵之事更不准应允。丢账簿噶礼乐还乐不及呢,怎会真心帮张鹏翮查找?

二人走出总督府,陈鹏年边走边思索,总督大人是真去京城还是在府里不想见我们呢?如果是不想见我们,那原因何在?与宜思恭账簿丢失有没有牵连呢?人海茫茫,账簿又去哪儿找呢?

正当陈鹏年与张连忠商量着明天就回苏州时,真可谓踏破铁鞋无觅处,得来全不费工夫。就在这个时候,他们遇见赵梦川。

因二人边走边聊,两匹马走得很慢。张连忠觉察到有人似乎一直跟着他们,他有意将马速放得更慢。当他确定有个戴斗笠的人尾随好久,便在一个茶馆门前勒住缰绳。

"陈府台,兄弟有些口渴,我们到里边喝碗茶如何?"张连忠大声地对陈鹏年说道,有意让尾随的人听见。

说完,就翻身下马,似箭一般扑向尾随之人。此人还没反应过来,就被张连忠扑倒。紧接着,陈鹏年、张连忠的随从也围过来,将此人牢牢控制住。速度之快,以至于陈鹏年还没弄清啥情况。

张连忠狠狠地说:"抬起他的脸!"

有人猛地抓住此人的头发。他顺势扬起头,惊魂落魄地呼喊道:"老爷饶命,老爷饶命! 是小的,是小的赵梦川。"

此人扬起脸,张连忠定睛一看,笑道:"哈哈! 本大爷当是哪儿的毛贼,原来是你小子。咋跑到江宁来了,见到本大爷也不打声招呼。"

赵梦川一脸媚笑道:"老爷吉祥! 嘿嘿,咋这么巧就遇到老爷,小的正要找您呢!"

"哦! 你小子找本大爷有何事呀?"张连忠不屑地问道。

赵梦川示意张连忠让人松开,疼得不好受。张连忠向抓着赵梦川的人摆摆手,众人随即松开手。

赵梦川活动活动肢体,向围观的人狠狠地说道:"看什么看,没见过官差办案? 都散去吧,散去吧!"

张连忠向众人摆摆手。

等人散去,赵梦川向张连忠施礼,一脸诡秘地笑道:"嘻嘻,老爷那日说的赏钱的话,还算得不算?"

张连忠猛然间提起精神说:"当然算得。"

"小的正有事向老爷禀告。"赵梦川兴高采烈地说道。

"哦! 那咱们茶馆里说话。"

陈鹏年和张连忠将赵梦川带到茶馆二楼雅间。

原来,赵梦川为躲赌债,跑到江宁投亲戚。到江宁他恶习不改,从昨晚赌到今天上午,输个精光,被人赶出赌场。正当他垂头丧气地在街上闲逛,远远看见前面骑马者像是张连忠,心中暗喜,这下有银子了,便悄悄在后面跟着。

三人坐下后,赵梦川见桌上摆的点心、干果,抓起就往嘴里猛劲填。

陈鹏年看他下三滥的样子,摇摇头道:"慢点吃,别噎着。"

张连忠急切地说:"先别吃,把你知道的情况说出来,一会儿本大爷保你有酒有肉。"

赵梦川边吃边说:"老爷,求求您,再让小的吃几口吧。小的几顿都没吃东西了,饿得要死。"说着,又抓起一块桃酥往嘴里送。

没一会儿,桌上的两盘点心被赵梦川一扫而空。他又足足喝上几碗茶,打个饱嗝,问道:"请问二位老爷,画像上那人是不是老爷们所找之人?"

陈鹏年说:"是啊,你见过没有?"

"禀老爷,这个人小的还真见过。"

"在哪里？什么时候？"陈鹏年精神一振。

"老爷,赏钱?"

"赶快说,不会亏你小子。"说着张连忠从怀中掏出几块碎银撂到桌上。

赵梦川见到银子,眼睛放光,伸手就抓,被张连忠拦下道:"还没说话你就想拿？只要你小子说的有价值,大块银子在后头呢!"

"此话当真?"赵梦川贪婪地问道。

"当然当真,快讲吧。"张连忠催促道。

"昨天傍晚时分……"

张连忠没等他说完,就踢他一脚,骂道:"昨天为什么不来报告,你个下三滥。"

"昨天小的也不知道是二位老爷来江宁啊!"赵梦川忍着痛,哭丧着脸说。

"快说,快说! 在哪儿见的?"张连忠又催道。

"昨天我在大街上溜达,当时天刚擦黑,行人很少。小的走到周记当铺前的十字街,看见一个和小的一样戴着大斗笠的人,把几个铜钱丢给一个小叫花子。小叫花子拿过钱,喜滋滋向路对面跑去。"

赵梦川摸摸脸上未痊愈的脓疮,接着说:"路对面店铺的墙壁上,有你们贴的一张画像。原来有两个官差大爷看守,昨天不知道什么原因,那一会儿没人看管。我猜想,一定是一个去酒馆吃酒,一个去赌场赌钱。不过,二位老爷千万不要责罚他们,如果他们在那老老实实守着,小的早就躲远远的,小的从小就怕当差的。"

"责罚不责罚他们另说,责罚你倒是现成的。"张连忠又踢赵梦川一脚,"再啰嗦,小心狗头!"

"我说,我说。"赵梦川嘻哈一笑,爬起来,又坐回到板凳上说,"那小叫花子跑到路对面,左顾右盼见没有人,揭下那张画像就跑,跑回来交给那个人。那个人又给他几个铜钱,小叫花子屁颠屁颠地去墙角下睡觉。"

陈鹏年道:"他揭画像也许是好奇吧,不一定就是画像中的人。"

"老爷,就是他! 他就是画像中老爷们要抓的人。"赵梦川急着争辩,脸涨得通红。

"我一是好奇,另外,嘻嘻,还感觉着这是个发财的机会,我就跟着他,一直跟着他。他走到河边的妓院'明月楼'时停住,'明月楼'门前挂着两个大红灯笼,辉煌明亮,跟白天似的。那小子往里面看看,他一扭脸我看见就是他,画像我见过。大人,大人,千真万确!"说到此处,赵梦川一脸激动。

"这么说你知道他住的地方?"陈鹏年声音压低,但很有力量。

"回老爷,是的。那小子往明月楼里面看看,没进去,就走了。我一直跟着他,一直到他家。"

"快,快带路,抓人!"张连忠猛地站起道。

"别急呀,二位爷。"赵梦川眨眨眼睛,讨好地笑笑,凑到张连忠身边小声说,"爷,告示上说过的,提供情报有奖赏的,白银一千两……"

"你这下三滥,你这个赌棍,我不让坐牢狱就是恩典你,还要奖赏?头给你打烂,脓疮给你剜掉。"张连忠一巴掌把赵梦川的斗笠打掉,伸手又去打耳光,赵梦川脖子一缩,蹲在地上,躲开手掌。

陈鹏年上前制止张连忠,又把手伸进衣襟,摸了摸,掏出一大块碎银子,交于赵梦川道:"本官所带银两不多,这一点权当定金。只要你所言不虚,抓住案犯后,钦差大人不少你的奖赏。你先在外面候着吧!"

说完,陈鹏年喊守在门外的随从,将赵梦川暂时看起。赵梦川倒也不嫌弃,喜滋滋地收起陈鹏年给的银子。临出去时,他还不忘将桌上几块碎银揣到怀里。

陈鹏年与张连忠商议,让张连忠带着几名随从先跟赵梦川前去认地方。陈鹏年一再对张连忠说,此去只先认地方,暗中监控,切勿打草惊蛇,只待天黑他带大批人去再实施抓捕。

陈鹏年命人迅速通知,除却把守城门的人之外,其余全部到东城门集合。

天说黑就黑,弯月如钩,星光稀疏,四处皆有虫鸣。

陈鹏年精挑细选二百名精壮衙役,有酒有肉饱餐一顿。大家个个精神抖擞,悄悄来到赵梦川所说的宅院。这所宅院方方正正,高大的门楼,朱红大木门,与周围几户人家的宅院相比,彰显出自己的优越与尊贵。

陈鹏年带人刚到,张连忠就从暗处过来。他向陈鹏年说:"案犯很有可能就在家中躲藏。他们监视半天,只有一个老婆子出来买几条鱼。院内鸦默雀静的,似乎很警惕。"

陈鹏年说:"好!沧州带一百人在外守着,烦劳连忠兄带一百人到里面抓捕,如何?"

张连忠点点头道："这样安排甚好，捕人我有经验。"

外边围好后，张连忠就带人上前拍门。拍上半天无人答应，张连忠等不耐烦。他后退两步，猛地向前一蹿，左脚蹬在墙上再一纵，借助墙壁反弹的力量，人已经登上院墙。纵身落地后，反身去打开门栓。

偌大个宅院，只有正厅和西厢房两处灯光，十分安静。但大门打开后，陈鹏年带人往里冲时，却有一个老妇人惊叫一声："不好，老爷，来人啦！"

衙役们按事先安排，分别向不同的房间扑去。

东厢房里，一个黑影闪出，三晃两晃就飞到东院墙下面。张连忠看见，拔出腰刀就追过去。那黑影身手敏捷，只一闪便飞上墙头，再一闪就不见踪影。

听见墙外衙役连声喊："出来了，出来了！""抓住他，抓住他！"

接着便是拳脚打斗声。张连忠抓人心切，急忙奔过去翻墙出院。

此时，外面打斗已经结束，七八名衙役倒在地上呻吟不止。黑影见衙役又围过来，拔腿便跑。张连忠哪里肯放，在后面穷追不舍。

张连忠快，黑影更快，衙役们被远远撇在后面。

黑影跑着跑着又停下来，转身看着张连忠笑。

张连忠知道他身手了得，也不再客气，举刀就剁。

黑影喊一声："你不服气呀！"便空手跟张连忠斗在一处。张连忠自恃武艺不凡，但在黑影面前，只三五回合便招架不住。

黑影躲过张连忠的刀锋，不知怎么只一晃，便转到张连忠身后，抬起右肘往张连忠肋下撞击。

张连忠只觉得撞在大石头上，感到肋骨都折断，五脏六腑都被人紧紧攥住，气都喘不过来，闷哼一声便被扔出去。

等到陈鹏年带人赶到，黑影已经跑得全无踪影，只有张连忠趴在地上哼哼地喘气。

（五）张鹏翮心里的阴云却渐渐稠密起来

"案犯名叫宋晗，江宁人。上有老父老母，下有一双儿女，家有丫鬟仆人六名，现已羁押……"

"哦。"

"钦差大人,抚台大人,案犯逃走,是下官办差不力,下官向二位大人请罪。"陈鹏年说着站起身来,向着张鹏翮与张伯行单膝跪地,拱手低头。

站在一旁的张连忠也红着脸单膝跪地,说:"老爷,是小人无能,唉!"

张鹏翮与张伯行连忙起身,张鹏翮扶起陈鹏年,张伯行扶起张连忠。张鹏翮道:"案犯武艺了得,也不怪沧州。"

张伯行道:"虽人已逃走,但我们也不是一无所获。"

陈鹏年坐在椅子上,又欠欠身子道:"钦差大人,据下官与张护卫对宋晗住所的搜查,所丢失的账簿可能被转移他处,或者已被销毁。下官只在宋晗的书案上找到这个。"说着,陈鹏年从衣袖里抽出一张有些发黄的纸页,起身呈交张鹏翮。

张鹏翮接过来,只见上面是排列整齐的蝇头小字:"某月某日,巡抚于准支银三千两,购买接驾所需牛、羊、鸡肉,有收据;某月某日,巡抚于准支两千两,二百名宫中侍女父母之抚养费,有收据。"

看罢,又递与张伯行,说:"这应该是账簿上的一页吧,孝先看看。"

张伯行仔细看看,说:"大人所言极是,这正是账簿的一页。宜思恭的字体下官非常熟悉,魏碑体有斧凿之功,又有飘逸之美。他用魏碑字记账,正是他为人做事严谨认真之处。"

张鹏翮问:"账簿的其他部分都无踪影,为何他还独独留下这一张?"

陈鹏年说道:"回大人,下官猜测他应该是喜欢宜思恭的书法。我在他书案上还看到,他临写宜思恭书法的宣纸,还别说,临写得很有功力。"

张伯行笑道:"如此看来,这宋晗还是个书法爱好者啊!"

"下官也是这么看的。"陈鹏年低头把他进来时放在地上的包裹拿起来,解开丝带,取出一幅书法卷轴,打开以后说道:"二位大人请看,下官在宋晗书房的墙壁上还发现这个。"

"哦,这不是孝先的字吗?《前出师表》,我在孝先书房里见过。"张鹏翮一脸疑惑。

张伯行凝神细看,道:"下官那幅字的确是与账簿同时丢失的,但这是他临写下官的,不是我的真迹。大人请看,'创业'的'创'字,这一钩写得不像。"

"嗯,是不像。这一钩没有孝先的神韵,力道也不够。"张鹏翮端详一番,说道,"书法能有如此造诣,也真是难为他了。"

张伯行叹道:"这个宋晗,武艺了得,又如此喜好书法,着实可惜。"

陈鹏年把卷轴收起来放进包裹,躬身施礼,面色也渐渐凝重起来:"钦差大人抚台,下官在对他家眷的审讯中,还有一个重大发现。"

张伯行道:"哦!快讲,快讲。"

陈鹏年脸色更加严肃,有些紧张地说:"二位大人容禀。案犯宋晗,是朝廷命官,是吃官家饭的,不是盗贼流寇。"

张鹏翮大吃一惊道:"他在哪里听差?为谁效力?"

"这宋晗在总督府听差,是大帅贴身保镖,武举出身,六品督标千总。"

"哦?"张鹏翮与张伯行几乎同时站起来。张鹏翮嘴巴张得大大的:"此话当真?"

陈鹏年道:"下官不敢戏言。"

"我算是明白了。"张伯行哼声道,"大人请想,噶制台在苏州时的言行,颇为反常。第一,他为什么要极力劝说钦差大人到江宁审案,而不是在此办理?第二,他听到我和钦差大人说,宜思恭清廉正直,不像贪婪之辈时,为什么会满脸不高兴?第三,他知道钦差大人欲彻查宜思恭一案,究根问底时,为什么会拂袖而去?大人,这些迹象表明,账簿失窃,噶制台似乎脱不了干系。"

张鹏翮踱着步子,低头思索着,张伯行只听到张鹏翮的自言自语:"老噶呀,老噶呀!这是为何?其中该有缘由吧!"

老半天,张鹏翮抬起头问张伯行道:"孝先,对此事你是怎么看的?"

"大人,窃以为,噶制台想阻挠您办案,或许是因宜思恭是他所参。大人若查出库银亏空并非宜思恭中饱私囊,岂不证明他是诬告吗?"张伯行说。

张鹏翮点点头道:"有些道理。"

陈鹏年俯身拱手道:"钦差大人,是不是到江宁问问噶制台账簿失窃之事?"

张鹏翮微笑道:"似为不妥。孝先、沧州与噶制台皆是地方大员,督抚是否和睦,往小里说会影响江苏民生之甘苦,往大里说会影响大清国运兴衰。当面对质,势必会剑拔弩张,失去缓和余地。孝先、沧州,你们只管待在苏州,待本钦差去江宁会一会噶制台。"

张鹏翮言罢站在窗前,推开窗紧皱双眉,望着窗外凝神思索。

窗外,竹枝疏影之间,流溢的是阳光的金色。天空澄碧,无一丝阴云,但张鹏翮心里的阴云却渐渐稠密起来。他预感到,这天要下雨,而且不是一般的江南梅雨,和风细雨,而是大雨,是暴雨,是滂沱大雨,疾风骤雨!

六
釜底抽薪

文德桥,浣纱桥,白鹭洲,桃叶渡,东水关……十里秦淮,十里珠帘。

六朝金粉把秦淮河水晕染成妖冶浓艳的杏黄色,水上水下一样的五彩斑斓,一样的朦胧绰约。画舫上的歌女风姿楚楚,衣袂飘飘,使人目迷五色,恍若仙境。

粉墙黛瓦,飞檐漏窗,红栏绮疏,珠帘纱幔……横笛声悠扬而至,如水的歌声漫过来,勾魂荡魄的胭脂香也漫过来。

以粉红为基调的凤栖楼和它面前的秦淮河一样,注定是属于夜晚的。四壁和地毯都是粉红色,灯光是橘红色,连水陆杂陈的酒肉之席也似乎变成唇红色。姑娘们的衣袂飘飘然,穿出让人眼花缭乱的赤、橙、黄、绿、青、蓝、紫,但她们眼中的波光、体香和呢喃歌声,却依然滋润出一片绯红。

唐不语自碧水宫横刀夺爱,把何枕的歌妓苏芙蓉带到呈瑞县衙后院,整日里灯红酒绿、纸醉金迷。

俗语说:妻不如妾,妾不如妓,妓不如偷,偷着不如偷不着。时间一长,新鲜劲儿一过,唐不语便喜新厌旧,对苏芙蓉腻烦不堪。

那苏芙蓉本就是烟花女子,风流成性,怎受得如此的冷落与寂寞? 一日,趁唐不语不在,便裹起金银细软销声匿迹。

唐不语遂故伎重演,悄悄离开呈瑞县,来到江宁城,在这黄金珠宝之地,温柔富贵之乡,乐不思蜀,醉溺其中。躺在花魁"赛牡丹"软玉温香的怀抱里,唐不语感到天朗气清,心旷神怡,飘然若仙。但他万万没有想到,他和"赛牡丹"的第二次相会,竟会给他和他的义父张鹏翮带来无端祸患。

"咣咣"的踹门声把唐不语惊醒,他还听到门外老鸨呻吟似的哀求声和男人粗野的喝骂声。

"陈大爷,陈大爷,求求你!牡丹姑娘正在陪客人呢,不能坏规矩啊,陈大爷,陈大爷!"

"滚开,你个老婆子。大爷我倒要看看,他是个什么样的东西,敢跟我抢姑娘,活腻歪了他!"

唐不语猛地坐起。他推开怀里的"赛牡丹",起身穿衣服。这场面"赛牡丹"见的太多了,她只需要装出又羞又怕的样子,缩成一团,用锦被蒙头,就万事大吉。

唐不语刚提上裤子,门就被踹开。一个醉醺醺的家伙撞进来破口大骂:"你他妈吃了熊心豹子胆,也不打听打听,这江宁城里谁敢跟我陈川雄抢姑娘?狗东西,滚出去!"

唐不语也不是省油的灯。他扑上前去,左手拽住陈川雄的衣领子,右手挥拳一下子就把他打到门外。"小子,江宁城到底是谁的地盘儿,还不一定呢!"

陈川雄没防备,被摔个狗啃屎。他爬起后恼羞成怒,朝屋外打手们大骂道:"一群没用的东西,养你们干什么?上,都给我上,砍死他!"

几名打手挥刀就往屋里冲。唐不语也不含糊,拔出宝剑就跟他们斗在一处。

这时,唐不语同来的伙伴武顺子已经从另外一间房里跑出来,手里拎着一把倭刀,看清情况后,"嗷"的一声就扑过去。武顺子心狠手辣,出手特别重,转瞬间就砍翻三四个打手,其中一个胸口挨刀,口吐鲜血,倒下去就没气了。陈川雄见情况不妙,酒醒大半,转身欲逃,武顺子几步追上举刀就剁。

唐不语不想把事惹大,忙喊:"算了,兄弟。"

武顺子一刀刺在陈川雄的大腿上,说道:"饶你一条狗命,滚!"飞起一脚,就把他踢下楼去。

陈川雄惨叫着飞起来,撞碎雕花栏杆,撞破吊在空中的巨型宫灯,一头碰在大厅正中央的红漆柱子上,身子朝前拱拱,再也不动了。

唐不语和武顺子跑下去看,陈川雄头顶已经开瓢,紫血汩汩冒出,血沫子里还浮着一些白豆花一样的东西。武顺子愣愣,问道:"怎么办,哥哥?"

唐不语说："闹出人命了,还不快跑!"

此刻,凤栖楼上上下下已经乱成一锅粥。有的大喊大叫;有的哭爹叫娘;有的像没头苍蝇一样跑来跑去;有的伸头缩脑偷看着窃窃私语,没一个敢上前。

唐不语和武顺子径直奔向后院马棚,拉起自己的坐骑,解开缰绳,骑上去就往外跑。

陈川雄乃江宁知府陈天立的亲侄子。这小子仗着陈天立的势力,在衙门谋个差事,又在江宁街面上开几家店铺做生意,可谓有钱有势,称霸一方。

陈天立得知噩耗,势要为侄子报仇。在询问案情时,他听说凶手面容凶恶,拿一把弧形倭刀。伤痛之余,陈天立心中暗喜,此案必与海盗有牵连,升官的机会到来了。

事不宜迟,陈天立将此事报与按察司,同时命人全力缉拿案犯。江宁府城里城外、码头路口均贴有唐不语、武顺子的画像,布控的衙役对过往人员、车辆全部严格搜查盘问。

唐不语和武顺子最终也没有逃脱。刚到江边,接应的船只还没到,一群官兵就把他们团团围住。二人拼死搏杀,怎奈双拳难敌四手,最终被擒。

二人被五花大绑推上江宁府衙门大堂。陈天立看见打死亲侄子的凶犯,眼珠子通红,咬牙连声高喊:"打,打,打,先打一百大棒,杀杀这两个狂徒的嚣张气焰。"说着,撂下一根签子。

衙役们把两个人摁倒,扒开裤子就要打,唐不语拼命挣扎着大骂:"狗官,竟敢打老子,知道老子是谁吗?"

唐不语连喊数声,把陈天立喊得心烦意乱。心虽乱,嘴上没乱阵脚。他沉住怒气,一拍惊堂木厉声问道:"大胆!王子犯法与庶民同罪,不管是谁犯法,本府同样不饶。快将你的姓与名如实报来!"

"唐不语!"唐不语见陈天立愣住,又冷笑几声道,"一个小小的江宁知府,谅你也不知道老子是谁,但我义父的名字你不会不知道吧?"

"管他是谁,就是天王老子,遇见铁面无私、清正廉洁的本府,又能如何?"陈天立板着脸道。

"我义父乃当朝户部尚书张鹏翮,哼哼!就是你们制台噶礼也曾是义父手下。去,快去把噶礼喊来,给老子松绑。"

这回换成陈天立额头冒汗。他的脸色红一阵、白一阵,又黄一阵。之后,他沉住气,黑下脸来,厉声呵道:"大胆狂徒,竟敢冒充官亲。张大人家教甚严,怎么会有你这等不肖之子?来人,把两个凶手押入死牢,改日再审!"

退堂后,陈天立命师爷给唐不语单独安排一个干净些的牢房,好酒好肉伺候,忙坐轿奔总督府而来。

噶礼闻听,喜出望外。他大笑两声,好像过节时谁送他厚礼一般。

他来回踱着步,思考片刻,便对陈天立安排道:"严审,一定要严审,这个唐不语与海盗必有牵连。"

陈天立一头雾水说:"这,这……"

陈天立临走时,噶礼还不忘叮嘱道:"回去就审,放开审,不必顾虑,该动刑时就动刑。"

张懋诚听说唐不语已半个多月没有音信,非常着急。他派张福等人四处打听,去呈瑞、府城、省城的人都已回来,唐不语好像从人间蒸发似的,没有任何关于他的消息。张懋诚没敢将此事告诉张鹏翮,虽然父亲近在苏州。他知道唐不语是父亲的心头肉,现在生不见人,死不见尸,如今告诉父亲,等于要他的老命。何况父亲是奉旨办案的钦差大臣,怎能因私事分心?

正在张懋诚焦躁不安之时,张福火急火燎地从江宁带回来唐不语行凶被抓的消息。张懋诚听闻,眼一黑,差点栽倒,幸好张福眼疾手快扶住他。

张懋诚、唐不语二人从小一起长大,比亲兄弟还亲。怀庆离呈瑞不算远,唐不语在呈瑞的所作所为,张懋诚早有耳闻。他多次劝唐不语归正途、走正道,像张鹏翮那样,做个清如水的好官。唐不语不但不听,还对他恶语相伤,二人关系渐行渐远。但毕竟兄弟一场,张懋诚准备去江宁看望唐不语,再想想办法能不能弥补和挽救,可是重修怀宁县大观亭和开挖运河的工程正在紧要关头,实在是走不开。

张懋诚只得派张福去江宁继续探听。

临行前,张懋诚还一再嘱咐张福,小心打点江宁府大牢上下,唐少爷从小娇生惯养,哪能吃得牢狱之苦。

望着张福走出县衙,此刻,张懋诚下定决心,一定要去趟苏州,看看父亲。

没过多长时间,陈天立又去趟总督府,将唐不语两人签字画押的口供交给噶礼。

噶礼看完供词,问道:"动没动大刑啊?"

陈天立忙回道:"回大帅,武顺子不怕打,一副死猪不怕开水烫的架势,各种刑具都用遍,就是不开口。唐不语就极为松软,竹签还没有扎到手上,就什么都吐了出来。"

"一是利用呈瑞县知县的身份,为海盗大开方便之门;二是收受海盗巨额贿赂,成为黑恶势力保护伞;三是嫖妓斗殴,草菅人命,连伤二人。这哪一条都是死罪,真是罪不容诛。"

噶礼将口供折叠好,紧紧攥在手里,连叫:"好,好,好啊!"

几天后,武顺子不明不白死于狱中。唐不语却走出狱门,得到噶礼的盛情款待。

噶礼频频举杯为唐不语压惊,说道:"贤侄不必害怕,天大的事有本督担着。我与你父亲是至交,前些日子还在苏州迎接你父亲。你先回呈瑞委屈些时日,来日本督奏明皇上,给你弄个知府当当。"

唐不语感激涕零,千恩万谢而去。

(二)那么风雅的陈鹏年此时完全没有笃定沉稳的风度

上午,张伯行的脑子都很乱,读书、练字皆不在状态。他心事重重地从书房转到院里,一上午似乎一直在想,又似乎什么都没想。其实,他心里很清楚,无非是在挂念张鹏翮而已。

前几天,张鹏翮启程去江宁,按说应该回来,可一直没有返程的消息。非是担心张鹏翮什么,噶礼再胆大妄为,也不敢在钦差大人面前造次。对张鹏翮的果敢勇直、机敏灵变,他知之甚详。但没来由的还是放心不下,老是隐隐约约地、忽明忽暗地有那么一点一丝一毫的不祥念头在心里升起。

张伯行抬头看看,室内窗明几净,室外风和日丽,风也不寒,雨也未至。他摇摇头自嘲地笑道:"莫要疑神疑鬼,耐心等待便是。"

午饭,他吃得也不香,平时他能吃两碗麻酱面,今天才吃半碗就推到一边。午后,陈鹏年的到来,使他心情舒缓许多。

二人谈到张鹏翮、噶礼,也谈到于准和宜思恭,还有亏空案。整个下午,最让张伯行心情舒畅的是,陈鹏年为他带来几件苏州街头发生的新鲜事。一谈到百姓、庄稼、集市、街巷、市井风情,张伯行眼睛放着光,脸上流露着关怀和喜悦。说到七里山塘的汤其禹,张伯行觉得颇有趣味。

汤其禹是苏州的绸缎商人,有秀才功名,很会做生意,又喜欢收藏名家字画,因此结交不少文人墨客,说起来也算位趣味高雅的儒商。他在山塘岸边修建一座精致的园林,名叫"竹园",园内亭台楼阁,奇花异草,美不胜收。他隔三差五邀请一些文人雅士,其中不乏丹青高手、书法名家,到此品茶相聚。因园内书斋名为"山塘斋",汤其禹将文人的聚会命名为"山塘雅集",颇有兰亭雅集、曲水流觞之意。

每次,汤其禹都请大家悬挂出字画、摆出文玩古董,将自己的诗词歌赋用工稳小楷抄好供大家传阅。众人一边品茶、赏景,一边赏析字画,把玩文玩,欣赏古董,咏诗读赋,好不惬意。大家会对赏品评价一番,真伪优劣、喜好憎恶,评论得毫不客气。同一类物品,还要大家公议评出前三名来,名曰"状元、榜眼、探花"。汤其禹在征得主人的同意后,会对获得"状元"的作品重金收藏。因此,文人雅士们每次都有备而来,不为重金,也要为个满堂彩。

陈鹏年说,近日,山塘雅集有一幅书法写得了得,连续三次被评为雅集书法之"状元",但主人极为珍视,不肯卖与汤其禹。张伯行在公务之余所好者就两件事,一为钻研理学著作,二为遍读书家名帖。听陈鹏年这么一说,也兴致盎然,表示有空要去逛一逛,领略一下那"山塘斋"。

正说着,大黑走进来报告,说张鹏翮已回到行辕。

陈鹏年忙要去问安,被张伯行拦着道:"沧州莫急。钦差大人一路劳顿,请钦差大人好好休息一晚,我等明日再去也不妨。"

二人约好明日辰时六刻在行辕门前会合,一同前去拜见张鹏翮。

见到张鹏翮,张伯行大吃一惊。几天不见,张鹏翮似乎苍老许多,脸上皱纹加深,两腮肌肉僵硬,目光飘忽,很难在哪个地方集中,好像大病初愈一般。而且言谈语话也不似往日那样爽快果决,吞吞吐吐,闪烁其词,似有难言之隐。

张伯行问起见噶礼的情况,张鹏翮似乎才想起此事。

他"哦"了声说道:"宋晗确是噶礼手下,不过已经失踪多日,看样子这案子与噶礼没有什么牵连。"

陈鹏年也想问什么,欲言又止。

张伯行诧异道:"钦差大人,宋晗乃总督噶礼之贴身护卫,失踪多日他焉能不知？况且，宋晗盗窃的是宜思恭的账簿，一个护卫要它何用？分明是受人指使，大人切不可被他巧言蒙蔽。噶制台如有包庇手下之事，下官定奏明皇上严查。"

张鹏翮闪烁其词道："孝先切不可鲁莽！'治事必须通观全局，不可执一而论。'噶制台乃正黄旗，深得皇上宠爱，在朝廷根基深厚，没有真凭实据，不能轻下断言，以免引火烧身，于己不利。"

"大人此言下官不敢苟同。"张伯行拱手慨然道，"为人臣者，上忠君王，下恤黎民。若心念个人安危，瞻前顾后，首鼠两端，则有负皇上隆恩。况当今皇上乃有道明君，断不会被奸佞权臣所蒙蔽。"

"孝先所言极是，宋晗之事本钦差再细细查询。"张鹏翮脸上涨红一阵，右手拈拈胡须，接着道，"从目前掌握的证据看来，已不需要宋晗的证词。但凭搜获到的那一页账簿，即可判定宜思恭无罪，孝先、沧州可放心矣！本钦差虽不能查出每一个贪官，但断不会冤枉一个清官、好官、有用之官。"

张伯行思索一会儿道："还需要前任巡抚于准的证词。"

张鹏翮点头说："是，于抚台的证词不可或缺。"

"二位大人！"陈鹏年这时候站起身，施礼后才谨慎提醒道，"下官所搜查到那一页账簿还记载一事，二位大人明察。那两百名宫中使女之事，定是假公济私、作奸犯科之举。"

张伯行也补充道："是啊，宫中若选秀，必光明正大，岂能如此暗中行事，若小贼般行窃？必是侍奉皇上南巡之人所为。"

张鹏翮点头说："这个倒不难。布政司亏空案结束后，本钦差定另案调查，绝不能让奸邪之人隐藏在皇上身边。"

三人又详谈片刻，张伯行与陈鹏年才告辞离去。张伯行很高兴，案子终于有些眉目，宜思恭官复原职有所期待。只是他万万没想到的是，祸患已在不知不觉间将他们笼罩其中。所谓是，人在屋里坐，灾从天上来！

张伯行与陈鹏年刚步出行辕，就看见一群人正朝这边来。张伯行凝神细瞧，不觉暗自吃惊，忙与陈鹏年趋步向前迎接。

这些人不是一般官差，个个身高体壮，必是经过精挑细选才能录用。他们的衣着华丽鲜明，再加上长期养尊处优，颐指气使，养成一副傲慢得意、目中无人的神态，让人觉得身份特殊，必是权贵。张伯行看到为首者有些眼熟，一时又想不起姓甚名谁,但可判定此人在朝中当差。又看见他怀中所抱之物,心下明白之余,陡然升起不祥之兆,心里一阵鼓声。

果然,此人站定后朗声颂道:"苏州知府陈鹏年接旨!"

陈鹏年听罢,浑身一阵战栗,面色如土,忙紧跑两步,双膝跪地。

张伯行与其他人也在旁边跪下,额头布满汗珠。他想起来,此人叫郑心源,在吏部为官,好像是个员外郎。此时来给陈鹏年下旨,凶多吉少。

吏部员外郎郑心源双手将圣旨展开,高声念颂:

奉天承运,皇帝召曰:苏州知府兼江苏布政使陈鹏年上任以来,行劣甚奸,非但苏州百姓知之,即是通省亦皆知晓。今查明其妄行捏造假册蒙蔽皇上,私吞库银,罪行甚大。着杖四十,发配宁古塔,次日启程。钦此!

此时,陈鹏年完全没有笃定沉稳的风度,趴在地上抖成一团,面色如纸,泣不成声,就连"谢主隆恩"几个字都说得断断续续,不甚清晰。

郑心源可不管这些,他只想着办完差事早日回京交旨,朝身后一挥手,两个吏部的差员过去,不由分说就摁住陈鹏年,一个摘官帽,一个剥官服,然后又一个摁肩膀一个摁双腿,另两名差官手持红漆大棒一左一右站定,朝着陈鹏年就砸,砸一下报一个数,"一、二、三、四……"几下子陈鹏年就皮开肉绽,鲜血横流。

陈鹏年开始还碍于脸面,咬牙坚持着不喊痛。十下之后,再也受痛不过,大呼小叫,惨声连连。

张伯行心疼不已,伏在陈鹏年面前劝慰:"沧州兄,忍耐些,不要失读书人的颜面。"

陈鹏年泪流满面:"大人,大人,陈鹏年冤枉,冤枉啊!"

张伯行起身问郑心源案情缘由,郑心源说他只领旨办差,详情不甚了解。

见此情景,张伯行心中暗想:这定是有人陷害沧州。宜思恭案情还没真相大白,于今陈沧州又……唉!可恼,可恨呀!

（三）张伯行想起往日与陈鹏年徜徉在苏州街头与民同乐的点滴往事

臣闻近日有人捏造罪名,陷害苏州知府署理江苏布政使陈鹏年,言其行为恶劣,私吞库银。皇上睿鉴,此事断不可信!陈鹏年为官清廉,世人皆知。自上任苏州知府,两袖清风,深得苏州百姓爱戴。据闻,陈鹏年家中所积银钱不足百两,吃穿用度极为节俭,毫无官宦之风。其妻儿皆穿布衣,二子还常穿兄长所剩之衣。微臣亲见陈鹏年官服右袍袖手腕处有烂洞,乃其妻巧手补缀才不太显眼。

微臣所奏,江南织造曹寅皆知,臣愿保陈鹏年无罪。

康熙四十五年,皇上问大学士张廷玉大人江南廉吏人选,张廷玉大人向皇上推荐陈鹏年。皇上问,为何?张廷玉道,吏畏威而不怨,民怀德而不玩,士式教而不欺,廉其末也!

皇上睿鉴!

康熙四十四年,皇上第五次南巡行至江南,于江宁织造曹寅大人府上停驻。一日,皇上见曹大人小儿子在庭前玩耍,甚是可爱。皇上问:儿知好官乎?其昂头张口答曰:知有陈鹏年。

皇上睿鉴!

陈鹏年获罪,原因甚多。陈鹏年刚直不阿,不贪不贿,故得罪诸多上司。又因皇上第五次南巡到江宁时,总督欲讨好皇上,打算向百姓增加摊派银两,奢侈以迎圣驾。陈鹏年牢记皇上口谕,简朴接驾,力持不可。总督恼怒,将布置行宫、供应事项都交由沧州办理,欲让其难堪。皇上身边宠臣索贿,陈鹏年秉公而对,概不应允,以致多人都在皇上面前说其坏话。

此次钦差到江苏审理库银亏空案,陈鹏年献策出力甚多,故惹某人不悦,欲陷害之。

皇上睿鉴!

写到此处,张伯行搁笔垂泪,起身负手踱步,想起陈鹏年遭受杖刑,皮开肉绽,哀叫连连的惨状,连连感叹道:"沧州兄,半年前你我还在虎丘吟诗作赋,游山玩水,何等雅趣? 没想到今日会蒙不白之冤,受苦刑之辱,竟如此狼狈。唉! '丘壑诗情远,莺花客梦醒。'"

张伯行还记得,那是三月初三,上巳节,他与陈鹏年相约虎丘山聚会修禊。天气晴好,惠风和畅。

虎丘山虽不高,却绝岩耸耸,气象万千,断崖怪石好像被人用巨斧削出来一般。有的像四平八稳的香炉,有的像层层叠叠的明镜;有的像含苞欲放的莲花,有的像高低错落的屏风。目之所及处,云霭弥漫,气象万千,说不尽的千姿百态,奇崛瑰丽,使人疑心不是天然生成,而是能工巧匠精心制作的一个盆景。无怪乎苏轼到此写下"尝言过姑苏,不游虎丘,不谒闾丘,乃二欠事"。

二人看过七层八面、斜而不倒的虎丘塔,感叹当年的春秋风云,吴王阖闾的威风如虎,失意如丘;看过千人坐的生公石,颜色艳红,如鲜血染成,不由得替古今生民扼腕叹息。

陈鹏年双眼潮湿,目光迷离,随即吟诗一首:

> 雪艇松龛阅岁时,廿年踪迹鸟鱼知。
> 春风再扫生公石,落照仍衔短簿祠。
> 雨后万松全遥匝,云中双塔半迷离。
> 夕佳亭上凭栏处,红叶空山绕梦思。

张伯行一阵唏嘘,也赋一首:

> 虎丘藏云根,郁郁生岩穴。
> 不上九天表,灵韵弥宇宙。
> 膏泽遍苍生,普世登人寿。
> 不自居其功,飘升复归岫。

陈鹏年聆听张伯行的诗,暗暗钦佩,到底是张孝先站得高,看得远,言语中少一些锋芒毕露与消沉牢骚,多一层超然豁达与宽容大度。"诗即本心",此言不虚。

二人继续前行,行至环翠阁。只见翠林蔽日,曲径通幽,竹篱草舍,古井玉泉,清涧迂回,野鸭戏水。陈鹏年徘徊数步,就吟出那首后来给他带来无穷祸患与名气的《虎丘诗》:

> 尘鞅删馀半晌闲,青鞋布袜也看山。
> 离宫路出云霄上,法驾春留紫翠间。
> 代谢已怜金气尽,再来偏笑石头顽。
> 楝花风后游人歇,一任鸥盟数往还。

"代谢已怜金气尽,再来偏笑石头顽。"张伯行又吟诵一遍陈鹏年的那句诗,顿时泪如涌泉。他拭去泪水,步出屋外,不由得打个寒战。夜已深沉,冷气砭骨,天空中繁星闪烁,每一颗都像陈鹏年受刑时的泪眼,都像他痛苦的喊冤声。

张伯行想到陈鹏年第一次被罢官下狱后,市民呼号罢市,举着旗帜包围总督府。秀才俞养直带头振臂大呼,誓保清廉太守!百姓纷纷表示愿入狱与陈知府同死。当时,句容县正举行八县秀才科考,八县童生听闻消息大哗,竟焚烧试卷,以示抗议。

张伯行想想陈鹏年,又想想宜思恭,点点头,回到室内,挑亮灯烛,捻笔舐墨,继续写奏折:

> 康熙三十五年,陈鹏年任西安知县。适逢三藩之乱平定不久,人口锐减,田园荒芜,水利失修。虽经前几任知县极力处置,但元气仍未恢复。沧州到任后,继续召回外流人口,安置外来垦荒移民,全面丈量土地,插签标号,编造清册,豁除虚数,由田主照常纳税,避免有田无主、田赋不符之弊。对无主之土地,租给移民耕种,使原来各大畈荒芜土地重新复垦。
>
> 皇上睿鉴!
>
> 陈鹏年重水利,善解纠纷。千塘畈的石室堰渠道失修,他沿途调查,将灌渠受益田户编为十甲,每甲设堰长四人,轮流管理。他每年对堰勘察一次,废除堰长供应差役酒食的旧规。疏通城壕,在小南门外建立分

水闸,使石室堰的河水平时入壕,旱时开闸放水,灌溉东门外雄鸡畈农田,人称此闸为"陈公闸"。杜泽有座五野堰,历来分灌杜泽、白水两畈农田。后来,杜泽人企图堵截流水,占为己有,白水人常为断水而与杜泽人发生械斗。陈鹏年深入堰口调查,严惩为首策划者,两地各选堰长,共同管理,共同分享,再无纷争。

皇上睿鉴!

康熙四十二年,山东饥荒,皇上拨四万石粮食,令户部尚书张鹏翮选贤吏运至兖州赈灾。张大人举荐陈鹏年,救活兖州百姓数万人口。后皇上赋诗为旨,赐御书称赞其为本朝"第一能臣",不久又擢升陈鹏年为江宁知府。

皇上睿鉴!

此陈鹏年廉、能、勤、绩之状,臣张伯行向皇上如实禀告,不敢隐匿,谨具疏题明。为我大清千载永固,皇上明君之名不遭玷污,陟罚臧否,留住皇上得力之能臣,臣张伯行、户部尚书张鹏翮大人、江宁织造曹寅大人联名保陈鹏年无罪,伏乞皇上俯赐圣览,敕部审覆施行。

张伯行将狼毫搭于砚台,仰躺在椅上长喘一口气,慢慢闭上眼睛。他身体疲乏,头脑却异常兴奋,往日与陈鹏年相处的诸多事件如走马灯般在眼前晃过,让他下巴上的胡须不停地抖动,右手食指和中指在太师椅坚硬朴厚的扶手上一下一下地敲击。

张伯行想起,上任不久,和陈鹏年于苏州街头微服私访,体察民情,见商铺林立,人头攒动,百姓富庶而和平,很是欣慰。

正行走间,二人看见远处人群聚集,黑压压一大片围得密不透风。能看得出一座戏台的轮廓,红绿幕布披拂,戏台能看到有穿红着绿的人物上场下场,那是生旦净丑在唱念做打。走近一些,张伯行听着曲调十分熟悉,特别是武生获胜后那一段唱词的尾音,激越高昂,尖利如银枪直斜长空,使人感到人物或一身正气,或满腔愤怒,或武艺高强,或意气风发。

张伯行就拉着陈鹏年紧走几步,果然是一台戏,在十字路口的东南角开阔处,上方架着一幅与戏台等宽的大匾牌,上书几个红底黄字的隶书大字:"通许县赫庄锣戏团。"

张伯行指着那匾牌问陈鹏年:"沧州,你可知这通许县?"

陈鹏年笑答:"下官不知。"

张伯行喜形于色:"通许县是开封府的下辖县,离仪封百里有余。通许锣戏我看过,虽不比仪封三弦有名,但很有特色,也是乡亲,听着亲切。"

陈鹏年边看戏边说:"抚台家乡的三弦下官倒是听过,不是有一句话:愿给你二亩田,不教你弹三弦吗? 这锣戏倒是第一次见识。"

这时,戏台正演着一出武戏,一红脸一黑脸,一持长枪一持大刀。那黑脸大刀的武生落败后连翻几十个跟头,又扮个鬼脸跑到幕后;那红脸持长枪的武生很是得意,将长枪在身前身后舞得如一团风,针扎不进,水泼不透,引得台下观众纷纷拍手喝彩。那武生耍到高潮处突然收势,右手紧握长枪,高高举起,朝戏台上一扎,长枪"嗵"的一声扎进戏台下面的硬木地板上。台下掌声又起,武生更加得意,不再管那枪,背着手摆着步子踏着鼓点下台而去。

二人正看着,台上又出现一个鼻子上涂白的小丑。

小丑站在戏台沿上,与观众嬉笑着说话,他向这边作作揖,向那边哈哈腰,嬉皮笑脸地说道:"各位看官,呵呵! 各位衣食父母,哪位爷能把这枪拔出来,小的情愿送他铜钱二十枚做酒钱啊! 嘿嘿!"

说着,他一只手伸到怀中掏出一把钱,另一只手从其中拿出两枚,笑着向台下的人们晃了晃。

重赏之下必有勇夫。果然一位五大三粗的汉子跳到台上,先"呸呸"往手上吐两口唾沫,接着双手持枪,铆足劲往外拔。他脸憋得通红,如母鸡下蛋似的,连拔好几下也没拔出来。

小丑笑着又朝台下喊道:"哪位爷愿帮这位爷一把?"

又一位五大三粗的汉子跳到台上,两人喊着"一、二、三!"合力猛地向外拔。只听"嗨"的一声,枪被拔出来的同时,两人往后一仰,跌个大跟头,台下一片哄笑声。二人爬起边拍打身上的土,边跟着观众一起笑。

台上台下一热闹,又吸引来不少人。

张伯行接着给陈鹏年介绍道:"这锣戏武戏多,一出来往往都是威风凛凛一大帮,王朝马汉,两边一站;张龙赵虎,两边一杵。紧跟着五鼠、展昭就都相继出来,一张口就是'头戴支柳咔嚓,肉包子能吃十仨'。要论戏词应该属于苏轼的豪放派,绝不似柳永那般卿卿我我酸得掉牙。那些戏子不管是男的女的老的少的,都有真功夫,大洪拳,小洪拳,子路八卦拳,都练过几式,平常百姓三五个还真到不了他们身前。舞台上耍弄的刀枪剑戟,都是真家伙,开过刃。沧州兄,你看那一枪扎在地板上,足有三寸深。"

陈鹏年笑道:"北方人性格粗犷,戏也放得开,高腔大嗓。不似江浙的越剧绍剧,大多是郎情妾意,咿咿呀呀。"

"沧州倒说起越剧的不是,越剧可是称颂过你陈大人的。"张伯行打趣说,"你当我不知晓,沧州在衢县任知县时,当地百姓可是演过一出越剧《铁塔传奇》,来答谢你老兄的。哈哈!"

陈鹏年脸上顿时涨红,忙躬身施礼,低声说:"下官惭愧至极! 那都是百姓胡编乱造,实在有吹捧招宠之嫌,下官在任时已经禁止。"

张伯行半嗔半笑道:"这就是沧州你的不是了。你不闻孔老先生批评子贡而称赞子路的故事吗? 沧州,我们要理解庶民百姓。要是都像你这样为官清廉而又禁止百姓称颂,那谁还想做好官呢? 不可取,不可取!"

二人低声说笑着继续向前走去。

陈鹏年在衢县任知县时,县人郑荣祖和他的父亲同死于冤案。前任知县疏于详核,郑妻屡次喊冤上诉,终未了结。为此,郑妻碰碑而死,灵柩停在城西铁塔下达七年之久。陈鹏年得知后,为伸张正义,重新调查,郑家终获平反。陈鹏年为郑妻建墓立祠,亲题"孝烈"两字于碑上。衢县人感念陈鹏年功德,编成小戏《铁塔传奇》,在江浙一带巡演。

想起往日与陈鹏年徜徉在苏州街头与民同乐的点滴事情,一股暖流顿时充溢于张伯行心胸。他在书房中从东到西,一步一步地踱来踱去,两只大手相互摩挲地感慨道:君清臣忠,官风清廉,民风淳朴,国运昌盛,百姓和乐,这不是皇上日理万机、废寝忘食、南巡北征、平藩治贪的宏图大志吗? 这不是我张伯行、张鹏翮、陈鹏年、宜思恭、曹寅这些人积极入世、上下求索、苦读理学、倾听民声、为君解忧、为民请命的梦想吗? 这不是百姓们到处求神拜佛、磕头作揖、起早贪黑、引车卖浆、面朝黄土背朝天、汗珠子掉下来摔八瓣而天天念叨的事情吗?

张伯行把右拳重重地砸在左掌中,点点头,暗自决定:如果这次上疏皇上不准,自己就赴京面君,当面陈词,动之以情,晓之以理。就是跪他七天七夜,也要为朝廷保下宜思恭、陈鹏年这两位大忠臣!

（四）在"山塘斋"的展厅，张伯行看到丢失的那幅《前出师表》

山塘街位于苏州城西北，东至"一二等富贵风流之地"的阊门，西至"吴中第一名胜"的虎丘，全长七里，故称"七里山塘到虎丘"。

唐宝历元年，诗人白居易任苏州刺史，对苏州城外西北河道进行疏浚，利用自然河浜开挖成直河，由阊门外护城河直达虎丘山麓，称为山塘河，河中可行舟。又把挖出泥土填堆成长堤，长堤宽阔成路，也直通虎丘，后人称之为"白公堤"。

山塘河西边的民居很多是临水构筑，水榭和水阁都由木桩支撑。民居大多一进院，阔绰些的有三进的，却极少有五进宅院，蓝砖黑瓦，古色古香。山塘河远处有小山轮廓，近处有碧绿河水，两边是静静的宅院，宛如世外桃源，人间仙境。

清晨，人们还在竹床上半睡半醒，外面传来"唉乃"之声，一声，两声，三声，便知是换豆腐卖蔬菜鲜鱼的小船驶来，就慢慢起身，出门买来一些，准备早饭。

中午，沿河商铺开张，河中游船如织，是山塘街最兴盛最繁华的时间。"居货山积，行云流水，列肆招牌，灿若云锦"，正是这里的写照。

夜晚，山塘河两岸人家与河中游船，都挂上大大小小的红灯笼，天上星光寂静，河中红光游弋。若置身于岸上楼台，依栏品茶，感觉自己如在天上；若置身于船上漂游，则感觉自己如在梦中。民歌有云："上有天堂，下有苏杭。杭州有西湖，苏州有山塘。两处好地方，无限好风光。"

丝绸商汤其禹的七进大院是山塘街最显赫的府第。张伯行与大黑步入客厅时，里面已经有很多人，或坐或站，彼此介绍着，谈论着，颇有些群贤毕至、圣友如云的意趣。汤其禹的管家正忙着指挥仆人悬挂书画，以便大家欣赏。

引荐人对汤其禹介绍道："这是张员外，从河南来，书法写得了得。"

汤其禹忙施礼道："久仰！久仰！呵呵！敢问员外可有墨宝带来，让大家一瞻？"

张伯行抱歉说："在下对书法只是喜欢，写得粗陋，不敢拿来出丑。主要是仰慕汤员外大名，幸会之至，幸会之至！"

汤其禹见来人没有作品展示,知道是来凑热闹,心中不免生出几分轻慢,便拱拱手,就往别处招呼客人。

张伯行步入厅中,找把椅子坐下,仆人给他端上一盏香茶。张伯行看杯中白云翻滚,嫩绿隐翠,叶底匀柔。闻之,则清香袭人,鲜爽生津,便品啜一口压于舌底,口味凉甜,茶香中有果味,香浓味醇。他暗自道,果然是香得吓煞人哉!

大厅里响起轻清柔缓的评弹声,如百转春莺,醉心荡魄,一曲终了,犹觉余音绕梁。张伯行四下寻找,只见东南隅辟一雅间,两面都没有门窗,用珠帘隔着。透过彼此碰撞如珠玉之声的珠子,隐约可见里面坐着两个二八娇娘,一女三弦横于怀中,一女琵琶竖抱胸前。二人吴侬软语,弦琶琮铮,说唱间还穿插一些笑料,娓娓动听之余,又生出许多妙趣。

这时,大厅里书画悬挂完毕。宾客们簇拥着汤其禹,对墙上的书画逐一品鉴。先是一幅小楷《道德经》,书家是杭州私塾先生楚衡燕。老秀才望着自己的作品,又望着众人,一脸求教的表情。他期待大家的指教能使他的技艺更加纯熟,也期待能得到汤其禹的青睐,好让自己的书法能变成真金白银以贴补家用。这幅《道德经》写得雄强俊秀,劲挺奔放,畅达而腴润;用笔有藏有露,侧笔取势,遒媚劲健,自然精妙;结体上变化多姿,匠心独运。很明显是研习"二王"的技艺,只是未获得其精髓,匠心过重而灵气不足。汤其禹当面说出后又去看第二幅,留下楚衡燕老先生呆立在自己作品前摇头叹息一番,才追随众人到第二幅前。

这幅是扬州司铭杰的草书《蜀道难》。司老板经营当铺和钱庄,分号遍布江浙,喜好游山玩水,又喜欢书写狂草。他来此不为以书法换钱,只为提高他的知名度。

众人注视良久,邓秀才夸奖道:"这幅《蜀道难》气韵高古而又翩翩若飞,用笔凌厉痛快又有磅礴之势,章法上疏密斜正,大小参差,敛放揖让,承接呼应,均极为奇谲。"

看不少人赞同地点点头,司老板得意地捋捋胡须。能得到苏州知名书家的夸奖,司老板那叫一个美。

邓秀才话音刚落,扬州书家杜秀才批评道:"司老板此墨宝应该是得怀素与颜草之笔意,只是用笔过狂而失去节制,有胆无笔,支离破碎。特别是点画破绽更多,过于变形夸张,无规律节韵可循,非字非画,非意、理、法,更非韵、趣、情,整张纸只剩下一个'胆'字,小生躲闪不及哉!"

众人笑语一阵。司铭杰红着脸,仍一脸虔诚。

汤其禹笑道:"书者难察草圣、书圣之笔何所从来,功力不济,下笔无由,不通使转,一拓直下,难以收拾。靠惯性用笔,知书不知法矣!"

一连看过七八幅书家作品,汤其禹都不中意。又评一幅之后,摇头叹道:"看来'书冠'之号今日是无法易主。"

众人听后,都往正堂中间看去。

正堂顶部挂着一幅匾额,上书"书冠"两个大字。这两个字写得很怪异,乍一看像隶书,仔细一看,又有些不像。又像楷书,又像行书,又像篆书,又像草书。

张伯行觉得应该是在隶书中加入行楷,又掺和一些草书、篆书的笔意。虽然独特,总体很好。看到左边落款处写着"沧州"两个小字,禁不住悲从心来。他又想起正在去宁古塔的陈鹏年。陈鹏年字沧州,又字北溟,取"北溟鲲鹏"之意,与陈鹏年的"鹏"合在一起,就是"鲲鹏展翅"。只是"出师未捷身先死",未曾挥师,却已折戟,徒留文字,空许人间。

匾额下面挂着一幅字,就是张伯行丢失的那幅《前出师表》。其实,张伯行一进大厅就已看到。大黑还提醒他,他使眼色不让大黑声张,免得引起众人的猜疑。

汤其禹指着《前出师表》,满脸羡慕地说:"看来看去,还是我们张抚台的书法上乘,行、楷、草三体交融,有二王、怀素和黄庭坚的风采,美哉!妙哉!"

"那是当然,谁让他是现任的江苏巡抚呢?"楚秀才颇有些愤愤然地叹口气。

"否!否!"那位叫司铭杰的老板反驳楚老先生道,"不是说他是巡抚我们就推崇,好就是好,孬就是孬。不瞒各位,在下多次备下重礼欲拜见张抚台,礼单怎么送进去的,就怎么送出来。其实咱也不是想求抚台办啥事,就是想结识一下,讨幅墨宝收藏。"

杜秀才说:"从这幅《前出师表》笔画的粗细和厚重来看,张大人使用的笔应该很小,但是并未影响行笔的流畅,用大气磅礴来评价丝毫不过分。"

众人都点头称是。

"可不是嘛,我也是去好几趟,都没见到真神。"汤其禹也叹气道,"张抚台,官是好官,只是过于清高,不是很亲民。无缘啊,无缘!"

"也不能这样说。作为一省之巡抚,张抚台确实公务繁忙,这上上下下、大大小小的事都得他费心。如今钦差正在苏州审查宜思恭的案子,张抚台说忙绝非虚言。"宜兴才子周廪生道。

书商郭老板是位画家,他接道:"在下觉得宜蕃台是个好官,说他私吞库银,在下绝不相信。"

邓秀才说:"可不是嘛,好人无好报。苏州陈府台是公认的清官吧,这不也被抓起来,说是要发配宁古塔。宁古塔,那是什么地方? 苦寒之地,有去无回啊!"

"哼! 这一定是那个噶制台背后搞的鬼。那人贪婪残暴,生性粗野,定不得好报。"丰味楼饭庄的二公子丁秀才是位诗人,他愤愤地说道。

汤其禹说:"但愿钦差大人早日查清案子,还宜蕃台一个清白。不要冷却天下清官的心,不要冷却江南士子的心,不要冷却万千百姓的心!"

张伯行听过,心头一暖,上前拱手搭话:"请问汤老板,这位收藏《前出师表》的主人是谁? 怎么不见露面?"

司铭杰说:"怎么,兄长也有意买下这幅字? 哈,还是省省吧! 汤老板都买不到,何况我们?"

汤其禹叹道:"这幅字乃宋兄的心爱之物,在下愿出三千两银子,他都不肯出手。"

郭老板说:"宋兄这段不知忙什么,有两三个月没露面吧?"

汤其禹笑道:"是啊! 宋兄三天前来过一次,本来说今天要来与大家喝茶叙旧,肯定是有什么事缠住手。不过,他说先把这幅字寄存到我这里,日后一定来取。"

张伯行又问:"他没说什么时间来?"

"他没说。"汤其禹想想道,"他只说今天如果不来的话,会等上一段时间,看脸色挺神秘的。唉,这宋兄不会遇着什么事吧?"

张伯行问:"这位宋兄住在什么地方,汤老板可否让在下知晓?"

汤其禹拱手,一脸歉意:"说实话,我还真不知道。这个人一直是神龙见首不见尾,我也不知道他是从什么地方来,也不知道他要到什么地方去,就是他是谁我都拿不准。只听他说,姓宋,以贩盐为生,其他的在下还真不知道。"

司铭杰笑道："这幅字挂到这儿，总是真的吧？"

众人笑声中，张伯行眉头皱成一团。他隐隐约约有一种不祥之兆，却从心里面不敢承认。

（五）两江总督的贴身护卫被人毒杀在姑苏城山塘河内

太阳还没有偏西，张伯行便安排几个小菜、一壶酒，还煮上几碗汤圆，他要去行辕与张鹏翮同度佳节。本来张伯行计划好，二人简餐后就去大街上，把大黑、大仪、张连忠都带上，游运河、猜灯谜，看看江南人是如何过元宵节的。

但大仪回来禀报，钦差大人说今日有公事要办，抽不出身。张伯行有些不解。张鹏翮近段时间很少出门，不是说身体不适，就是说要写奏章。除夕夜，张伯行准备丰盛的宴席，一桌子摆上六个菜，还有红烧肉、鱼两个荤菜，下好饺子去请，张鹏翮说身体不适也百般推辞。

于是，张伯行就让大仪把菜和汤圆都装在食盒，由大黑提着，自己拎着一壶酒，亲自给张鹏翮送过去。

张伯行走到行辕二门，正遇见张连忠，便问："钦差大人何在？"

张连忠急忙答道："老爷正在吃酒。大人快进去劝劝他吧，不能再醉了，这样天天大醉要伤身体的。"

张伯行让大黑立在门外稍等，自己提着酒与饭盒进入客厅。张鹏翮正独自坐着自斟自饮，桌上几个菜也没怎么动。见张伯行进来，不便逐客，只好邀请同坐。

张伯行把酒菜摆上，把汤圆盛两碗，放至张鹏翮面前一碗，自己一碗。张鹏翮要张伯行陪他吃酒，张伯行劝张鹏翮趁热吃汤圆，结果二人各让一步，吃几个汤圆，喝一杯酒。张伯行问他为何在家里喝闷酒，张鹏翮长叹一声道："唉！老夫教子无方，家门不幸啊！"

这回，张鹏翮真被唐不语气得不轻。唐不语最近又娶房小妾，这已经是第四房。几个孩子中，让张鹏翮最放心不下的就是这个义子。

张鹏翮喝了杯张伯行带来的仪封醇，虽说比自己喝的酒淡上许多，但心情烦闷的时候能喝上友人送来的酒，张鹏翮的心暖和许多。

呈瑞县户数排在江西前十位，境内平地多山地少，交通便利，物产丰富，百姓富庶,乃江西的上等大县。不说别的,单呈瑞县名就大有来历。据呈瑞县志记载,元代中叶,呈瑞县城东二十里铺村的田间,长出一棵九尺高的稻子,结出五百颗稻谷,人人见后都啧啧称奇。知县视为祥瑞,将其进贡给皇上。这一年,新皇登基,朝中不稳,加上北方大旱,民怨沸腾。皇上在焦头烂额之时,正缺少彰显他受命于天之时之说,见祥瑞来到,顿时龙颜大悦。于是,皇上赏白银五百两,将知县升为知州,又把县名改为呈瑞县。

唐不语得到这么好的差事,还不知足,时常写信向张鹏翮抱怨呈瑞县域偏僻,税赋极低;百姓贫困,衣不遮体。与张懋诚所在安庆府的附郭怀宁县,相差甚远。他还对张鹏翮说,在此严重水土不服,消瘦得已不成样子。他多次催促张鹏翮将他调到京城,或提升官位,都被张鹏翮给驳回。张鹏翮晓之以理,动之以情,规劝唐不语,让他把心思花在治理政事上,花在为民解忧上,花在读书作文章上,踏踏实实工作,兢兢业业做事;为政清廉才能取信于民,秉公用权才能赢得人心。政绩突出了,皇上自会擢拔。

唐不语哪听得进去,他只顾搜刮民财,吃喝玩乐;花天酒地,醉生梦死。短短几年,百姓生活如坠深渊,好好一个富庶之地,被他治理成民不聊生、治安混乱的下等县。百姓恨得咬牙切齿,都叫他"唐不死"。

趁着年假,张鹏翮事先没给唐不语说,微服前去呈瑞县,所闻所见,让他羞愧得抬不起头。盛怒之下,张鹏翮大骂唐不语,还打他一记耳光,这是张鹏翮第一次打他。回到行辕,张鹏翮就唉声叹气喝起闷酒。

张鹏翮、张伯行推杯换盏,边喝边谈,不觉都醺醺然。他们都懂得治水与国计民生的关系,自然对宜思恭赞赏有加。说到宜思恭性情耿直,为人所忌,都把他当成同道挚友;说到宜思恭在直隶任顺德知府时,疏凿牛尾河,减轻水患,为民造福,都拊掌大笑;说到宜思恭任工部员外郎时,执笔写成《云阳攻略》,对宜思恭在依法治民、依法治吏方面的探索给予很大肯定。

"除掉恶霸张聚三,宜思恭顶着多大的压力,得多大的勇气啊?"张伯行佩服道。

张鹏翮夹口菜,边嚼边说:"是啊孝先,那时宜思恭还在湖南任茶陵知州。张聚三外号'镇关西',横行乡里,欺行霸市,欺男霸女,气焰嚣张,也只有宜思恭能除掉他。"

"天网恢恢,疏而不漏,多行不义必自毙。大人,请!"张伯行双手举起杯道。

"好,孝先,再干一杯。"二人碰杯,张鹏翮一饮而尽。

张伯行喝完放下酒杯,接着说:"张聚三根基深厚,有钱有势,朝中大员中有他的亲戚。那时候,有人捏造罪名,向皇上奏本要治宜思恭之罪,还是大人出面据理力争,不怕得罪权贵,才保住这难得的忠贞之士。"

"惭愧啊,孝先。还是当今皇上圣明,明察秋毫。如若不然,哪有你我的今天!"张鹏翮摇摇头。

"大人,可记得宜思恭还有一胞弟否,名宜思贤?"张伯行问道。

张鹏翮捋捋胡子说:"怎不记得?宜思贤与张聚三有勾连,还犯下人命官司,霸占人妻,杀害人夫,也被宜思恭给大义灭亲,开刀问斩。"

"手足深情啊!为此事其母抑郁而终,其父现在也没有与宜思恭和解。大人,伯行独处时曾自问,如果此事放在自己身上,伯行敢保证能做到大义灭亲吗?"张伯行道。

张鹏翮道:"宜思恭但知有君上,不知有情面;但知有百姓,不知有官吏。确是朝中难得之忠臣啊!"

说到亏空案时,张鹏翮一改往日思前想后、欲言又止的风格。他一拍桌子起身,慨然道:"孝先放心,以目前所掌握的情况看,本钦差即可断定,宜思恭不是贪官,没有私吞库银,没有中饱私囊,而是一个敢作敢为、有胆有识、廉洁奉公、忧国忧民的难得之士。尽管账簿已丢失,但找回的那一页足以证明宜思恭的清白。本钦差保他无罪,孝先,先干此杯!"

张伯行饮一小口,放下酒杯,又劝张鹏翮吃点菜。他知道张鹏翮说的是醉话。莫说是账簿仅存一页,就是账簿不丢,也不足以证明宜思恭无罪。那只是宜思恭自己书写藏于内室的字迹而已,不是官府账簿。要想证明账簿上所记属实,需要一个人站出来说话,那个人就是前任江苏巡抚于准。只有于准站出来证明宜思恭所言所记属实,只有于准能做到胸襟坦荡、敢做敢当,宜思恭才能无罪。也就是说,宜思恭的清白,已经与于准的人格、人品紧密相连。

张伯行与张鹏翮又对饮一杯,两人都有些许醉意。他们起身,移步至窗前。今日是元宵节,苏州的街头定是一幅温馨的上元欢乐图。

窗外,皓月当空,竹影稀疏,一道道冲天而起的烟花亮光对夜空进行不同形状的分割,空气中弥漫着"噼噼啪啪"的爆竹声和时浓时淡的火药香。

此刻的苏州城,大街小巷,人流如潮,摩肩接踵。鼓楼下面挂满红灯笼,旁边站着猜灯谜的男女老幼,大人背着孩子,孩子挑着灯笼,人们喜气洋洋,欢度佳节。

二人伫立窗前,凝望姑苏夜色,陷入沉思之中。突然,大黑匆匆走来,想与张伯行耳语。

张伯行厉声道:"大丈夫光明磊落,没有背着钦差大人的事,说话无需遮遮掩掩。"

大黑只得大声禀道:"禀钦差大人,禀老爷,差役来报,山塘河虎丘处发现一无名男尸,像是……"

大黑还没说完,张伯行顿时酒意全消,"腾"地从椅子上站起,心想,不好,莫不是预感的那个事要应验?

张伯行对大黑道:"快,快叫人,还有大仪,快去虎丘,虎丘!"

他正要向张鹏翮告辞,却看见张鹏翮也站起出来,似乎酒醒大半,面色微红,眼睛放光,像是在为什么事而吃惊、担忧。张伯行有些疑惑,莫不是钦差大人也有什么预感?

张鹏翮喊道:"孝先莫急,本钦差与你同去。"

张伯行本来想骑马火速前去,见此情景,只好命人备轿。张鹏翮的轿子在前,张伯行的轿子在后,张连忠、大黑、大仪带着数名兵丁、衙役风风火火走出行辕。

大街上的人比想象的还要多。天上月光皎洁,地上灯火通明,张伯行轿前轿后的四盏大灯笼,在苏州各色各式灯笼的对比下,已经泯然众人矣!前后左右都是行人,队伍行动缓慢,开路的衙役不得不拿出锣鼓使劲敲打。

张伯行坐在轿里,闭目养神,酒劲儿一时又起。半醉半醒之间,耳边充满各色各类的声音:小贩儿清亮的吆喝声,男童女童向大人嗲声嗲气的买东西求告声,求而不得的哭闹声,小主人不顾一切的奔跑声,老妇人边追赶边劝阻的喘息声,为小姐送完信的小丫鬟训斥对方男仆的娇嗔声,公子哥含情脉脉的答谢声,小姐对丫鬟的呵叱声,轻重缓急男男女女的脚步声,暖风拂动女子钗环发出的清脆叮当声……每一种声音都含着欢笑,每一种声音都透着甜蜜的味道。

张伯行不由感叹起来,若不是宜思恭,若不是眼前案子缠身,说不定现在正与钦差大臣一起徜徉于苏州街头,优哉悠哉,何其快也!

这时,前方锣声停消,又出现情况。张伯行隔着轿帘听到敲锣的衙役半笑半怒地训斥:"谁家的娃娃如此顽皮,给你敲,你敲得响吗?"

另一个衙役是真恼火:"废什么口舌,钦差有要事要办,走开,快走开!"

小孩子们围着轿子看热闹,将石头子砸在铜锣上听声响,模仿衙役敲锣的动作,也不是第一次。张伯行习惯了,衙役也习惯了。

张伯行撩起轿帘探出头来,命令衙役道:"莫惊扰百姓!"

到虎丘已是二更时分。尸体被打捞上来,横在岸边,张伯行让大黑、大仪上前辨认。

大仪挑着灯笼上前一眼就认出道:"这不是那个宋晗吗?"

张连忠闻听,也上前去看,说道:"不是他是谁?"

二人都与宋晗交过手,不会认错。

张伯行的预料完全正确,此人正是盗窃宜思恭账簿和张伯行书法作品的宋晗。

张鹏翮与张伯行向前几步,借着灯笼的红光观看,只见那人脸色乌青,五官扭曲,身体已经泡胀。想是被人投毒致死,又用重物坠着沉入河底。几日后,流水冲击将重物卸去,身体又泡胀浮出水面。

张伯行下令,将尸体严加看守,不得有失。令传验尸官前来验尸,通知宋晗家属前来辨认,验明正身。

回到行辕,张鹏翮、张伯行再无心喝酒。

张鹏翮惋惜道:"这宋晗倒是奇人,武功了得,又痴情书法,可谓文武双全,却落得如此下场。"

张伯行探身询问:"大人,这宋晗功夫这么好,谁能将他谋害呢?"

张鹏翮笑道:"孝先,你是明知故问啊! 宋晗为人效命,偷窃宜思恭账簿,行迹败露,应该是被人灭口。"

张伯行将右拳狠狠地砸在左手掌中,恨声道:"如此胆大妄为,定会遭到报应!"

张鹏翮盯着面前烛火的顶端,呆立片刻后说:"孝先莫急,待本钦差慢慢查访。"

次日大黑来报,宋晗家人昨日去认领尸体,证实正是宋晗。验尸官验查结果,与张伯行的观察基本一致,宋晗系砒霜中毒身亡。

七
还卿清白

（一）张伯行向于准推荐《聊斋志异》，让其细读

于准双手抱拳，在胸前合拢，把身子转过去，脸色随即也阴沉下来。如同六月暴雨前铺满天空的浓云，颌下的胡须也跟着腮上肌肉的抖动而乱颤。于准没有听身后大仪等人渐渐远去的马蹄声，更没有站在那里久久观望他们的背影，而是快步向村里走去，脚步又重又乱，差点被斜窜过来的大黑猪给绊倒。于准气得朝黑猪肚子上一脚踢去，黑猪逃跑得很快，他踢了个虚空，向前一栽，差点摔倒，更加恼羞成怒。

他拔出宝剑要追上去砍杀，口里乱骂："杀死你们这些畜生！"

但黑猪已经嗷叫着跑远，身后几个一同出来送客的仆人，和旁边村里的农户，站在那里，一脸茫然。

张孝先，你算哪坛子酸醋？你有什么资格派人在老了面前指手画脚，像恩师一样，像长亲一样？不就是我被罢官，你去做江苏巡抚吗？有什么了不起的？炫耀什么？老子又不是没干过！老子先祖连两江总督都干过，你算什么东西？让老子承认拿走那些没有收据的银子，老子傻啊，老子吃错药也不会干这愚蠢的事！宜思恭没罪，那老子有罪？现在蒙皇上隆恩，蒙祖上荫德，才让老子免受牢狱之苦，你张孝先想害老子呀？再说，那些银子大都送人，老子又落下什么啦？于准在心中大骂张伯行，大骂张伯行派来的大仪。

于准怕回到家里，听夫人陈氏没完没了地啰嗦，又不愿看到村里那些人失望而冷淡的目光。他暗自骂过张伯行和大仪之后，就背手摇晃着身子向田里走去。

"草木蔓发，春山可望。"早春二月，麦苗已经返青，刚没脚面的麦苗长势

旺盛,绿油油的一望无际,煞是好看。这几顷地是于准近几年才买的。任江苏巡抚以后,手头宽裕些,于准除置地之外,又翻新一下老宅院,为村里建造祠堂。老宅院的房子只有三间瓦房,还是先帝顺治爷御批拨银修建的,其余十多间都是草房土墙。祖父于成龙一生清贫,廉洁奉公;父亲也继承祖父遗志,在任上恪尽职守,谨小慎微,不敢越雷池半步。家里主仆几十口人,在这茅棚草屋里出出进进几十年,于准早就不满意了。怎么说也是官宦之家,尽管为君为民是大义,但也不能如此清寡,一点仪式感也不讲。再者说,自古以来都讲究衣锦还乡,"富贵而不还乡,如锦衣夜行"。太委屈自己,那这一辈子短短几十年图的是什么呢?

建房、买地、修祠堂后,家里热闹许多,天天张灯结彩,高朋满座,酒友如云,这让于准很高兴。村里有个像样的祠堂,可以祭祀祖辈先人。族人也都奉承于准,说他能干,对他百般讨好。于准也知道乡亲们的心思,看看,看看,越来越摆谱拿架,还是他爷爷于成龙好,清正廉洁,一心为民,是真正的好官!

于准的夫人陈氏也时时将这些传言说与他听,提醒他继承遗志,克己奉公,不要玷污祖父的英名。但于准已经听不进去了,他早已陷进温柔富贵之中,无法自拔。

因为要搭救宜思恭,又因为仰慕于成龙,张伯行本欲面见前任于准,劝其勇于担当,还人清白。可王命在身,公务繁重,由不得他离开江苏。于是,他字斟句酌、推心置腹地写下一封长信,派大仪千里迢迢地到山西永州面呈于准。

打开信札,于准仿佛看到张伯行那熟悉的身影,顿觉五味杂陈。只见上面写道:

子绳兄勋鉴:

　　一别几载,白驹过隙,一如年华虚度;夜阑更深,常思己过,又念大德先贤。想令祖一生,三举卓异,泽被两江,"绝不以温饱为志,誓勿昧天理良心"。每每想起,让人高山仰止。

　　又读《聊斋志异》,如见《于中丞》面。深感俯仰之间,无愧天地;春秋之处,自有政声。

　　做官者为君办事,君王可能不知;但为民办事,无论善恶,百姓却心知肚明。所谓"人过留名,雁过留声"。他们不但会记在心里,还会挂在口上,书之笔端,传之千古,有道是口碑胜于石碑。子绳兄三思啊!

山东落第文人蒲松龄《聊斋志异》中《于中丞》一文,详细记载了于成龙两件奇事。

其一为"布袋缉盗"。于成龙到黄州赴任时,那里盗贼横行,甚至白昼也劫路伤人性命,百姓叫苦不堪。于成龙多次访察,扮作田夫或乞丐,到村落田野调查疑情。他将了解到盗贼的详细情况,放在衣内布袋里,之后对照名单,按图索骥,盗贼无不落网。百姓自此安居乐业,夜不闭户,路不拾遗,拍手称好。

其二是重审"通海"案。当时郑成功已赶走荷夷,收复台湾,但他以"明臣"自居,对抗大清。朝廷实行"海禁"政策,有下海捕鱼经商者即以"通海"罪论处,沿海渔民叫苦不迭。于成龙赴任福建巡抚后,审阅案卷发现,被拟以极刑者达上百人之多,甚至殃及妇女孺子,于是坚决主张重审。有人怕皇上怪罪,就劝阻他,于成龙说:"'天下兼相爱则治,交相恶则乱。'苍天在上,人命至重,吾誓不能草率从事!"

于成龙重审"通海"案,先后使一千多名百姓免遭屠戮而获释。贫困不能归者,还发放路费。百姓纷纷跪伏于地大哭,称结草衔环,誓报恩情。民间传言:于青菜,于清官,不让人有屈,不让鬼有冤!

《聊斋志异》一书是于准夫人陈氏转抄而来的。此书写鬼写妖,写狐仙情郎,在民间流传甚广,百姓口耳相传,津津乐道。文人争相传抄,一时洛阳纸贵,一本难求。因为里面又写到于成龙的事情,在山西永宁一带更是受到热捧,乡民们纷纷传颂。陈氏听说后,也细读几篇,觉得很有意义,便用一年时间抄写两本,一本放于于家祠堂珍藏,一本交给于准阅读。

陈氏乃文渊阁大学士兼吏部尚书、山西运城陈廷敬之女,出身名门,大家闺秀,知书达礼,恪守妇道。待字闺中时也是琴棋书画、诗词歌赋无一不精;出阁嫁与于准后,便一心相夫教子,对夫君时时进善言,期望于准能功成名就干出一番事业。于准对这位夫人是又敬又怕,又烦又厌,想着想着,于准觉得夫人与那个张伯行竟有些相像,不由得长叹一声。

提起张伯行,于准便愤愤然,口里和心中都不服气。自己当江苏巡抚时,张伯行才刚刚提为江苏按察使,是标标准准的上下级关系。可如今张伯行到江苏接替自己,自己却在老家戴罪反省。这还不说,张伯行居然又派人跑到永宁聒噪,怎不让于准气闷不已:"你是在炫耀自己吗? 你是在奚落我于准吗?"

于准年轻时也曾经有过鸿鹄之志,发誓要做好官清官,为君效命,为民请命,不辜负祖父于成龙的英名。甚至,他还想过要超越祖父,名垂千古,光耀门楣。科考时,于成龙因为目睹省城考官徇私舞弊、行贿受贿,愤然在考卷上痛陈时弊,直抒胸臆,勉强只取个副榜贡生。于准则是科场得意,少年成名。他不靠家世荫封,不走关系不求人,只凭聪明与勤奋,就顺风顺水考取进士,而且在殿试中一举成名,喜获探花郎。

那时的于准在夫人陈氏的激励下,志得意满,雄姿英发,心有雄心壮志,出口诗词文章。康熙二十五年,于准任临清知府,体恤百姓,轻税薄赋,立义学,正风俗,颇有口碑。那年临清闹饥荒,于准就上疏奏请豁免钱粮,又得许发帑赈济,百姓感恩戴德,口赞"青天大老爷"。次年即举卓异,入为刑部员外郎。《临清县志》记载,"于准清廉有为,士民至今颂之"。

(二)谁也没想到,就是这杯酒给于准惹出诸多祸端

如果照那样的趋势发展,到现在他应该比张伯行厉害,说不定已经超越祖父。唉! 如果没有那一杯酒的话,于准边走边想。

于准立志要做清官,但清官往往受排挤,遭孤立。尤其是他迁升浙江按察使以后,先是与同僚互相看不惯,道不同不相与谋,同僚们的喜忧私事他也不参与。后来有什么事,同僚们也不知会他。渐渐地,看他的目光也有些异样,让于准很不自在。上司更不用说,对他越来越冷淡。逢年过节,同僚们都要或单独或组团拜会上司,于准不收礼,自然也无钱可送。于是,上司就专意把那些苦差事交给他办,办好应该,稍微有差错就遭斥责怒骂。

最不能容忍的是,他的那些下属也渐渐与他离心离德。于准不收他们的贿赂,也不准他们胡作非为。他们捞不到油水,就开始偷奸耍滑。派的差事能拖就拖,拖不过去就故意把差事办砸,再以各种理由敷衍,还旁敲侧击地说:"水至清则无鱼,人至察则无徒。"

苦恼的时候,于准就给陈夫人写信。陈氏每次在回信中,都以祖父于成龙及屈原、包拯、海瑞等历代清官廉吏劝慰他、激励他,说这些人哪一个不是卓尔不群、与众不同?哪一个不是"众人皆醉我独醒,举世皆浊我独清"?儒家士人若无这些清高浩然之气,怎能上保君王、下佑黎民?怎能修身、齐家、治国、平天下?

于准每读信后,便心境平复,宠辱皆忘,好像又有许多信心和力量。那时的于准比张伯行名气大许多,在康熙帝心中位置也很重。

于准也时时拿自己与张伯行对照,想我于准,论出身,论相貌,哪一点不比那河南张孝先占优?

只是好汉没好妻,丑汉娶个娇滴滴。自从于准娶过二房夫人高氏后,情况大变。

陈氏不止一次数落于准,说你走到这种地步,与高氏的枕边歪风脱不了干系。对此,于准也有些认同。尽管高氏已被陈氏逼着于准给休掉,但后遗症却一直阴云不散。

原来,于准常年在外做官,从清州到京城,再到浙江,陈夫人不能跟随,身边无人陪伴,日常起居也无人侍奉,的确不便,就经人说合,迎娶高氏。高氏出身大户人家,娘家有几百亩地,嫁给于准做二房也很满意,天天盼着于准能够做大官发大财,一人得道,鸡犬升天。她回娘家,不但面子上有光彩,娘家有个什么事也好照应。

添人添口,生活开支就增加。高氏带个丫鬟,两个人吃喝穿戴颇费银钱。于准清贫的日子很快就捉襟见肘,入不敷出。

清贫的日子没过多久,高氏就经常抱怨于准,说娘家人都以为她跟着于准享荣华富贵,谁知道过得反而不如出阁以前。高氏就暗中打着于准旗号收受差役贿赂,为他们网开一面。于准后来发现就痛骂高氏,又把犯事差役施以重罚,此后他们再不敢胡作非为。

正好遇到一个案子。人称"狗肺"的李姓男子泼皮无赖,玷污邻村一名幼女。李狗肺闻听女子家人告官,就溜之大吉。李家颇有银钱,李狗肺因与高氏之弟高天时常吃吃喝喝,就找他帮忙,高天便请姐姐求情。

高氏满脸愤怒道:"自古道,杀人偿命,欠债还钱。哼!姓李的干下伤天害理之事,王法怎能容他?去,去,杀他一百回也活该!"

高天将三百两银票放在桌上,笑嘻嘻道:"他伤天害理关咱何事?嘻嘻!这些二姐先收下,李五哥说过,事成之后还有重谢。"

高氏的脸瞬间由阴转晴。她看看银票,笑道:"自家兄弟客气啥,你习惯大手大脚,这些姐先帮你存着啊!"

高天知道高氏只是客套而已,银子给过她,一个子也别想再拿回来。

高天心领神会地笑道:"好,二姐,存着,存着。嘻嘻!"

常言道,拿人钱财,替人消灾,高氏计从心来。

当晚,高氏在枕边向于准说,高天要娶亲,需要钱。可于准哪有余钱?

高氏就抱怨地说:"哼!别人家的老爷都会办事,懂得经营,家里人都穿金戴银,人前尊贵,哪像老爷这般迂腐寒酸?"

于准没理会。

第二天,高天提两盒点心看望于准。小舅子上门,于准碍于情面,就在家里略备酒菜招待他。片刻之后,见于准想退席休息,高天忙站起敬于准一杯酒。

就是这杯酒惹出诸多祸端。

于准后来想,一定是他们合伙骗他,在酒里做下手脚。于准本不想喝,高天就劝,高氏也劝,碍于面子,于准只得喝下。喝过之后,他就断片,后面的事他就再也回忆不起来。

醒来后,于准发现自己躺在床上。他感觉身体麻木,头脑发沉,好像大病一场。

高氏却喜气盈盈地俯身看着他说:"老爷,你终于知道变通了,奴家这辈子就跟着老爷享清福啊!"

于准丈二和尚摸不着头脑,问道:"什么变通,莫名其妙。"

高氏昂昂头,得意地笑道:"老爷自己看。"

于准一偏脑袋,看见枕边放着一堆元宝,光彩夺目,估计得有五六百两,顿时大吃一惊,额头冒汗,酒劲儿全醒。

高氏兴奋地指指床边的布袋,说道:"这里还有呢,五百两。"

"哪里来的?"于准从床上跳起,愤怒地问。

"什么哪里来的?老爷答应人家帮忙办事,人家送的呀,怎么老爷忘了?"高氏反问道。

“什么？我答应？我什么时候答应的，我怎么不记得？快还给人家去！”于准瞪着高氏，满脸怒火道。

“哎呀，还怎么还呀老爷！昨晚老爷拍胸脯打包票答应人家，哼！连奴家都知道君子一言，驷马难追。怎么还？怎么还？老爷总不能出尔反尔吧！哼！”高氏噘着嘴，装出一副不高兴的样子撒娇道。

于准就见不得她这样，话软许多，问道：“我说什么了？”于准努力想昨天的事，怎么想也想不起来。

“哼！老爷就爱装糊涂。老爷昨天对高天说，放心，有本官在这，让他们放心，怎么一觉醒来就忘记不成？”高氏提提自己的衣襟，又说，“老爷也该变通一下了。看看奴家一年四季就这两身衣裳，奴家出门丢的不是自己的脸，是老爷的脸呢！”

于准摸着银子，似乎觉着手感很好。

高氏将自己的手放在于准摸银子的手上，心满意足地说：“这一半老爷自己留着，这一半奴家当急用。爹说，高天要娶亲，正愁彩礼钱呢，这下正好。”

于准看着高氏身上的绸缎衣裙想，也是这个道理。美貌佳人，连几件起码的衣服、首饰都没有，是过于委屈自己了。

有于准帮着开脱，施暴者李狗肺得以逍遥法外。

后来高氏告诉于准，那女子失去贞洁，家人觉得名声败坏，同意施暴者纳她为妾室。于准宽慰地想，也许施暴者是真心喜欢那女子，对她来说，未尝不是个好归宿，自己等于做件好事。

古人云，“妻贤夫祸少，妻贪夫招罪”，这话还真是不假。自此，于准一发不可收拾，陷进金钱富贵、功名利禄的泥潭里无法自拔。他在官场上开始灵活变通，聚敛钱财，瞒上欺下，党同伐异，以至于后来敢跟噶礼争权夺利，被弹劾罢官，归乡反省。

（三）思前想后，于准决定主动投案以证宜思恭清白

倚着麦秸垛感受阳光，是立冬过后几天的事情。刚下过雨的平原，阳光正以特有的方式，温暖村庄。倚着麦秸垛，感受到晌午的阳光，正一点一点地沿麦秸，深入体内，在血管里奔涌流淌。泥土的颜色从麦秸垛

中走出,打湿了苍老呆滞的目光。阳光,冬天的阳光,静静地倾泻在麦秸垛上。

——《倚着麦秸垛感受阳光》

"'了却君王天下事,赢得生前身后名。'子绳兄,这浩渺人世间,吾等赤条条来,又赤条条去。兄弟思谋着总得为君王,为国家,为子孙后代,为黎民百姓留下点什么吧?百年之后,世人说起子绳兄,说起张伯行,总得有几件事,哪怕只有一件事,让人津津乐道,让子孙后代引以为荣吧!子绳兄三思……"

张伯行信中的话语,仍在于准耳畔回荡。他望着碧绿的原野、头上的蓝天、温暖的太阳,心中一片怅然。

再往前走,路南边有三间草房,房子旁堆着一个硕大的麦秸垛。从麦秸垛旁边传出人语声,还夹杂着小砖头摩擦农具的"当当"声。于准知道,这是长工歇息时在打磨锄头。冻结一冬的麦地需要松土保墒,松土之后如果再下一场透雨,那就天公作美,风调雨顺。

这片坡地都是自家的,这俩人于准认识,是家里的长工,一位叫大牛,一位叫金贵,都是本村人。他想上前跟他们唠几句嗑,却听到他们的言语中传出"咱东家"等字眼,不由得放轻脚步,驻足侧耳倾听。

于准听见大牛说:"也不能那样说,东家现在官也被免掉,人都蔫萎,看着也怪可怜的。"

金贵道:"可怜什么,那是他自找的。老东家是怎样当官的?太东家是怎样当官的?他又是怎样当官的?他那是吃皇粮吃太多,数典忘祖!"

"也是啊,听说接任东家的张伯行,原在福建当官。离开福建时,百姓哭号连天,跪着不让走。后来还为他塑个大泥像,看看人家落多好的名声。东家从江苏回来,官职被免,江苏百姓有什么表示吗?有人哭吗?有人留吗?唉!"大牛叹口气。

"也是啊,太东家当过多大的官,两江总督,乖乖嘞,那厉害得很哪!人家落的什么名声,于青天,于青莲,于青菜!现在这个老爷,有过这样的外号吗?没有吧!"金贵佩服地竖竖大拇指。

"唉!富不过三代啊,这老话还真有些道理。"大牛又叹口气。

于准气得火冒三丈,额头上青筋直蹦,冲进去一脚把金贵踹倒在地,朝大牛头上狠狠打一拳,怒骂:"你们这俩狗奴才,混账东西,吃饭还砸锅,背后说东家坏话,我打死你们!"

两个长工没想到东家会突然出现,吓得面如土色,七魂出窍。他们意识到灾祸临头,饭碗没了事小,说不定身家性命都有危险。他俩马上跪在于准身前,一边痛哭流涕,一边筛糠似的求饶。

"老爷饶命,老爷饶命啊!"

"小的是信口胡说的,老爷不要跟小的一般见识。"

"老爷我什么也没说啊,都是他……"

"饶命啊老爷,哎呀!"

于准不管不顾,只对他们拳打脚踢。两名长工被打得头破血流,于准仍不解气,侧目看见地上的锄头,弯腰抓起来。他双手紧握锄柄,把铁锄对准他们的头,高高地举起,心想,我要把你们的脑袋砍下来。可于准举着锄头在空中停上片刻,就把锄头扔在一旁,转身而去,一边走还一边拍自己的脑袋,自言自语道:"于准啊,于准,你这是怎么啦?险些又酿大错。他二人尽管说的不入耳,但都是实言啊!自己的所作所为哪一点能与祖父相比,哪一点能与张伯行相比?惭愧啊!惭愧!"

于准一拳打在路边的老槐树上,槐树枯皱的老皮掉下一大块,露出里面鲜白的韧皮。他自己手背也皮开肉绽,鲜血直冒。于准两手握在一起,也不觉得疼。

于准边走边想,于准啊于准,张伯行是诚心相劝,一片肺腑之言。人家是把你于准当作朋友,才派大仪千里迢迢从江苏跑到山西捎书信于你。你于准也应该做一个铮铮铁汉,拿得起放得下,敢作敢为敢担当。皇上英明,念及祖父功绩,不让你受牢狱之灾,你不能躲在这里装聋作哑当狗熊。你应该主动站出来坦白罪过,上缴赃银。

我要真那么做的话,皇上也会原谅我。即使皇上不原谅,降罪于我,我于准也甘愿受罚,问心无愧。但假如皇上不再追责,我一定恳求皇上给我个差使干,职位再小我也干。我要做一个像祖父那样的清官,像张伯行那样的好官,无愧于皇上恩情,无愧于黎民百姓,无愧于列祖列宗!若是不做出几件对得起天地、对得起民众、对得起自己的事,那这个官就白当,这辈子就白活啦!

祖父啊祖父,您在天有灵,给您的准儿勇气和力量吧!

于准抱着自己受伤的手,面色笃定,脚步稳健地向村口走去!

(四)于准愿以钦差大人与巡抚大人为镜,洗心革面,重新做人

府衙大堂的下面,跪着受审的宜思恭。张伯行坐在旁边,对面坐着两江总督噶礼。尽管张伯行身边没有苏州知府陈鹏年,现在陈鹏年已经在荒远苦寒的宁古塔,但他依然胸有成竹。他凝视端坐在大堂正中央的钦差大人张鹏翮,心中充满信心。

昨日,曹寅来访,张伯行与他开怀畅饮一番。

曹寅说:"过几日,兄弟要进京,面君时我要为沧州兄鸣冤。"

其实,曹寅早将陈鹏年的冤情密呈给康熙帝。

"子清兄,能否缓几日?今日宜思恭案要二次开审,不出意外的话,能为宜思恭洗去冤情。"张伯行思考一下说,"孤举者难起,众行者易趋。到时伯行与子清共同进京,你为陈鹏年申冤,我奏请宜思恭官复原职。如何?"曹寅欣然答应。

大堂上,审案已经开始。

张鹏翮问:"罪臣宜思恭,你任江苏布政使三年,库银亏空三十四万两之多。现在江苏银库又有五张经你手向本地富商借银的借据,五位富商天天喊着要朝廷还钱,你作何解释?"

宜思恭答道:"禀大人,江苏布政司借银两三十四万多是事实,但都是皇上南巡接驾时的开支,无一两半文落宜思恭私囊。此事之前已禀报过大人。"

"空口无凭,何以为证?布政司账簿上,有收据的开支共二十四万两,还有十万一千两银子没有着落,你身为布政使,如何能逃脱干系?"张鹏翮翻翻案上的几十本账簿问道。

宜思恭答道:"十万两银子由前任巡抚于准大人支取,用于迎接圣驾。"

噶礼在一旁大笑道:"宜思恭,你满口胡言。自己侵吞库银,又要移祸他人,没有收据,谁能信你?"

张伯行站起道:"禀报钦差大人,前任江苏巡抚于准就在堂下,他愿意出堂作证。"

张鹏翮眉毛一展,面露喜色道:"带证人上堂。"

于准一身青衣,走进府衙大堂,拱手道:"罪民于准拜见钦差大人。"

噶礼脸上一寒,顿时阴沉下来。他猛地从椅子上站起来,高声叫道:"于准,你,你……"他摸不准于准此行的目的,也不知道说什么好,只好坐下来。

于准面对噶礼,脸色平静。

张鹏翮问道:"于准,你身为江苏巡抚,布政司府库亏空三十多万两银子,你有督察不严之过,削职反省自是应当。适才宜思恭言道,有十万两银子是你支取,可属实?"

于准答:"禀报大人,此事属实。"

张鹏翮问:"宜思恭说你支取是用于接待皇上南巡,可是属实?"

于准答:"禀报大人,也不尽然。"

张鹏翮又问:"十万两银子也不是小数目,都用在何处? 如实讲来!"

"大人容禀。"于准向上拱拱手,说道,"皇上第六次南巡行至江苏,罪民时为江苏巡抚,接驾的花销甚多。另有十万两银子,交予随行大员开支,魏公公一万,大学士马齐一万,还有其他人,一共是八万两。"

其他人有谁,于准不说。

"哦,有这等事?"张鹏翮大吃一惊,半天才想起往下追问,"那还剩两万两呢? 那两万两银子用在何处?"

张伯行也极为震惊,面色青紫,他几乎从椅子上跳起来。只有噶礼镇定从容,好像吹阵春风,很有些惬意。

"大人容禀。"于准一个响头磕下去,抬起头,只见头皮开裂,血珠涌出,"另外两万两银子被罪民于准私吞,罪民愿将两万两退还。"

说着,于准从怀里取出一张银票,双手举起。张伯行满脸惊讶。衙役将银票接过呈给张鹏翮,张鹏翮看后,更是惊得目瞪口呆。

他稳稳神,问道:"于准,你说是两万两,这上面分明是六万两银票。"

于准又重重磕个头,额上血流如注。血线流过两腮,滴在他膝前的蓝色方砖上,瞬间便汇成一摊。

噶礼在旁边笑道:"呵呵! 于准,莫非要演苦肉计不成?"

张鹏翮忙命差役传唤郎中给他包扎,于准摆手不让。他满脸是血,朝着堂上的张鹏翮与左侧的张伯行拱手作揖后道:"前些日,张抚台派人千里迢迢到山西找到罪民,与罪民书信一封,苦口婆心,推心置腹,才使罪民如醍醐灌顶,幡然醒悟。罪民深感近几年的所作所为,辜负皇上恩典,对不起黎民百姓,有愧于上司与同僚的信任。从今起,罪民愿以钦差大人与张抚台为镜,洗心革面,重新做人。罪民今将以往贪占及收受贿赂之银共六万两,悉数上缴朝廷。望钦差大人按律治罪,该杀该罚,于准甘心承担,死而无憾!"

"不行!"噶礼大喝一声,站立起来。

张鹏翮怔怔地看着噶礼,说:"噶制台有何高见?"

张伯行端坐一旁,冷眼旁观,不言不语。

噶礼冷笑道:"钦差大人是要宣判宜思恭无罪吗?"

张鹏翮笑道:"从目前的人证、物证来看,理应如此。"

噶礼道:"宜思恭之罪,铁证如山,不可推卸,更不能饶恕。钦差大人如此断案,颇有偏袒之嫌。大人刚才说江苏布政司库银亏空三十四万一千多两,没有着落没有收据的开支是十万一千多两。那么请问大人,剩下那一千两银子的亏空宜思恭花到哪儿去? 大人怎能如此粗心? 大清国库里的一千两银子,大人难道忽略不计吗?"

"适才因为于准勇担责任的胸襟所感,噶制台少安毋躁,待本钦差细细盘问。"张鹏翮道。

张伯行侧身问宜思恭道:"宜思恭,余下一千多两银子的开支,你也要交代个清楚明白,莫要让制台心中不明。"

宜思恭道:"禀告大人,所有开支细账,罪民都列记于账簿之上。账簿几个月前已上交大人,大人一查便知,仅凭记忆罪民也说不清楚。"

"你不说本抚倒是忘记,那两本账簿被本钦差不慎弄丢了。"张鹏翮黑着脸说道。

"什么,弄丢? 如此重要的物证,怎会丢失? 钦差大人如何向皇上解释? 负责护卫的江苏巡抚该当何罪?"从噶礼惊讶的口气中,让人很容易听出得意之情。

张伯行站起道:"钦差大人,此事由下官解释。宜思恭所交账簿确被盗贼偷走,乃伯行监管不力,伯行甘当责罚。不过,经过钦差大人与伯行以及前任知府陈鹏年的明察暗访,盗贼已经被抓到。"

张伯行看看噶礼,冷笑道:"制台难道不想知道盗贼是谁吗?"

"是何人？快将他带上堂来！"噶礼貌似急切地问道。

张伯行说："说出盗贼的名字，制台肯定熟悉。此人姓宋名晗，江苏江宁人，六品督标千总。制台难道不认识吗？"

噶礼一脸严肃道："你说的是哪个宋晗？督标中确实有一个叫宋晗的人。不过，此人已经失踪多日，本督正四处查问。宋晗现在堂下吗？"

张伯行盯着噶礼说："带是带不过来，宋晗已死。他是被人下砒霜毒死，又扔入山塘河，想必是被仇人所害，要不然。"张伯行顿了顿，接着说："要不然，就是有人要杀人灭口！"

噶礼阴着脸说："哦！本督想知道，孝先如何断定宋晗被仇人所害，又如何断定杀人灭口？"

"钦差大人奉旨到江苏审理宜思恭案，证物被人盗走，而盗贼却是督标千总。此事下官一定要奏明皇上，皇上自有明断。"张伯行正气凛然地说。

"没有证据，休要血口喷人。"噶礼愤怒地说。

张伯行淡淡地说："制台放心。背后指使宋晗盗窃账簿的人是谁？杀宋晗者又是谁？下官定要查个水落石出。"

"哼哼！那就有劳巡抚大人。"噶礼冷冷地说。

张鹏翮道："二位大人不要争论，宋晗之死有待查明，现在只说眼前之事。本钦差欲判宜思恭无罪释放，二位大人可有异议？"

噶礼冷若冰霜道："不行！那一千两银子去向不明，怎能说宜思恭无罪？何况于准的话也不可信。"

"于准的话怎么不可信？有银票在此。"张鹏翮道。

噶礼反驳道："于准从山西跑到江苏，信口雌黄。他是有意庇护宜思恭。"

"这就奇了怪了！有拾金山银山的，有欺世盗名的，却少见有拿几万两银子买罪名的。"张伯行说。

噶礼轻蔑地说："于准是依仗祖父的清廉名声。他知道皇上会念及于成龙的名声，不再怪罪于他。非但不会怪罪，说不定还会说他坦白有功，主动担责而重用他呢！"

张鹏翮道："噶制台言语前后矛盾。于准千里迢迢跑到江苏为自己揽罪名，这不是辱没他祖父的名声吗？"

"于准是在祖护宜思恭，他们私交甚重。"噶礼说。

张鹏翮神情严肃道："本钦差奉皇上之命到此审案，有权生杀予夺，有权判定是非。总督大人适才之言颇有些荒唐，据此，本钦差现判定宜思恭……"

噶礼再次站起来道："且慢！钦差大人莫要妄下断语，下官还有证据。"

张鹏翮厉声道："有何证据，快呈上来。"

只见噶礼不慌不忙步至张鹏翮案前，脸上不阴不阳、似笑非笑，一副胸有成竹的表情。他从袍袖里取出一张折起来的字条，慢慢展开。字条约有一尺长、一寸宽，因为噶礼的胳膊挡着，张伯行只能看到一半，从纸背上能看到正面写有字。

噶礼把纸条展开，稳稳放到张鹏翮的案上。张鹏翮顿时嘴巴张大，二目圆睁，神情慌张。

张伯行看到张鹏翮的脸色不停在变，先是变黑，如天阴要下雨的架势；然后又苍白，纸一样惨白，无一丝血色。张鹏翮的身体痉挛一阵，头颅抖动，一股腥甜的气味从胸膛直往上涌。他实在是忍耐不住，忙把嘴巴闭紧，脸部从案上移开，"啊"的一声，一口鲜血吐在地上。

"钦差大人要保重身体啊！"噶礼脸上肌肉紧绷，似乎在压抑着自己的得意。他迈着大步踱到自己座位旁，稳稳坐下。

张伯行慌忙绕过书案，跑过去扶住张鹏翮。张鹏翮倒在椅子上，已经人事不省。

张伯行不停喊叫："大人，钦差大人！钦差大人醒来……"无意之间，张伯行抬头看见，字条上很潦草、很急躁地写着几个字："义父大人救命！语儿。"

八
踔厉奋发

至尊至圣康熙皇帝身心康泰：

臣张伯行近日协助钦差张鹏翮大人审理江苏布政司库银亏空一案，其间得知一事。虽与案情无关，但牵扯到皇上威仪与大清吏治。臣思忖再三，决定向皇上禀告。

三月十一日，钦差大人张鹏翮再次坐堂审理宜思恭案，臣与总督噶礼大人堂前旁听。前任江苏巡抚于准从山西奔波千里至江苏为宜思恭作证。于准道，布政司亏空银两三十四万一千多两，其中无有收据的是十万零一千多两银子中，有十万两是他从布政司直接支取，主要用于接待皇上南巡。钦差大人询问详情，于准道他自己贪占两万两，送于宫中魏公公一万两，送于大学士马齐一万两，但剩余六万两银子的去向于准却三缄其口，不肯说出。钦差大人再三喝问，他才与张鹏翮大人耳旁低语数声。张大人听后神情严峻，不再过问。于准与钦差大人的耳语，臣虽然听得不甚清晰，但亦不难猜测，剩余六万两银子的去向不外乎随皇上南巡的诸位皇子。事关重大，臣惶恐焦虑数日，觉得如果此事属实，危害甚重：一是皇上随行官员肆意索取，造成地方各州县不堪重负，百姓生计苦难。二是此风日长，易使朝廷吏治无力，官场腐败。三是此事与皇上南巡"体察民情，与民同乐"之初衷背道而驰。南巡虽是皇上家事，但亦是朝廷大事，事关百姓疾苦、国运兴衰与皇上威仪。望皇上能拨冗垂问，以洗皇上身边诸位近臣之清白，以止普天之下万千臣民悠悠之口，使我大清民心所向，国运昌盛，八方来朝，威加四海。臣张伯行叩首问安。

康熙帝看过张伯行的奏折,完全陷入焦躁与愤怒之中。他不停在宫中踱着步子,口里一迭声地低声怒骂:"畜牲,畜牲!岂有此理,岂有此理!"

乾清宫外是仲春的黄昏,奇花异草次第绽放,暮色中虽看不清万紫千红,但闻到或浓、或淡、或冲、或缓的花香,仍让人心旷神怡。

乾清宫里的康熙帝却感到如坠冰窟般的寒冷,冷得他缩肩抱怀,搓手跺脚。

这已经是张伯行有关宜思恭案之外的第二封奏折,第一封他还没有彻底查清。尽管太子胤礽信誓旦旦地说已经把银子如数退还给江苏,康熙帝仍是半信半疑。

问太子之前,康熙帝先把魏公公痛骂一顿。他把张伯行的第一封奏折往龙案上一摔,戳着魏公公的鼻子:"魏珠,你好大胆!"

魏公公吓得一下子跪在地上,浑身战栗,手中的拂尘也摆动一下,落在膝盖上:"奴才罪该万死。"

康熙帝说:"你确实罪该万死。我问你,康熙四十六年,你随朕南巡的时候,背着朕都干些什么坏事,如实说来!"

魏公公战栗得更剧烈,说道:"主子,奴才冤枉啊!奴才一直伺候在主子身边,奴才哪儿也没去。"

"该死的奴才!"康熙帝把魏公公踹个跟斗,"你还冤枉?你打着朕的旗号,一路上采办民女,只一个地方就索要人家二百名。再不说实话,小心你的狗头!"

魏公公吓得磕头如捣蒜,最后一个头磕下去,半天没起来,好像晕倒似的,抬起头,满脸是血。

"奴才罪该万死,奴才罪该万死!经主子刚才提醒,奴才才想起来。主子的龙船经过苏州时,经江苏巡抚于准之手,奴才采办二百名江南民女。奴才罪该万死!"

康熙帝气得嘴脸泛白光,他骂道:"死奴才,你说你一个公公,要那么多民女干什么? 当饭吃啊,熬粥喝啊?"

"主子明鉴。奴才一个净身之人,要她们干什么? 奴才是替别人当差采办的。"

"替谁? 快说!"康熙帝眉头一皱。

"奴才不敢说,奴才怕说出之后,主子您生气。"

"少废话,快说!"

"禀告主子,奴才,奴才随主子南巡出发前,太子太傅明珠大人找到奴才,说他府上丫鬟婆子缺少,让奴才帮忙。奴才,奴才看在太子的分儿上,就瞒着主子悄悄办下。奴才罪该万死,主子饶命,主子饶命!"魏公公磕头不止。

"二百名,明珠府装得下吗?"康熙帝心头一震,又骂道,"该死的奴才,活刮你也不解恨。快说,还有谁向你开口索要?"

"主子饶命,再也没有了。只是,"魏公公抬起头,他脸上肯定涨红,只是鲜血遮盖他的羞惭,"奴才在宫外买个院子,也安排几个。"

"朕早就听说你在外面购置府院。"康熙帝冷笑着说,"你是不是也有大房、二房、三房啦?"

"主子羞死奴才。"魏公公又重重磕几个头,抬起头道,"奴才买的哪里是什么府院,就是一个小四合院,奴才的父母在那里面住着。奴才自小受苦,家里穷,养不起孩子,奴才没办法才出来谋生。幸亏遇到主子您,奴才才有活路。奴才的二老双亲年事已高,又多病,在老家山东又受兄弟、弟媳们的气,奴才就把他们安置在京城。奴才心想,这辈子不能为父母传宗接代,已是大不孝,就让奴才最后孝敬孝敬二老双亲吧!"魏公公言罢,伏地痛哭。

"哦,有这等事?"康熙帝语气舒缓一些。

"奴才在那里安置几个女子,主要是伺候父母。父母双亲从山东来到京城,享受到主子给我们的荣华富贵,天天在家里给老天爷磕头烧香保佑主子呢!"魏公公直起上身,用袖子揾揾眼泪,又咧嘴笑笑。

康熙帝点点头,来回踱几步,突然从墙上拔出龙泉宝剑,一下子架在魏公公的脖子上:"狗奴才,你知道你犯的是什么罪吗?"

"奴才死罪,奴才死罪,求主子饶恕!"魏公公又哭道。

"除这事之外,还有没有其他事情瞒着我?说实话,快说!不说实话,我也不用交内务府,一剑结果你的狗命。"

康熙帝手腕上一使劲,龙泉剑的剑锋已经吃进魏珠的脖颈。

魏公公感觉到脖子上一凉,又一热,知道鲜血顺着脖颈流到衣服里面,吓得浑身发抖,体如筛糠。"啊,主子,还有一个,索额图大人也交代奴才说要一百名,奴才也勉强办过。"

"也是在苏州?"康熙问。

"不是,是扬州,主子。"

"索额图,朕的议政大臣,朕的好岳丈,保和殿大学士。明珠,太子太傅。"康熙帝丢开魏公公步至墙壁边,把龙泉剑归鞘,"竟瞒着朕干这些事? 买几个丫头很难吗?"

"回主子,大人们主要是嫌买来的丫头姿色不好。"魏公公声音很低。

"既然是买丫头,为什么不付钱? 弄得宜思恭那里亏空几十万两银子?"康熙帝眉头紧锁。

"回主子,大人们银子给是给了,可地方上的官……他们孝敬还来不及呢,怎敢收啊?"魏公公越说声音越小。

"你又把银子退给他们了?"康熙帝问。

"回主子,奴才罪该万死。奴才是想把银子退还给大人们,可大人们又不收,所以奴才就只好暂为保管。"魏公公头伏地上,不敢起来。

康熙帝盯着魏公公,一时气噎,话都说不出来。好半天,才指着他喊道:"魏珠,你好大的狗胆!"

"传太子胤礽,传太子!"

皇太子胤礽比魏公公老练得多。

康熙帝满脸严肃,问胤礽:"魏珠的事你可知情?"

胤礽一脸茫然说:"何事? 儿臣不知啊!"

康熙帝脸色更加严肃,问道:"真不知道?"

"皇阿玛,儿臣真不知道。"胤礽的脸全是无辜、惊讶的表情。

"魏珠除采办民女一事外,还有没有其他事?"康熙帝脸阴得能拧出水。

"儿臣真不知。"

康熙帝看胤礽听说魏公公采办之事,满脸震惊愤怒、张口错愕、咬牙切齿的表情,也就相信了他,便说道:"不知道就行,这事就交给你去办吧!"

康熙帝看胤礽一脸疑惑,又说道:"你亲自去办。沿着朕上次南巡的路线,各州县衙门逐一查问,核实魏珠有没有采办民女之事。没有就算,如果有,参与者是谁? 受益者是谁? 采办多少? 出发前,到大臣府上把银子收上来,你亲自给各州县送去。不能因朕南巡而加重各州县衙门和百姓负担,不能有违初衷,败坏朕的一世英名!"

胤礽一一记下,领命而去。

月余之后,胤礽进宫交差。他毕恭毕敬地对康熙帝说:"儿臣按皇阿玛口谕亲自去查问,采办民女之事极少。除去魏珠交代的那两件事之外,只在杭州发现一例,遏必隆大人交代魏珠采办的一百名女子,加上明珠大人与索额图大人,总共三例。三位大人说银子他们都已拿出,在魏珠那里放着。魏珠已让家人交上银子。目前,儿臣已把银子送到苏州、扬州、杭州知府手里。苏州知府暂时空缺,由苏州布政使李敬显接收。各地府衙的官员们都在称颂皇阿玛的恩德呢!"

康熙帝虽然半信半疑,但也没说什么。对魏公公,康熙帝也没过多责罚,杖责四十,继续留用。按开始时的火气,康熙帝杀他的心都有。事后又想想,觉得这个人着实可怜,饶他一次吧!其实,打得也不重。魏珠叩头泣血之后,服侍康熙帝更加尽心尽力。

康熙帝之所以对魏公公没有深究,是另有原因。魏公公服侍康熙帝尽心尽力,极为周到,颇称他的心意,连康熙帝几更天起夜他都知道。康熙帝还没下床,魏公公就把便盆放到主子面前。而且,净手后又递上一盏香茶,那茶水不烫不凉,不浓不淡,什么时候喝都合康熙帝的脾胃,还不会影响他再次入睡。

(二)采办民女与索要银子之事,太子胤礽介入极深

康熙帝觉得这事就算过去了,没想到张伯行又递上第二道奏折。

看过奏折,康熙帝气得肺都要爆炸。谎言,全都是谎言!从魏珠到胤礽,说的全是谎话。说什么采办民女只有那几处,再无他事,更无索要银钱,简直是一派谎言!他们背地里瞒着我不定有多少事儿呢?太子信誓旦旦保证的话,全是谎言!魏珠都会收银子,马齐会没收?太子会没收?胤禔、胤祥、胤禑、胤禄会没收?他们收得少都不算,太子啊?!太子啊!?

康熙帝把自己关在内室,乱摔乱砸乱骂半天,魏公公开始不敢近前,后来,才壮着胆子劝劝:"主子息怒,不要伤坏身子。"

康熙帝一脚就把魏珠给踹出去:"狗奴才,我正找你呢!来人,把他送内务府。"

当天下午,康熙帝再传胤礽,胤礽这次更是死抱葫芦不开瓢。

"皇阿玛,没有,从无此事!"胤礽更是满脸无辜地说道,"儿臣查问得很仔细,绝对再无他事!"

"你有没有拿他们的银子?"

"没有,儿臣不敢。"

"真没有?"

"真没有。"

"哼!"

康熙帝对胤礽真的很是失望。

次日一早,康熙帝传谕刑部审问马齐。

马齐与胤礽口径一致,收取银子的事一概不认,采办民女一事他也不知情。严刑拷打,各种刑具都用遍,马齐也没吐口。那边,内务府里魏公公被打得遍体鳞伤,腿都被打折,也没招出一个字。康熙帝亲自去问,对魏公公又气又疼,命人狠狠抽几十鞭子,差点用刑棍把他的脑袋砸开。

康熙帝对马齐更是怒火中烧。后来,经张伯行奏本证实后,就将马齐流放新疆察布查尔,终生不准进关内半步。

他又逐个盘问上次南巡随驾侍奉的皇长子胤禔、皇十三子胤祥、皇十五子胤禑、皇十六子胤禄。终于,康熙帝在胤禄身上找到突破口。

开始胤禄也和其他皇子一样,任凭康熙帝如何打骂,始终不松口。

康熙帝怒喝道:"滚吧!"

胤禄也真的要"滚"了。但快"滚"到殿门的时候,他又"滚"回来了,跪在康熙帝面前痛哭流涕说:"儿臣不孝,儿臣不该瞒着皇阿玛。"

皇十六子胤禄就向康熙帝道出实情。

胤禄说:"皇阿玛,奏折猜测的事千真万确。在江苏巡抚于准那里,经马齐与魏珠之手,儿臣得到一万两银子。据儿臣所知,胤禔、胤祥、胤禑他们也应该是一万两,胤礽是两万两。不仅在苏州,南巡路上,所经州县,知府县衙、各级官员,对诸皇子都有'孝敬',少则三千五千,多则就是一万,太子每次都比我们多。采办民女之事,不止苏州、扬州、杭州三地,江南各州县都有进贡。因为从魏珠到马齐,再到太子、诸皇子,随皇阿玛南巡出发前,都有不少京中旗人、官员找上门,把银子送给他们,委托他们代为采办。他们也就狐假虎威,假借皇阿玛之口令,向各州县索取。各州县自己出银子采办好,还要把那些江南少女派船派人护送到京城指定的府第,他们办这些事也得到不少好处。"

"胤礽也有参与?"康熙帝阴着脸问道。

胤禄诚惶诚恐地望着康熙帝,又道:"皇太子胤礽最不地道,他到哪儿都是狮子大张口,要的最多,办事最多。但在诸皇子面前,他还装出一副清清白白的样子,说他什么都不要,有好处都让给哥哥弟弟们。皇阿玛,胤礽纯粹是一派胡言,他比谁都贪,不仅贪财,还贪色。他在太子府里聚集数百名江南少女,夜夜笙歌,天天宴饮,荒淫无度。他以为别人都不知晓,其实诸皇子都知晓,就是不好向皇阿玛奏报。"

胤禄本就与胤礽不对劲儿,如今抓住机会,哪能在康熙帝面前轻饶胤礽。胤禄接着奏道:"最过分的是,胤礽连臣下的妻室也不放过。去年太子妃过生日,'命外妇入宫'。凡是他管辖内的官员,还有经他推荐升迁、得他恩惠的官员,都要携妻室盛饰朝服入太子府祝寿。张大人儿媳也在其内,因生得天姿国色,小娘子在太子府里转一圈,等寿宴散去,轿子回府,她的家人才发现下轿的是另一个女子,是太子府里的侍女。皇阿玛,胤礽竟连戏文'狸猫换太子'的招儿都用上,真是龌龊至极!"

胤禄见康熙帝满脸怒气,心中大喜道:"皇阿玛,这事还没完呢!这边张大人儿媳还没有回来,那边太子府的公公就来传话,说太子爷有赏,银子一百两,黄马褂一件。三日后,张大人的儿子又升官一级。"

康熙帝被气得撞头。没等胤禄说完,康熙帝怒喝道:"不准再说!"

吓得胤禄忙住口。

又过很久很久,康熙帝才逐渐平静下来。他又问道:"诸皇子你认为哪个德行最好、能力最强、人品最优啊?"

胤禄说:"皇阿玛,诸皇子中,儿臣最服气的是八哥胤禩,其他皇子也最尊敬他。八哥不但为人最正派,还最有才干,最有胸怀。如果派胤禩去,绝对没有那些丑事孬事腌臜事。"

胤禄诋毁一个,赞美另一个,康熙帝明白他这话是有目的、有预谋的。但有一点可以确定的是,采办民女与索要银子之事,太子胤礽介入极深。而且,他还刻意隐瞒,顽抗不从。此刻,康熙帝对胤礽厌恶透顶,甚至连废掉他另立太子的心都有。尽管这才是个念头,不很强烈,但就像种子已经埋进肥沃湿润的土壤中一样,只要有一点阳光,它就会生根发芽,潜滋暗长。

英明果敢的康熙帝却把自己关在室内,苦苦思索,犹豫不决,举棋不定。就在这个时候,内务府总管周季盛慌慌张张过来禀报。一进门,周季盛就扑通跪下,膝行几步至康熙帝跟前,面色如土:"皇上,魏公公,魏公公他……"

康熙帝心头一震:"魏珠怎么啦?"

"魏公公他死了!"

康熙帝拔腿就往内务府走,周季盛亦步亦趋地跟着。

"怎么死的?"

"回皇上,奴才也说不清楚,皇上一看就知。"

走进内务府慎刑司,打开号房,康熙帝看见魏珠被绑在木桩子上,头耷拉着,像一颗垂下墙头的爬穰葫芦。

"谁让你们又动大刑?"

"没有啊,自从皇上口谕后,就没动他。"

"一派胡言,没动他怎么会死?"康熙帝见魏公公面色青紫,眼珠突出,舌头都快吐出来,分明是用绳子勒死的,大声问道,"有谁来过,快说!"

周季盛扑通一声跪下,眼泪汪汪的,一副想说又不敢说的表情。

"快说,你个狗奴才!"

"皇上,从昨天到现在,除奴才亲自送饭伺候魏公公之外,再无旁人进来。"周季盛偷看康熙帝,吞吞吐吐地说,"就今儿早饭后,早饭后,太子进来,说是要问话……"

"太子,太子!"康熙帝气冲头顶,金星乱跳。他不清楚自己是如何回到乾清宫的。康熙帝坐在龙椅上咬牙切齿,嘴唇咬破,负手在殿内连转几十圈,又停住脚步,两眼血红,死死盯着正堂上写有"中正平和"四个鎏金大字的匾额,恨恨说道:"阿哥啊!儿子啊!胤礽啊!太子啊!"

(三)张鹏翮仰脖把酒喝干,伏在八仙桌上痛哭起来

谁说酒是穿肠的毒药,我说酒是医病的良方。一杯二杯解千愁,三杯四杯无烦忧,五杯六杯七八杯,天地混沌万事休!

酒这东西,看似静物,实则热闹;清如白水,内有五色;青莲最爱,斗酒百

篇。舌尝苦甚黄连,入腹却又甘甜;口焦喉燥起狼烟,肠胃快活似神仙。

房门紧闭,偌大的屋内只坐着张鹏翮一个人。满桌子荤素热凉,盘子里佳肴美味,竟都是完整的,张鹏翮一筷子没动。瓷瓶中的酒却下一半,八仙桌下还躺着一瓶,瓶口打开,正对着一只卧在那里等食的猫。

张鹏翮满脸紫红,目光呆滞,脸上肌肉抖动,嘴角挤出一丝僵硬的笑。他左手扶着桌子,右手举起斟满的酒杯,眼睛死死盯着对面的空椅子,说:"孝先,请,干,再干一杯!"

张鹏翮仰脖把酒喝干,见对面的空椅子没反应,就自斟自饮又喝一杯。三杯之后,竟伏在八仙桌上痛哭起来,"呜呜呜……""啊啊啊……"涕泪交流。良久,他又抬起头,继续用他那红肿的眼睛盯着对面,道:"孝先,你在鄙视老夫,老夫知道,你在鄙视老夫。可是请你告诉老夫,老夫该怎么办? 老夫该怎么办? 孝先,那可是老夫的义子啊!"

张鹏翮眼前渐渐浮现出一张面孔,由远而近,由小而大,越来越清晰。这张面孔的下半部分都被浓密的络腮胡子给遮盖,胡子又黑又粗又硬,鼻子、眼、眉毛和嘴巴都比别人要大一号,皮肤黝黑,更像《三国演义》中燕人张飞张翼德。只是眼神与口型有些不对,没有张飞那种目眦尽裂、暴跳如雷的气势。尽管眼睛又大又圆又暴,但眉毛却耷拉着,眼珠子骨碌碌乱转,嘴角向左错动,便错出几声阴鸷的笑,"嘿嘿嘿"。那是隔岸观火的嘲弄,又是居高临下的蔑视,更是心怀叵测的威胁。

笑声在张鹏翮耳边越来越清晰,那张面孔就复原成一具完整的人形,身体和四肢都有,一身的朝服,两江总督噶礼若隐若现。噶礼冷笑着抬起手,把一张黄纸丢在他面前。不用看张鹏翮也知道,他已经读过一遍,上面的每一个字都像一根针扎着他的心。那是他义子唐不语的供状,上写:

> 唐不语,四川遂宁县人,江西呈瑞县知县,户部尚书张鹏翮义子。康熙四十九年十一月二十二日,唐犯勾结朝廷通缉要犯江洋大盗武顺子,到江宁府凤栖楼闹事,将前去维护治安的官府公差刺死。经查问,案情属实,签字画押。

张鹏翮眼前又浮现出另一个人的身影。这个人面目清秀,目光凄楚,一身七品知县的官服,掩盖不住那种玩世不恭的顽劣之气。这人正是他的义子唐不语。唐不语跪在张鹏翮的面前,口中高喊:"不知义父大人驾到,恕罪,恕罪。"

"逆子,你当的好官! 家门不幸,家门不幸啊!"记得当时他也是这样骂的。张鹏翮大骂着,扑过去欲扇唐不语耳光,却扑个空,脚绊着桌子腿差点跌倒。

张鹏翮清醒过来,扶着椅子坐稳,喝一杯酒,又眯着眼睛望着对面的空椅子,凄然道:"孝先,对不住,那可是老夫从小一手抚养大的孩子呀! 虽不是亲生,却胜似亲生。自古道,虎毒不食子啊! 哎呀呀,让老夫奈他何! 可恼,可恨呀!"

张鹏翮又喝下一杯酒,顿时觉得腾云驾雾,飘飘欲仙。恍惚之间,他感觉不是走在苏州大街上,也不是走在怀宁县城中,而是走在唐不语所任知县的呈瑞县里,就跟他去呈瑞县暗访的情形一模一样。

那天,只见县城中沿街的店铺一家挨着一家,可能是下雨的缘故,有些店铺门板紧闭,没有开张,只有小贩在街边摆摊。街上行人并不很多,反而显得有些清净。张鹏翮喜欢静,苏州的市井人太多、太嘈杂,难得雨天在一个清静的小城转转,好不惬意。看到眼前的景象,张鹏翮心中挺得意,呈瑞县被语儿治理得蛮不错的嘛!

漫步片刻,张鹏翮在一个鲜鱼铺前停下脚步。铺子门前,一溜排摆着五六个鱼篓和鱼盆,里边大大小小装着不少鱼。鱼安详地在盆中缓缓晃动,摇头摆尾,让张鹏翮想起庄子的《鱼之乐》。

张鹏翮上前一步,指着盆中一条足有二斤多的活鱼问道:"掌柜的,这条鱼怎么卖?"

鱼老板是个小个子,头发蓬松,穿一件破棉袄破棉裤,趿拉着草鞋,头也没抬道:"五十文。"

"一条鱼有这么贵?"张鹏翮感到很惊讶。

张鹏翮乃有备而来。出发前,他专门换上便装,在苏州集市上了解过物价。他没想到,县城的鱼价比府城竟然高出五倍还多。

"还嫌贵? 我都快关门停业了,生意难做啊!"鱼老板捋着袖子在"霍霍"磨刀。张鹏翮看见他露出的胳膊上刺着一条龙。

"过年前买鱼的这么多,生意怎么会难做呢?"

"买鱼的再多也不行,架不住苛税。昨天朝廷要税,今天抚衙要税,明天县衙要税。税,税,税! 这不,前天县衙的税才交过,后天县衙还来要。听说,过几天要收什么'海防税'。哼哼,不要说咱呈瑞,就是咱江西,都不跟海挨边,交哪门子海防税啊? 生意真是干不下去了。"鱼老板盯着平民装扮的张鹏翮,一脸的不满。

张鹏翮又问:"听说咱这里的县衙老爷是四川来的,姓唐,也不知道怎么样,是个清官还是糊涂官?"

一旁买菜的老者气呼呼地接过腔:"县太爷都把税收到二十三年以后了。二十三年后,我这把老骨头早烂成灰啦!"

鱼老板没好气地说道:"什么清官糊涂官? 整个一混蛋! 我卖的鱼钱都交成税还不够,还清官呢? 狗屁,唐色棍!"

老者笑道:"呵呵! 你叫什么唐色棍,他又没看上你老婆。"

"他不才将小杜鹃纳为小妾吗? 还让人看戏不让啦? 如今,就数小杜鹃唱得最好。"鱼老板把刀往地下一摆说道。

老者道:"唉! 以后就别想再听小杜鹃的戏了,被唐不死纳做第五房小妾啦!"

"唐不死? 唐不死是谁啊?"张鹏翮诧异地问道。

"就是那狗县官,百姓都叫他唐不死。你瞅瞅,他把好端端的一个呈瑞县祸害成啥样子啦! 好多店铺都关门停张,静得跟鬼城似的,真是个有娘生、没爹教的东西。"鱼老板越说越来气。

什么有娘生、没爹教,这不是在骂钦差大人吗? 随行的张连忠正要和鱼老板理论,被张鹏翮拦着。他示意张连忠付鱼钱,转身就走。

鱼老板捞出鱼,见买鱼的人离开,忙喊:"鱼! 客官,鱼!"

张鹏翮肚子被气得鼓鼓的,只顾走路,哪管什么鱼不鱼? 张连忠回头向鱼老板连连摆手。

一派胡言,一派胡言! 张鹏翮教育出的孩子,就那么下作? 又贪财又贪色? 不可能,绝对是恶意诋毁! 什么人啊,胳膊上刺着青龙,一看就不是善类。小冤家也是,你到底是怎么当的父母官,让老百姓这么说你? 张鹏翮满脸怒气地边走边想。

他侧脸无意中看见路边有一卦摊,半截儿砖压着一张硬纸牌,上面竖行写着"两文一卦",下面红底黑字写着几行小字:求官运、算姻缘、问财运、找失物、破劫难。卦摊后面,一个老者坐在马扎上,手拈着几根稀疏的苍白胡子,一副世事洞明、看透万物的神态。张鹏翩走过去蹲下道:"先生,我算一卦。"

"先生算什么?"算卦先生不动声色地说道。

"你给我算算,咱们的县太爷,唐不语,他到底是个清官还是个贪官? 是好人还是孬人?"张鹏翩话说得很冲。

算卦先生听过,马上转身侧脸,不再理会。只把右肩膀对着他,脸色煞白,眼神飘忽,似乎很警惕。

"先生只管算来,我重重赏你就是!"

算卦先生连连摆手,张鹏翩看到,他的腿在轻轻抖动。

"先生腿抖什么? 莫非……你莫怕,先生低声说,我侧耳听。"

老者不但不开口说卦,反而从身后拿出一个布包,收起红纸牌,折叠起来放进去,一手拿布包,一手提马扎,站起来就跑。

"哎! 哎!"张鹏翩连叫几声,想要追赶,老者却跑得更快。张鹏翩知道老者怕惹事,只好作罢。

这时,一阵锣声从前方传来。张鹏翩又见街上行人纷纷向两边躲避,老者挤进人群,瞬间无影无踪。

张鹏翩向鸣锣的方向望去,远远看见两个健壮的衙役一左一右手持铜锣,一边敲打一边高声喝喊:"回避,回避!"

敲锣人身后又跟着两名衙役,向两边行人挥舞着水火棍。避让快的行人站在一边嘻嘻笑着暗自庆幸,避让慢的就挨上棍子,"哎哟哎哟"叫苦不迭。

张鹏翩心想,呈瑞县几人能有这阵势,来的不就是唐不语吗? 往前细看,果不其然。两名衙役高举回避牌走过来,后面就是县太爷的轿子。这阵势好威风,轿前回避牌,轿后还跟着四名衙役,手持水火棍护卫着。

张鹏翩心头火起,暗自骂道:狗东西,在百姓面前你耍什么威风? 欲要出来训斥,又听见一个苍老的声音从后面传来:"冤枉啊,青天大老爷,我有冤啊!"

张鹏翩转过身,看见一老者一把鼻涕一把泪地跑过来。他手里举着一张白纸,上面密密麻麻写满墨字。老者跑到路中央,扑通一声双膝跪地,高举诉状,大声喊冤。那两名衙役上前狠揍几棍,老者仍不站起。衙役怒斥道:"老不死的东西,你看你活得腻歪了。县太爷过街,你竟敢拦路喊冤?"

"冤枉啊太爷,周财主霸占草民的儿媳妇,还纵狗咬死我的儿子,草民冤枉啊!"老者趴地上连连磕头。

一衙役拄着水火棍笑道:"霸占你的儿媳妇?那你儿媳妇肯定长得很漂亮吧?带来给大爷看看。"

另一衙役看着实在可怜,就跑到轿前报告。张鹏翮以为唐不语会下轿当街审案,哪知道那衙役很快就跑回来,扬起水火棍喝道:"你这刁民,当街拦轿喊冤,你不知县太爷的规矩?"

那老者说不知。另一个衙役冷笑说:"太爷的规矩就是,拦轿喊冤者先吃三十'杀冤棒',然后再向大老爷申诉冤情。怎么样老头儿,三十'杀冤棒',你吃还是不吃?"

老者吓得瘫在地上,半晌才说道:"草民冤情重大,愿领三十'杀冤棒'!"

张鹏翮大怒,待要上前阻止,又见那两个衙役把老者摁地上之后并没真打,只挥着水火棍敷衍几下,也许他们是同情老者吧!纵然如此,三十棍之后,老者屁股上的衣服也被抽打得条分缕析,皮肉也被打破,鲜血慢慢洇出。老者趴在地上低声呻吟。

一衙役向唐不语禀报说:"老爷,三十'杀冤棒'完毕。"

唐不语在轿里喝道:"赶走,速速前行!"

衙役回来对老者说:"就这吧老头,今日太爷心情不好,不想审案,改日再说。走吧,走吧!"

这句话张鹏翮听得清晰,心里面怒火中烧,血往上涌,头上嗡嗡直响。他怎么也没想到,此言此行竟是他义子唐不语的做派!

张鹏翮冲出人群,怒声骂道:"狗东西,狗官,混账官!"

轿子里一声惊叫,满街的人都大惊失色,"哎""呀"连声,呆在那里。

唐不语很快从轿子里冲出来,怒气冲冲地奔到张鹏翮面前,铁青着脸怒骂道:"大胆刁民,竟敢辱骂本县。来人,给我捆起来!"

"狗东西,你看看我是谁!"张鹏翮怒喝道。

唐不语抬起头,看见张鹏翮那张扭曲的脸,顿时蔫下去。他两眼大睁,嘴巴半张,面色苍白,两腿颤抖,终于双腿一软,跪在当街,颤抖着声音说:"义父大人……"

（四）都是自己一手带大的孩子，为何二人为官处世截然不同

张鹏翮在半醉半醒间，不禁想到张懋诚。都是自己一手带大的孩子，为何二人为官处世截然不同呢！为考察长子张懋诚官品如何，张鹏翮这次来到苏州后，也曾悄悄到怀宁转转。

那天，怀宁县衙热闹非凡，有送棉衣、被褥、棉花、布匹、草垫的，还有送银钱、稻谷、肉禽、木炭的。衙役忙着清点物品，书办一一登记造册，同时，再誊抄到一张大红纸上，纸上密密麻麻写满捐赠者姓名，捐赠物品的名称、数量。

张鹏翮看到，像这样的大红纸张，县衙大门外的围墙上贴有十几张。嗯！虎父无犬子，他满意地点点头，这才像他张运青的儿子。"是非疑，则度之以远事，验之以近物。"张鹏翮为官多年，自然知道，只有受百姓爱戴的地方官，才有这么强的号召力。

今冬，安徽遭遇百年不遇的寒潮，省会安庆府、池州府等府州尤为严重。作为安庆府的附郭县，怀宁乡村竟然出现冻死人的现象。知县张懋诚闻听噩耗，伤心地流下眼泪。他走出书房，心情沉重地仰望天空，天空灰雾蒙蒙，似乎一场大雪就要降临。

张懋诚叫来师爷艾先生、差官董六、长随张福等人，他要亲自下乡去看看百姓。

听说现在就要走，董六急忙说道："太爷，这天眼看就要下雪，再说外边天寒地冻，要不咱等几日，天晴再去？"

张懋诚瞪他一眼道："严寒百姓能受得，我等为何受不得？本官绝不允许怀宁再有人被冻死！"

董六还想说什么，艾先生向他使个眼色，董六刚张开嘴又赶紧闭上。艾先生知道张懋诚雷厉风行，他决定的事别人很难再让其更改。张懋诚向来心系百姓，爱民如子，怎能接受冻死人的事在他治下发生呢？

张懋诚等人出西门才五里路，雪就飘下来。不多一会儿，鹅毛般的雪花已将大地染白。张懋诚的马车在六里庄停下，四人踏雪来到一间茅草屋外。董六叫开门，见到四面透风的屋内没有一件像样的家具，全家人蜷缩在铺着

稻草的床上,几口人只盖着一床破烂不堪的被子。屋里冷冰冰的,没有一点烟火气息。张懋诚掀开锅盖,锅里只有野菜汤,稀得能照人影。当他看到粮缸空空荡荡时,眼泪再次落下。张懋诚随即脱下自己的棉衣,盖到床上,掩面而去。

走访过几个村子,张懋诚心情格外沉重。回到县衙当天,他就请来城中的官宦、富商,号召大家捐粮捐物,帮助贫困人家渡过难关。

张鹏翮在茶馆中与当地百姓聊天,知道张懋诚不但扶贫济弱,还兴学重教。上科乡试,怀宁县中举者竟有三人之多。更让人没有想到的是,三百多年之后,怀宁县有个叫查海生的学子考入中国最高学府,他给自己起个笔名叫"海子",写过"面朝大海,春暖花开"的诗篇。

张鹏翮恍恍惚惚觉得自己又离开怀宁县,究竟是到什么地方,他也说不清楚,只知道自己和张伯行二人有说有笑地往前走。待他们跨过一个高门楼,迈进大殿时,才看出来,那是河南汝州郏县三苏祠,是苏洵、苏轼和苏辙的归宿。两人一边观赏"三苏"当年用过的旧物,一边谈论他们的诗词文章,不知不觉步至案前,案上有笔墨纸砚。张鹏翮兴致极高,提笔在宣纸上写道:"一门父子三词客,千古文章四大家。"

张伯行在旁观瞧,拍手称赞道:"好,好,这副对联将制成匾牌,挂在这里,与'三苏'同辉,传之后世,流芳千古。"

张鹏翮谦逊道:"哪里哪里,孝先溢美过甚!"

张伯行道:"大人此联是在下见过的,评价'三苏'最为中肯的文字。不信,我们拭目以待,让后人验证。"

其实,张鹏翮心里很明白,那对联出自自己之手倒是不假,自己也颇为满意,但他与张伯行从来没有同游过"三苏祠",肯定是自己酒后思想错乱主观臆想出来的。与张伯行相识后,他们在诗词上互相钦佩,经常写信交流心得,倒是真的。

张鹏翮主张诗写性情,开性灵派之先声。数年之后,张鹏翮的五世孙张船山,在诗书家风影响下,写出大量性灵诗词。张船山与袁枚、赵翼合称清代"性灵派三大家",被誉为"青莲再世""少陵复出",清代"蜀中诗人之冠",也是元明清巴蜀第一大诗人。张伯行主张诗言志,与张鹏翮诗论相同,性格相投,人品上互相尊重,又有知遇之恩,很快就互为知己。

有一日,张鹏翮思念家乡,心情低落,就写一首《自叹诗》,寄于张伯行。

> 皤皤白发一元臣,日日瞻云念老亲。
> 及到归来泉壤隔,空将血泪洒黄尘。

张伯行在回信中谈及自己的仕途历程,也表示要胸怀大志,愈挫愈坚,并回赠一首《自勉诗》。

> 强仕年逾八,居然一老翁。
> 白驹愁迅速,青简费研究。
> 寡过思蘧相,勤修美武公。
> 遗徽犹未远,努力在人功。

张鹏翮将这首诗挂在案前墙壁上,时时以此勉励自己,二人私交愈加深厚。

也许是脖颈承受不住脑袋的重量,张鹏翮猛地一晃,磕在八仙桌的棱沿上。八仙桌是槐木做成,如石头般坚硬,疼得张鹏翮"哦"一声醒过来,愁绪写在脸上,挂在心头,仍然无法消解。他又喝下一杯酒,向着对面的空椅子说:"孝先兄,我保证,我张鹏翮以后仍然是清官,好官,是正直的官,是干实事能为朝廷出力的官,只是这件事……"

他斟酒举起杯子。

恍惚间,他看到对面空椅子上坐着一个人。他晃晃脑袋,揉揉眼睛,看清真坐一个人,是张伯行。他看见张伯行坐在那里冲他冷笑,说:"是吗,大人?"

张鹏翮知道张伯行是在嘲笑自己,就趴在桌上不敢抬头,不想听。但那声音不可阻挡,在空中兜兜转转,飘飘悠悠,还是钻进耳朵。

只听那声音讲张鹏翮任刑部山西司员外郎时,积极审理案件,肃清冤案疑狱,不避权贵,秉公持正,众人敬畏;讲张鹏翮任浙江巡抚时,革除陋规恶习,严惩贪官污吏,禁止摊派,社会稳定,百姓丰足;讲张鹏翮任河东盐运使时,取消"加课",减轻盐商负担,禁止手下受贿,盐务大举;讲他们二人共同商讨治黄方略,建堤时"改石为土""种草固堤",并根据李冰治理都江堰"遇弯截面,逢角抽心"的经验,采取"逢弯取直"的思路,诸事亲力亲为。皇上曾称赞,张鹏翮得治河之秘要。

讲述声戛然而止。张鹏翮以为张伯行离开远去,就抬起头。没想到,他依然坐在对面的椅子上看着自己。张伯行的眼神不再是刚才嘲笑的眼神,而是冷冷地盯着他。那是一种审视的眼神,好像张伯行是审判官,而他钦差大臣张鹏翮则成案犯。张伯行低声问:"钦差大人,此次来江苏所为何事?"

张鹏翮回答:"审宜思恭啊!"

张伯行又问:"宜思恭不是清官吗?"

张鹏翮回答:"一审便知。"

张伯行说:"大人难道不知道吗? 宜思恭为官清正廉洁,刚直不阿,早些年为了公平正义,连自己的亲弟弟都依法惩治。这种大义灭亲的刚烈之士,难道不是我大清王朝正需要的股肱之臣吗? 哈哈哈……"

张伯行在一阵大笑中飘然而去,张鹏翮已是泪湿双颊,失声痛哭。适才张伯行的讲述已使他羞愧万分,而这几句旁敲侧击,点拨暗示,又使他震动不止。

张鹏翮又喝下一杯酒,头脑更加眩晕。天旋地转中,他耳边响起由低到高的吟诵声。这声音一会儿是自己幼年在私塾里的背诵,一会儿又变成与张伯行酒后谈胸襟抱负时共同的长吟。二者彼此混杂,互相交融,张鹏翮自己也分不清楚是此是彼。

"大道之行也,天下为公。选贤与能,讲信修睦。故人不独亲其亲,不独子其子。使老有所终,壮有所用,幼有所长,鳏、寡、孤、独、废疾者皆有所养……是故谋闭而不兴,盗窃乱贼而不作,故外户而不闭,是谓大同。"

眩晕中,张鹏翮抬起右手,用手掌抹去脸上的泪水,又握成拳头,高高地举起来,狠狠砸在八仙桌上。"砰"的一声,桌子上的杯盘、筷子纷纷坠落于地,酒水菜汤淋淋漓漓地滴下来。拳头砸在桌面上,手臂却砸在桌棱上,张鹏翮感到手腕上一阵剧痛,"啊"的一声,忙用左手去扶,右臂已经无法抬起。

张懋诚见到父亲后大吃一惊。眼前的父亲,如同一棵上千年的古树,额头布满年轮般的沟壑,面颊苍老得像树皮似的,腰也没有往日挺拔。更要命的是,张鹏翮的眼神散乱得犹如一盘沙子,暗淡得仿佛是夜空中最不亮的那颗星。给他的第一感觉,就是父亲的魂儿已经丢失。顷刻间,一腔酸楚倾倒在张懋诚心灵深处,泪水在他内心止不住地流,而脸上却挂着微笑。

此刻,闷坐在书房发呆的张鹏翮,抬起眼看看向自己行过礼的张懋诚,少气无力地用手指指身边的椅子。

张懋诚坐下后,没等父亲开口,先关切地问道:"父亲大人,来苏州可还习惯?"

张鹏翮点点头,严肃地问道:"近来公务不忙?这么远你怎么跑来?"其实,张鹏翮内心非常渴望见到自己引以为傲的儿子。在儿子身上,他不是仿佛,而是实实在在看到另一个自己。只是,不知为何,儿子真真切切在他的眼前,他却提不起精神。而且,还有意回避儿子那亲切、仰慕的目光。

张懋诚谎称道:"儿要去趟江宁,顺道来向父亲问个安。"

其实他是专程来看父亲的,在他轻声细语里夹杂着小心谨慎。即便如此,"江宁"两个敏感的字一出口,张懋诚立刻就感觉到万分后悔。

听到"江宁"两字,张鹏翮扎心地疼,这是他现在最忌讳的一个词。此刻,他才明白,自己见到儿子为何丝毫感觉不到喜悦,因为当看到诚儿,让他想起语儿。亲儿子越优秀,他就越觉得对不起义子,为自己没有教育好唐不语而自责。

父子俩漫谈足有一个时辰,却始终都在刻意回避提及唐不语。

张懋诚知道,如今,唐不语已是父亲最大的负担,而自己无力帮父亲分担一丝一毫。这次,他来就是想宽慰父亲,可看到父亲苍老的样子,他却无法开口。

张鹏翮也想,自己焦头烂额就已经足够,不能再把亲生儿子拉进来。

"多年父子成兄弟。"晚饭,张鹏翮、张懋诚父子二人相对而坐,饮酒许多。醉眼迷离中的张懋诚仿佛回到童年,听到父亲在书房里教他"人之初,性本善",而唐不语在一旁总是笑他。而如今,二人早已南辕北辙,远到如同再也回不去的童年与少年。

张懋诚走后,张鹏翮清醒许多,振作许多。他想起自己就任刑部尚书不久,总督噶礼诬告苏州知府陈鹏年,说陈鹏年所作《重游虎丘诗》是反诗,康熙帝派自己查处此事。专横暴戾的噶礼扬言:"张鹏翮若整到我的头上,我就杀了他的儿子。"自己并没有被噶礼吓倒,照样实事求是地做出"直鹏年而曲噶礼"的结论。而今,他仿佛一下明白过来,没有过不去的独木桥。"不能胜寸心,安能胜苍穹。"不管发生什么事都要勇于面对,都要对得起自己的初心,对得起自己的良知,对得起自己的清名。窗外,春风猛烈地刮着,而张鹏翮的心却平静许多!

(五)张伯行和曹寅联名上奏康熙帝,保举陈鹏年和宜思恭

五月二十八日卯时,天已微明。深邃的天空上,只有偏东方向的金星依旧闪烁着微光,紫禁城内外一片肃穆。

突然,三声惊雷般的鞭声在紫禁城内炸响。

等候在东华门外的大臣们,看见镶满铜钉的红漆大门徐徐打开,就挪动脚步,按品级高低依次进入。

大臣们在太和殿外站定,几个亲王重臣进太和殿议事,半晌方出。

"有事奏本,无事退朝。"太和殿执事太监尖利响亮的声音传来。

群臣中步出两个人,朝众人躬身施礼后,就随执事太监匆匆走进太和殿。

这两个人,一人白面有须,风度翩翩;一人印堂发亮,目光如炬。他们低头走进太和宝殿,冲上三叩九拜之后,白面者道:"启奏皇上,臣江宁织造曹寅上奏保陈鹏年无罪。江苏署理布政使、苏州知府陈鹏年任职时期,克己勤俭,清正廉洁,不徇私情,家中一贫如洗。说他私吞库银乃捕风捉影,无稽之谈。望皇上明鉴。"言罢,双手把奏折高高举过头顶。

当值太监走过来取奏折时,曹寅旁边跪着的那个目光如炬者,也高举奏折喊道:"臣江苏巡抚张伯行附议,愿陈鹏年无罪。"

太监把他们二人奏折一并收起,交于康熙帝。康熙帝接过来并没有展开览读,而是丢在旁边,拿起另一封奏折笑道:"陈鹏年被弹劾贪婪,私吞银两,朕本来就有所怀疑。二位爱卿所言甚好,可见陈鹏年是清白的。把他发配宁古塔,确实是冤枉他。本来呢应该把他召回,另有所用,但是,近日朕又收到一封奏折,言陈鹏年曾在虎丘写过反诗,攻击我大清王朝。你们听好,看陈鹏年的《虎丘诗》是不是反诗。"

康熙帝就让当值官高声读出陈鹏年的《虎丘诗》。

尘鞅删馀半晌闲,青鞋布袜也看山。

离宫路出云霄上,法驾春留紫翠间。

代谢已怜金气尽,再来偏笑石头顽。

楝花风后游人歇,一任鸥盟数往还。

曹寅面色凝重,张伯行低头沉吟,大殿里一片沉静,鸦雀无声。

康熙帝又说:"奏折上说,陈鹏年因有异志,讪谤大清,还特别举出'代谢已怜金气尽'一句,也不能说没有道理嘛!谁都知道我大清以前国号大金,陈鹏年偏偏在诗里说什么'金气尽',用意何在啊?"

曹寅轻咳一声说:"皇上,臣斗胆保陈鹏年无罪。'代谢已怜金气尽',就是一句正常的即景诗,并无他意。"

"曹爱卿说说看。"康熙帝道。

"启奏皇上,臣认为陈鹏年是因为诗中遣词造句的需要才用'金气尽'的。'金气'写的是春天花之盛大、之绚烂、之香艳,换作其他字好不好呢?臣以为不好,其他字都没有'金'字精准又隽永。所以,臣以为陈鹏年用'金'字,是诗中景情之需,并没有含沙射影之意。"曹寅说道。

"虑善以动,动惟厥时。"张伯行见时机成熟,在一旁说道,"臣也有一言,不知当讲不当讲?"

"张爱卿但讲无妨。"康熙帝道。

"皇上,臣以为,要写反诗者必先有反心。臣观陈鹏年素常话语,无一句谋逆反叛之意。其为人,品行端正,尊礼守节;为官,恪尽职守,忠君爱民;交友也都是忠贞之士,无有性情乖张的江湖之气。故臣以为,陈鹏年绝无谋逆之心,《虎丘诗》只是一首上佳的即景诗。臣赞同曹大人之言。"

康熙帝点头道:"二位爱卿有胆有识,所言甚善。朕也让张鹏翮代为审查,尔等意欲相同。朕亦观陈鹏年之诗,并无干碍。诗人吟咏,各有寄托,岂可有意罗织,污人以罪?"

曹寅叩首道:"皇上明鉴,乃臣之福分。陈鹏年稍有声誉,学问亦佳,有人想害他久矣!"

康熙帝说道:"这样吧,朕再斟酌一二。等时机成熟,就把他召回来,退下吧!"

见张伯行依然跪在那里不动,康熙帝就问:"张爱卿还有本要奏吗?"

张伯行回答:"臣有本要奏。"

说完,他一下子从袍袖里拿出两本奏折,高举过头奏道:"启禀皇上,经钦差大人与臣联合审理,江苏前任布政使宜思恭并无罪过,实属冤枉。江苏前任巡抚于准勇于担当,知错能改,在布政司库银亏空案的审理中,贡献很大。特伏祈皇上恩准,将于准、宜思恭复职任用。钦差张鹏翮大人卧病在床,不能亲自面君,特委托臣将奏折转交皇上。"

康熙帝接过太监双手呈上的两本奏折,看也不看便掷在地上,鼻子里哼声说道:"宜思恭清白,于准有功,朕已知晓。但你让朕给他复职,怎么复职?朕已委任金世扬赴任江苏布政使,你要让朕食言吗? 江苏巡抚现在是你张伯行,怎么,你要朕将你头上的乌纱帽摘下来,给于准戴上不成?"

张伯行忙伏在地上叩头道:"臣用语不当,请皇上恕罪!"

康熙帝道:"下去吧,朕再思量思量。"

"臣有本要奏。"张伯行又从袍袖里取出一本奏折举起。

"哦! 张爱卿会变戏法吗? 你袖子里到底藏了几本折子?"康熙帝诧异道。

"启奏皇上,除了这个,臣还有一个。"张伯行面露难色,低头回答。

"呵,还真有一个! 好,好,今天朕不管其他大臣,就忙张爱卿的事了。呈上来吧,莫说一个两个,就是你写十个八个,朕也一定细阅。"康熙帝也被张伯行气得哭笑不得。

张伯行面无表情道:"皇上,臣确实还有本要奏。"

"好你个张伯行,真还没完没了啊! 说吧,你有什么事?"康熙帝拍着龙椅扶手道。

"启禀皇上,经过钦差张鹏翮大人几个月审理,江苏布政司库银亏空案已真相大白。宜思恭并无贪占库银一丝一毫,相反,还从家中拿出几百两银子补到银库里。所亏空的三十四万两银子,都是接待皇上于康熙四十六年南巡时的费用。臣以为,要填补这个亏空,有两个方案,第一,从江苏大小官员与衙门差役的薪俸中逐年扣除;第二,这第二……"张伯行犹豫再三,接着奏道,"第二个方案是,皇上,'普天之下,莫非王土;率土之滨,莫非王臣',这三十四万两银子也就是个数字,放在江苏府库是皇上的,放在朝廷府库也是属于皇上的。所以,臣斗胆请求皇上,将亏空库银一概蠲免。请皇上定夺,哪一个方案好一些。"

"张伯行,你是不是想让朕治你的罪啊!"康熙帝面无表情地说道,"三十四万两银子,从你们江苏官员的薪俸中挤出来,那你们都扎住腰带不吃饭啦?你们江苏大大小小各种事体还办不办?张伯行,你这是要陷朕于不仁不义之地。"

张伯行一个响头磕在地上道:"微臣断然不敢!"

"朕谅你也不敢!好吧,朕不跟你啰嗦,准吧!"康熙帝道。

"臣张伯行谢主隆恩。皇上仁慈宽厚,体恤子民,江苏百姓会对皇上感恩戴德,没齿不忘。"张伯行又磕个响头。

康熙帝道:"快说吧,还有什么事,你那袖子里还有个奏折呢!"

张伯行从袖子里取出最后一本奏折,举过头顶道:"启禀皇上,睢宁、如东、东海三县今年涝灾严重,稻子无法收割,泡在水里长出新芽,房屋牲畜损失无数,百姓度日艰难。臣恳请皇上能下旨,蠲免这三地今年的赋税。"

康熙帝沉吟半刻,脸色逐渐阴沉下来,不悦道:"江南乃鱼米之乡,富庶之地,边关将士的粮草与军饷一半都出自江南。说蠲免就蠲免,你让前方将士们饿着肚子打仗啊?"

张伯行伏地不语,也不动。

康熙帝道:"用江苏布政司府库的几十万两银子顶赋税吧!"

"启禀皇上,这正是臣奏折的意思。恳请皇上能恩准臣动用江苏库银去睢宁、如东、东海三县赈灾放粮。"张伯行说完,又把手里的奏折举举。太监忙去接过,转交给康熙帝。

"哦,免就免了。'治国之常,而利民为本',你回去马上赈灾放粮。只要是朕的子民,就不能让他们饥馑度日。"康熙帝道。

张伯行又重重磕个响头,说道:"臣张伯行谢主隆恩!臣马上去办。皇上仁慈宽厚,体恤子民,江苏百姓会对皇上……"

"跪安吧。"康熙帝没等他说完,就挥手制止。

张伯行脸上依然严肃,站起来俯首弯腰,徐徐后退。

（六）自当勠力同心，矢志不渝，踔厉奋发，精忠报国

张伯行举起酒杯，愉悦至极，缓缓说道："钦差大人此次到江苏办案，明察暗访，据实查证。不仅为朝廷保住一位耿直干练之士，又上书皇上免除亏空，为江苏百姓和官员谋福祉。大人今日又亲自来江苏宣读圣旨，调任宜思恭为广西布政使，可喜可贺，我等感激不尽。下官用薄酒一杯，聊表心意！"

张伯行双手捧杯，用杯沿儿轻触张鹏翮的酒杯，一饮而尽。

张鹏翮也喝得兴起，口中说着"孝先不必客气"，也满饮一杯。

张伯行又分别同曹寅和宜思恭各碰一杯，饮干坐下。

曹寅站起来为张鹏翮把盏道："下官敬慕大人清名，今借张抚台宴席，借花献佛，不成敬意，请大人满饮此杯！"

曹寅跟张鹏翮碰杯之后，又分别向张伯行、宜思恭敬酒。

张鹏翮嘱咐宜思恭到广西后，常来信联系，宜思恭谨记。

张伯行又想到陈鹏年，说不知何时他才能去上任河道副督。张鹏翮说，张廷玉大人已经带圣旨出发四五日，估计快到黑龙江了。几个人很是欣慰。

之后，就轮到宜思恭。

只见宜思恭离开座席，对着张伯行和张鹏翮纳头便拜，说道："二位恩公在上，请受下官宜思恭叩拜！"

张鹏翮忙起身搀扶道："请起，请起，宜大人不必多礼！"

宜思恭起身站立，早已泪流满面，泣不成声。他端起张鹏翮的酒杯斟满，举过头顶，说道："恩公理案公正廉明，下官宜思恭结草衔环，没齿难忘！"

"结草衔环也就罢了，公正廉明倒是对本钦差最好的褒奖。再则，你要谢恩也不能谢我。"张鹏翮接过酒杯一饮而尽，说道，"你应该答谢你们的巡抚大人。一次次上书皇上，力保你官复原职的是谁呀？是孝先。你还是把这杯酒敬给你们的巡抚大人吧！"

"谬矣，谬矣，感谢钦差大人和感谢本抚都不对。"张伯行神色凝重，站起来向北方拱手道，"我等真正应该感谢当今皇上！不是万岁爷仁慈圣明，体恤下情，我等想为国效力，恐怕也没有机会！"

张鹏翮肃然而立，说道："孝先所言极是。不是当今皇上礼贤下士，恩威

分明,哪有我等耿介之辈的用武之地? 哪有今天这安静祥和、清明富庶的盛世之邦?"

于是,三个人都离开座位,跟在钦差张鹏翮身后,来到酒席北面的香案前,三叩九拜,向皇上谢恩。"欣逢盛世,喜遇明君,乃我等之幸事。臣当勠力同心,矢志不渝,踔厉奋发,精忠报国!"

礼毕归席。张鹏翮坐主位,张伯行居右,曹寅居左,宜思恭背门而坐。四人在张伯行的会客厅里继续开怀痛饮,畅叙情怀。

人之相知,贵在知心;志同道合,意趣相投。心情好,兴致也高,酒菜自然下去得也快。不一会儿,桌上的四个菜便已告罄。

张鹏翮举起筷子,在空空的盘子上面点了点,埋怨道:"孝先啊孝先,平日里你用这四样素菜待客无妨。今日,本钦差不远千里赴江苏下旨,你依然用这四样素菜敷衍我。外人说你节俭,依我看,你这不是节俭,是抠门啊!"

四个人大笑一阵。

张伯行兴致很高,虽已微醉,但仍站起身道:"还别说,该着几位大人有口福,我特意安排大黑给几位大人备道荤菜。大黑今上午去鱼市,一下子就买几十条大鲫鱼。"张伯行拖长声音说着"大"字,左手却屈起拇指和食指比出鲫鱼的实际长度,惹得几个人又大笑起来。

"这么小的鲫鱼,还大鲫鱼呢! 哈哈哈……"

"一会儿我让大黑给几位大人做一道酸辣爽口、鲜美无比的鲫鱼汤。不过呢……"张伯行又卖起关子,"在鲫鱼汤炖好之前,我先给几位大人上几道我刚学的开胃菜。等一会儿端上来,几位大人要多多品尝。"

"甚好,甚好,速速上来。"几个人的兴致更加高涨。

不大一会儿,大黑端上第一道菜。

张鹏翮一看,忍不住大笑起来。

这是什么菜啊? 盘子里横着几根儿洗净的韭菜,韭菜上压着两颗半球形的鸡蛋黄。很明显,是鸡蛋煮熟之后,把蛋黄一分为二放上去的。

张伯行介绍道:"这道菜做得简单,但是色香味俱佳,关键是它有名字啊!"

"哦,孝先,它居然还有名字?"张鹏翮十分好奇。

张伯行抿口酒,说道:"名字叫'两个黄鹂鸣翠柳'。"

"好名字,好啊,好!"三人会意,哈哈大笑。

大黑端上第二道菜,张鹏翮更奇怪。细白的盘子里,只放着一样东西,煮熟的鸡蛋清,晶莹剔透,洁白如玉。而且鸡蛋清是切成十几个小块儿,排成一线斜放在盘子里。

"一行白鹭上青天。"张伯行说出来这道菜的名字,几人又是一阵大笑。

第三道菜更简单。大盘子里均匀地撒一层碎盐,也就是把盐疙瘩碾碎撒上去。

张伯行名之曰:"窗含西岭千秋雪。"

曹寅拍手称奇道:"张大人,下官明白,您第四道菜名字一定叫'门泊东吴万里船'。对不对啊?"

张伯行问张鹏翮:"钦差大人之见呢?"

张鹏翮微笑不语。

"大黑,上菜!"张伯行忍住笑,说道,"酒足饭饱,该上汤了,请二位大人品鉴。"

大黑端上来一个小瓦盆儿,放在桌子正中间。瓦盆儿里半盆儿清水,水上漂着两个鸡蛋壳儿,鸡蛋壳儿口朝上,在水面上一漾一漾,可不就是"门泊东吴万里船"嘛!

几人拊掌叫绝。

曹寅道:"今日跟着张大人学会做菜,长见识,长见识。想不到一颗鸡蛋、几根韭菜,居然也能做成满桌菜肴,回头下官也要向别人卖弄卖弄!"

最后,鲫鱼汤端上来,四个人喝得很尽兴。